U0128616

西北师范大学简牍研究院
中国历史研究院田澍工作室
甘肃简牍博物馆
西北师范大学历史文化学院
联合资助出版

简牍学与丝路文明研究丛书

西北师范大学

杨振红 ○ 著

出土简牍与秦汉帝国

中国社会科学出版社

图书在版编目(CIP)数据

出土简牍与秦汉帝国／杨振红著 . —北京：中国社会科学出版社，2023.5
（2023.8 重印）

（西北师范大学简牍学与丝路文明研究丛书）

ISBN 978 - 7 - 5227 - 1780 - 7

Ⅰ.①出⋯　Ⅱ.①杨⋯　Ⅲ.①简（考古）—研究—中国②中国历史—
研究—秦汉时代　Ⅳ.①K877.5②K232.07

中国国家版本馆 CIP 数据核字（2023）第 065404 号

出 版 人	赵剑英
责任编辑	宋燕鹏　史丽清
责任校对	李　硕
责任印制	李寡寡

出　　版	中国社会科学出版社
社　　址	北京鼓楼西大街甲 158 号
邮　　编	100720
网　　址	http://www.csspw.cn
发 行 部	010 - 84083685
门 市 部	010 - 84029450
经　　销	新华书店及其他书店

印　　刷	北京明恒达印务有限公司
装　　订	廊坊市广阳区广增装订厂
版　　次	2023 年 5 月第 1 版
印　　次	2023 年 8 月第 2 次印刷

开　　本	710 × 1000　1/16
印　　张	24.25
插　　页	2
字　　数	365 千字
定　　价	128.00 元

目　　录

上　编

下　编

上　编

"县官"之由来
与战国秦汉时期的"天下"观

一 关于"县官"的学术史

"县官"一词，传世文献中先秦时期仅两现。一为《墨子·杂守》："寇近，亟收诸杂乡金器若铜铁及他可以佐守事者。先举县官室居、官府不急者，材之大小、长短及凡数，即急先发。寇薄，发屋伐木，虽有请谒，勿听。入柴勿积鱼鳞簪，当队，令易取也。材木不能尽入者，燔之，无令寇得用之。"① 一为《史记·范雎列传》："秦王乃拜范雎为相。收穰侯之印，使归陶，因使县官给车牛以徙，千乘有余。到关，关阅其宝器，宝器珍怪多于王室。"② 时当秦昭王四十一年（公元前 266）。出土材料方面，睡虎地秦简所出秦王政二十年（公元前 227）四月南郡郡守腾颁布的《语书》中，也提及"县官"："有（又）且课县官独多犯令而令、丞弗得者，以令、丞闻。以次传；别书江陵布，以邮行。"整理小组注释："县官，县中官吏。"③

秦汉以后文献中则大量出现"县官"一词，如《史记》中含注共出现 36 次，《汉书》中含注共出现 82 次，《后汉书》中含注共出现 28 次。《史记·平准书》《汉书·食货志》中出现次数最多，分别为 21 次（加

---

① 吴毓江：《墨子校注》卷一五《杂守》，孙启治点校，中华书局 1993 年版，第 975 页。

② 《史记》卷七九《范雎蔡泽列传·范雎》，中华书局点校本修订本 2014 年版，第 2926 页。

③ 陈伟主编，彭浩、刘乐贤等撰著：《秦简牍合集（释文注释修订本）（壹）》，武汉大学出版社 2016 年版，第 29、32 页。《合集》在注释中又加引《墨子·杂守》。

三家注共 22 次）和 23 次（加颜师古注共 24 次）。①

关于县官的含义及来源，《史记·绛侯周勃世家》："居无何，条侯子为父买工官尚方甲楯五百被可以葬者。取庸苦之，不予钱。庸知其盗买县官器，怒而上变告子，事连污条侯。"《索隐》：

> 县官谓天子也。所以谓国家为县官者，夏家王畿内县即国都也。王者官天下，故曰县官也。②

说县官指天子，天子与国家义同，县官一词缘于夏代王畿内县即国都之制，王者"官"天下，故称县官。《汉书·霍光传》："（霍）禹为大司马，称病。禹故长史任宣候问，禹曰：'我何病？县官非我家将军不得至是，今将军坟墓未干，尽外我家，反任许、史，夺我印绶，令人不省死。'"颜师古注引如淳曰：

> 县官谓天子。③

《汉书·宣元六王传·东平思王刘宇》："（刘）宇谓中谒者信等曰：'汉大臣议天子少弱，未能治天下，以为我知文法，建欲使我辅佐天子。我见尚书晨夜极苦，使我为之，不能也。今暑热，县官年少，持服恐无处所，我危得之！'"颜师古注引张晏曰：

> 不敢指斥成帝，谓之县官也。④

清代刘宝楠《愈愚录》卷四"县官"条总结秦汉时期"县官"有

---

① 以中华书局点校本统计。

② 《史记》卷五七《绛侯周勃世家》，第 2524、2525 页。《校勘记》第 23 条"夏家"：殿本作"夏官"，凌本作"夏者"。张文虎《札记》卷四："此二字疑即上文'官者'二字之误衍。"（第 2529 页）

③ 《汉书》卷六八《霍光传》，中华书局标点本 1962 年版，第 2953 页。

④ 《汉书》卷八〇《宣元六王传·东平思王刘宇》，第 3323、3324 页。

三义：

　　（1）秦制，县令称县官。《史记·范雎列传》"秦王因使县官给车牛以徙"，是也。（2）然《李斯列传》云："十公主矺死于杜，财物入于县官"，此县官当谓天子，盖不敢斥言，而托词于县官也。汉武帝时，言利之臣赋敛无度，一切取民，亦托词于县官。《平准书》："大将军击胡虏，数万人衣食仰给县官"……县官并指天子，此必当时旧文，故太史公承用之，所以著其实也。班、范书亦称县官……李贤注《刘盆子传》云："县官谓天子也。"案：二史所称县官，皆是有所指斥，不敢直言也。此承用太史公语，疑亦当时原文。（3）《汉书·两龚传》："使者至县请舍，欲令至廷拜授印绶，舍曰：'王者以天下为家，何必县官？'遂于家受诏。"《后汉书·刘矩传》："为雍邱令，告民曰：'忿恚可忍，县官不可入。'"县官谓县舍，犹学官之比。《汉书·循吏传》："修起学官于成都市中"。师古曰："学官，学之官舍也。"《传》又云："至武帝时，乃令天下郡国皆立学校官。"此别一义。①

其一，秦制的县令称县官。其二，汉代的县官指天子，是当时人用语，前三史是照录当时人的说法。其三，汉代县官还有县舍的含义，犹如学官。

清朝郭嵩焘《礼记质疑》卷五在讨论《礼记·王制》时案：

　　郑意以《周礼》未尝名国都为县，《商颂》但言邦畿，而《夏书》已有"酒荒于厥邑"之文，因通邑于县，以为夏时之称。陈氏祥道引《周礼》有在乡之县，有在遂之县，有采邑之县，有间田之县，故王畿统谓之县。其说近之而义未尽。《周礼》："四井为邑，

---

　　① （清）刘宝楠：《愈愚录》卷四，清光绪十五年广雅书局刻本，中国基本古籍库。笔者标点。

四甸为县。"邑县地至小。而《诗》《书》多称国都曰邑:《汤誓》"率割夏邑",《立政》"其在商邑",《周书》"用附我大邑周",及诸言"作新大邑""宅新邑"是也。《诗》:"商邑翼翼""作邑于丰",无云县者。《史记》:邹衍名中国曰"赤县神州"。《始皇纪》"宇县之中",《陈书·高祖纪》"光宅区县",《唐书·礼乐志》"福流寰县",谢庄文"扫耻瀛县""缔寓开县",皆承邹衍之遗,名天下曰县。《绛侯世家》:"盗买县官器。"《索隐》:"县官谓天子。"疑秦汉之际乃有此称。经云"天子之县内"亦汉时语也。郑据夏时言之,似属无征。①

郭嵩焘认为,商周时称邑,不称"县",郑玄认为邑通县,故说"县内是夏时天子所居州界名",但这种说法缺乏依据。据《史记》记载,邹衍始将中国称作"赤县神州",因此,秦始皇以后的"宇县""区县""寰县""瀛县"等说法,都是承袭邹衍的遗绪,把"天下"称为县。《索隐》"县官谓天下"的说法也缘于此,当最早出现在秦汉之际。《礼记·王制》所说"天子之县内"也是汉代人的说法。换言之,郭嵩焘认为《王制》的成书晚至汉代。

日本泷川资言《史记会注考证》:

> 中井积德曰:县官犹言公家也。本郡县人之言,指各处县治而言,遂转为指国家之言,是后世官府文字之类,难据文义作解。张文虎曰:索隐"夏官"二字疑衍。②

中井积德认为,县官意为公家,是郡县人称县治之语,遂演变为代指国家,属于官府文书用法,很难根据文义加以解释。张文虎怀疑"夏官"是衍字。从其"难据文义作解"可以看出,中井积德的观点属望文

---

① (清)郭嵩焘:《礼记质疑》卷五,邬锡非、陈戍国点校,岳麓书社1992年版,第139页。
② [日]泷川资言考证:《史记会注考证(伍)》卷五七,杨海峥整理,上海古籍出版社2015年版,第2662页。

生义。

赵伯雄认为,《墨子·杂守篇》和睡虎地秦简中的"县官"指县一级的官吏,到了两汉,在《史》《汉》等书中,才开始转变为国家或天子义。两周金文里的县字还看不出与地域区划间的关系。《周礼》中的"县"不指国都。孙诒让说《周礼》的县鄙"皆公邑也",是天子、国君直接统治的"邑"。在战国秦汉时人心目中,"县"与天子、君主的直接统治密切相关。《吕氏春秋·季秋纪》里说:"是月也……合诸侯,制百县。"百县与诸侯对举,显系指天子直辖的地方而言。汉代"县官"一词可能就是由这种"县"的观念中发展出来的。汉人所说的县官,其初义是指中央政府或国家,后加以引申,才出现了代表天子的含义。①

张家山汉简中也大量出现"县官"一词。如《二年律令》简4-5:"贼燔城、官府及县官积冣(聚),弃市。贼燔寺舍、民 室 屋 庐 舍、积 冣(聚), 黥 为城旦舂。其失火延燔之,罚金四两, 责(债)(简4)所燔。乡部、官啬夫、吏主者弗得,罚金各二两。(简5)"整理小组注释:

官府,官衙。县官,指官方。②

综上,先秦时期三条史料中的"县官"均指一级地方行政机构——县的官府或官吏。汉代文献中的"县官"多数指天子或国家,但个别情况下也指郡县之县的官府或官吏。

二 秦始皇改"王室""公室"为"县官"

2009年,里耶秦简整理者公布了一方木牍,内容是秦始皇统一中国

① 赵伯雄:《两汉"县官"释义》,《历史教学》1980年第10期。
② 张家山二四七号汉墓竹简整理小组:《张家山汉墓竹简〔二四七号汉墓〕(释文修订本)》,文物出版社2006年版,第8页。

后颁布的名号更替汇编，其中有两条规定：

……

诸官为秦尽更。AXXII

故皇今更如此皇。AXVIII

……

毋敢曰王父曰泰父。AXXII

毋敢谓巫帝曰巫。AXXIII

……

王马曰乘舆马。AXXV

泰【王】观献曰皇帝。BI

天帝观献曰皇帝。BII

帝子游曰皇帝。BIII

王节弋曰皇帝。BIV

王谴曰制谴。BV

以王令曰【以】皇帝诏。BVI

承【命】曰承制。BVII

王室曰县官。BVIII

公室曰县官。BIX

内侯为轮（伦）侯。BX

彻侯为【死＜列＞】侯。BXI

以命为皇帝。BXII

受（授）命曰制。BXIII

□命曰制。BXIV

为谓□诏。BXV

庄王为泰上皇。BXVI

……

王官曰□□□。BXIX

王游曰皇帝游。BXX

王猎曰皇帝猎。B ⅩⅪ

王犬曰皇帝犬。B ⅩⅫ

……（8－461）①

由此可确定，"县官"的称谓始于秦始皇二十六年统一中国后，颁布诏令将"王室"和"公室"改称为"县官"。②

"王室""公室"常见于先秦文献。王室最初仅用于周天子（也称周王），公室则为诸侯国国君称"公"者所用。例如《尚书·微子之命》："钦哉！往敷乃训，慎乃服命，率由典常，以蕃王室。"孔安国传："敬哉，敬其为君之德，往临人，布汝教训，慎汝祖服命数，循用旧典无失其常，以蕃屏周室。戒之。"③《史记·周本纪》："厉王即位三十年，好利，近荣夷公。大夫芮良夫谏厉王曰：'王室其将卑乎？夫荣公好专利而不知大难……'"④ 正如孔安国所传，以上的王室均指周王室。《左传》宣公十八年："公孙归父以襄仲之立公也，有宠，欲去三桓以张公室。与公谋，而聘于晋，欲以晋人去之。"⑤ 这里的公室则指鲁宣公。

春秋战国时期，周天子地位衰微，势力强大的诸侯国纷纷僭越礼制，

① 张春龙、龙京沙：《湘西里耶秦简 8－455 号》，武汉大学简帛研究中心主办《简帛》第四辑，上海古籍出版社 2009 年版，第 11—15 页。此后在公布的第一册释文中简号改为 8－461。参见湖南省文物考古研究所编著《里耶秦简（壹）》，文物出版社 2012 年版。本释文据陈伟主编，何有祖、鲁家亮、凡国栋撰著《里耶秦简牍校释（第一卷）》，武汉大学出版社 2012 年版，第 156—157 页。

② 游逸飞说："秦更名方似乎揭示'县官'指涉皇帝、朝廷，为秦始皇的创举。'王室'本指统治者之私家，在家国难分的周代，'王室'自然具有政府、朝廷的意涵。'县官'既取代'王室'，便继承其意义。这就是'县官'为何既指皇室，又指政府的缘故。"（游逸飞：《里耶8－461 号"秦更名方"选释》，魏斌主编《古代长江中游社会研究》，上海古籍出版社 2013 年版，第 83 页）《秦简牍合集》注释："今按：里耶秦简 8－455：'王室曰县官。公室曰县官。'其中的'县官'或指县级政府，或指各级政府。简文'公室告'似指官府按规定可受理的告诉。'非公室告'指官府按规定不可受理的告诉，即法律规定不予接受的告诉。"（陈伟主编，彭浩、刘乐贤等撰著《秦简牍合集（释文注释修订本）（壹）》，第 222 页）

③ （汉）孔安国传，（唐）孔颖达正义：《尚书正义》卷一二，黄怀信整理，上海古籍出版社 2007 年版，第 522 页。

④ 《史记》卷四《周本纪》，第 179 页。

⑤ （清）洪亮吉：《春秋左传诂》卷一〇，宣公十八年，李解民点校，中华书局 1987 年版，第 434 页。

先是称"侯""伯"者僭越称"公",至战国中后期又僭越称"王"。如《史记·秦本纪》载:"孝公卒,子惠文君立。""惠文君元年,楚、韩、赵、蜀人来朝。二年,天子贺。三年,王冠。四年,天子致文武胙。齐、魏为王。"① 秦孝公时尚称公,其子惠文君继位三年(公元前335)时就改称"王"。次年,齐、魏两国也不甘落后,改称"王",即齐威王、魏惠王。随后,秦王便改称"王室"。如《史记·穰侯列传》:"昭王于是用范雎。范雎言宣太后专制,穰侯擅权于诸侯,泾阳君、高陵君之属太侈,富于王室。于是秦昭王悟,乃免相国,令泾阳之属皆出关,就封邑。穰侯出关,辎车千乘有余。"② 但"公室"可能依然沿用。如《史记·李斯列传》载李斯上《谏逐客书》:"昭王得范雎,废穰侯,逐华阳,强公室,杜私门,蚕食诸侯,使秦成帝业。"③

睡虎地秦简中亦出现"王室""公室"之语。如《法律答问》简103:"'公室告'【何】殹(也)?'非公室告'可(何)殹(也)?贼杀伤、盗它人为'公室';子盗父母,父母擅杀、刑、髡子及奴妾,不为'公室告'。"④ 这里的"公室"也是代指秦国家,"公室告"相当于后世的公诉。因此可推测这条法律应当是秦国君未改称王时制定的法律。此外,《法律答问》还有两条关于王室的法律解释。简28:"可(何)谓'盗埱厓'?王室祠,貍(薶)其具,是谓'厓'。"简161:"'擅兴奇祠,赀二甲。'可(何)如为'奇'?王室所当祠固有矣,擅有鬼立(位)殹(也),为'奇',它不为。"⑤ 这两条相关法律当是秦国君改称王后才出现的法律。因此,睡虎地秦简和里耶秦简中的"公室"当为秦国国君称"公"时对秦公及其家室的称呼,"王室"则是秦僭越称"王"后对秦王及其家室的称呼,但"公室"的称号应当没有禁绝,有时人们

---

① 《史记》卷五《秦本纪》,第259、260页。

② 《史记》卷七二《穰侯列传》,第2828页。

③ 《史记》卷八七《李斯列传》,第3086页。

④ 陈伟主编,彭浩、刘乐贤等撰著:《秦简牍合集(释文注释修订本)(壹)》,第221页。

⑤ 陈伟主编,彭浩、刘乐贤等撰著:《秦简牍合集(释文注释修订本)(壹)》,第193、243页。

仍习惯性使用。

现在,随着统一大业完成,秦始皇下令将"公室""王室"的称号改为"县官",其动机是什么呢?《史记·秦始皇本纪》有一段著名的记载:

> 秦初并天下,令丞相、御史曰:"……寡人以眇眇之身,兴兵诛暴乱,赖宗庙之灵,六王咸伏其辜,天下大定。今名号不更,无以称成功,传后世。其议帝号。"丞相绾、御史大夫劫、廷尉斯等皆曰:"昔者五帝地方千里,其外侯服夷服,诸侯或朝或否,天子不能制。今陛下兴义兵,诛残贼,平定天下,海内为郡县,法令由一统,自上古以来未尝有,五帝所不及。臣等谨与博士议曰:'古有天皇,有地皇,有泰皇,泰皇最贵。'臣等昧死上尊号,王为'泰皇'。命为'制',令为'诏',天子自称曰'朕'。"王曰:"去'泰',著'皇',采上古'帝'位号,号曰'皇帝'。他如议。"制曰:"可。"追尊庄襄王为太上皇。制曰:"朕闻太古有号毋谥,中古有号,死而以行为谥。如此,则子议父,臣议君也,甚无谓,朕弗取焉。自今已来,除谥法。朕为始皇帝。后世以计数,二世三世至于万世,传之无穷。"①

秦始皇认为自己完成了"平定天下,海内为郡县,法令由一统"的丰功伟业,亘古未有,如果"名号不更",就无法彰显自己的成功,传颂于后世。于是在群臣意见基础上,将自己的称号从"王"改为"皇帝","命为'制',令为'诏',天子自称曰'朕'","追尊庄襄王为太上皇",并废除谥号,以数计。正如以往学者所论,里耶秦简8-461记载的内容应当也是秦始皇统一后关于更定名号的规定,秦始皇更定名号的范围远远超过《本纪》所载,《本纪》只是择要记载。因此,正如"王"代表秦统一前的秦王,"皇帝"代表统一后的秦皇帝一样,"王室""公室"代表的也是诸侯国君的秦王,"县官"则代表的是统一天下后的秦

---

① 《史记》卷六《秦始皇本纪》,第303—304页。

皇帝。

顺带提及一个有意思的现象，即秦汉时期完全不见"皇室"的称呼，偶见"帝室"的称呼，如《史记》仅注中出现 1 次，《汉书》中出现 7 次（若加注共 10 次），《后汉书》中出现 3 次。由此可知，"帝室"的称呼是西汉中期以后才渐多起来的，但远比不上"县官"出现的次数，也就是说秦汉时人仍惯用"县官"的称呼。关于帝室，《汉官仪》卷下：

> 帝室，犹古言王室。①

表明帝室其实和统一前的"王室"、统一后的"县官"义同。

那么，秦始皇君臣为什么会选择"县官"的称呼呢？"县官"与"王室""公室"相比，其高大上在哪里呢？

三 "县官"一词源于"四海九州县内"的"天下"观②

前引司马贞《索隐》对"县官"的解释，应本于《礼记·王制》③

① （汉）应劭：《汉官仪》，（清）孙星衍等辑《汉官六种》，周天游点校，中华书局 1990 年版，第 190 页。

② 关于中国的"天下观"，世界范围内都有丰富的研究，此仅列举数种：Joseph R. Levenson（列文森），T'ien-hsia and Kuo, and the "Transvaluation of Values", *The Far Eastern Quarterly*, Vol. 11, No. 4, (Aug., 1952), pp. 447–451；[日] 安部健夫：《中国人の天下観念—政治思想史の試論》，京都：ハーバード·燕京·同志社东方文化讲座委员会 1956 年版；蒙文通：《略论山海经的写作时代及其产生地域》，其著《巴蜀古史论述》，四川人民出版社 1981 年版；童书业：《春秋时人之"天下"观念》，其著《春秋左传研究》，中华书局 1980 年版；[日] 渡边信一郎：《中国古代の王権と天下秩序—日中比較史の视点から》，东京：校仓书房 2003 年版（中译本徐冲译《中国古代的王权与天下秩序：从中日比较史的视角出发》，中华书局 2008 年版）。

③ 关于《礼记》的成书年代，历来有很大争议。徐喜辰曾总结为七说：孔子门徒所撰说、六国时人所撰说、二戴据古礼所删说、二戴所传说、二戴据《曲台记》所删成说、汉初诸儒编定说、东汉末年说。主流观点认为，其独立成书或晚至汉代，但其中保存着许多先秦时期的材料，其史料价值丝毫不逊色于《周礼》《仪礼》。参见徐喜辰《〈礼记〉的成书年代及其史料价值》，《史学史研究》1984 年第 4 期；王文锦《礼记译解·前言》，中华书局 2016 年版，第 1—7 页（"前言"作于 1994 年 9 月）。关于《王制》篇的成书同样也有多种说法，受篇幅所限，笔者不详述。由于《礼记》及《王制》篇的成书问题甚为复杂，本文无力涉及，但根据本文所引传世文献和新出材料，至少可以证明《王制》篇的思想在战国后期已经形成。

及郑玄注。《礼记·王制》对世界和王制有一套系统的理论：

　　凡四海之内九州，州方千里。州建百里之国三十，七十里之国六十，五十里之国百有二十，凡二百一十国。名山大泽不以封，其余以为附庸、间田。八州，州二百一十国。

　　天子之县内，方百里之国九，七十里之国二十有一，五十里之国六十有三，凡九十三国。名山大泽不以盼。其余以禄士，以为间田。

　　凡九州，千七百七十三国，天子之元士、诸侯之附庸不与。

　　天子百里之内以共官，千里之内以为御。

　　千里之外设方伯。五国以为属，属有长；十国以为连，连有帅；三十国以为卒，卒有正；二百一十国以为州，州有伯。八州八伯，五十六正，百六十八帅，三百三十六长。八伯各以其属属于天子之老二人，分天下以为左右，曰二伯。

　　千里之内曰甸。千里之外曰采，曰流。①

　　……天子使其大夫为三监，监于方伯之国，国三人。

　　天子之县内诸侯，禄也。

　　外诸侯，嗣也。②

　　……自恒山至于南河，千里而近。自南河至于江，千里而近。自江至于衡山，千里而遥。自东河至于东海，千里而遥。自东河至于西河，千里而近。自西河至于流沙，千里而遥。西不尽流沙，南不尽衡山，东不尽东海，北不尽恒山，凡四海之内，断长补短。方三千里，为田八十万亿一万亿亩。方百里者，为田九十亿亩。山陵、林麓、川泽、沟渎、城郭、宫室、涂巷三分去一，其余六十亿亩。

　　……天子之县内，方千里者，为方百里者百，封方百里者九，

---

　　①（汉）郑玄注，（唐）孔颖达正义：《礼记正义》卷一五《王制》，吕友仁整理，上海古籍出版社2008年版，第458—470页。
　　②（汉）郑玄注，（唐）孔颖达正义：《礼记正义》卷一六《王制》，第476—478页。

其余方百里者九十一。又封方七十里者二十一，为方百里者十，方十里者二十九，其余方百里者八十，方十里者七十一。又封方五十里者六十三，为方百里者十五，方十里者七十五，其余方百里者六十四，方十里者九十六。

……天子之大夫为三监，监于诸侯之国者，其禄视诸侯之卿，其爵视次国之君，其禄取之于方伯之地。**方伯为朝天子，皆有汤沐之邑于天子之县内**，视元士。诸侯世子世国，大夫不世爵。使以德，爵以功。未赐爵，视天子之元士，以君其国。诸侯之大夫不世爵禄。①

郑玄注：

> 县内，夏时天子所居州界名也。殷曰畿。《诗·殷颂》曰："邦畿千里，维民所止。"周亦曰畿。畿内大国九者，三公之田三；为有致仕者副之，为六也；其余三，待封王之子弟。次国二十一者，卿之田六；亦为有致仕者副之，为十二；又三为三孤之田；其余六，亦待封王之子弟。小国六十三，大夫之田二十七，亦为有致仕者副之，为五十四；其余九，亦以待封王之子弟。三孤之田不副者，以其无职，佐公论道耳，虽其致仕，犹可即而谋焉。②

《王制》说四海之内为九州，每州千里，每州有大（百里）、中（七十里）、小（五十里）封国210个；天子所居独为一州，称"县内"，有大、中、小封国93个。四海"西不尽流沙，南不尽衡山，东不尽东海，北不尽恒山"，"断长补短"，方三千里。县内也称作甸。县内外的八州也称作采，王设方伯进行统治。县内和八州的采形成九州。县内和八州

---

① （汉）郑玄注，（唐）孔颖达正义：《礼记正义》卷二〇《王制》，第580—586页。
② （汉）郑玄注，（唐）孔颖达正义：《礼记正义》卷一五《王制》，第461—462页。

内也实行分封，但县内分封的诸侯其性质为禄，八州即采分封的诸侯是嗣。九州之外是流，是王统治之外的区域。九州加流就构成了四海。四海、九州、县内、采、流即《礼记·王制》所构架的世界。

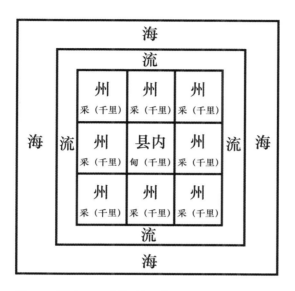

图 1　《礼记·王制》的四海、九州、县内示意图

以下材料可以佐证"天子之县内"的说法在汉代影响很大。《盐铁论·地广》载文学语：

> 文学曰："古者，天子之立于天下之中，县内方不过千里，诸侯列国，不及不食之地，《禹贡》至于五千里；民各供其君，诸侯各保其国，是以百姓均调，而徭役不劳也。今推胡、越数千里，道路回避，士卒劳罢。故边民有刎颈之祸，而中国有死亡之患，此百姓所以嚣嚣而不默也。夫治国之道，由中及外，自近者始。近者亲附，然后来远；百姓内足，然后恤外……"①

---

① （汉）桓宽撰，王利器校注：《盐铁论校注》卷四《地广》，中华书局 2015 年版，第229—230 页。

《白虎通·京师》：

> 禄者，录也。上以收录接下，下以名录谨以事上。《王制》曰："天子三公之田视公侯，卿视伯，大夫视子男，士视附庸……天子之县内，有百里之国九，七十里之国二十一，五十里之国六十三，凡九十三国。名山大泽不以封，其余以禄士，以为间田。"
>
> 诸侯入为公卿大夫，得食两家采不？曰：有能然后居其位，德加于人，然后食其禄，所以尊贤重有德也。今以盛德入辅佐，得两食之。故《王制》曰："天子之县内诸侯禄也，外诸侯嗣也。"①

两书均沿袭了"天子居县内""县内方千里"的说法。但《礼记·王制》说"九州三千里"，而《盐铁论》所引《禹贡》则说五千里，表明当时人对天下、世界的认识已经扩大。

此外，《说文》宀部：

> 寰，王者封畿内县也。从宀，睘声。户关切。②

《礼记·王制》"天子县内"的观念当源于《逸周书·作雒》。其文载：

> 武王克殷，乃立王子禄父，俾守商祀。建管叔于东，建蔡叔、霍叔于殷，俾监殷臣。武王既归，乃岁十二月崩镐，殡予岐周。周公立，相天子……周公敬念于后曰：予畏周室克追，俾中天下。及将致政，乃作大邑成周于土中。城方千七百二十丈，郭方七百里。南系于雒水，地因于郏山，以为天下之大凑。制郊甸方六百里，国

---

① （汉）班固撰，（清）陈立疏证：《白虎通疏证》卷四《京师》，吴则虞点校，中华书局1994年版，第157—165页。

② （汉）许慎：《说文解字》卷七下"新附"，（清）文渊阁《四库全书》本电子版。

西土为方千里。分以百县，县有四郡，郡有□鄙。大县城，方王城
三之一；小县立城，方王城九之一。郡鄙不过百室，以便野事。农
居鄙，得以庶士；士居国家，得以诸公、大夫。凡工贾胥市臣扑，
州里俾无交为。①

说周公时在雒邑建立东都，"为方千里，分以百县"。这一观念流传甚
广。《说文》邑部：

> 郡，周制，天子地方千里，分为百县，县有四郡。故《春秋
> 传》曰："上大夫受县，下大夫受郡"是也。至秦初，天下置三十
> 六郡以监县。从邑。君声。②

此外，《风俗通义·佚文》：

> 周制：天子方千里，分为百县，县有四郡。郡者，群也。故
> 《左氏传》曰："上大夫受县，下大夫受郡。"至秦始皇初，置三十
> 六郡以监县，县，平也。③

此段佚文辑自《意林》、《史记·秦始皇本纪》张守节《正义》、《艺文
类聚》卷六、《太平御览》卷一五七、《天中记》卷一三，可见流传之
广。其文字几乎和《风俗通义·佚文》相同，不排除《风俗通义》抄自
《说文》，也不排除两者有一个共同的文本来源。此外，《吕氏春秋·季
夏纪》："是月也，令四监大夫合百县之秩刍，以养牺牲。令民无不咸出
其力，以供皇天上帝、名山大川、四方之神，以祀宗庙社稷之灵，为民

---

① 黄怀信、张懋镕、田旭东：《逸周书汇校集注（修订本）》卷五《作雒解》，黄怀信修
订，李学勤审定，上海古籍出版社 2007 年版，第 510—532 页。
② （汉）许慎撰，（清）段玉裁注：《说文解字注》第六篇下，中华书局 2013 年版，第
285 页下栏—第 286 页上栏。
③ （汉）应劭撰，王利器校注：《风俗通义校注·佚文·古制》，中华书局 2010 年版，第
492 页。

祈福。"高诱注:

> 周制,天子畿内方千里,分为百县,县有四郡,郡有鄙,故
> 《春秋传》曰:"上大夫受县,下大夫受郡。"周时县大郡小,至秦
> 始皇兼天下,初置三十六郡以监县耳。此云"百县",说周制畿内
> 之县也。四监,监四郡大夫也。①

由此来看,《逸周书·作雒》以及《礼记·王制》在汉代应被奉为圭臬。

四 驳"县官"源于邹衍"赤县神州"说

如前所述,清人郭嵩焘《礼记质疑》在探讨《礼记·王制》时提出质疑,认为此说不符合《周礼》。周的王畿制度,四井为邑,邑 36 家;四甸为县,2304 家。② 邑、县的规模都很小,因此,县不可能是国都、王畿。《诗》《书》中均将国都称作"邑",无称作"县"的,所以他怀疑"天子之县内"的说法很可能缘于邹衍。邹衍把中国称作"赤县神州",所以,《史记·秦始皇本纪》"宇县之中",《陈书·高祖纪》"光宅区县",《唐书·礼乐志》"福流寰县",谢庄文"扫耻瀛县""缔寓开县",都是"承邹衍之遗",把天下称作县。他认为县官的说法是秦汉之际才有的,《礼记·王制》"天子之县内"之说也是汉代人的说法。郑玄说是夏制也是无稽之谈。

邹衍"赤县神州"的说法见载于《史记》《盐铁论》《论衡》等书。

---

① (秦)吕不韦编,许维遹集释;《吕氏春秋集释》卷六《季夏纪》,梁运华整理,中华书局 2009 年版,第 131 页。

② 《周礼·地官司徒·小司徒》:"乃经土地而井牧其田野,九夫为井,四井为邑,四邑为丘,四丘为甸,四甸为县,四县为都,以任地事而令贡赋,凡税敛之事。"郑玄注:"此谓造都鄙也。采地制井田,异于乡遂,重立国。小司徒为经之,立其五沟五涂之界,其制似井之字,因取名焉……四甸为县,方二十里。四县为都,方四十里……五十里之国凡四县,一县之田税入于王……"(清)孙诒让:《周礼正义》卷二〇《地官司徒上·小司徒》,王文锦、陈玉霞点校,中华书局 2013 年版,第 786—787 页。

其中,《史记·孟子荀卿列传》曰:

> 其次驺衍,后孟子。驺衍睹有国者益淫侈不能尚德,若《大雅》整之于身,施及黎庶矣,及深观阴阳消息而作怪迂之变,《终始》《大圣》之篇十余万言。其语闳大不经,必先验小物,推而大之,至于无垠。先序今以上至黄帝,学者所共术,大并世盛衰,因载其禨祥度制,推而远之,至天地未生,窈冥不可考而原也。先列中国名山大川通谷禽兽水土所殖、物类所珍,因而推之,及海外人之所不能睹。称引天地剖判以来,五德转移,治各有宜,而符应若兹。<u>以为儒者所谓中国者,于天下乃八十一分居其一分耳。中国名曰赤县神州。赤县神州内自有九州,禹之序九州是也,不得为州数。中国外如赤县神州者九,乃所谓九州也。于是有裨海环之,人民禽兽莫能相通者,如一区中者,乃为一州。如此者九,乃有大瀛海环其外,天地之际焉。</u>其术皆此类也。

《索隐》:

> 裨海,小海也。九州之外,更有大瀛海,故知此裨是小海也。且将有裨将,裨是小义也。[1]

司马迁所述邹衍九州说认为,天下由九州组成,每州内又有九州,故共有九九八十一小州。九州外由裨海即小海环绕,州与州之间不相连。中国为其中之一,叫"赤县神州",又分为九州,就是大禹所序九州。大九州外又有瀛海即大海环绕,瀛海的边界就是"天地之际",也就是天地相交的地方。但是,其说有不可解之处,如说"中国外如赤县神州者九",如果中国外还有九个州的话,那么总共有十州,小州就有十个,而不是九个。所以杨希枚认为"九"是"八"之误。

---

[1] 《史记》卷七四《孟子荀卿列传》,第2848—2849页。

《盐铁论·论邹》的说法比《史记》简略：

> 大夫曰："邹子疾晚世之儒墨，不知天地之弘，昭旷之道，将一曲而欲道九折，守一隅而欲知万方，犹无准平而欲知高下，无规矩而欲知方圆也。于是推大圣终始之运，以喻王公，先列中国名山通古，以至海外。所谓中国者，天下八十一分之一，名曰赤县神州，而分为九州。绝陵陆不通，乃为一州，有大瀛海圜其外。此所谓八极，而天地际焉。《禹贡》亦著山川高下原隰，而不知大道之径。故秦欲达九州而方瀛海，牧胡而朝万国。诸生守畦亩之虑，闾巷之固，未知天下之义也。"
>
> 文学曰："尧使禹为司空，平水土，随山刊木，定高下而序九州。邹衍非圣人，作怪误，荧惑六国之君，以纳其说。此《春秋》所谓'匹夫荧惑诸侯'者也。孔子曰：'未能事人，焉能事鬼神？'近者不达，焉能知瀛海？故无补于用者，君子不为；无益于治者，君子不由。三王信经道，而德光于四海；战国信嘉言，而破亡如丘山。昔秦始皇已吞天下，欲并万国，亡其三十六郡；欲达瀛海，而失其州县。知大义如斯，不如守小计也。"①

《史记》所说的"天地之际"在这里也被称作"八极"。但是，"分为九州"的"州"是指赤县神州再分为小九州，还是天下分为九州，即其说"绝陵陆不通，乃为一州"的大九州，不甚清楚。

《论衡》有两处谈到邹衍的大九州说。《论衡·谈天篇》：

> 邹衍之书，言天下有九州，《禹贡》之上所谓九州也。《禹贡》九州，所谓一州也。若《禹贡》以上者，九焉。《禹贡》九州，方今天下九州也，在东南隅，名曰赤县神州。复更有八州，每一州者四海环之，名曰裨海。九州之外，更有瀛海。此言诡异，闻者惊骇，

---

① （汉）桓宽撰，王利器校注：《盐铁论校注》卷九《论邹》，第613—614页。

然亦不能实然否，相随观读讽述以谈。故虚实之事，并传世间，真伪不别也。世人惑焉，是以难论。①

此处说天下九州，赤县神州在东南角，则为天下的九分之一。赤县神州又分为九州，即《禹贡》九州。大九州，每州之外有"裨海"。圈大九州之外有瀛海。《论衡·难岁篇》：

> 儒者论天下九州，以为东西南北，尽地广长，九州之内五千里，竟三河土中。周公卜宅，经曰："王来绍上帝，自服于土中。"雒则土之中也。邹衍论之，以为九州之内五千里，竟合为一州，在东南位，名曰赤县州。自有九州者九焉，九九八十一，凡八十一州。此言殆虚。地形难审，假令有之，亦一难也。使天下九州，如儒者之议，直雒邑以南，对三河以北，豫州、荆州、冀州之部有太岁耳。雍、梁之间，青、兖、徐、扬之地，安得有太岁？使如邹衍之论，则天下九州在东南位，不直子、午，安得有太岁？②

《论衡》所述邹衍说是：天下共有九州，为大九州，州与州之间为海所阻隔。中国为大九州之一，称赤县神州，其内又分九州，为小九州。

可以看到，邹衍的"大九州说"是在《禹贡》九州的基础上构架起来的，因此时代肯定晚于《禹贡》九州说。《禹贡》九州的世界范围是九州（中国）—流（荒）—四海，中国九州居于天下之中。邹衍的"大九州说"，世界范围远远扩大，赤县神州（九州、中国）仅仅占大九州的八十一分之一，其外还有八十州，加上裨海和瀛海，其在世界上所占的比例更小。中国也不再是世界的中心，而是偏于东南隅的一个小州，从这一意义上"中国"的称号也不再贴切符实。这样的认识表明，邹衍

---

① （汉）王充撰，黄晖校释：《论衡校释》卷一一《谈天篇》，中华书局 1990 年版，第473—474 页。

② （汉）王充撰，黄晖校释：《论衡校释》卷二四《难岁篇》，第1019—1020 页。

时代人们对地理的认识已经大大丰富，对中国的认识也更客观。然而，这样的新认识对以《禹贡》九州构架起来的天下观产生了巨大冲击，因而不为多数人所接受，特别是笃信儒家经典的学者。

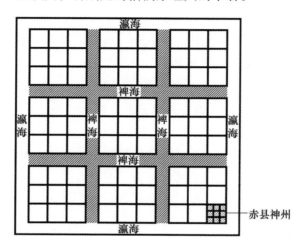

图 2　邹衍"大九州"示意图

司马迁说邹衍大九州说是"作怪迁之变"，"其语闳大不经"。昭帝时文学说"邹衍非圣人，作怪误，荧惑六国之君"，"此《春秋》所谓'匹夫荧惑诸侯'者也"。就因为秦始皇信奉了他的学说，结果造成"亡其三十六郡""而失其州县"的覆灭下场。王充也说邹衍说："此言诡异，闻者惊骇"，"此言殆虚。地形难审"。由此可知，汉代人一般都认为邹衍的大九州说荒诞不经，不采信其说。但是采信者似乎也不少，如昭帝时御史大夫桑弘羊，桑弘羊和文学还说秦始皇也信其说。①

然而，若仔细加以考察，就会发现"天子县内"的观念成于先秦，

① 关于邹衍大九州的研究十分丰富，例如：杨树达：《邹衍九州考》，其著《积微居小学述林》卷六《故书古史杂考之属》，中华书局 1983 年版，第 244—245 页（原刊 1936 年）；顾颉刚：《邹衍及其后继者的世界观》，《中国古代史论丛》1981 年第 1 期；常金仓：《邹衍"大九州说"考论》，《管子学刊》1997 年第 1 期；高建文：《邹衍"大九州"神话宇宙观生成考》，《民俗研究》2016 年第 6 期；胡阿祥：《赤县神州：邹衍的海陆世界》，《唯实》2016 年第 10 期；等等。

即便是在郡制普遍发展起来的战国时期，仍然是主流观念，并一直流行至汉。例如，《管子·山国轨》：

> 桓公问管子曰："请问官国轨。"管子对曰："田有轨，人有轨，用有轨，<u>乡有轨，人事有轨，币有轨，县有轨，国有轨</u>。不通于轨数，而欲为国，不可。"桓公曰："行轨数奈何？"……管子对曰："<u>某乡田若干？……民邻县四面皆橾，谷坐长而十倍。上下令曰：'赀家假币，皆以谷准币，直币而庚之。'谷为下，币为上。百都百县轨据，谷坐长十倍。环谷而应假币。国币之九在上，一在下。</u>币重而万物轻，敛万物，应之以币。币在下，万物皆在上，万物重十倍。府官以市橾出万物，隆而止。国轨：布于未形，据其已成，乘令而进退，无求于民，谓之国轨。"①

《商君书·垦令》：

> <u>声服无通于百县</u>，则民行作不顾，休居不听。休居不听，则气不淫；行作不顾，则意必壹。意壹而气不淫，则草必垦矣。②

《管子》《商君书》虽然成书年代有疑问，但不应晚于战国。另，《战国策·魏三·秦败魏于华走芒卯》：

> 秦败魏于华，走芒卯，而围大梁。须贾为魏谓穰侯曰："……<u>臣闻魏氏悉其百县胜兵以止（上）戍大梁，臣以为不下三十万</u>。以三十万之众，守十仞之城，臣以为虽汤、武复生，弗易攻也

---

① 黎翔凤：《管子校注》卷二二《山国轨》，梁运华整理，中华书局2004年版，第1282—1285页。
② 蒋礼鸿：《商君书锥指》卷一《垦令》，中华书局1986年版，第10页。

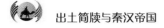
……"①

此外，如《吕氏春秋·孟夏纪》：

> 是月也，天子始絺。命野虞出行田原，劳农劝民，无或失时。命司徒循行县鄙，命农勉作，无伏于都。

高诱注：

> 县，畿内之县。县，二千五百家也。鄙，五百家也。司徒主民，故使循行。②

再如，前引《吕氏春秋·季夏纪》及高诱注。再如，《吕氏春秋·季秋纪》：

> 是月也，大飨帝，尝牺牲，告备于天子。合诸侯，制百县，为来岁受朔日，与诸侯所税于民轻重之法。贡职之数以远近土地所宜为度，以给郊庙之事，无有所私。

高诱注：

> 百县，畿内之县也。五家为邻，五邻为里，四里为攒，五攒为鄙，五鄙为县，然则谓县者二千五百家也。③

---

① 范祥雍：《战国策笺证》卷二四《魏策三》，范邦瑾协校，上海古籍出版社 2006 年版，第 1365—1366 页。亦见《史记》卷七二《穰侯列传》，第 2824 页；湖南省博物馆、复旦大学出土文献与古文字研究中心编纂，裘锡圭主编：《长沙马王堆汉墓简帛集成（叁）·战国纵横家书·须贾说穰侯章》，中华书局 2014 年版，第 226 页。

② （秦）吕不韦编，许维遹集释：《吕氏春秋集释》卷四《孟夏纪》，中华书局 2009 年版，第 86 页。

③ （秦）吕不韦编，许维遹集释：《吕氏春秋集释》卷四《孟夏纪》，第 195—197 页。

成书于汉武帝时期的《淮南子·时则》及高诱注仍沿用了这一说法。文曰：

> 上丁，入学习吹，大飨帝，尝牺牲，合诸侯，制百县，为来岁受朔日，与诸侯所税于民轻重之法，贡岁之数，以远近土地所宜为度。

高诱注：

> 是月上旬丁日，入学官吹笙竽，习礼乐。飨上帝，用牺牲。合诸侯之制，度车服之差，各以其命数也。百县，圻内之县，言百，举全数尔。五家为邻，五邻为里，四里为酂，五酂为鄙，五鄙为县。然则县二千五百家也。①

成书时间不详的《礼记·月令》记载也大体与两书同。

上述文献中，均是天子或国—诸侯、百县的模式。也就是说，天子封诸侯，而直接统治的是百县。即便《管子》《商君书》成书稍早，但《战国策·魏策三》和《吕氏春秋》所载均是秦始皇统一前夜之事，由此可以确定，当时对秦始皇改制起决定影响仍是"天子之县内"的王制观念。

五　结　语

"县官"一词源于《礼记·王制》。《王制》云"县内"为"王畿"，即"天子所居州界名也"。秦始皇统一六国后，认为已经实现王制（天子之制），遂进行一系列改制、改称号举措，其中之一便是将"王室""公室"改为"县官"，取天子居县内、官天下之义。战国秦汉时人所说

---

① （汉）刘安编，何宁集释：《淮南子集释》卷五《时则训》，第419页。

的"天下"有广义、狭义之分。狭义的天下＝国家＝九州。广义的天下＝四海之内＝海内。《礼记·王制》"四海、流（荒）、九州、县内"观念的形成可能经历了漫长的过程，但其下限当在县制已经形成、但郡尚未成为县上一级地方行政机构时期。其社会基础应当包括以下两个因素：第一，实行分封制，即天子将大部分国土分封给诸侯，自己仅统治王畿地区，王畿在国都外采取设县统治。换言之，"王制"是分封制下王畿制度与县制相结合的产物。第二，当时人活动范围主要局限于黄河中下游流域一带的中原地区，东面已达大海，但北、西、南三面的活动范围都不会太远，与中原以外地区的交流也十分有限。战国时期，随着兼并战争的扩大以及交通的发达，对外交流增加，对世界范围的认识也随之扩大，故而产生邹衍的"大九州"说，认为中国的疆域在世界之中仅占八十一分之一。但由于《礼记·王制》和《逸周书·作雒》已经成为人们心目中的圣经，不可撼动，故秦始皇统一中国后，仍依照这一王制观念，将新王朝和自己的帝室取名为"县官"，意为自己从诸侯国君升格为天子，成为居住在县内（王畿）统治天下的官。

秦汉官僚体系中的公卿大夫士
爵位系统及其意义

一　问题的提出

秦汉时人常以公、卿、大夫、士"位"第序官僚。最典型的是《汉书·百官公卿表上》和《续汉书·百官志》，都明确记载了某些职官的"位"。如《百官表》说御史大夫"位上卿"，前后左右将军"位上卿"。① 《百官志》虽然没有"位"的字样，但是诸如"太尉，公一人"、"太常，卿一人"等记载中的公、卿，显然也是指位。这些位包括：上公位（太傅）、公位（太尉、司徒、司空）、比公位（大将军、骠骑将军、车骑将军、卫将军）、卿位（太常、光禄勋、卫尉、太仆、廷尉、大鸿胪、宗正、大司农、少府）。② 在前三史其他篇或其他文献中还可见到大夫、士位。如《汉书·宣帝纪》载宣帝黄龙元年四月诏中有"吏六百石位大夫"之语。③ 将秦汉文献中的"位"按照顺序加以排列，则呈上公、公、比公、上卿、卿、上大夫、下大夫、元士、上士、中士、下士等序列，其主干则为"公卿大夫士"。秦汉文献中也屡见"公卿大夫士"或"公卿大夫"等连称的词语。据笔者统计，前三史中"公卿大

① 《汉书》卷一九上《百官公卿表上》，第725、726页。

② 《后汉书》，中华书局1965年版，分见志二四《百官志一》，第3556、3557、3560、3561、3563页；志二五《百官志二》，第3571、3574、3578、3581、3582、3583页；志二六《百官志三》，第3589、3590、3592页。

③ 《汉书》卷八《宣帝纪》，第274页。

夫"共出现了49次（不含注）。① 如前引《汉书·宣帝纪》黄龙元年宣帝诏："朕既不明，数申诏公卿大夫务行宽大，顺民所疾苦，将欲配三王之隆，明先帝之德也。"② 以上现象表明，秦汉官僚体系中除了以石数排列的禄秩系统之外，还存在着以"公卿大夫士"序列排列的"位"的系统。③

众所周知，公卿大夫士的说法起源于先秦。《左传》襄公二十九年已有"公卿大夫相继于朝"的记载，④《孟子·万章下》叙周室班爵禄："天子一位，公一位，侯一位，伯一位，子男同一位，凡五等也。君一位，卿一位，大夫一位，上士一位，中士一位，下士一位，凡六等。"⑤《孟子·告子上》："有天爵者，有人爵者。仁义忠信，乐善不倦，此天爵也。公卿大夫，此人爵也。"⑥ 贾谊《新书·阶级》："故古者圣王制为列等，内有公卿大夫士，外有公侯伯子男，然后有官师小吏，施及庶人，等级分明，而天子加焉，故其尊不可及也。"⑦《白虎通义·

---

① 其中，"公卿大夫"30次，"公卿大夫士"2次，"公卿大夫八十一元士"1次，"公卿大夫士吏"2次，"公卿大夫士民"1次，"公卿大夫诸侯二千石"2次，"公卿大夫博士"1次，"公卿大夫博士议郎"3次，"公卿大夫博士议郎列侯"1次，"公卿大夫侍中黄门郎"1次，"公卿大夫部刺史"1次，"四辅公卿大夫"1次，"四辅公卿大夫士"1次，"四辅公卿大夫博士郎吏"1次，"四辅公卿大夫博士议郎"1次。

② 《汉书》卷八《宣帝纪》，第273页。

③ 关于秦汉时期这一系统的存在及其作用，以往学者有所触及。如宫崎市定谈到汉代的俸秩可区分为二千石以上、六百石以上、二百石以上、百石以下四个等级，基本对应儒教所说的公卿大夫、上士、下士、庶民的四个等级。参见〔日〕宫崎市定《九品官人法の研究》，京都：同朋舍1975年版（1956年初版），第74—75、102页。平中苓次指出万石俸禄的丞相、太尉、将军等金印紫绶，类比古代的公，二千石以上银印青绶，类比古代的卿，六百石以上铜印墨绶，类比古代的大夫，二百石以上铜印黄绶，类比古代的士。参见〔日〕平中苓次《漢代の官吏の家族の復除と「軍賦」の負擔》，1956年初出，收入其著《中國古代の田制と税法—秦漢経済史研究—》，京都：东洋史研究丛刊1967年版，第337页。近期研究参见杨光辉《汉唐封爵制度》，学苑出版社1999年版，第172—183页；等等。

④ （清）洪亮吉：《春秋左传诂》卷一四，襄公二十九年，第796页。

⑤ （清）焦循：《孟子正义》卷二〇《万章章句下》，沈文倬点校，中华书局1987年版，第676—677页。

⑥ （清）焦循：《孟子正义》卷二三《告子章句上》，第271页。

⑦ （汉）贾谊撰，阎振益、钟夏校注：《新书校注》，中华书局2000年版，第80页。亦见《汉书·贾谊传》："故古者圣王制为等列，内有公卿大夫士，外有公侯伯子男，然后有官师小吏，延及庶人，等级分明，而天子加焉，故其尊不可及也。"（《汉书》卷四八《贾谊传》，第2254页）

爵》："爵有五等……《王制》曰：'王者之制禄爵，凡五等。'谓公侯伯子男也。此据周制也……公卿大夫者何谓也？内爵称也。"① 由此可知，"公卿大夫士"的本质为爵，至迟在战国中后期已形成公侯伯子男的外爵和公卿大夫士的内爵两套认知体系。也正因为如此，现代学界多把"公卿大夫士"与"公侯伯子男"视为周代贵族政体的两个重要标志。

然而，在经历了春秋战国时期的社会巨变和秦始皇建立以皇帝为中心的中央集权官僚体制之后，秦汉官僚体系中的公卿大夫士爵位系统到底还具有怎样的意义呢？

笔者认为秦及西汉时期的官僚体系是由公卿大夫士爵位系统和以石数标称秩级的禄秩系统共同构成的，它们又与二十等爵系统共同组成支撑秦汉官僚政治社会的三个支架。其中，公卿大夫士爵位系统是核心和基准系统，其他两个系统均是从这一系统衍生发展演变而来，三者之间有一定的对应关系。秦汉时期，公卿大夫士爵位系统仍处在不断完善过程中，并不断调整与其他两个系统的关系，汉代几次大的官制改革都因此而起。

二　秦及西汉时期的大夫位及其特权

正如前文所述，《百官表》和《百官志》明确记载了汉代的公卿，因此，对于秦汉时存在公、卿位应当不存在太大疑问。成问题的倒是大夫、士位。士位问题较为复杂，须专文讨论。本章着重讨论大夫位，②由于王莽改制导致东西汉制度发生了重要变化，因此，本章的重点主要放在秦及西汉。

---

① （汉）班固撰，（清）陈立疏证：《白虎通疏证》卷一《爵》，第6—16页。
② 秦汉时期仍然存在名为"大夫"的职官，如郎中令（武帝太初元年更名光禄勋）属官有大夫，包括太中大夫（武帝太初元年更名光禄大夫）、中大夫、谏大夫，"掌论议"（《汉书》卷一九上《百官公卿表上》，第727页），它们显然属于位大夫的职官，但是，本文所论并非这种名为大夫的职官，而是大夫位。

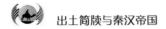

1. 大夫位与禄秩

睡虎地秦简《法律答问》中有一问答：

> 可（何）谓"宦者显大夫？"·宦及智（知）于王，及六百石吏以上，皆为"显大夫"。（简191）

整理小组《注释》说：

> 《汉书·惠帝纪》："爵五大夫、吏六百石以上，及宦皇帝而知名者，有罪当盗械者，皆颂系。"与本条可参看。①

简文中的"大夫"与二十等爵的大夫爵或五大夫爵没有关系，而是指公卿大夫士的大夫位。此简出于秦简《法律答问》，因此它对"显大夫"的界说应当视为秦代的法律规定，大夫即"宦及智（知）于王，及六百石吏以上"，大夫的起始禄秩为六百石。

我们在汉代文献中尚未发现像上述秦简那样直接的法律规定，而《汉书·律历志上》的下列记载：

> 元凤三年，太史令张寿王上书欲改历，六年"诏劾寿王吏八百石，古之大夫，服儒衣，诵不详之辞，作祆言欲乱制度，不道。"②

似乎意味着大夫位在汉代已经成为古代制度的遗存，人们只是习惯于将某些官秩与古代的大夫位相对照而已。然而，若仔细爬梳史籍，我们不难发现西汉时期大夫位仍是具有明确内涵和指向的切实存在，试举典型事例以证之：

例1. 前引《汉书·宣帝纪》载宣帝在黄龙元年诏中说：

---

① 睡虎地秦墓竹简整理小组：《睡虎地秦墓竹简·法律答问释文注释》，文物出版社1990年版，第139页。

② 《汉书》卷二一上《律历志上》，第978页。

举廉吏，诚欲得其真也。吏六百石位大夫，有罪先请，秩禄上通，足以效其贤材，自今以来毋得举。①

宣帝在诏书中明确说"吏六百石位大夫"，这一说法与前引秦简一脉相承。在古代，诏书即是法律。此诏表明，直至宣帝时"吏六百石位大夫"的法律规定仍在发挥作用。居延新简中有这样一枚简：

　　☑□君吏六百石大夫位当有　　E. P. T52：164②

居延新简所出简的年代为武帝末至东汉初。此简在边境地区发现，可以进一步证明它是切实施行的法令。

根据宣帝诏，我们还了解到位大夫者享有"有罪先请，秩禄上通"的特权。"有罪先请"指一定身分之人有罪必先请议而后论罪，不得直接劾之有司。③《周礼·秋官司寇·小司寇》有八辟，"六曰议贵之辟"，郑众注："若今时吏墨绶有罪，先请是也"。贾公彦疏："先郑推引汉法墨绶为贵，若据周，大夫以上皆贵也。墨绶者，汉法……县令六百石铜印墨绶是也。"④《汉书·刘屈氂传》则提供了现实的例证。巫蛊事件中，卫太子发兵诛江充，丞相刘屈氂率兵平叛，

　　太子军败，南奔覆盎城门，得出。会夜司直田仁部闭城门，坐令太子得出，丞相欲斩仁。御史大夫暴胜之谓丞相曰："司直，吏二千石，当先请，奈何擅斩之。"丞相释仁。⑤

---

①　《汉书》卷八《宣帝纪》，第 273 页。

②　甘肃省文物考古研究所、甘肃省博物馆、文化部古文献研究室、中国社会科学院历史研究所编：《居延新简——甲渠候官与第四燧》，文物出版社 1990 年版，第 240 页。

③　参见甘肃省博物馆、中国科学院考古研究所《武威汉简》（考古学专刊乙种第十二号），中华书局 2005 年版，第 143 页。

④　（清）孙诒让：《周礼正义》卷六六《秋官司寇上·小司寇》，第 2773 頁。

⑤　《汉书》卷六六《公孙刘田王杨蔡陈郑传·刘屈氂》，第 2881 页。

暴胜之即以此条法律阻止丞相刘屈牦立斩丞相司直田仁。"秩禄上通"，指六百石吏需由皇帝选任，不能由各官府调选辟除。《汉旧仪》卷下："旧制：令六百石以上，尚书调；拜迁四百石长、相至二百石，丞相调；除中都官百石，大鸿胪调；郡国百石，二千石调。哀帝时长、相皆黑绶。亡新吏黑绶，有罪先请，与廉吏同。"① 据《百官表》，成帝建始四年初置尚书，掌管皇帝的文书。

例2.《汉书·朱博传》载成帝时大司空何武与丞相翟方进奏言：

> 古选诸侯贤者以为州伯……今部刺史居牧伯之位，秉一州之统，选第大吏，所荐位高至九卿，所恶立退，任重职大。《春秋》之义，用贵治贱，不以卑临尊。刺史位下大夫，而临二千石，轻重不相准，失位次之序。臣请罢刺史，更置州牧，以应古制。②

奏言称"刺史位下大夫"。刺史秩为六百石，③ 由此可进一步明确秩六百石吏的"位"为下大夫。这一点还可以从下文的例3、例4、例5得到佐证。

例3.《汉书·司马迁传》载司马迁报任安书，其中有曰：

> 乡者，仆亦尝厕下大夫之列，陪外廷末议。④

司马迁受腐刑前任太史令。颜师古注引韦昭曰："《周官》太史位下大夫也。"臣瓒曰："汉太史令千石，故比下大夫。"《汉书补注》引沈钦韩说："《百官志》'太史令六百石'。宣帝黄龙元年，诏曰'吏六百石位大

---

① （汉）卫宏：《汉旧仪》，（清）孙星衍等辑《汉官六种》，第82页。《汉官旧仪》卷下记载同 [（汉）卫宏：《汉官旧仪》卷下，（清）孙星衍等辑《汉官六种》，第50页]。《史记·袁盎列传》裴骃《集解》引如淳曰："调，选。"（《史记》卷一〇一《晁错袁盎列传·袁盎》，第3320页）

② 《汉书》卷八三《薛宣朱博传·朱博》，第3406页。

③ 《汉书》卷一九上《百官公卿表上》，第741页。

④ 《汉书》卷六二《司马迁传》，第2727—2728页。

夫，有罪先请'。瓒以太史令为千石，非也。"① 张家山汉简《二年律令·秩律》太史令秩亦六百石，②《史记·太史公自序》司马贞《索隐》引《博物志》则明确载："太史令茂陵显武里大夫司马迁，年二十八，三年六月乙卯除，六百石"，③ 可证沈钦韩的判断。结合前引《司马迁传》，可知太史令秩六百石，位下大夫，而韦昭注则进一步揭示，秩六百石位下大夫与《周官》记载同。

例4.《汉书·礼乐志》：

> 至成帝时，谒者常山王禹世受河间乐，能说其义，其弟子宋晔等上书言之，下大夫博士平当等考试。④

《汉书·龚胜传》载御史中丞劾奏龚胜说：

> 胜吏二千石，（夏侯）常位大夫，皆幸得给事中，与论议……⑤

时夏侯常为博士。⑥ 据《百官表》，博士"秩比六百石"，⑦ 因此，比六百石亦位下大夫。

例5.《史记·太史公自序》载有"上大夫壶遂"。《索隐》案：

> 遂为詹事，秩二千石，故为上大夫也。⑧

---

① （汉）班固撰，（清）王先谦补注：《汉书补注·司马迁传第三十二》，上海师范大学古籍整理研究所整理，上海古籍出版社2019年版，第4358页。

② 彭浩、陈伟、[日]工藤元男主编：《二年律令与奏谳书——张家山二四七号汉墓出土法律文献释读》，"二年律令释文"，简461－464，上海古籍出版社2007年版，第270页。

③ 《史记》卷一三〇《太史公自序》，第4001页。

④ 《汉书》卷二二《礼乐志》，第1071页。

⑤ 《汉书》卷七二《王贡两龚鲍传·龚胜传》，第3082页。

⑥ 《汉书》卷七二《王贡两龚鲍传·龚胜传》，第3081页。

⑦ 《汉书》卷一九上《百官公卿表上》，第726页。

⑧ 《史记》卷一三〇《太史公自序》，第4004页。

壶遂任詹事之事见于《史记·韩长孺列传》："壶遂官至詹事，天子方倚以为汉相，会遂卒。"① 下文将证汉代詹事秩没有发生过变化，始终为二千石。

例6.《史记·十二诸侯年表》：

> 上大夫董仲舒推《春秋》义，颇著文焉。②

据《汉书·董仲舒传》，董仲舒因对策得武帝赏识，"对既毕，天子以仲舒为江都相，事易王"，因言灾异，"中废为中大夫"，后又启用为胶西王相。③ 汉代诸侯王相秩二千石。以上两例均表明上大夫是秩二千石者之"位"。而且，正如例5、例6所反映的，汉代有称人"大夫"的习俗，多数情况下"大夫"不是指官名，而是"位"名，它表明"位"的概念不仅十分重要而且深入人心。

例7. 前引《汉书·翟方进传》：

> 丞相、御史请遣掾史与司隶校尉、部刺史并力逐捕，察无状者，奏可。司隶校尉涓勋奏言："《春秋》之义，王人微者序乎诸侯之上，尊王命也。臣幸得奉使，以督察公卿以下为职，今丞相宣请遣掾史，以宰士督察天子奉使命大夫，甚悖逆顺之理……"

颜师古注曰：

> 谓丞相掾史为宰士者，言其宰相之属官，而位为士也。奉使命大夫，谓司隶也。④

---

① 《史记》卷一〇八《韩长孺列传》，第3465页。
② 《史记》卷一四《十二诸侯年表》，第648页。
③ 《汉书》卷五六《董仲舒传》，第2523—2525页。
④ 《汉书》卷八四《翟方进传》，第3413页。

司隶校尉涓勋对丞相、御史大夫掾史监督司隶校尉和部刺史逐捕一事不满，故对皇上上奏发牢骚，说这是"以宰士督察天子奉使命大夫"，违背尊卑之礼。据《百官表》，司隶校尉秩二千石，① 正合前文所证二千石位上大夫，由此亦可推丞相、御史掾史位士。《百官志一》太尉条"掾史属二十四人"后本注曰：

> 《汉旧注》东西曹掾比四百石，余掾比三百石，属比二百石，故曰公府掾，比古元士三命者也。或曰，汉初掾史辟，皆上言之，故有秩比命士。其所不言，则为百石属。其后皆自辟除，故通为百石云。②

将太尉东西曹掾比二百石至比四百石比之古元士，或将有秩比作命士。"比"的说法表明当时可能并没有对"士"的范畴做出明确规定，故存在几种不同说法。

例8.《史记·万石张叔列传》：

> 孝景帝季年，万石君以上大夫禄归老于家，以岁时为朝臣。
> （御史大夫张欧）老病笃，请免。于是天子亦策罢，以上大夫禄归老于家。③

《百官表下》：

> （元光四年）九月，中尉张欧为御史大夫，五年老病免，食上大夫禄。④

---

① 《汉书》卷一九上《百官公卿表上》，第738页。
② 《后汉书》志二四《百官志一》，第3558—3559页。
③ 《史记》卷一〇三《万石张叔列传》，第3346、3356页。
④ 《汉书》卷一九下《百官公卿表下》，第769－770页。

万石君和张欧以老病免时，均破例赐食上大夫禄。假如上大夫不是切实的位阶，享有固定俸禄的话，这样的表述就难以理解。

以上数例表明，西汉时期不仅存在切实的大夫位，而且秩二千石和六百石、比六百石分别对应上大夫位和下大夫位。[①]

然而，秦汉时在二千石和六百石之间还存在比二千石、千石、比千石、八百石、比八百石等秩级。这些秩级与"位"的对应关系是怎样的呢？文献中没有明确的答案，但是，根据以下记载或许可以做些推测。《百官表上》：

> 凡吏秩比二千石以上，皆银印青绶，光禄大夫无。秩比六百石以上，皆铜印黑绶，大夫、博士、御史、谒者、郎无。其仆射、御史治书尚符玺者，有印绶。比二百石以上，皆铜印黄绶。[②]

秦汉印绶分三个等级：秩比二千石以上银印青绶，秩比六百石以上铜印黑绶，比二百石以上铜印黄绶。汉代自景帝中六年规定六百石以上者享有乘车的特权，车制分两个等级：二千石以上和千石至六百石。《汉书·景帝纪》景帝中六年五月诏曰：

> 夫吏者，民之师也，车驾衣服宜称。吏六百石以上，皆长吏也，亡度者或不吏服，出入闾里，与民亡异。令长吏二千石车朱两轓，千石至六百石朱左轓。车骑从者不称其官衣服，下吏出入闾巷亡吏体者，二千石上其官属，三辅举不如法令者，皆上丞相御史请之。[③]

---

① 这是就制度而言，然而，汉代对某些有功的官僚常以加秩作为奖励，因此常出现职、秩、位不相称的情况。如《汉书·陈汤传》：陈汤对将作大匠解万年说，武帝时"将作大匠乘马延年以劳苦秩中二千石"（《汉书》卷七〇《傅常郑甘陈段传·陈汤》，第3024页），将作大匠为二千石官，位上大夫，乘马延年因劳苦特加秩为中二千石，但其职、位应不变。另，《汉书·佞幸传·董贤》："以父恭不宜在卿位，徙为光禄大夫，秩中二千石。"（《汉书》卷九三《佞幸传·董贤》，第3736页）光禄大夫，武帝太初元年秩比二千石（《汉书》卷一九上《百官公卿表上》，第727页），董恭因其子董贤故，加秩为中二千石。

② 《汉书》卷一九上《百官公卿表上》，第743页。

③ 《汉书》卷五《景帝纪》，第149页。

而《续汉书·舆服志上》"皁盖车"条：

> 中二千石、二千石皆皁盖，朱两轓。其千石、六百石，朱左轓。①

结合前引《汉书·司马迁传》颜师古注引臣瓒说"汉太史令千石，故比下大夫"，虽然臣瓒说太史令千石有误，但是，千石位下大夫应该有据。因此，可推测：比二千石位随二千石，也为上大夫，千石以下至比六百石位下大夫。② 武帝太初元年曾改革官制，将二千石官原名为"令"者，如中大夫令、郎中令、少府令、大行令、大农令等，皆不复称令，而将"令"作为秩千石至六百石者专称，③ 亦表明秩千石与六百石地位相同。

需要指出两点：第一，秦汉时期的公卿大夫士专指士人官僚，宦官不在此列。司马迁事迹可证明这一点。司马迁原为太史令，秩六百石，后因李陵事受宫刑，"为中书令，尊宠任职"。④ 中书令即中书谒者令，秩为千石。⑤ 但司马迁报任安书中却说："乡者，仆亦尝厕下大夫之列，陪外廷末议"，中书令禄秩高于太史令，却不能列于位系统，盖因其为宦者。此外，《史记·佞幸列传》载："今天子中宠臣，士人则韩王孙嫣，宦者则李延年……上即位，欲事伐匈奴，而嫣先习胡兵，以故益尊贵，

① 《后汉书》志二九《舆服志上》，第 3647 页。

② 先秦时期大夫除上、下大夫外，还有中大夫。《韩非子·外储说左下》："故晋国之法，上大夫二舆二乘，中大夫二舆一乘，下大夫专乘，此明等级也。"［（清）王先慎：《韩非子集解》卷一二《外储说左下》，钟哲点校，中华书局 1998 年版，第 304 页］汉代文献中没有发现位中大夫的记载，而且，秦与西汉时有名为中大夫的职官，结合《白虎通·爵》"大夫但有上下，士有上中下何？明卑者多也"［（汉）班固撰，（清）陈立疏证：《白虎通疏证》卷一《爵》，第 20 页］的说法，两汉时大概只设上下大夫位，而没有中大夫位。

③ 参见廖伯源《汉初之二千石官》，武汉大学简帛研究中心主办《简帛》第一辑，上海古籍出版社 2006 年版，第 373 页。

④ 《汉书》卷六二《司马迁传》，第 2725 页。

⑤ 《续汉书·百官志三》："尚书令一人，千石。本注曰：承秦所置，武帝用宦者，更为中书谒者令，成帝用士人，复故。掌凡选署及奏下尚书曹文书众事。"（《后汉书》志二六《百官志三》，第 3596 页）

官至上大夫"，而载李延年时只说"延年佩二千石印"，未说其"位"。同传："孝文时中宠臣，士人则邓通，宦者则赵同、北宫伯子……于是文帝赏赐（邓）通巨万以十数，官至上大夫。"[①] 文帝对宦者（宦官）赵同、北宫伯子应当也赐了官，然而《史记》却不载，当与李延年一样因是宦官，故没有"位"。

第二，秦及西汉时期狭义的公卿大夫专指中央直属各级官署六百石以上长官，即所谓外朝官，[②] 不包括郡县侯国地方官、[③] 将军、侍中等加官和内朝官，[④] 也不包括光禄勋属下的郎、谒者及太常属下的博士等。故在汉帝诏书中常把"公卿大夫"与部刺史、诸侯二千石、[⑤] 侍中黄门郎、[⑥] 博士议郎[⑦]等并举。但是，正如前引例4等所示，地方官、加官、博士、议郎等可以通过"位比"的方式，与公卿大夫士系统建立对应关系。

2. 吏六百石以上者的特权及意义

上文已揭示，秩六百石位大夫以上吏具有某些特权，如"有罪先请，

① 分见《史记》卷一二五《佞幸列传》，第3880—3882、3878页。

② 《汉书·刘辅传》颜师古注引孟康曰："中朝，内朝也。大司马左右前后将军、侍中、常侍、散骑、诸吏为中朝。丞相以下至六百石为外朝也。"（《汉书》卷七七《盖诸葛刘郑孙毋将何传·刘辅》，第3253页）

③ 《汉书·成帝纪》载：鸿嘉元年春二月，诏曰："……方春生长时，临遣谏大夫理等举三辅、三河、弘农冤狱。公卿大夫、部刺史明申敕守相，称朕意焉。"（《汉书》卷一〇《成帝纪》，第315页）由此可知，公卿大夫既不包括部刺史，也不包括郡太守、诸侯相。同卷元延元年秋七月诏曰："乃者，日蚀星陨，谪见于天，大异重仍。在位默然，罕有忠言。今孛星见于东井，朕甚惧焉。公卿大夫、博士、议郎其各悉心，惟思变意，明以经对，无有所讳，与内郡国举方正能直言极谏者各一人，北边二十二郡举勇猛知兵法者各一人。"颜师古注曰："令公卿与内郡国各举一人。"（《汉书》卷一〇《成帝纪》，第326页）亦可证。

④ 《汉书·哀帝纪》元寿元年春正月诏："乃正月朔，日有蚀之，厥咎不远，在余一人。公卿大夫其各悉心勉帅百寮，敦任仁人，黜远残贼，期于安民。陈朕之过失，无有所讳。其与将军、列侯、中二千石举贤良方正能直言者各一人。大赦天下。"（《汉书》卷一一《哀帝纪》，第343页）此处将公卿大夫与将军、列侯、中二千石并举，将军为加官，列侯为二十等爵系统，此处的中二千石应指虽然秩达到中二千石，但未列入卿者。

⑤ 《汉书》卷九九中《王莽传中》，第4125、4144页。

⑥ 《汉书》卷九九下《王莽传下》，第4191页。

⑦ 《汉书》卷一〇《成帝纪》，第326页；《汉书》卷七六《赵尹韩张两王传·王尊》，第3235页；《汉书》卷八六《何武王嘉师丹传·王嘉》，第3492页；等等。

秩禄上通""陪外廷末议"。事实上，吏六百石以上的特权远不止于此。以往一些学者对此已有论述，① 此节在前贤的基础上作进一步的归纳和补充。

前引《汉书·景帝纪》景帝中六年诏表明，吏六百石以上者在汉代被称作长吏，② 颜师古注引张晏曰："长，大也。六百石，位大夫。"③ 六百石也是大县令与小县之长的分野。④《百官表》："万户以上为令，秩千石至六百石；减万户为长，秩五百石至三百石。"景帝令吏六百石以上长吏必须将乘车侧面的藩屏涂成红色，以区别普通的吏民。⑤ 从前引《续汉书·舆服志上》"皁盖车"条可知，景帝六年诏出台后遂成定制。六百石以上吏出行时要有斧车随行。⑥ 虽然东汉时大夫位与禄秩的对应关系发生变化，但是，秩六百石仍然是划分官僚层级的一个重要尺度。《续汉书·舆服志下》"后夫人服"条"公主、贵人、妃以上，嫁娶得服锦绮罗縠缯，采十二色，重缘袍。特进、列侯以上锦缯，采十二色。六百石以上重练，采九色，禁丹紫绀。三百石以上五色采，青绛黄红绿。二百石以上四采，青黄红绿。贾人，缃缥而已。"⑦ 它表明汉代对各级官吏和贾人嫁娶的服饰等级有法律规定，其中，六百石以上是一个重要等阶。其他服制方面当也有很具体的规定。

---

① ［日］平中苓次：《中國古代の田制と税法—秦漢経済史研究—》，第 319—357 页；［日］上田早苗：《貴族的官制の成立—清官の由來とその性格—》，中国中世史研究会编《中國中世史研究》，东京：东海大学出版会 1970 年版，第 119—121 页；杜正胜：《编户齐民——传统政治社会结构之形成》，附录十四"五大夫与六百石"，台北：联经出版事业公司 1990 年版，第 457— 458 页。

② ［日］上田早苗：《貴族的官制の成立—清官の由來とその性格—》，第 119—121 页。

③ 汉代还有另一意义的"长吏"，《汉书·百官公卿表上》："县令、长，皆秦官，掌治其县。万户以上为令，秩千石至六百石。减万户为长，秩五百石至三百石。皆有丞、尉，秩四百石至二百石，是为长吏。百石以下有斗食、佐史之秩，是为少吏。"（《汉书》卷一九上《百官公卿表上》，第 742 页）

④ 杜正胜：《编户齐民——传统政治社会结构之形成》，第 458 页。

⑤ ［日］上田早苗：《貴族的官制の成立—清官の由來とその性格—》，第 119 页；杜正胜：《编户齐民——传统政治社会结构之形成》，第 458 页。

⑥ ［日］林巳奈夫：《後漢時代の車馬行列》，《東方學報》（京都）第 37 册，1966 年。

⑦ 《后汉书》志三〇《舆服志下》，第 3677 页。参见［日］上田早苗《貴族的官制の成立—清官の由來とその性格—》，第 119 页。

秩六百石是有资格参加贺正、大丧特别是朝议等朝廷活动的最低一级官吏。《史记·叔孙通列传》载汉高帝七年叔孙通制定贺正朝仪："于是皇帝辇出房,百官执职传警,引诸侯王以下至吏六百石以次奉贺。"[①]《续汉书·礼仪志下》"大丧"条,大敛时"谒者引诸侯王立殿下,西面北上;宗室诸侯、四姓小侯在后,西面北上。治礼引三公就位,殿下北面;特进次中二千石;列侯次二千石;六百石、博士在后;群臣陪位者皆重行,西上。"[②] 前引例3,司马迁对自己曾任六百石太史令的经历以"尝厕下大夫之列,陪外廷末议"来形容,显然六百石吏是可以参与外廷议事的。前引例4亦表明位大夫的博士可"得给事中,与论议"。通常上封事的权利也止于吏六百石。《后汉书·灵帝纪》载灵帝建宁四年"诏公卿至六百石各上封事"。[③]

正因为如此,汉代的外朝是由六百石以上至丞相构成的。由于秩六百石具有如此重要的地位,故汉代这一级官职设置最多,一般部门的长官均定为六百石秩(参见表1),其目的应是为了让朝廷与这些部门能够建立直接联系。

表1 西汉时期位、秩、爵、印绶对照表[④]

位	禄秩	爵	印绶
上公			
公		列侯	金印紫绶
比公			

①《史记》卷九九《刘敬叔孙通列传·叔孙通》,第3297—3298页。《汉书·叔孙通传》记载同(《汉书》卷四三《郦陆朱刘叔孙传·叔孙通》,第2127页)。参见杜正胜《编户齐民——传统政治社会结构之形成》,第457页。

②《后汉书》志六《礼仪志下》,第3141页。另,《汉书·王莽传上》载,平帝崩后,王莽"征明礼者宗伯凤等与定天下吏六百石以上皆服丧三年"(《汉书》卷九九上《王莽传上》,第4078页)。

③《后汉书》卷八《灵帝纪》,第332页。

④ 爵与位、秩没有必然联系,即并非达到一定的位、秩就一定有相应的爵,爵通常需要专门赐予程序。

续表

位	禄秩	爵	印绶
上卿正卿	中二千石	御史大夫—关内侯，中二千石—右庶长①	银印青绶
卿	中二千石		
上大夫	二千石	诸侯相—右庶长	银印青绶
	比二千石		
下大夫	千石	五大夫	铜印黑绶
	比千石		
	八百石②		
	比八百石		
	六百石		
	比六百石		
士	五百石	公乘至上造	铜印黄绶
	四百石		
	比四百石		
	三百石		
	比三百石		
	二百石		
	比二百石		

　　六百石以上吏在司法、赋税、徭役上享有很多特权。如前引例1《汉书·宣帝纪》表明，吏六百石位大夫者享有"有罪先请"的特权。③此外还享有"入官廷不趋，犯罪耐以上毋二尺告劾，有敢征召、侵辱者

---

　　① 《汉书》卷八《宣帝纪》（第249页）、卷九《元帝纪》（第282页），记有御史大夫、中二千石；卷六《武帝纪》只记中二千石（第174页）；《史记》卷一一《景帝本纪》（第568页）、《汉书》卷五《景帝纪》（第150页）记有中二千石、诸侯相爵右庶长。《汉书·外戚传》关于皇帝嫔妃比爵的规定与上述记载不同："而元帝加昭仪之号，凡十四等云。昭仪位视丞相，爵比诸侯王。婕妤视上卿，比列侯。娙娥视中二千石，比关内侯。傛华视真二千石，比大上造。美人视二千石，比少上造。八子视千石，比中更。充依视千石，比左更。七子视八百石，比右庶长。良人视八百石，比左庶长。长使视六百石，比五大夫。少使视四百石，比公乘。五官视三百石。顺常视二百石。无涓、共和、娱灵、保林、良使、夜者皆视百石。上家人子、中家人子视有秩斗食云。五官以下，葬司马门外。"（《汉书》卷九七上《外戚传上》，第3935页）

　　② 《汉书·百官公卿表上》：成帝阳朔二年除八百石、五百石秩。（《汉书》卷一九上《百官公卿表上》，第743页）

　　③ 杜正胜：《编户齐民——传统政治社会结构之形成》，第458页。

比大逆不道"的特权。甘肃武威出土的王杖简：

> 制诏御史曰：年七十受王杖者比六百石，入官廷不趋，犯罪耐以上
> 毋二尺告劾，有敢征召、侵辱者比大逆不道。建始二年九月甲辰下。①

诏书规定年七十受王杖者待遇比照六百石吏，② 因此，下文中的"入官廷不趋，犯罪耐以上毋二尺告劾，有敢征召、侵辱者比大逆不道"，应是汉王朝对六百石吏待遇的法律规定。"耐"是剃去鬓须的刑罚，虽然没有伤及皮肉，但对于"身体发肤受之父母"不可亵渎的古人而言，"耐"意味着已经是伤及身体的耻辱刑。"毋二尺告劾"，即有罪后不能像对待普通百姓一样，以二尺牍直接起诉，由此可知，虽然汉代时"刑不上大夫"已经废而不行，③ 但是对位大夫以上者在刑罚上仍有优待。

《汉书·惠帝纪》载，惠帝即位后向天下施恩惠，其中两项是针对六百石以上吏的：

> 爵五大夫、吏六百石以上及宦皇帝而知名者有罪当盗械者，皆
> 颂系……今吏六百石以上父母妻子与同居，及故吏尝佩将军都尉印
> 将兵及佩二千石官印者，家唯给军赋，他无有所与。④

其一，六百石以上吏和爵五大夫者、宦皇帝而知名者，犯罪后应带刑具的，特批有不带刑具的优待权；⑤ 其二，吏六百石以上者，除军赋外，

---

① 甘肃省博物馆、中国科学院考古研究所：《武威汉简》，第 140 页。

② 整理者认为："比六百石者，秩比六百石。《汉书·百官公卿表》博士、议郎、中郎、谒者等皆秩比六百石，惟此在虚衔耳。"（甘肃省博物馆、中国科学院考古研究所：《武威汉简》，第 142 页）笔者认为这里的"比"是比照的意思，而非"比六百石"秩。

③ 《新书·阶级》："今自王侯三公之贵，皆天子之所改容而礼之也，古天子之所谓伯父伯舅也，令与众庶、徒隶同黥、劓、髡、刖、笞、偯、弃市之法"。[（汉）贾谊撰，阎振益、钟夏校注：《新书校注》，第 80 页]

④ 《汉书》卷二《惠帝纪》，第 85—86 页。

⑤ 沈家本："狱囚著械，古制已然，颂系不著械，若今时之散禁也。"[（清）沈家本：《历代刑法考·刑法分考十二·囚系》，邓经元、骈宇骞点校，中华书局 1985 年版，第 331—332 页]

可免除全户的其他所有徭赋。① 在司法豁免和徭赋复除上对六百石以上吏及其家人都给予了很高的特权。

六百石以上长吏在职秩的迁转上也较少吏有更多的特权和机遇。下面的例子虽然是东汉的，但其精神主干大致可视为西汉的延续。《后汉书·质帝本纪》载，质帝本初元年令"千石、六百石、四府掾属、三署郎、四姓小侯先能通经者，各令随家法，其高第者上名牒，当以次赏进。"②《后汉书·翟酺列传》记载了一个颇有意思的故事：

> 时尚书有缺，诏将大夫六百石以上试对政事、天文、道术，以高第者补之。酺自恃能高，而忌故太史令孙懿，恐其先用，乃往候懿。既坐，言无所及，唯涕泣流连。懿怪而问之，酺曰："图书有汉贼孙登，将以才智为中官所害。观君表相，似当应之。酺受恩接，凄怆君之祸耳！"懿忧惧，移病不试。由是酺对第一，拜尚书。③

它表明重要官职空缺时，通常是在六百石以上长吏中进行选拔。

汉代还多次对六百石以上吏赐五大夫或以上爵，而且五大夫以上爵对秩六百石的吏方始赐予。④ 如《汉书·宣帝纪》本始元年五月因"凤皇集胶东、千乘，赦天下。赐吏二千石、诸侯相⑤下至中都官、宦吏、六百石爵，各有差，自左更至五大夫"。⑥ 众所周知，五大夫爵是官爵的

---

① ［日］平中苓次：《中國古代の田制と税法—秦漢経济史研究—》，第319—357页；朱绍侯：《军功爵制研究》，上海人民出版社1990年版，第228页。

② 《后汉书》卷六《质帝本纪》，第281页。《后汉书·儒林列传上》亦载此事。（《后汉书》卷七九上《儒林列传上》，第2547页）

③ 《后汉书》卷四八《杨李翟应霍爰徐列传·翟酺》，第1602页。

④ 参见［日］西嶋定生《中国古代帝国的形成与结构——二十等爵研究》，武尚清译，中华书局2004年版，第84—95页；朱绍侯《军功爵制研究》，第208—209、226—228页。

⑤ 中华书局点校本此处以顿号断开，笔者认为不宜断开，故改。

⑥ 《汉书》卷八《宣帝纪》，第242页。此后还多次赐予，如宣帝元康元年三月（《汉书》卷八《宣帝纪》，第253—254页）、元帝永光元年三月（《汉书》卷九《元帝纪》，第287页）、永光二年二月（《汉书》卷九《元帝纪》，第288页）、平帝元始四年（《汉书》卷一二《平帝纪》，第357页）。此外，《汉书·哀帝纪》载：建平四年"夏五月，赐中二千石至六百石及天下男子爵。"（《汉书》卷一一《哀帝纪》，第342页）虽然没有明确记载赐爵的具体情况，但从其特意强调中二千石至六百石，可推测对这一群体和以往一样也是赐以五大夫以上爵。

起始爵，可享受终身免役的特权。汉朝通过对六百石以上吏赐五大夫爵的方式，使他们不仅在任职期间享有特权，而且在离职后仍然能够保持特权身份，傲视普通的吏民。前引《汉书·惠帝纪》将爵五大夫与吏六百石并列在一起，以及《汉书·外戚传上》载皇帝嫔妃"长使视六百石，比五大夫"，①均表明六百石吏与五大夫爵社会地位大体相当。②

六百石以上吏之子则享有接受国家正式教育、优先入仕的特权。《后汉书·质帝本纪》载，质帝本初元年夏四月，"令郡国举明经，年五十以上、七十以下诣太学。自大将军至六百石，皆遣子受业，岁满课试，以高第五人补郎中，次五人太子舍人"。③《汉官》载大予乐令下有"乐人八佾舞三百八十人。"《周礼·春官宗伯·大胥》："大胥掌学士之版，以待致诸子。"郑众注："学士，谓卿大夫诸子学舞者……汉大乐律曰：'卑者之子，不得舞宗庙之酎。除吏二千石到六百石及关内侯到五大夫子，先取适子，高七尺已上，年十二（贾公彦疏，十二当为二十）到年三十，颜色和顺，身体脩治者，以为舞人。'与古用卿大夫子同义。"④八佾舞的舞人必须从长吏、高爵者嫡子中选拔，与《周礼》记载的以卿大夫子为学士学舞完全吻合。

以上关于秩六百石以上者地位和权益的考察，可能只是现实中的一部分。但是仅依靠这些考察，我们已能得出如下结论：以秩六百石为界，汉代的官僚分为两个大的阶层，居于六百石以上的长吏，官高禄厚，具备参加朝廷议政的资格，并因此成为统治集团的核心成员，享有各种特权，这种特权不仅惠及己身，还延及家庭成员特别是子嗣；居于六百石以下的少吏则官卑禄薄，不能享受长吏所有的特权。秩六百石之于汉代

---

① 《汉书》卷九七上《外戚传上》，第3935页。

② 参见［日］西嶋定生《中国古代帝国的形成与结构——二十等爵研究》，第86—87页。但正如邢义田指出，在传食、赏赐等方面，六百石吏与五大夫爵的待遇并不完全对应。（邢义田：《张家山汉简〈二年律令〉读记》，《燕京学报》新十五期，北京大学出版社2003年版）

③ 《后汉书》卷六《质帝本纪》，第281页。亦见《后汉书》卷七九上《儒林列传上》，第2547页。参见［日］上田早苗《贵族的官制的成立—清官的由来とその性格—》，第119页。

④ （清）孙诒让：《周礼正义》卷四四《春官宗伯上·典命》，第1814页。《续汉书·百官志二》"太常大予乐令"条刘昭注引卢植《礼注》略同。（《后汉书》志二五《百官志二》，第3573页）

官僚体系的分层地位就仿佛五大夫爵之于二十等爵。

秩六百石之所以具有如此重要的分层作用，绝非偶然，正如宣帝黄龙元年诏所表明的，是因为"吏六百石位大夫"，国家将秩六百石确定为大夫的最低一级——下大夫，从而使其具有了重要的分层界标意义。秩六百石所具有的特殊地位是通过"位大夫"而获得的。为什么不是秩决定位，而是位决定秩？因为从本源上来说，位的出现早于秩。西周初期大概已经建立了卿大夫士系列的雏形，① 金文中有"卿事寮"，"卿事"即"卿士"，《诗·小雅·雨无正》中有"三事大夫"，②《左传》中则已形成天子、公、诸侯、卿、大夫、士的序列，襄公十四年师旷对晋侯说："天生民而立之君，使司牧之，勿失其性。有君而为之贰，使师保之，勿使过度。是故天子有公，诸侯有卿，卿置侧室，大夫有贰宗，士有朋友，庶人、工、商、皂、隶、牧、圉皆有亲暱，以相辅佐也。"③ 襄公二十九年叔侯与鲁公的对话中则出现了"公卿大夫"的说法："鲁之于晋也，职贡不乏，玩好时至，公卿大夫相继于朝，史不绝书，府无虚月。"④ 虽然这里的"公卿大夫"与后代的概念并非完全同一。⑤ 而以谷禄为官俸的制度则出现于春秋后期。西周实行封土赐田之制，"至春秋后期，贵族人数日增，渐有无土可封赐之势"，⑥ 遂出现了以谷禄为俸禄的现象。从秦汉法律中"吏六百石位大夫"的表述可以窥知，禄秩级别最初是与位挂钩、以其为坐标来划分的，如将六百石吏确定为大夫的起始级，六百石为下大夫，其上为上大夫、卿，其下为士。

秦汉时期大夫位的存在，以及其所享有的各种特权，表明这一时期禄秩系统虽然已经发展得相当成熟，但是，位系统并没有因此消失，它

---

① 关于西周官制中是否有"公"，学界意见不一，杨宽持肯定态度，而童书业持谨慎否定态度。分见杨宽《西周史》，上海人民出版社1999年版，第341页；童书业《春秋左传研究》，"周及中原列国中央官制"，第168—171页。

② 参见童书业《春秋左传研究》，"周及中原列国中央官制"，第168—171页。

③ （清）洪亮吉：《春秋左传诂》卷一二，襄公十四年，第535页。

④ （清）洪亮吉：《春秋左传诂》卷一四，襄公二十九年，第609页。

⑤ 战国中期以后的"公卿大夫士"，其中的"公"指天子三公。而叔侯所说"公"指鲁公，当时鲁公并非天子三公。叔侯所说"公卿大夫"指鲁公及其大臣卿大夫。

⑥ 参见童书业《春秋左传研究》，"春秋时谷禄制度之兴"，第370页。

仍然作为禄秩系统的坐标体系而存在，是构架当时官僚政治社会的基本制度系统。不仅如此，位系统在秦汉时期还获得了新的发展，这主要体现在公卿位的确立和完善上。

三　西汉公卿位的确立及其制度模型

从上一节的考察可以看到，秩六百石位大夫的位—秩对应关系在秦统一前就已经确立下来，一直到王莽改革没有发生变化。① 秩二千石对应上大夫位，秩千石至六百石对应下大夫位的位—秩关系，也大致如此。变化较大、情况较为复杂的是官僚体系的上部——公、卿位以及与秩的对应关系。众所周知，三公九卿问题一直是秦汉官僚制度史研究的热点。根据传世文献，可知西汉成帝绥和元年至东汉光武帝建武二十七年间曾对官制进行重大改革，确立了三公九卿制度。② 此前的公卿问题一直呈混乱状况。例如，汉代人习称御史大夫为三公，③ 但是，《百官表》记载它的"位"却为上卿。④ 对于这一点，汉时人是清楚的。例如，昭帝盐

① 《汉书·王莽传中》载王莽始建国元年改革官制："更名秩百石曰庶士，三百石曰下士，四百石曰中士，五百石曰命士，六百石曰元士，千石曰下大夫，比二千石曰中大夫，二千石曰上大夫，中二千石曰卿。车服黻冕，各有差品。"（《汉书》卷九九中《王莽传中》，第4103页）不仅调整了秩与位的对应关系，而且，将秩与位完全一一对应。

② 文献虽然没有记载九卿制度确立的具体时间，但大体上应当与三公制度同时。参见徐复观《两汉思想史》第一卷，"三公九卿在历史官制中的澄清"，华东师范大学出版社2001年版，第122—127页。

③ 如景帝二年八月晁错任御史大夫（《汉书》卷一九下《百官公卿表下》，第761页），吴楚七国之乱爆发后，景帝杀晁错，枚乘谏吴王刘濞说："今汉亲诛其三公，以谢前过"（《汉书》卷五一《贾邹枚路传·枚乘》，第2363页）。称御史大夫为三公者还可见《史记》卷一〇四《田叔列传》（第2781—2782页），《史记》卷一一二《平津侯列传》（第2950—2951页）、《汉书》卷五八《公孙弘传》（第2620页），《史记》卷一二一《儒林列传·伏生》（第3125页），《史记》卷一二二《酷吏列传·张汤》（第3143页），同传《杜周》（第3154页），《汉书》卷七一《薛广德传》（第3047页），《汉书》卷七二《王贡两龚鲍传·贡禹》（第3074页），《汉书》卷七六《赵尹韩张两王传·王尊》（第3231页），《汉书》卷七九《冯奉世传附子野王》（第3302页），《汉书》卷九三《佞幸传·董贤》（第3737页），《汉书》卷九八《元后传》（第4023页）。

④ 参见安作璋、熊铁基《秦汉官制史稿》上册，齐鲁书社1984年版，第5—7页；祝总斌《两汉魏晋南北朝宰相制度研究》，中国社会科学出版社1990年版，第19—24页；等等。

铁会议上桑弘羊说到赵绾官至御史大夫即称"擢为上卿"，^① 哀帝时左将军彭宣也称时任御史大夫的赵玄"玄上卿"。^② 再如，汉时人习称九卿，但是，成帝改革之前卿数超过了"九"。那么，为什么会出现这样名实不符的情况？进而，成帝为什么要进行官制改革，建立三公九卿制度，他是否有凭依的制度模型，如果有，又是什么？

新出张家山汉简《二年律令·秩律》为解决上述问题提供了新的材料和可能，我们就以此作为切入点。

1. 《二年律令·秩律》与汉文帝时的官秩改革

《秩律》所反映的西汉初期吕后二年的官秩情况，与《百官表》记载的成帝绥和元年时的官秩序列有很大不同。^③ 最大差异表现在官秩序列的上部。《秩律》中最高一级秩为二千石，简文载：

> ·御史大夫，廷尉，内史，典客，中尉，车骑尉，大（太）仆，长信詹事，少府令，备塞都尉，郡守、尉，衡＜卫＞将军，衡＜卫＞尉，汉（简440）中大夫令，汉郎中、奉常，秩各二千石……（简441）^④

而《百官表》中，最高一级为秩中二千石，《秩律》中的秩二千石官被分解为三个秩级：

---

① 《盐铁论·褒贤》：大夫曰："赵绾、王臧之等，以儒术擢为上卿，而有奸利残忍之心。"［（汉）桓宽撰，王利器校注：《盐铁论校注》卷四《褒贤》，第242页］据《汉书·百官公卿表下》，赵绾建元二年任御史大夫（《汉书》卷一九下《百官公卿表下》，第767页）。

② 《汉书》卷八三《薛宣朱博传》，第3407页。

③ 参见谢桂华《二年律令所见汉初政治制度》，《郑州大学学报》2002年第3期；阎步克《从〈秩律〉论战国秦汉间禄秩序列的纵向伸展》，《历史研究》2003年第5期；廖伯源《汉初之二千石官》，武汉大学简帛研究中心主办《简帛》第一辑。

④ 彭浩、陈伟、［日］工藤元男主编：《二年律令与奏谳书——张家山二四七号汉墓出土法律文献释读》，"二年律令释文"，第258页。

中二千石：御史大夫、① 廷尉、典客、中尉、太仆、少府、卫尉、郎中令、奉常

二千石：内史、詹事、郡守

比二千石：郡尉

这一差异表明汉王朝在吕后二年至成帝绥和元年间的某一个时点曾经对官秩系统进行了一次较大规模的改革，而关于这次改革的情况以及改革前的官秩对应状况，《百官表》完全失载。

如上所述，《秩律》中没有秩中二千石，御史大夫、廷尉等秩皆为二千石，由于文献中关于中二千石和二千石官的记载较多，因此也成为我们探讨此问题的重要突破口。② 传世文献中有两条重要史料：

其一，《史记·孝文本纪》：

---

① 关于御史大夫有无秩级，学界有不同看法。一说没有秩级（参见陈梦家《汉简所见奉例》，《文物》1963 年第 5 期，收入其著《汉简缀述》，中华书局 1980 年版）；一说采《百官表》颜师古注引臣瓒曰："《茂陵书》御史大夫秩中二千石"，认为秩为中二千石（参见安作璋、熊铁基《秦汉官制史稿》上册，齐鲁书社 1984 年版，第 48 页）；一说武帝时为中二千石，后逐渐超越中二千石而自成一级为上卿（参见阎步克《从〈秩律〉论战国秦汉间禄秩序列的纵向伸展》，《历史研究》2003 年第 5 期）。从下述材料来看，郎中令、大农令等列卿在汉代也被称作上卿。前引《盐铁论·褒贤》大夫曰："赵绾、王臧之等，以儒术擢为上卿，而有奸利残忍之心。"[（汉）桓宽撰，王利器校注：《盐铁论校注》卷四《褒贤》，第 242 页]《论诽》丞相史曰："人君用之齐民，而颜异，济南亭长也，先帝举而加之高位，官至上卿。"[（汉）桓宽撰，王利器校注：《盐铁论校注》卷五《论诽》，第 300 页]据《汉书·田蚡传》："婴、蚡俱好儒术，推毂赵绾为御史大夫，王臧为郎中令"（《汉书》卷五二《窦田灌韩传·田蚡》，第 2379 页），及《汉书·儒林传》："武帝初即位，（王）臧乃上书宿卫，累迁，一岁至郎中令"（《汉书》卷八八《儒林传·申公》，第 3608 页），可知赵绾和王臧在武帝时分别任御史大夫和郎中令。而据《汉书·食货志》："而大农颜异诛矣"（《汉书》卷二四下《食货志下》，第 1168 页），颜异在武帝时曾任大农令。既然郎中令、大农令等九卿也和御史大夫一样为上卿，九卿秩为中二千石，而且，《茂陵书》也说御史大夫秩中二千石，因此，当以安、熊说为是。此外，根据《史记·汲黯列传》："张汤方以更定律令为廷尉，黯数质责汤于上前，曰：'公为正卿，上不能褒先帝之功业，下不能抑天下之邪心……何乃取高皇帝约束纷更之为？公以此无种矣。'"（《史记》卷一二〇《汲郑列传·汲黯》，第 3776 页。《汉书》卷五〇《张冯汲郑传·汲黯》，第 2318 页，记载大致同）可知九卿也被称作"正卿"。

② 阎步克、廖伯源均推测这次改革发生在武帝时。阎步克：《从〈秩律〉论战国秦汉间禄秩序列的纵向伸展》，《历史研究》2003 年第 5 期；廖伯源：《汉初之二千石官》，武汉大学简帛研究中心主办《简帛》第一辑。

孝景皇帝元年十月，制诏御史："……其为孝文皇帝庙为《昭德》之舞，以明休德。然后祖宗之功德著于竹帛，施于万世，永永无穷，朕甚嘉之。其与丞相、列侯、中二千石、礼官具为礼仪奏。"①

这是文献中秩中二千石出现的最早时间，由此可知景帝即位时已经存在中二千石秩级了，那么，在二千石之上增设中二千石的秩级应发生在景帝即位之前。

其二，《史记·淮南王刘长传》载：文帝六年，淮南王谋反，文帝令丞相张仓等审理此案，张仓等议：

"丞相臣张仓、典客臣冯敬、行御史大夫事宗正臣逸、廷尉臣贺、备盗贼中尉臣福昧死言：……长当弃市，臣请论如法。"

制曰："朕不忍致法于王，其与列侯二千石议。"

"臣仓、臣敬、臣逸、臣福、臣贺昧死言：臣谨与列侯吏二千石臣婴等四十三人议，皆曰'长不奉法度，不听天子诏，乃阴聚徒党及谋反者，厚养亡命，欲以有为'。臣等议：论如法。"②

大臣第二次上疏中提到"吏二千石臣婴"。《百官表下》文帝八年条，有"太仆婴薨"。此"太仆婴"即汝阴侯夏侯婴。《史记·夏侯婴传》载："婴自上初起沛，常为太仆……高后崩，代王之来，婴以太仆与东牟侯入清宫，废少帝，以天子法驾迎代王代邸，与大臣共立为孝文皇帝，复为太仆。八岁卒，谥为文侯。"③ 由此可知，文帝六年大臣上此疏时，太仆秩尚为二千石。结合前文，可推定御史大夫、廷尉等秩从二千石升为秩中二千石应发生在文帝六年以后至文帝去世前。

贾谊《新书·等齐》的下段文字不仅可以证明上述判断，而且揭示

---

① 《史记》卷一○《孝文本纪》，第550—551页。《汉书·景帝纪》元年十月条记载略同（《汉书》卷五《景帝纪》，第137—138页）。

② 《史记》卷一一八《淮南衡山列传·淮南厉王长》，第3741—3743页。

③ 《史记》卷九五《樊郦滕灌列传·夏侯婴》，第3232页。

文帝时的官秩改革是在贾谊建议下实施的：

> 天子之相，号为丞相，黄金之印；诸侯之相，号为丞相，黄金之印，而尊无异等，秩加二千石之上。天子列卿秩二千石，诸侯列卿秩二千石，则臣已同矣。人主登臣而尊，今臣既同，则法恶得不齐？天子卫御，号为大仆，银印，秩二千石；诸侯之御，号曰大仆，银印，秩二千石，则御已齐矣。御既已齐，则车饰具恶得不齐？①

贾谊说，汉列卿（包括太仆）和诸侯列卿②秩皆二千石，丞相"秩加二千石之上"。贾谊说天子诸卿秩二千石，与《秩律》和《史记·淮南衡山列传·淮南王刘长》所反映的文帝六年时的情况正相吻合。③《新书》收录的是贾谊在文帝时期的奏疏，据《史记·贾生列传》，贾谊仕于文帝元年至十二年，因此，此疏应作于这 12 年间。贾谊认为"天子之与诸侯，臣之与下"，④ 应当贵贱尊卑有别，"所持以别贵贱明尊卑者，等级、势力、衣服、号令也"，⑤ 他对当时天子与诸侯事势等齐无差的现状十分忧虑，故作此疏。大量材料表明，文帝以后诸侯列卿秩仍维持二千石不变，如《史记·酷吏列传·王温舒》载："自温舒等以恶为治，而郡守、都尉、诸侯二千石欲为治者，其治大抵尽放温舒，而吏民益轻犯法，盗贼滋起。"⑥《汉书·哀帝纪》载：哀帝为定陶王时，"元延四年入朝，尽

---

① （汉）贾谊撰，阎振益、钟夏校注：《新书校注》卷一《等齐》，第 46—47 页。

② 《汉书·百官公卿表上》："诸侯王，高帝初置，金玺盭绶，掌治其国。有太傅辅王，内史治国民，中尉掌武职，丞相统众官，群卿大夫都官如汉朝。"（《汉书》卷一九上《百官公卿表上》，第 741 页）

③ 《汉书·百官公卿表上》载"诸侯王，高帝初置……有太傅辅王，内史治国民，中尉掌武职，丞相统众官，群卿大夫都官如汉朝"（《汉书》卷一九上《百官公卿表上》，第 741 页），以及《续汉书·百官志五》说"汉初立诸王……又其官职，傅为太傅，相为丞相，又有御史大夫及诸卿，皆秩二千石，百官皆如朝廷"（《后汉书》志二八《百官志五》，第 3267 页），说诸侯王"百官皆如朝廷"应也包括禄秩相同。

④ （汉）贾谊撰，阎振益、钟夏校注：《新书校注》卷一《等齐》，第 46 页。

⑤ （汉）贾谊撰，阎振益、钟夏校注：《新书校注》卷一《等齐》，第 47 页。

⑥ 《史记》卷一二二《酷吏列传·王温舒》，第 3824 页。

从傅、相、中尉。时成帝少弟中山孝王亦来朝,独从傅。上怪之,以问定陶王,对曰:'令,诸侯王朝,得从其国二千石。傅、相、中尉皆国二千石,故尽从之。'"① 因此,文帝进行的官秩改革应当是采纳贾谊的建议,在秩二千石之上增设秩中二千石一级,以安排天子列卿,提高其地位,与诸侯列卿相区别。

文帝官秩改革时,对郡守的秩级仍维持二千石不变。《史记·酷吏列传·郅都》:"济南瞯氏宗人三百余家,豪猾,二千石莫能制,于是景帝乃拜都为济南太守。至则族灭瞯氏首恶,余皆股栗。居岁余,郡中不拾遗。旁十余郡守畏都如大府。"② 表明景帝时郡守秩仍为二千石。这样,中央列卿的禄秩也高出郡太守一级。

前文已述,《秩律》中秩二千石的职官在《百官表》中被分解为三个秩级,那么,这一格局是否是在文帝改革时一次完成的呢?前文已对天子诸卿、诸侯列卿和郡守进行了考察,下面将对其余职官情况展开讨论。③

第一,关于内史。

《史记·晁错列传》载景帝即位,以晁错为内史,"宠幸倾九卿",④内史似在九卿列。武帝以后文献则多见明确称内史、右内史、主爵都尉⑤为九卿者。如《汉书·酷吏传·宁成》:"武帝即位,徙为内史。外戚多毁成之短,抵罪髡钳。是时九卿死即死,少被刑,而成刑极,自以为不复收,乃解脱,诈刻传出关归家。"⑥《汉书·郑当时传》:"武帝即位,当时稍迁为鲁中尉,济南太守,江都相,至九卿为右内史。以武安

---

① 《汉书》卷一一《哀帝纪》,第333页。另,诸侯相情况有所不同,限于篇幅,此处不赘。
② 《史记》卷一二二《酷吏列传·郅都》,第3805页。
③ 阎步克、廖伯源已有考证,但结论与本文有所不同。阎步克:《从〈秩律〉论战国秦汉间禄秩序列的纵向伸展》,《历史研究》2003年第5期;廖伯源:《汉初之二千石官》,武汉大学简帛研究中心主办《简帛》第一辑。
④ 《史记》卷一〇一《袁盎晁错列传·晁错》,第3324页。
⑤ 据《百官表》,景帝二年将内史分为左右内史,武帝太初元年更名右内史为京兆尹,左内史为左冯翊,主爵都尉(原名主爵中尉,景帝中六年改)为右扶风。(《汉书》卷一九上《百官公卿表上》,第736页)
⑥ 《汉书》卷九〇《酷吏传·宁成》,第3649—3650页。

魏其时议，贬秩为詹事，迁为大司农。"① 《史记·汲黯列传》载武帝"召（黯）以为主爵都尉，列于九卿"，② 当时"太后弟武安侯蚡为丞相，中二千石来拜谒，蚡不为礼。然黯见蚡未尝拜，常揖之"。③ 表明当时主爵都尉秩为中二千石。笔者所见内史称卿年代最晚的例子是《汉书·王尊传》，王尊为京兆尹，"御史大夫中奏尊暴虐不改，外为大言，倨嫚姍〔上〕，威信日废，不宜备位九卿。"颜师古注引如淳曰："三辅皆秩中二千石，号为卿也。即前京兆尹王昌贬为雁门太守，甄遵河内太守也。"④ 据《百官表下》，成帝建始四年（公元前29），"守京辅都尉王遵为京兆尹，二年免"。⑤

由此可推，文帝秩级改革时应当是将内史和其他列卿一样升秩为中二千石，后来又经历一次秩级改革才降秩为二千石，降秩的时间可能是在成帝阳朔二年或绥和元年，如淳注指的是降秩以前的情况。

第二，关于长信詹事。

《百官表》颜师古注引臣瓒曰："《茂陵书》詹事秩真二千石。"《史记·孝景本纪》裴骃《集解》引瓒曰："《茂陵书》詹事秩二千石。"⑥ 《史记·郑当时列传》："武帝立，（郑）庄稍迁为鲁中尉、济南太守、江都相，至九卿为右内史。以武安侯、魏其时议，贬秩为詹事，迁为大农令。"⑦ 右内史为列卿之一，秩中二千石（见前文），"贬秩为詹事"，表明詹事秩低于中二千石。因此，文帝改革时詹事应当没有与其他诸卿一样升秩为中二千石，而是仍然保持秩二千石水平。

第三，关于郡尉。

《汉书·元帝纪》载：

① 《汉书》卷五〇《张冯汲郑传·郑当时》，第2324页。亦见《史记》卷一二〇《汲郑列传·郑当时》，第3780页。

② 《史记·平津侯列传》公孙弘曰："夫九卿与臣善者无过黯"（《史记》卷一一二《平津侯主父列传》，第3575页）。参见徐复观《两汉思想史》第一卷，第126—127页。

③ 《史记》卷一二〇《汲郑列传·汲黯》，第3774页。

④ 《汉书》卷七六《赵尹韩张两王传·王尊》，第3236页。

⑤ 《汉书》卷一九下《百官公卿表第七下》，第825页。"尊"误作"遵"。

⑥ 《史记》卷一一《孝景本纪》，第567页。

⑦ 《史记》卷一二〇《汲郑列传·郑当时》，第3780页。

（建昭）三年夏，令三辅都尉、大郡都尉秩皆二千石。[①]

由此可反证，此诏出台前，郡无论大小，其都尉秩都相同。既然元帝时令三辅和大郡都尉秩为二千石，那么普通郡都尉秩应当低于二千石，因此，《百官表》中郡尉秩比二千石至少在元帝建昭三年前已确定。

将以上考察结果归纳如下：西汉前期官僚系统最高一级为未标称石数的丞相、太尉，其次为二千石，御史大夫与中央诸卿、诸侯列卿、地方郡守尉均为秩二千石。文帝时，年轻有为的政治家贾谊对于这样一种中央与诸侯国、地方郡长官地位无别的现状十分忧虑，遂建议文帝进行改革。文帝采纳贾谊建议，对官秩系统进行了一次大规模调整，提高中央列卿的秩级，以此树立中央王朝的权威和地位。改革主要针对官僚系统的上部，将原来秩二千石官分为三个秩级：第一，在秩二千石之上增设中二千石一级，以安排以御史大夫为首的中央列卿。当时内史沿袭先秦旧制，地位仍十分重要，属卿之列，因此在这次改革中也升为秩中二千石，大约在成帝时由内史转化的三辅被降秩为二千石，与一般郡守秩级同；第二，诸侯列卿、郡守、詹事的秩级保持不变，仍为二千石；第三，郡尉的秩级很可能也在此次改革中降为比二千石。

2. 公、卿位的确立与天子之制

上一节的考察表明，汉初列卿秩为二千石，文帝改革时才将其增秩为中二千石。而本章第二部分则通过传世文献证明汉代上大夫秩为二千石，文献中未见到例外的例子。假如以上两者均为事实，那么，势必导出如下结论：即直至文帝改革，秦汉王朝的卿与上大夫秩均为二千石。

这一情况并非没有可能。先秦时期诸侯国的"卿"即不是独立的位阶，卿指大夫之执政者，就其位来说则属上大夫，故有"上大夫卿"的

---

① 《汉书》卷九《元帝纪》，第294页。

说法。《礼记·王制》："王者之制禄爵，公、侯、伯、子、男，凡五等。诸侯之上大夫卿、下大夫、上士、中士、下士，凡五等。"孙希旦集解："上大夫卿者，言上大夫即卿也。"①《韩非子·外储说左下》则提供了一个实例：

> 一曰：晋孟献伯拜上卿，叔向往贺，门有御，马不食禾。向曰："子无二马二舆，何也？"献伯曰："吾观国人尚有饥色，是以不秣马；班白者多徒行，故不二舆。"向曰："吾始贺子之拜卿，今贺子之俭也。"向出，语苗贲皇曰："助吾贺献伯之俭也。"苗子曰："何贺焉！夫爵禄旂章，所以异功伐、别贤不肖也。故晋国之法，上大夫二舆二乘，中大夫二舆一乘，下大夫专乘，此明等级也。且夫卿必有军事，是故循车马，比卒乘，以备戎事。有难则以备不虞，平夷则以给朝事。今乱晋国之政，乏不虞之备，以成节，以絜私名，献伯之俭也可与？又何贺！"②

从孟献伯、叔向、苗贲皇的对话可以看出，孟献伯虽拜为上卿，但是其位仍为上大夫，享受上大夫的车马规格——二马二舆。因此，西汉初期卿与上大夫同秩很可能沿袭的是战国秦的体制，亦即诸侯国制。

两周时，无论是在现实中还是在观念上，都存在天子之制与诸侯国制的等级差别。如《周礼·春官宗伯·典命》载周天子和诸侯百官命数："王之三公八命，其卿六命，其大夫四命。及其出封，皆加一等。其国家、宫室、车旗、衣服、礼仪亦如之。凡诸侯之适子誓于天子，摄其君，则下其君之礼一等；未誓，则以皮帛继子男。公之孤四命，以皮帛眡小国之君，其卿三命，其大夫再命，其士壹命，其宫室、车旗、衣服、礼仪，各眡其命之数。侯伯之卿大夫士亦如之。子男之卿再命，其大夫壹命，其士不命，其宫室、车旗、衣服、礼仪，各眡其命之数。"③ 但

---

① （清）孙希旦：《礼记集解》，沈啸寰、王星贤点校，中华书局1989年版，第309—310页。
② （清）王先慎：《韩非子集解》卷一二《外储说左下》，第304页。
③ （清）孙诒让：《周礼正义》卷三九《春官宗伯上·典命》，第1608—1615页。

是，《周礼》等书的成书年代存在疑问，其描绘的如此规整的等级序列很可能经后人加工过。相对而言，先秦时期的子书可信度更高一些，将这些书的有关内容加以梳理，可发现至迟在战国中期已形成"内有公卿大夫士，外有公侯伯子男"的天子之制模式。《孟子·万章下》："天子一位，公一位，侯一位，伯一位，子男同一位，凡五等也。君一位，卿一位，大夫一位，上士一位，中士一位，下士一位，凡六等。"① 《老子》②《墨子》③《孟子》④《荀子》⑤ 等书中则谈到天子三公，但未表明三公到底指何职。《春秋公羊传》隐公五年（公元前 718）条："天子三公者何？天子之相也。天子之相则何以三，自陕而东者，周公主之；自陕而西者，召公主之；一相处乎内。"⑥ 明确说三公为天子之相。从后引《史记·白起列传》和《李斯列传》可以看出，这一说法在战国后期十分盛行。

《国语》中已有天子三公九卿的说法："是故天子大采朝日，与三公、九卿祖识地德，日中考政，与百官之政事、师尹维旅、牧、相宣序

① （清）焦循：《孟子正义》卷二〇《万章章句下》，第 676—677 页。

② 《老子》六十二章："故立天子，置三公，虽有拱璧以先驷马，不如坐进此道。"（魏）王弼注，楼宇烈校释：《老子道德经注校释·六十二章》，中华书局 2008 年版，第 162 页。

③ 《墨子·尚同下》："天子以其知力为未足独治天下，是以选择其次立为三公。三公又以其知力为未足独左右天子也，是以分国建诸侯。诸侯又以其知力为未足独治其四境之内也，是以选择其次立为卿之宰。"《天文志上》："是故庶人竭力从事，未得次己而为政，有士政之；士竭力从事，未得次己而为政，有将军大夫政之；将军大夫竭力从事，未得次己而为政，有三公诸侯政之；三公诸侯竭力听治，未得次己而为政，有天子政之；天子未得次己而为政，有天政之。天子为政于三公、诸侯、士、庶人，天下之士君子固明知"。分见（清）孙诒让《墨子间诂》卷三《尚同下》、卷七《天文志上》，孙以楷点校，中华书局 1986 年版，第 83—84、176—177 页。

④ 《孟子·尽心上》："柳下惠不以三公易其介。"（清）焦循：《孟子正义》卷二七《尽心章句上》，第 921 页。

⑤ 《荀子·儒效》："大儒者，天子三公也；小儒者，诸侯大夫士也；众人者，工农商贾也。"《君道》："天子三公，诸侯一相，大夫擅官，士保职，莫不法度而公，是所以班治之也。论德而定次，量能而授官，皆使人载其事而各得其所宜，上贤使之为三公，次贤使之为诸侯，下贤使之为士大夫，是所以显设之也。"分见（清）王先谦《荀子集解》卷四《儒效》、卷八《君道》，沈啸寰、王星贤点校，中华书局 1988 年版，第 145、237—238 页。

⑥ （汉）何休解诂，（唐）徐彦疏：《春秋公羊传》卷三，刁小龙整理，上海古籍出版社 2014 年版，第 85 页。

民事……诸侯朝修天子之业命，昼考其国职，夕省其典刑，夜儆百工，使无慆淫，而后即安。卿大夫朝考其职，昼讲其庶政，夕序其业，夜庀其家事，而后即安。"① 为秦统一天下作理论铺垫的《吕氏春秋》吸收了这一"三公九卿诸侯大夫"的模式。② 至迟在武帝时这一模式发展为"三公九卿二十七大夫八十一元士"的规整形式，其集中体现于董仲舒的《春秋繁露》。

春秋战国以来发展起来的天子之制理论，对战国后期的现实政治产生了相当的影响，当然这一理论在战国后期的迅速发展本就是现实政治的产物。《史记·白起列传》载：

> （秦昭王）四十八年十月，秦复定上党郡。秦分军为二：王龁攻皮牢，拔之；司马梗定太原。韩、赵恐，使苏代厚币说秦相应侯曰："武安君禽马服子乎？"曰："然。"又曰："即围邯郸乎？"曰："然。""赵亡则秦王王矣，武安君为三公。武安君所为秦战胜攻取者七十余城，南定鄢、郢、汉中，北禽赵括之军，虽周、召、吕望之功不益于此矣。今赵亡，秦王王，则武安君必为三公，君能为之下乎？虽无欲为之下，固不得已矣。秦尝攻韩，围邢丘，困上党，上党之民皆反为赵，天下不乐为秦民之日久矣。今亡赵，北地入燕，东地入齐，南地入韩、魏，则君之所得民亡几何人。故不如因而割之，无以为武安君功也。"于是应侯言于秦王曰："秦兵劳，请许韩、赵之割地以和，且休士卒。"王听之，割韩垣雍、赵六城以和。正月，皆罢兵。武安君闻之，由是与应侯有隙。③

苏代说"秦王王，武安君必为三公"，当时秦王已僭越制度，自称王，

---

① （春秋）（旧题）左丘明撰，徐元诰集解：《国语集解·鲁语下》，王树民、沈长云点校，中华书局 2002 年版，第 194、196—197 页。

② 如《孟春纪》："立春之日，天子亲率三公九卿诸侯大夫以迎春于东郊。"《孟夏纪》："立夏之日，天子亲率三公九卿大夫以迎夏于南郊。"分见（秦）吕不韦编，许维遹集释：《吕氏春秋集释》卷一《孟春纪》、卷四《孟夏纪》，第 8、85 页。

③ 《史记》卷七三《白起王翦列传·白起》，第 2836 页。

因此苏代所说"王"应当是指秦王统一天下为天子。① 三公则显然指天子之相。秦统一天下、建立帝国后，则出现了将丞相称三公的事例。《史记·李斯列传》："李斯子由为三川守，群盗吴广等西略地，过去弗能禁。章邯以破逐广等兵，使者覆案三川相属，诮让斯居三公位，如何令盗如此。"② 李斯时为丞相。汉初，《二年律令·秩律》中不包含丞相，秩级最高为御史大夫，表明西汉王朝在此点上也继承了秦制（纵使不是出于理论上的自觉），将丞相与百官区别开来。

但是，从吕后二年时以御史大夫为首的中央列卿与郡守、郡尉、詹事等上大夫一样同为秩二千石可以窥知，秦始皇统一天下后，虽然"建皇帝之号"，③ 并将丞相提升为三公，但其官僚体制仍是在战国秦制的基础上改造完成的，带有浓厚的诸侯国制的色彩。从秦始皇二十八年琅邪刻石的内容来看，秦统一后以丞相为首的中央官僚的地位甚至低于侯、列侯、伦侯。④ 西汉初年不仅沿袭了秦的官制体系，而且重新实行分封制，诸侯王在官僚体制、宫卫、舆服等方面均与汉天子无差，所谓"一用汉法，事诸侯王乃事皇帝也"。⑤ 直至文帝时，虽然距秦统一天下已经过去了50余年，但是，以皇帝为中心的中央集权的国体和政体尚没有完全建立，尚有很长的路要走。这应当就是贾谊上疏建议进行改革的真正原因。

从贾谊《新书》说"先王知壅蔽之伤国也，故置公卿大夫士，以饰

---

① 贾谊《新书·过秦下》也可证明，其文说："秦灭周祀，并海内，兼诸侯，南面称帝，以四海养。天下之士斐然向风，若是，何也？曰近古之无王者久矣。周室卑微，五霸既灭，令不行于天下，是以诸侯力劲，强凌弱，众暴寡，兵革不休，士民罢弊。今秦南面而王天下，是上有天子也。"〔（汉）贾谊撰，阎振益、钟夏校注：《新书校注》卷一《过秦下》，第13—14页〕明言秦南面而"王天下"，是为天子。

② 《史记》卷八七《李斯列传》，第3099页。

③ 《汉书》卷一九上《百官公卿表上》，第722页。

④ 《史记·秦始皇本纪》秦始皇二十八年琅琊刻石文："维秦王兼有天下，立名为皇帝，乃抚东土，至于琅邪。武城侯王离、列侯通武侯王贲、伦侯建成侯赵亥、伦侯昌武侯成、伦侯武信侯冯毋择、丞相隗林、丞相王绾、卿李斯、卿王戊、五大夫赵婴、五大夫杨樛从，与议于海上。"（《史记》卷六《秦始皇本纪》，第316页）

⑤ （汉）贾谊撰，阎振益、钟夏校注：《新书校注》卷一《等齐》，第46—47页。

法设刑而天下治"，① 以及"故古者圣王制为列等，内有公卿大夫士，外有公侯伯子男，然后有官师小吏，施及庶人，等级分明，而天子加焉，故其尊不可及也"，可知战国以来盛行的天子之制理论对贾谊影响甚大，而且，贾谊是汉代"太师太傅太保为天子三公说"的代表人物（详见后文），因此，贾谊应当是以其信奉的天子之制理论游说文帝，并为其进行制度设计的。文帝采纳了贾谊的建议，将中央列卿的秩级从二千石提高到中二千石，以与诸侯列卿、地方郡守相区别，凸显了天子、中央王朝的地位。与此同时，卿也与上大夫的禄秩区别开来，成为两个秩级，向卿成为真正的一级位阶迈进了一步。

有迹象表明文帝在即位前就已经是王制（天子之制）理论的信奉者和追随者。文帝即位年三月诏中有"九卿"之语：

> 上从代来，初即位，施德惠天下，填抚诸侯四夷皆洽欢，乃循从代来功臣。上曰："方大臣之诛诸吕迎朕，朕狐疑，皆止朕，唯中尉宋昌劝朕，朕以得保奉宗庙。已尊昌为卫将军，其封昌为壮武侯。诸从朕六人，官皆至九卿。"②

而此前的汉帝诏中未见到"三公九卿"的提法，因此，将御史大夫称三公大概也始自文帝时。前引《汉书·枚乘传》，枚乘即称御史大夫晁错为三公。这是目前所见最早称御史大夫为三公的例子。③ 由于时在景帝三年，④ 加上文帝时曾进行官秩改革，因此文帝时可能已出现这样的称呼。它似乎表明从文帝时起"三公九卿"理论对汉王朝政治的影响开始加强。武帝建元二年省太尉官，"元狩四年初置大司马，以冠

---

① （汉）贾谊撰，阎振益、钟夏校注：《新书校注》卷一《过秦下》，第 16 页。
② 《史记》卷一〇《孝文本纪》，第 533 页。
③ 《汉书·晁错传》载，晁错迁御史大夫后，其父称其为"公"，颜师古注引如淳曰："错为御史大夫，位三公也。"（《汉书》卷四九《袁盎晁错传·晁错》，第 2300 页）然汉代多敬称人为公，如《史记·汲黯列传》，汲黯曾责廷尉张汤说："公为正卿"（《史记》卷一二〇《汲郑列传·汲黯》，第 3776 页）。因此，颜师古注未必妥当。
④ 《汉书》卷五《景帝纪》，第 142 页。

将军之号"，① 也反映了这一点。《续汉书·百官志一》载："初，武帝以卫青数征伐有功，以为大将军，欲尊宠之。以古尊官唯有三公，皆将军始自秦、晋，以为卿号，故置大司马官号以冠之。其后霍光、王凤等皆然。"②

以往学者已经注意到，关于三公，传世文献存在两种不同的说法。《百官表》在开篇时即说：

> 周官则备矣。天官冢宰，地官司徒，春官宗伯，夏官司马，秋官司寇，冬官司空，是为六卿，各有徒属职分，用于百事。太师、太傅、太保，是为三公，盖参天子，坐而议政，无不总统，故不以一职为官名。又立三少为之副，少师、少傅、少保，是为孤卿，与六卿为九焉。记曰三公无官，言有其人然后充之。舜之于尧，伊尹于汤，周公、召公于周，是也。或说司马主天，司徒主人，司空主土，是为三公。③

两种说法在现存传世文献中均能见到，笔者将其做成表2，以便浏览。

由此可以看到，三公为天子之相说是与九卿相配伍的，它又在《韩诗外传》中与三公为司马、司徒、司空说（三司说）构成一个体系（早期未必如此）。太师、太傅、太保为三公说（三太说）则与六卿相配和。大体上，今文经持天子之相、三司说，而古文经持三太说。④ 由于上述很多书的成书年代存在疑问，因此，考订三说中哪一说出现时间最早有一定困难。前文已述，《国语》中已有三公九卿的说法，《史记·白起列传》和《李斯列传》也表明三公为天子之相说在战国后期已对当时的政

---

① 《汉书》卷一九上《百官公卿表上》，第725页。

② 《后汉书》志二四《百官志一》，第3563页。

③ 《汉书》卷一九上《百官公卿表上》，第722页。

④ 周予同曾对经今古文关于三公九卿的理论做过梳理。（周予同：《经今古文学》，《周予同经学史论著选集》，上海人民出版社1983年版，第26页）另，顾颉刚将大戴礼归入今文经。（顾颉刚《古史辨》第五册《自序》，附表一"《史》《汉》《儒林传》及《释文序录》传经系统异同表"，海南出版社2003年版，第29页）

表2 传世文献关于三公说分类表

三公为天子之相 九卿说	三公为司马、司徒、司空说	三公为太师、太傅、太保 六卿说
1.《荀子·君道》：天子三公，诸侯一相，大夫擅官，士保职，莫不法度而公，是以班治之也。论德而定次，量能而授官，皆使其人载其事而各得其所宜。上贤使之为三公，次贤使之为诸侯，下贤使之为士大夫，是所以显设之也。① 2.《吕氏春秋·孟春纪》：立春之日，天子亲率三公九卿诸侯大夫以迎春于东郊。还，乃赏卿诸侯大夫于朝。命相布德和令，行庆施惠，下及兆民。② 《行论》：尧以天下让舜，鲧为诸侯，怒于尧曰："得天之道者为帝，得地之道者为三公。今我得地之道，而不以我为三公。"以尧为失论，欲得三公，怒甚猛兽，欲以为乱。比兽之角能以为城，举其尾能以为旌，召之不来，仿佯于野以患帝。舜于是殛之于羽山，副之以吴刀。禹不敢怨而反事之，官为司空，以通水潦，颜色黎黑，步不相过，窍气不通，以中帝心。③	1.《韩诗外传》卷八：三公者何？曰司空，司马，司徒也。司马主天，司空主土，司徒主人。故阴阳不和，四时不节，星辰失度，灾变非常，则责之司马。山陵崩竭，川谷不流，五谷不植，草木不茂，则责之司空。君臣不正，人道不和，国多盗贼，下怨其上，则责之司徒。故三公典其职，忧其分，举其辩，明其德，此三公之任也。④ 2.《五经异义》：今《尚书》夏侯、欧阳说：天子三公，一曰司徒，二曰司马，三曰司空。九卿、二十七大夫、八十一元士。凡百二十。在天 [为星辰，在地] 为山川。⑤	1.《新书·保傅》：昔者，周成王幼在襁褓之中，召公为太保，周公为太傅，太公为太师。保，保其身体；傅，傅之德义；师，道之教训，三公之职也。⑥ 2.《大戴礼记·保傅》：昔者周成王幼，在襁褓之中，召公为太保，周公为太傅，太公为太师。保，保其身体，傅，傅之德义，师，导之教训，此三公之职也。⑦ 《盛德》：古之御政以治天下者，冢宰之官以成道，司徒之官以成德，宗伯之官以成仁，司马之官以成圣，司寇之官以成义，司空之官以成礼。故六官以为辔……天子三公合以执六官，均五政，齐五法，以御四者，故亦惟其所引而之。⑧ 《虞戴德》：九卿佐三公，三公佐天子。⑨ 3.《尚书·周官》：立太师、太傅、太保，兹惟三公，论道经邦，燮理阴阳。官不必

① （清）王先谦：《荀子集解》卷八《君道篇》，第237—238页。
② （秦）吕不韦编，许维遹集释：《吕氏春秋集释》卷一《孟春纪》，第8页。
③ （秦）吕不韦编，许维遹集释：《吕氏春秋集释》卷二〇《恃君览·行论》，第568—569页。
④ （汉）韩婴撰，许维遹集释：《韩诗外传集释》卷八，第十九章，第291页。
⑤ （唐）虞世南：《北堂书钞》卷五〇《设官部二·惣载三公三》引，学苑出版社2003年影印本，第371页上栏。
⑥ （汉）贾谊撰，阎振益、钟夏校注：《新书校注》卷五《保傅》，第183页。
⑦ （清）王聘珍：《大戴礼记解诂》卷三《保傅》，王文锦点校，中华书局1983年版，第49—50页。
⑧ （清）王聘珍：《大戴礼记解诂》卷八《盛德》，第146—148页。
⑨ （清）王聘珍：《大戴礼记解诂》卷九《虞戴德》，第176页。

三公为天子之相 九卿说	三公为司马、司徒、司空说	三公为太师、太傅、太保 六卿说
3.《春秋公羊传》隐公五年条：诸公者何？诸侯者何？天子三公称公，王者之后称公。其余大国称侯，小国称伯、子、男。天子三公者何？天子之相也。天子之相则何以三，自陕而东者，周公主之；自陕而西者，召公主之；一相处乎内。①		备，惟其人。少师、少傅、少保，曰三孤。贰公弘化，寅亮天地，弼予一人。冢宰掌邦治，统百官，均四海。司徒掌邦教，敷五典，扰兆民。宗伯掌邦礼，治神人，和上下。司马掌邦政，统六师，平邦国。司寇掌邦禁，诘奸慝，刑暴乱。司空掌邦土，居四民，时地利。六卿分职，各率其属，以倡九牧，阜成兆民。⑥
4.《韩诗外传》卷五：天子三公，诸侯一相，大夫擅官，士保职，莫不治理，是所以辩治之也。②		4.《周礼·天官冢宰》：宰夫之职，掌治朝之法，以正王及三公、六卿、大夫、群吏之位，掌其禁令。⑦
5.《淮南子·时则》：乃教于田猎，以习五戎。命太仆及七驺，咸驾戴莅，授车以级，皆正设于屏外。司徒搢朴，北向以赞之。天子乃厉服广饰，执弓操矢以猎。③ 《泰族》：故举天下之高以为三公，一国之高以为九卿，一县之高以为二十七大夫，一乡之高以为八十一元士。④		《夏官司马》：射人掌国之三公、孤、卿、大夫之位。⑧ 《秋官司寇》：朝士掌建邦外朝之法，左九棘，孤卿大夫位焉，群士在其后；右九棘，公侯伯子男位焉，群吏在其后；面三槐，三公位焉，州长众庶在其后。⑨
6.《春秋繁露·官制象天》：王者制官，三公、九卿、二十七大夫、八十一元士，凡百二十人，而列臣备矣。⑤		《冬官考工记》：外有九室，九卿朝焉。九分其国以为九分，九卿治之。⑩

① （汉）何休解诂，（唐）徐彦疏：《春秋公羊传》卷三，第85页。

② （汉）韩婴撰，许维遹集释：《韩诗外传集释》卷五，第三十一章，第198页。

③ （汉）刘安编，何宁集释：《淮南子集释》卷五《时则训》，第419页。

④ （汉）刘安编，何宁集释：《淮南子集释》卷二〇《泰族训》，第1406页。

⑤ （汉）董仲舒撰，（清）苏舆义证：《春秋繁露义证》卷七《官制象天》，钟哲点校，中华书局1992年版，第214页。

⑥ （清）王先谦：《尚书孔传参正》卷二八《周书·周官》，何晋点校，中华书局2011年版，第854—856页。

⑦ （清）孙诒让：《周礼正义》卷六《天官冢宰上·宰夫》，第189页。

⑧ （清）孙诒让：《周礼正义》卷五八《夏官司马上·射人》，第2420页。

⑨ （清）孙诒让：《周礼正义》卷六八《秋官司寇上·朝士》，第2817页。

⑩ （清）孙诒让：《周礼正义》卷八一《冬官考工记下·匠人》，第3467—3470页。

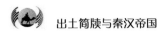

三公为天子之相 九卿说	三公为司马、司徒、司空说	三公为太师、太傅、太保 六卿说
7.《礼记·王制》：天子三公，九卿，二十七大夫，八十一元士。① 《文王世子》：立大傅、少傅以养之，欲其知父子君臣之道也……大傅在前，少傅在后，入则有保，出则有师。是以教喻而德成也……《记》曰："虞、夏、商、周有师、保，有疑、丞，设四辅及三公，不必备，唯其人。"语使能也。② 《昏义》：天子立六官、三公、九卿、二十七大夫、八十一元士，以听天下之外治，以明章天下之男教，故外和而国治。③		5.《孔子家语·执辔》：古之御天下者，以六官总治焉。冢宰之官以成道，司徒之官以成德，宗伯之官以成仁，司马之官以成圣，司寇之官以成义，司空之官以成礼。六官在手以为辔，司会均仁以为纳，故曰御四马者执六辔，御天下者正六官……天子以内史为左右手，以六官为辔，已而与三公为执六官，均五教，齐五法，故亦唯其所引，无不如志。④

治产生影响，而《荀子·君道》则将"天子三公"与"诸侯一相"相对应，因此，大体上可以确定天子三公九卿、三公为天子之相说产生最早。三司说明确见于西汉中期（文、景、武时）成书的《韩诗外传》，昭、宣时由大小夏侯、欧阳所传今文《尚书》也持此说。三太说至晚在文帝时开始兴起，贾谊《新书》即主此说。此外，古文《尚书》、《周礼》、今本《大戴礼记》亦持此说。

至此，我们可以大致梳理一下天子三公九卿说的演化过程以及与战国以来现实政治之间的关系脉络：从战国时期各国普遍实行宰相和卿大夫制度，可以推测三公为天子之相理论是天子三公九卿说与现实制度结合的产物。正如《史记·白起列传》和《李斯列传》所反映的，这一理论反过来也对现实政治产生着影响。秦始皇统一中国后，将丞相称三公、

---

① （清）孙希旦：《礼记集解》卷一二《王制》，第 320 页。

② （清）孙希旦：《礼记集解》卷二〇《文王世子》，第 563 页。

③ （清）孙希旦：《礼记集解》卷五八《昏义》，第 1422 页。

④ （清）陈士珂辑：《孔子家语疏证》卷六《执辔》，崔涛点校，凤凰出版社 2017 年版，第 181 页。

立于百官之上、而不排在禄秩序列之中就是很好的证明。① 但是，直至汉文帝时，天子三公九卿理论都未发展完善，三公九卿均无确指。也正因为如此，秦始皇建立的御史大夫以下的官僚体系带有浓重的诸侯之制的痕迹，卿尚未与上大夫分离，均为二千石官。西汉王朝基本上沿袭秦制。但是，三公为天子之相说自秦统一帝国建立以来，在思想学术界一直占主导地位。由于御史大夫"掌副丞相"，② 因此，在"三公为天子之相"的观念下，它虽然位上卿，却仍然被理所当然地视为三公之一。

以三公九卿为核心的王制理论，在战国后期直至西汉末经历了各家之说在激烈论争中不断发展完善的过程。大约从西汉文、景时起今文经家提倡的三司说和古文经家倡导的三太说开始兴起。两说中，无论是从其学说流行的程度，还是与现实的契合度来说，今文经都占了上风。其结果除了今文经家很多很早就被立诸学官外，更重要的是成帝绥和元年最终以三司说为理论依据，建立了名副其实的三公制度。③ 但是，从今本《礼记》出现了"四辅"的概念以安排天子傅，以及王莽时曾将《周礼》列为学官等现象可以看出，古文经在西汉中后期影响越来越大，甚而在现实政治中出现了杂糅相用的倾向。汉代卿位也经历了同样的调整。

由此我们看到，秦汉时期一直在尝试构建所谓王制的中央集权的官僚体制，作为其理论依据以及切入点的就是公卿大夫士的天子之制系统理论，秦汉时期对官制进行的几次大的改革充分地反映了这一点。

四　结　语

西周实行逐级分封的国体政体，除了周天子分封诸侯外，在周王畿

---

① 关于丞相等三公是否有秩级，学界有争论。参见阎步克《品位与职位——秦汉魏晋南北朝官阶制度研究》，中华书局 2002 年版，第 243—244 页注 1。

② 《汉书》卷一九上《百官公卿表上》，第 725 页。

③ 《汉书·何武传》："成帝欲修辟雍，通三公官，即改御史大夫为大司空。"（《汉书》卷八六《何武王嘉师丹传·何武》，第 3484 页）成帝在"通三公官"的同时，还"欲修辟雍"，进一步证明他建三公官的目的是为了附会古制。但这项改革遭到一些大臣的反对，他们"多以为古今异制"，"帝王之道不必相袭，各缘时务"（《汉书》卷八三《薛宣朱博传·朱博》，第 3405 页），这或许可以解释何直至成帝时才建立三公九卿制度。

和诸侯国内，亦通过封土赐田的方式封赐卿大夫士，建立所谓的内爵体制以实行统治。卿大夫士的爵位系统是构建当时官僚政治社会的基本系统，职官是依托于这一系统而存在的。春秋战国时期，随着领土国家的发展、世卿世禄制的崩坏以及职官系统的发达，封土赐田的方式逐渐衰微，以发放谷物作为食禄的俸禄制度随之发展起来。谷禄秩级（即后人习称的禄秩等级）是与卿大夫士的爵位体系挂钩，并以其为坐标建立起来的。秦律"宦及智（知）于王，及六百石吏以上，皆为'显大夫'"，以及汉宣帝诏"吏六百石位大夫"的表述方式，不仅反映了这一点，而且表明秦汉时期卿大夫士的爵位系统在当时的官僚体系中仍起着决定性作用。

直至战国中期，"公"的概念似乎都限于"公侯伯子男"的诸侯等级的最高一级，《左传》"公卿大夫"的"公"与后世"公卿大夫士"内爵系统的"公"的内涵存在本质的差别。战国时期随着相制的出现和发展，特别是兼并战争的深入，统一成为大势所趋，诸侯国"卿大夫士"系统所没有的代表王制的"公"的价值为当时的思想家所发现，并以之逐渐构建起"公卿大夫士"的内爵系统。这一系统因为是王制的标志，也因此成为秦建立统一国家政治形态的理论和制度依据。由于这一理论是从有限的流传下来的古籍中穿凿发展而来，因此，必然产生不同的流派，它表现在西汉时期的五经均有数家之说，并最终演变为今古文之争。这一理论的演化、发展经历了漫长的岁月，战国后期直至西汉后期，三公为天子之相说占主流地位，正是在这一观念下，位上卿但担任副丞相的御史大夫被时人习称为三公。文帝时起，随着统一王朝的发展，以及诸侯王问题的凸现，全面建立天子之制的要求更加迫切起来。于是，文帝在贾谊建议下进行了第一次大规模的官秩改革，将中央列卿的秩级从二千石提高到中二千石，以区别于诸侯列卿和中央的上大夫。同时，思想界关于"公卿大夫士"爵位系统的讨论也愈益深入，三公为司马、司徒、司空说和太师、太傅、太保说开始兴盛。由于前说影响更大，且与现实制度较为契合，因此，成帝绥和元年最终以三司说为理论依据，建立了名副其实的三公制度。

总之，秦汉时期的公卿大夫士的爵位系统是连接先秦与秦汉国家政治体制的轴心系统，禄秩职官系统依托这一系统逐渐发展完善，而到了魏晋之后，又从这一系统发展出官品系统，在中国古代官僚政治社会中仍然扮演着重要的角色。

吴简中的吏、吏民与汉魏时期
官、吏的分野

一 学术史回顾

　　1990 年代出土的长沙走马楼三国吴简中，有许多身份为各种"吏"者，这些"吏"多与"民"合编在同一簿籍中，[①] 簿籍的名称或称作"吏民田家莂"，[②] 或称作"吏民××簿"。[③] 吴简陆续公布后，针对简文中的"吏"与"吏民"，学界展开了热烈的讨论。讨论主要从以下三个方向展开：第一辨析各种"吏"如"真吏"、"给吏"、"军吏"等的身份，第二讨论三国吴乃至魏晋南北朝时期是否存在专门的"吏户"，第

　　① 如"·右高迁里领吏民卅八户口食一百八十人"（壹 10229），"·右平阳里领吏民卅六户口食□百□□人"（壹 10248）（长沙市文物考古研究所、中国文物研究所、北京大学历史学系·走马楼简牍整理组：《长沙走马楼三国吴简·竹简〔壹〕》，文物出版社 2003 年版。下文略称为《竹简〔壹〕》）。参见汪小烜《走马楼简"吏民簿"研究》，硕士学位论文，北京大学，2001 年；王素《说"吏民"——读长沙走马楼三国吴简札记》，《中国文物报》2002 年 9 月 27 日；汪小烜《走马楼吴简户籍初论》，北京吴简研讨班编《吴简研究》第 1 辑，崇文书局 2004 年版。

　　② 长沙市文物考古研究所、中国文物研究所、北京大学历史学系走马楼简牍整理组：《长沙走马楼三国吴简·嘉禾吏民田家莂》上册，文物出版社 1999 年版，简 4·2、简 4·3，第 73 页。

　　③ 如"南乡谨列嘉禾四年吏民户数（？）口食人名年纪簿"（壹 9088）、"☑小武陵乡□嘉禾四年吏民人名妻子年纪簿"（壹 10153），"广成里谨列领任吏民人名年纪口食为簿"（贰 1797）、"广成乡谨列嘉禾六年吏民人名年纪口食为簿"（贰 1798）、"·右黄簿吏民卅户口食一百八十人"（贰 4659）、"☑吏民年纪□□簿"（叁 6793）。参见《长沙走马楼三国吴简·竹简〔壹〕》，长沙简牍博物馆、中国文物研究所、北京大学历史学系·走马楼简牍整理组《长沙走马楼三国吴简·竹简〔贰〕》（文物出版社 2007 年版，下文略称为《竹简〔贰〕》）、《长沙走马楼三国吴简·竹简〔叁〕》（文物出版社 2008 年版，下文略称为《竹简〔叁〕》）。

三探讨"吏民"的群体属性。事实上，在吴简出土前，学界已针对上述问题展开过讨论。

1950 年代，唐长孺提出魏晋南北朝时期存在一个有别于官吏之"吏"的"吏"群体，他们和兵户一样有专门的户籍，身份世袭，地位卑贱，专供国家差役。① 这一观点在相当长时期内得到学界的广泛认同，并得以进一步发展、强化。② 1990 年代中叶，汪征鲁对上述观点提出质疑，认为魏晋南北朝时期的"吏"分为三个层次：入仕的官府大吏；在官府担任事务性、行政性工作的小吏、少吏；作为体力劳动者的各种役吏、给吏。前者为国家正式官吏；中者和末者大多来源于自由民即编户齐民，小部分由军户转化而来。当时并不存在一种专门负担吏役的"吏户"。③ 吴简公布以后，学界的认识不仅延续了以往的分歧，分为针锋相对的两派，④ 并且随着讨论的深入，论争的范围进一步扩展至汉魏时期

① 唐长孺：《三至六世纪江南大土地所有制的发展》，上海人民出版社 1957 年版，第 41—44 页。另见唐长孺《魏晋南北朝时期的吏役》，《江汉论坛》1988 年第 8 期。

② 如曹文柱《略论东晋时期的"吏"民》，《北京师院学报》1982 年第 2 期；高敏《论汉代"吏"的阶级地位和历史演变》，《秦汉史论集》，中州书画社 1982 年版，第 213—254 页；刘汉东、凌峰《浅论魏晋南北朝时期的"吏"、"力"、"役"》，《广东社会科学》1992 年第 4 期；王新邦《吏役的来源及代役的产生——魏晋南北朝吏力制度研究三题（之一、之二、之三）》，分载《贵州大学学报》1993 年第 2 期、《贵州师范大学学报》1993 年第 3 期、《贵州大学学报》1993 年第 4 期；等等。

③ 汪征鲁：《魏晋南北朝选官体制研究》，福建人民出版社 1995 年版，第 85—126 页。

④ 持"吏户"说者，有高敏《关于〈嘉禾吏民田家莂〉中"州吏"问题的剖析——兼论嘉禾五年改革及其效果》，《史学月刊》2000 年第 6 期；高敏《从〈嘉禾吏民田家莂〉中的"诸吏"状况看吏役制的形成与演变——读〈嘉禾吏民田家莂〉札记》，《郑州大学学报》2001 年第 1 期；蒋福亚《〈嘉禾吏民田家莂〉中的诸吏》，《文史哲》2002 年第 1 期；孟彦弘《吴简所见"事"义臆说——从"事"到"课"》，长沙简牍博物馆、北京吴简研讨班编《吴简研究》第 2 辑，崇文书局 2006 年版；孟彦弘《吴简所见的"子弟"与孙吴的吏户制——兼论魏晋的以户为役之制》，武汉大学中国三至九世纪研究所编《魏晋南北朝隋唐史资料》第 24 辑，武汉大学文科学报，2008 年；等等。于振波、韩树峰等虽然认为孙吴时期尚不存在独立的"吏户"，但认为"吏"正在逐渐走向卑微化，已可看到"吏户"形成的迹象。参见于振波《略论走马楼吴简中的户品》，《史学月刊》2006 年第 2 期；韩树峰《走马楼吴简中的"真吏"与"给吏"》《论吴简所见的州郡县吏》，均载长沙简牍博物馆、北京吴简研讨班编《吴简研究》第 2 辑。反对"吏户"说者，有黎虎《"吏户"献疑——从长沙走马楼吴简谈起》，《历史研究》2005 年第 3 期；《说"军吏"——从长沙走马楼吴简谈起》，《文史哲》2005 年第 2 期；《魏晋南北朝"吏户"问题再献疑——"吏"与"军吏"辨析》，《史学月刊》2007 年第 3 期；《魏晋南北朝"吏户"问题三献疑》，《史学集刊》2006 年第 4 期。此外，汪小烜、王素也倾向此说，参见前引文。

的"吏民"群体。

正如以往学者所指出，1950、1960 年代，贺昌群便关注到汉唐时期的"吏民"问题。他认为汉代的"吏民"指公乘以下庶民（自由民）之有爵者，魏晋南北朝时期指九品中六品以下者，唐指九等户中的八九等户，他们是授田的主要对象，一定历史条件下是封建政权的一种政治力量。① 1990 年代，刘敏提出秦汉时期的"吏民"指具备为吏的政治和财产标准的特定社会等级，一般都占有爵位，生活相对富裕，是编户齐民的主体，地位高于贫贱民。② 长沙吴简出土后，黎虎在申论魏晋时期不存在专门的"吏户"的基础上，进一步论证指出，"吏民"是由"下吏"和公乘以下普通农民组成的群体。"吏"来自于"民"，又复归于"民"。"吏民"就是庶民或称编户齐民，而非庶民中有爵位或富裕者的特定群体，他们是中国古代皇权的统治基础。③ 刘敏则坚持自己的观点，并进一步加以申论。④

本章拟在前贤讨论的基础上，主要以新出长沙吴简为中心，进一步探讨三国吴时期的"吏"与"吏民"问题。

二　吴简"吏民"籍最高爵为公乘的意义

吴简中一个颇为引人瞩目的现象是，汉代的二十等爵只出现了一个

① 贺昌群：《秦汉间个体小农的形成和发展——并论陈涉起义的阶级关系》，《历史研究》1959 年第 12 期；贺昌群：《汉唐间封建土地所有制形式研究》，上海人民出版社 1964 年版。

② 刘敏：《秦汉时期的社会等级结构》，冯尔康主编《中国社会结构的演变》，河南人民出版社 1994 年版，第 332—335 页。

③ 黎虎：《原"吏民"——从长沙走马楼吴简谈起》，河南大学历史文化学院《祝贺朱绍侯先生八十华诞　史学新论》，河南大学出版社 2005 年版；《论"吏民"的社会属性——原"吏民"之二》，《文史哲》2007 年第 2 期；《论"吏民"即编户齐民——原"吏民"之三》，《中华文史论丛》2007 年第 2 期；《原"吏民"之四——略论"吏民"的一体性》，《中国经济史研究》2007 年第 3 期；《关于"吏民"的界定问题——原"吏民"之五》，《中国史研究》2009 年第 2 期。

④ 刘敏：《秦汉时期"吏民"的一体性和等级特点》，《中国史研究》2008 年第 3 期；《论"编户齐民"的形成及其内涵演化——兼论秦汉时期"编户齐民"与"吏民"关系》，《天津社会科学》2009 年第 3 期；《关于战国秦汉历史转型中几个问题的新思考》，《天津社会科学》2010 年第 2 期。

爵级，即公乘。① 而且，通常绝大部分户人（户主）都拥有公乘爵。据笔者统计，《竹简〔壹〕》所载 350 枚户人简中，② 男性户主凡有身份者均为公乘。此外，尚有几例身份空白。女性户主有的写作大女，有的写作"公乘大女"。吴简中除了女性户主外，未见女性有爵位者。③ 高敏推测吴简中女性户主所以能获得公乘的爵位，应当与其户主身份有关。④ 当是。张家山汉简《二年律令·置后律》简 386 规定："寡为户后，予田宅，比子为后者爵。"⑤ 即寡妇为户后（户主继承人）者，要参照"子为后者"的爵位待遇。此外，简 372 还规定："女子比其夫爵。"⑥ 即女子可按照丈夫的爵位享受待遇。由于户主的爵位身份直接关系到其户负担赋役与否以及法律权益等等，因此，当女性为户主时也参照男性户主赐予爵位。

---

① 较早注意到这一现象的是高敏。参见高敏《从〈长沙走马楼三国吴简·竹简·壹〉看孙权时期的赐爵制度实况》，《中州学刊》2005 年第 4 期，其著《长沙走马楼简牍研究》，广西师范大学出版社 2008 年版，第 89 页。但高先生认为东汉时赐吏爵制（即官爵）消失，二十等爵制只剩下第一级公士到第八级公乘，则似不然。

② 《竹简〔壹〕》宜阳里 61 户，东阳里 39 户，吉阳里 36 户，高迁里 30 户，平阳里 24 户，富贵里 24 户，义成里 21 户，平乐里 17 户，常迁里 15 户，曼涀里 9 户（其中一户为曼涢里。按：后整理者将"涀"更正为"溲"，"涢"当也为"溲"），高平里 8 户，宜都里 7 户，谷阳里 6 户，绪中里 6 户，东夫里 5 户，小赤里 4 户，石门里 4 户、刘里 3 户，度里 3 户，五唐里 3 户、上乡里 2 户，大成里 2 户（取胡平生说），唐迁里 2 户，小尚里 2 户，安阳里 2 户，广成里 1 户，万岁里 1 户，小成里 1 户，佑乐里 1 户，梨下里 1 户，淇龙里 1 户（原名湛龙里，据胡平生改），阳贵里 1 户，苌龙里 1 户，区里 1 户，尽里 1 户，西阳里 1 户，中乐里 1 户，娄□里 1 户，□兴里 1 户、石中里 1 户。此外，里名残缺者有 70 简，未统计在内。

③ 黎虎统计如下：《长沙走马楼三国吴简·竹简》（壹）一书所载"户人"约 387 人，其中有爵之户人 361，占全体户人之 93.2%；无爵之户人 22，占 5.7%；因简牍残缺而不明是否有爵者 4，占 1%。在 22 位无爵之户人中，有 11 户是"大女"，1 户是"老女"，她们占无爵户人的 54.5%。（黎虎：《论"吏民"的社会属性——原"吏民"之二》，《文史哲》2007 年第 2 期）

④ 高敏：《从〈长沙走马楼三国吴简·竹简·壹〉看孙权时期的赐爵制度实况》，《中州学刊》2005 年第 4 期。但高先生认为妇女之拥有"公乘"爵应当是孙吴时期长沙郡地区推行赐爵制的显著特征之一，则恐不然，其他地区女性户主也当如此。

⑤ 彭浩、陈伟、〔日〕工藤元男主编：《二年律令与奏谳书——张家山二四七号汉墓出土法律文献释读》，"二年律令释文"，第 240 页。

⑥ 彭浩、陈伟、〔日〕工藤元男主编：《二年律令与奏谳书——张家山二四七号汉墓出土法律文献释读》，"二年律令释文"，第 236 页。

吉阳里就是一个典型的例证。《竹简〔壹〕》10397 简载：

　　·右吉阳里领吏民卅六户口食一百七十三人　　　壹 10397

笔者将《竹简〔壹〕》中吉阳里的户人简搜集出来恰好是 36 户，除10111 简的户主为老女、简 10180 残缺外，其余全部为公乘。（参见表 3）可以推测，吉阳里所有的户人应当均为公乘爵。

表3　　　　　　　　　　　　《竹简〔壹〕》吉阳里户人表

编号	里名	户人	爵位	姓名	年龄	筭	事或复	简号	备注
1	吉阳里	户人	公乘	周（?）☑				722	
2	吉阳里	户人	公乘	区（?）黑	年廿七			1684	后附妻名年
3	吉阳里	户人	公乘	黄□	年□□□			7324	
4	吉阳里	户人	公乘	文□	□□□			9524	
5	吉阳里	户人	公乘	邓□	年卅一	筭一		9670	
6	吉阳里	户人	公乘	胡恕	年卅四	筭一	给郡吏	10042	
7	吉阳里	户人	公乘	□纯	年七十一		盲右目	10089	
8	吉阳里	户人	公乘	张设	年廿	筭一		10090	
9	吉阳里	户人	公乘	殷叙	年八十一			10094	
10	吉阳里	户人	公乘	□陵	年廿五	筭一		10099	
11	吉阳里	户人	公乘	茑羊	年卅五	筭一		10107	
12	吉阳里	户人	老女	赵妾	年八十一			10111	
13	吉阳里	户人	公乘	胡……				10113	
14	吉阳里	户人	公乘	吴帛	年六十五			10118	
15	吉阳里	户人	公乘	……				10129	
16	吉阳里	户人	公乘	籥追	年廿九	筭一	给州吏	10149	
17	吉阳里	户人	公乘	文□	年十五	筭一		10158	
18	吉阳里	户人	公乘	逢□	年卅二	筭一	给郡吏	10169	
19	吉阳里	户人	公乘	廖□	年廿七	筭一	给郡吏	10175	

续表

编号	里名	户人	爵位	姓名	年龄	筭	事或复	简号	备注
20	吉阳里	户人	……					10180	
21	吉阳里	户人	公乘	张惕（？）	年廿八	筭一	给县吏	10182	
22	吉阳里	户人	公乘	胡秃	年卅五	筭一	踵两足	10230	
23	吉阳里	户人	公乘	□□	年卅五	筭一	……	10346	
24	吉阳里	户人	公乘	蔡饶	年五十二	筭一		10350	
25	吉阳里	户人	公乘	区张	年廿八	筭一	给州吏	10367	
26	吉阳里	户人	公乘	文启	年五十四	筭一		10370	
27	吉阳里	户人	公乘	董得	年五十一	筭一		10371	
28	吉阳里	户人	公乘	李琕	年廿九	筭一	刑左足	10374	
29	吉阳里	户人	公乘	区深	年卅三	筭一		10376	
30	吉阳里	户人	公乘	孙潘	年卅五	筭一		10381	
31	吉阳里	户人	公乘	勇客	年卅一	筭一	踵两足	10385	
32	吉阳里	户人	公乘	彭橐	年五十九			10393	
33	吉阳里	户人	公乘	李奇	年六十一			10405	
34	吉阳里	户人	公乘	谢茝	年五十	筭一	刑右足	10458	
35	吉阳里	户人	公乘	朱就	年六十六		刑右手	10462	
36	吉阳里	户人	公乘	何林	年六十六			10529	

为什么会出现这一情况？正如黎虎等先生指出，这是因为公乘爵在二十等爵中具有重要的分层界标意义。东汉时王充《论衡·谢短》已经揭示了这一点："赐民爵八级，何法？"[1] "赐民爵八级"，二十等爵第八级为公乘，也就是说，"民"只能赐予公乘以下八级爵位，这里的"民"显然等同于"庶民"。清代钱大昭进一步将二十等爵区分为官爵、民爵，说："自公士至公乘，民之爵也。生以为禄位，死以为号谥。凡言赐民爵

---

① （汉）王充撰，黄晖校释：《论衡校释》卷一二《谢短》，第 572 页。

者即此。自五大夫至彻侯，则官之爵也。"① 而《续汉书·百官志五》刘昭注所引刘劭《爵制》："吏民爵不得过公乘者，得贳与子若同产。"② 则将公乘以下身份的人定义为"吏民"，即它不仅包括"民"，还包括"吏"。这里的"吏"具体指哪一群体呢？西嶋定生指出，所谓官爵即第九级五大夫以上爵，秩六百石的官吏始得授与，而与一般庶民无缘。五百石以下吏则和普通庶民一样，只授予公乘以下爵位，即吏爵。③ 笔者则进一步探讨了吏秩六百石、爵五大夫与传统内爵大夫位的联系，以及在秦汉时期的分层界标意义。④ 吴简"吏民"籍中仅保留公乘爵一事表明，虽然二十等爵在两汉时期逐步轻滥，并日益走向衰亡，⑤ 但直至魏晋时期，具有重要分层界标意义的公乘爵以及五大夫、关内侯、列侯爵等，不仅仍具有实际意义，而且仍然起着重要的社会分层作用。⑥

五大夫、公乘爵分层意义的一个重要表现是，至少从汉惠帝时起，五大夫以上爵级可享有免除赋税徭役负担即"复除"（或简称"复"）的特权，而公乘以下者则没有这一特权，他们是国家赋税徭役的基本承担者。《史记·平准书》载武帝时："兵革数动，民多买复及五大夫，征发之士益鲜。于是除千夫五大夫为吏，不欲者出马；故吏皆适令伐棘上林，

---

① （清）钱大昭：《汉书辨疑》卷九，（汉）班固撰，（清）王先谦补注：《汉书补注·百官公卿表第七上》引，第904页。但是，钱大昭依据《汉书·成帝纪》"其百万以上，加赐爵右更，欲为吏，补三百石"，推五大夫等比百石，左庶长等百石等，则如西嶋定生所指出，是错误的。参见［日］西嶋定生《中国古代帝国的形成与结构——二十等爵制研究》，第91页。

② 《后汉书》志二八《百官志五》，第3632页。

③ ［日］西嶋定生：《中国古代帝国的形成与结构——二十等爵制研究》，第84—103页。

④ 参见本书上编"秦汉官僚体系中的公卿大夫士爵位系统及其意义"，第27—65页。

⑤ 参见朱绍侯《军功爵制研究》，第73—97页。

⑥ 公乘爵之意义已通过长沙吴简得到充分体现。关于五大夫、关内侯、列侯爵在魏晋时的情况，《三国志·魏书·武帝纪》载：建安二十年"冬，十月，始置名号侯至五大夫，与旧列侯、关内侯凡六等，以赏军功。"裴松之注引《魏书》曰："置名号侯爵十八级，关中侯爵十七级，皆金印紫绶；又置关内外侯十六级，铜印龟纽墨绶；五大夫十五级，铜印环纽，亦墨绶，皆不食租，与旧列侯、关内侯凡六等。臣松之以为今之虚封盖自此始。"（《三国志》卷一《魏书·武帝纪》，中华书局1959年版，第46页）《晋书·载记·石勒下》载石勒"以右常侍霍皓为劝课大夫，与典农使者朱表、曲劝都尉陆充等循行州郡，核定户籍，劝课农桑。农桑最修者赐爵五大夫。"（《晋书》卷一〇五《载记·石勒下》，中华书局1974年版，第2741页）这些材料表明魏晋时五大夫、关内侯、列侯的爵名仍被袭用，但其意义已发生了重大变化。

作昆明池。”①《汉书·食货志上》载文帝时晁错上书：“令民入粟受爵至五大夫以上，乃复一人耳。”② 换言之，汉代国家赋税和徭役的承担者，是公乘以下的广大庶民群体。③ 那么，长沙吴简的“吏民”是否都有为国家缴纳赋税、服徭役兵役的义务呢？从简文所反映的内容来看的确如此。

如表2所示，吉阳里36个户人中共有21人标注为“筭一”，年龄从15岁（10158）到54（10370）岁。简文中的“筭一”，意为被计为一个“筭（算）”的单位，需服以“算”为单位征发的赋税和徭役，即“算事”。④ 据其他简可知，当时算事的截止年龄应当为60岁，⑤ 吉阳里有8枚户人简的年龄超过了60岁（10089、10094、10111、10118、10393、10405、10462、10529），其未标注“算”，应是因为年龄已超过服“算”义务的年龄。此外，吉阳里其他简中有5例为残简（722、7324、9524、10113、10129），断简后的内容不得而知。有2例（1684、10393）记载格式不同于其他户人简。其中，简1684下记妻子名字、年龄，这类格式简在长沙吴简中还有许多，如：

梨下里户人公乘黄醬年廿九　妻大女思年廿六　壹1653

湛龙里户人公乘吴易年廿一　妻思年廿　子女□年三岁　壹1655

它们或属“☑小武陵乡□嘉禾四年吏民人名妻子年纪簿”（壹10153）类

① 《史记》卷三〇《平准书》，第1723页。

② 《汉书》卷二四上《食货志上》，第1134页。

③ 平中苓次较早探讨“复除”问题。他认为汉代享受复除的人包括：（1）宗室、关内侯、五大夫以上爵者、功臣子孙等有一定身份的人；（2）官吏、宫人、三老、博士弟子等有一定职务的人；（3）80岁、90岁以上老人的子孙；以及各种因特殊原因复除者等。参见［日］平中苓次《漢代の復除と周礼の施舎》，《立命館文學》第138号，1956年，收入其著《中國古代の田制と税法—秦漢経済史研究—》，第358—378页。

④ 笔者认为“算”是国家对15岁至免老年龄的成年男女以算为单位征发的赋税和徭役义务，不单单指人头税。参见本书下编“出土‘算’‘事’简与两汉三国吴的赋役结构”，第261—278页。

⑤ 于振波以户人之“父”的年龄推断，“老”的起始年龄为60岁，而缴纳算赋的最高年龄为59岁。（于振波：《略说走马楼吴简中的“老”》，《史学月刊》2007年第5期）然，《竹简〔叁〕》中有“☑得母善年六十筭一”（叁6362），故免老的起始年龄或为61岁。

的"吏民人名妻子年纪簿"。由于这类簿籍只登记户人、妻子、子女的名字、年纪，所以不需标注"算"的信息，但这并不意味着他们没有算事的义务。"吉阳里户人公乘彭橐年五十九"（壹 10393）很可能也是此类简，只是妻、子的户籍信息没有记在同一枚简上，而是写在另一枚简上。下列简：

橐子女□年十二 　　　　　　　　　　　　　壹 10384

中的"橐子女"即有可能是彭橐的女儿。

由此我们也清楚了三国吴之所以将"吏民"编籍在一起，就是因为他们都要承担国家的赋税徭役，国家因此将他们与五大夫以上没有赋税徭役义务者区别开来，分别著籍。

刘劭将公乘以下称作"吏民爵"，汉代五大夫以上爵只授予吏六百石以上者，据此两事，我们似乎可以理所当然地推导出吴简中的"吏民"也指秩五百石以下吏和公乘以下庶民群体的结论。然而，如果仔细分析长沙吴简中"吏"的身份，我们就会发现事情并不尽然。下面就让我们来考察吴简中"吏"的身份。

三　吴简中的"真吏"与"给吏"

关于吴简中的"真吏"、"给吏"，目前学界看法分歧较大。韩树峰认为，"真吏"与"给吏"有本质区别，前者就是人们所习称的"吏"，他们不负担口算钱，不同于一般百姓。其在吴简中具体表现为"州吏""郡吏"或"县吏"。给吏年龄均在服役期限内，都有口算钱，他们虽有吏名，但并不是吏，只是在官府临时服吏役的普通百姓，但有可能演变为吏。吏的身份低于普通百姓，政府以"下户民"补充吏，表明吏正逐渐卑微化，最终将形成"空户从役"的"吏户"。真吏服役不分老幼，及其家中出现两个以上的真吏，即现端倪。① 黎虎认为，真吏为真除实授的官员和吏员，是相对于非真除实授、冗散无职事的官员和吏员而言。② 给吏有两种类型，一是在本州郡县服役的给吏，称作"州郡县吏"；二是派遣至其他单位或部门的，虽然其身份为"州郡县吏"，但未必称"州郡县吏"。③ 罗新认为吴简中的"真吏"，应是指那些出自土著族群，并且在已经成为编户的非华夏族群小区中担任基层行政管理人员的人。因身份特殊，享受不缴口算、复除徭役、不受年龄限制等优待。④

1. 真吏是正式的吏，给吏是公乘以下庶民服吏役者

韩树峰推测真吏是正式的吏。⑤ 当是。真吏之"真"即取"真正""真实"之义。然而，真吏之为"真"并非相对"假吏"之"假"而言，而是针对给吏而言。给吏的"给"取"给事"之义，给吏即供事吏职。因此，亦如韩树峰、黎虎所论，给吏是在官府临时服吏役的普通百姓。⑥ 结合前文所揭汉魏时期的社会分层状况，吴简中的给吏是指公乘以下庶民以供役方式充任吏职者。《汉官》载廪牺令下有"丞一人，三百石。员吏四十人，其十一人斗食，十七人佐，七人学事，五人守学事，皆河南属县给吏者。"廪牺令下属斗食、佐、学事、守学事等员吏四十人，由河南属县"给吏"者担任，因此均非正式的吏，而是由庶民以服吏役的方式担任。因此，就本质而言，给吏实际上为徭役之一种。

2. 真吏、给吏均可简称为州、郡、县吏或吏

韩树峰认为，真吏是吏的总称，吴简中的"州吏""郡吏""县吏"

① 韩树峰：《走马楼吴简中的"真吏"与"给吏"》、《论吴简所见的州郡县吏》，均载长沙简牍博物馆、北京吴简研讨班编《吴简研究》第 2 辑。

② 黎虎：《说"真吏"——从长沙走马楼吴简谈起》，《史学月刊》2009 年第 5 期。

③ 黎虎：《说"给吏"——从长沙走马楼吴简谈起》，《社会科学战线》2008 年第 11 期。

④ 罗新：《"真吏"新解》，《中华文史论丛》2009 年第 1 期。

⑤ 韩树峰：《走马楼吴简中的"真吏"与"给吏"》，长沙简牍博物馆、北京吴简研讨班编《吴简研究》第 2 辑，第 29 页。

⑥ 韩树峰：《走马楼吴简中的"真吏"与"给吏"》，长沙简牍博物馆、北京吴简研讨班编《吴简研究》第 2 辑，第 31 页；黎虎：《说"给吏"——从长沙走马楼吴简谈起》，《社会科学战线》2008 年第 11 期。

均是真吏的具体性名称。① 黎虎提出反论，认为"给县吏"即为"县吏"，"给郡吏"即为"郡吏"，"给州吏"即为"州吏"。"给吏"与"州郡县吏"是一而二，二而一的。② 两说均不确。无论是真吏还是给吏，都可简称为州、郡、县吏等，或可直接称作"吏"。吴简中的州、郡、县吏等，既有可能是真吏，也有可能是给吏。

关于吴简中真吏简称为州、郡、县吏或吏的例子，可列举如下几组简：

A. □阳里户人公乘何统年六十一真吏　　　　　　　　壹 9356

州吏何统年六十　　　　　　　　　　　　　　　　参 2951

B. 宜阳里户人公乘黄阿年八十一真吏　　　　　　　　壹 9360

横浿丘州吏黄阿，佃田五町，凡七十九亩。（后略）　4·461

军吏黄阿　　　　　　　　　　　　　　　　　　　参 1873

C. 宜阳里户人公乘陈颜年五十六真吏　　　　　　　　壹 9156

新成丘州吏陈颜，租田卅亩。（后略）　　　　　　5·791

☑胄毕灵嘉禾二年十月廿八日新成丘州吏陈颜关墅阁董基付仓

吏郑□□　　　　　　　　　　　　　　　　　　　壹 4891

D. 宜阳里户人公乘徐熙年卅四真吏　　　　　　　　　壹 9085

桐唐丘州吏徐熙，佃田三町，凡卅六亩。　　　　　4·314

E. 宜阳里户人公乘刘温年卅三真吏　　　　　　　　　壹 9142

逢唐丘郡吏刘温，佃田九十六亩，其六十四亩二年常限。

5·591

---

① 韩树峰：《走马楼吴简中的"真吏"与"给吏"》，长沙简牍博物馆、北京吴简研讨班编《吴简研究》第 2 辑，第 31 页。

② 黎虎：《说"给吏"——从长沙走马楼吴简谈起》，《社会科学战线》2008 年第 11 期。

F. 宜阳里户人公乘黄高年廿五 真吏   壹9146

入吏黄高二年盐米廿二斛黄龙三年正月廿五日关墅阁郭据付仓

吏监贤受   壹3171

  上述简中同名者是否是同一人，目前尚无明证，但以常理推之，吏中同名者当不多见，因此，以上同名者为同一人的可能性很高。在"×里户人公乘×年×真吏"的户籍类简中注明的"真吏"应当是他的赋役身份，同时也是职业身份（详见后文第四部分）。注明这一点，显然是由簿籍的性质即户籍类所决定。而在其他户籍类或佃田类、出入仓类等簿籍中，却由于不需要这样的身份信息，而需要标注其隶属单位时，就径直称作了州、郡、县吏或军吏，而有的地方则直接简称为"吏"。

  给吏简称为州、郡、县吏或吏的例子则有如下几例：

  G. 宜阳里户人公乘谢达年廿六筭一给县吏   壹7777

  □里户人公乘谢达年廿六筭给县吏 訾五十   贰4504

  伻丘男子谢达，田七町，凡廿二亩，（中略）其米十四斛四斗，四年十一月九日付仓吏李金。凡为布三丈九寸，准入米一斛五斗五升，四年十一月七日付仓吏郑黑。其旱田亩收钱卅七，其熟田亩收钱七十。凡为钱一千二百卅，准入米七斗七升，四年十一月八日付仓吏郑黑。嘉禾五年三月十日，田户经用曹史赵野、张惕、陈通校。

                  4·265

  石下丘县吏谢达，佃田六町，凡十二亩一百卅步，（中略）其米十斛四斗，五年十二月廿日付仓吏张曼、周栋。凡为布一丈七尺，准入米一斛七升，五年十月廿日付仓吏张曼、周栋。其旱田不收钱。熟田亩收钱八十，凡为钱六百九十，五年十一月十四日付库吏潘慎。嘉禾六年二月廿日，田户曹史张惕校。

                  5·231

  H. 高迁里户人公乘松枼年卅四筭一给县吏   壹10080

  伻丘县吏松枼，田卅，凡一顷卅亩。（后略）   4·250

　　武龙丘县吏松枭，佃田卅八町，凡一顷卅三亩二百廿步，皆二

年常限。　　　　　　　　　　　　　　　　　　　　　　　5·345

　　I. 高迁里户人公乘张乔年卅筭一给县吏　　　　　壹10412

　　仟丘县吏张乔，田卅町，凡一顷卅亩。（后略）　　4·262

三组简中同名者为同一人的可能性极大。若如此，则可以证明给吏可以
简称为州、郡、县吏等。有意思的是 G 组简中的谢达，除了（壹7777）
（贰4504）标明为真吏，（5·231）为石下丘县吏外，（4·265）却标明
为仟丘男子，由于在后两简中所属丘不同，或许会考虑为是不同人。但
是，同名者身份既为"吏"也为"男子"的情况，在吴简中并不少见。
如下列几组简：

　　J. 㳂下伍丘州吏严追，田三町，凡十亩，皆二年常限。旱败不
收，亩收布六寸六分。凡为布六尺六寸，四年十一月九日付库吏番
有。亩收钱卅七，凡为钱三百七十，四年十一月九日付库吏番有。
嘉禾五年三月十日，田户经用曹史赵野、张惕、陈通校。　　4·28
　　㳂下伍丘男子严追，佃田八町，凡廿一亩百卅步，（中略）其米
十三斛一斗，五年十一月七日付仓吏张曼、周栋。凡为布二丈二尺，
准入米一斛二斗六升，五年十一月廿日付仓吏张曼、周栋。其旱田
不收钱。熟田收钱亩八十，凡为钱八百七十，五年十一月廿日付库
吏潘慎。嘉禾六年二月廿日，田户曹史张惕校。　　　　　5·16

　　K. 㳂口口丘男子黄讳，佃田卅五町，凡卅七亩，皆二年常限。
（中略）其米十二斛，四年一月十一日付仓吏郑黑。（中略）凡为钱
二千六十九钱，准米一斛三斗，四年十二月十日付仓吏郑黑。嘉禾
五年三月十日……史张惕……　　　　　　　　　　　　　4·571
　　㳂石下丘县吏黄讳，佃田卅二町，凡卅二亩，皆二年常限。其
二亩……定收卅亩……准入米……　　　　　　　　　　0·12

入桑乡嘉禾二年税米二斛六斗三升胄毕〓嘉禾二年十月廿九日
唐下丘县吏黄讳关墼阁董基付三州仓吏郑黑受　　　　壹7436

县吏黄讳二夫　取禾一斛☐　　　　　　　　　　参6752

出仓吏黄讳番虑所领嘉禾二年☐☐☐　　　　　　　壹1331

出仓吏黄讳潘虑所领嘉禾元年官所贷酱贾吴平斛米六斛]九
斗被督军粮都尉　　　　　　　　　　　　　　　　壹1828

出仓吏黄讳潘虑所领黄龙三年税吴平斛米六十三斛三斗六升为
禀斛米　　　　　　　　　　　　　　　　　　　　壹1901

出仓吏黄讳潘虑所领杂吴平斛米二千七十斛其二百斛邮卒黄龙
三年限米　　　　　　　　　　　　　　　　　　　壹1911

右仓曹史烝堂白　州中仓吏黄讳潘虑列起嘉禾元年☐　壹2039

☐仓曹史烝堂白州中仓吏黄讳潘虑列起嘉禾元年四月　壹2243

入都乡嘉禾元年租米十斛〓嘉禾元年十一月十一日州吏董宣关
邸阁郭据付仓吏黄讳史潘虑受　　　　　　　　　　贰76

☐禾三年正月十日桑（?）丘男子廖瞻关邸阁李嵩付仓吏黄讳史
番虑　　☐　　　　　　　　　　　　　　　　　　贰64

L. 〓杷丘郡吏烝信，佃田廿一町，凡廿四亩，皆二年常限。其
十七亩旱不收布。　（中略）五年十二月十八日付仓吏张曼、
周栋……　　　　　　　　　　　　　　　　　　　5·410

入☐乡二年调布二匹〓嘉禾二年八月十七日杷（?）丘男子烝信
付库吏殷☐　　　　　　　　　　　　　　　　　　贰5339

M. 尽丘郡吏潘明，佃田卅町，凡九十二亩，皆二年常限。（中
略）其米卅斛六斗，五年十一月十日付仓吏张曼、周栋。（后略）
　　　　　　　　　　　　　　　　　　　　　　　5·852

☐年郡吏潘明子弟限米七斛胄米毕〓嘉禾☐　　　　壹4723

入广成乡嘉禾二年租米十斛胄毕⧖嘉禾二年十月廿五日州吏潘

明关塈 阁 ☒ 　　　　　　　　　　　　　　　　　　　　　　壹 3057

　　☒ 力 田潘明二年所调☒ 　　　　　　　　　　　　　　　　　贰 6311

　　☒ 元年 十二月二日唐中丘大男 潘 明付库吏殷 连 ☒ 　　　参 476

入平乡鋘钱五千⧖嘉禾二年七月二日卢丘潘明付库吏愍☒

　　　　　　　　　　　　　　　　　　　　　　　　　　　　壹 2843

入平乡尽丘潘明二年布一匹⧖嘉禾二年九月廿七日烝弁付库吏

殷连受 　　　　　　　　　　　　　　　　　　　　　　　　壹 7825

J 组简中，简 4·28 的严追为下伍丘州吏，而简 5·16 的严追为下伍丘男子，两简中的名字相同，所属丘亦同，但身份却不同。K 组中的黄讳则有几种身份：石下丘县吏、唐下丘县吏、□□丘男子、仓吏。L 组中的烝信均属杷丘，但身份一为男子，一为郡吏。M 组中的潘明也有多重身份：郡吏、州吏、力田、大男。当然目前尚不能完全排除重名的可能，但是，一个值得注意的现象是，以上四人不同身份的时间不相重叠。例如，严追在嘉禾四年（公元 235）时为州吏，嘉禾五年为男子。黄讳任县吏或仓吏的时间在黄龙三年（公元 231）至嘉禾三年正月十日之间，而为男子的时间在嘉禾四年一月十一日以后。烝信为男子时在嘉禾二年，嘉禾五年时身份为郡吏。潘明在嘉禾二年九月二十七日前身份为男子，而在同年十月二十五日为州吏，到五年十一月十日时则成了郡吏。根据这一现象我们或许可以作出如下判断：以上四组简中同名者均为同一人，他们的身份是公乘以下庶民，故均有过"男子"的记录，但在某一个时期他们被征发为"给吏"，有的人甚至不止一次给吏，如潘明先给州吏，后给郡吏。下列简可能就是反映先后给州、郡、县吏情况的简：

买男弟蒋年廿四先给县吏 　　　　　　　　　　　　　　　贰 6654

嵩男弟恭年十九先给州吏 　　　　　　　　　　　　　　　参 1807

其一人先给郡吏在 武 昌 　　　　　　　　　　　　　　　参 3835

"先给"之"先"的含义应即"先后"的先。从上述四组简的情况看，黄讳给吏的时间最长，至少有三年以上。

3. 真吏原则上有算事义务

关于真吏是否有算事义务，学者看法不同。由于给吏简均标有"筭一"的字样，而绝大多数真吏简没有标注"算"的信息，韩树峰因此认为"真吏不交纳口算钱"。但他同时也注意到下枚简：

子公乘生年廿三筭一真吏复　　　　　　　　　　壹 3346

此简中名叫生的公乘，身份为"真吏"，但也标注有"筭一""复"的字样。对此，韩树峰采取了慎重的存疑态度，并推测此简中"复"可能复除的是吏役。[1] 孟彦弘的看法不同，他据以下两枚简：

郡吏区邯年卅〔八　　　、　　邯妻大女平年廿二筭一　贰 2417
郡吏公乘李□年卅二筭一☑　　　　　　　　　　　贰 2460

认为真吏也纳算。[2]

应当认为，简（壹 3346）真吏公乘生"筭一"事项误记的可能性很小。其实，真吏有算事义务并不难理解，真吏的身份是爵五大夫以下的庶民，汉代规定五大夫以上才有复除赋役的特权，因此，真吏理当属于国家法定的课役对象，有算事义务。然而，此简中的公乘生 23 岁，正当壮年，没有"刑手足"疾病，被计作一算，但却享受了"复"即复除的待遇。那么，复除的原因是什么？应当是因为他是真吏，正在承担国家的吏役，因此无力也不应该再承担其他赋役。事实上，服吏役者可以免除其他赋役的制度渊源甚久。徐天麟《东汉会要》载："按汉之有复除，

---

① 韩树峰：《走马楼吴简中的"真吏"与"给吏"》，长沙简牍博物馆、北京吴简研讨班编《吴简研究》第 2 辑。
② 孟彦弘：《吴简所见的"子弟"与孙吴的吏户制——兼论魏晋的以户为役之制》，武汉大学中国三至九世纪研究所编《魏晋南北朝隋唐史资料》第 24 辑。

犹《周官》之有施舍，皆除其赋役之谓也。"按《周礼·地官司徒》：

> 乡大夫之职，各掌其乡之政教禁令……以岁时登其夫家之众寡，辨其可任者。国中自七尺以及六十，野自六尺以及六十有五，皆征之。其舍者，国中贵者、贤者、能者、<u>服公事者</u>、老者、疾者皆舍。以岁时入其书。①

马端临《文献通考·职役考二·复除》：

> 本注：舍，役除，不收役事也。贵，若今宗室及关内侯皆复也。<u>服公事者，若今吏有复除也。</u>老者，谓若今八十、九十复羡卒也。
>
> 按：……其在复除之例者，如所谓贵者、贤者、<u>能服公事者</u>，即公卿大夫以及<u>庶人在官之流</u>……②

真吏就其"庶人"身份而言，本应有赋役义务，但因其"在官"，正在"服公事"，所以给予了"复"的优待。因此，在标注其身份时，完整的记录方式应如简（壹3346），先标明"算一"，然后写上真吏的赋役身份，再写上实际的服赋役情况——"复"。也就是说，其他真吏简没有标明"算一""复"者，应当认为是被省略了，因为对时人而言，"真吏"可以复算事义务是一般性常识。

但孟彦弘所列举的两枚简作为真吏有算事义务的例证却存在问题。首先，简（贰2417）严格说来并不是郡吏区邯有算事义务，而是其妻子大女平；其次，两简中的郡吏并不一定是真吏，而有可能是"给吏"。下列简：

> 宜阳里户人公乘□礼年卅四真吏苦腹心病　　　　　　壹9396

---

① （清）孙诒让：《周礼正义》卷二一《地官司徒上·乡大夫》，第839—840页。
② （元）马端临：《文献通考》卷一三《职役考二·复除》，上海师范大学古籍研究所、华东师范大学古籍研究所点校，中华书局2011年版，第384、387页。

或可佐证真吏简本应写有"算一"和"复"的信息，但实际操作中却被省略了。此简中的公乘礼是真吏，患有"腹心病"，简文特意标注其"苦腹心病"应是因为他因此病而有了"复"的资格。长沙吴简中有一些因"苦腹心病"而"复"的例子，如：

子公乘客年廿八筭一苦腹心病复 　　　　　　　　　壹 3075

高平里户人公乘高郡年卅一筭一苦腹心病复 　　　　壹 3945

还有一些只标明"苦腹心病"而未注"复"的例子，如：

富贵里户人公乘衣修年卅三筭一苦腹心病 　　　　　壹 2979

常迁里户人公乘五扬年五十二　筭一苦腹心病 　　　参 2956

很显然，这两简中的衣修、五扬应和前两枚简中的客、高郡一样因"苦腹心病"而享受了"复"的待遇，书写者却将之省略了，这是因为即使省略了也不会发生误会而出现向其征发算事义务的情形。由此可以推断，上述简（壹 9396）中的真吏公乘礼也应当因"苦腹心病"而享有"复"的待遇，其所"复"者当然是真吏的义务。

4. 关于不在算事年龄段的真吏

在已公布的三册吴简中，真吏年龄高者有 61 岁、64 岁甚至 81 岁者，如：

□阳里户人公乘何统年六十一真吏 　　　　　　　　壹 9356

宜阳里户人公乘黄阿年八十一真吏 　　　　　　　　壹 9360

县吏潘栋年六十四 　　　　　　　　　　　　　　　贰 1907

此外，吏年龄小者有 12、13 岁者：

郡吏黄士年十二 　　　　　　　　　　　　　　　　壹 7638

郡吏黄莴年十三　　　　　　　　　　　　　　　　　　壹 8494

郡吏黄士年十三　士兄公乘追年廿三荆□　　　　　　　贰 1623

大约在西汉中期，男子服赋役的年龄定制为 15 岁至 60 岁。从吴简的情况来看，孙吴在这一点上继承了汉制。那么，为什么上述吴简中的真吏、郡吏年龄不在服役年龄段？整理者在简（贰 1623）后出注说："郡吏黄士年仅十三，或记录有误。"韩树峰则倾向认为简（壹 7638）和（壹 8494）的郡吏是真吏，真吏服役没有期限，即使"未达到服役年龄"或"超过服役年龄"，仍要从事吏役。①

笔者也认为上简中小于 15 岁的郡吏黄士、黄莴，其身份应当是真吏。但其不在服役年龄段而有真吏的身份，并不必然意味着他们服役没有期限。真吏的爵位身份与庶民一样均为公乘。爵位身份即社会等级身份，既然真吏和庶民的社会等级身份相同，那么，他们享有的社会待遇也应当是相同的。因此，真吏服赋役的起止年龄也应当和庶民一样，为 15 至 60 岁。如果仔细搜检吴简就会发现，当时庶民年过 60 岁者虽没有算事义务，但仍要服各种杂徭。例如：

佃父公乘 廷 年八十二刑右 手 □　　　　　　　　　　壹 2625

□ 年 卅一盲右目　□贵年六十八常限客　贵妻誉年五十三踵右足　　　　　　　　　　　　　　　　　　　　　　　　　　壹 8514

□年六十一给驿兵　　　　　　　　　　　　　　　　　　壹 8976

民男子蔡乔年六十二给驿兵　桥妻大女典年卅八 算 　　贰 1903

民男子蔡指（？）年六十四荆左手养官牛　妻大女枚年五十五荆左手　　　　　　　　　　　　　　　　　　　　　　　　贰 2011

□□蒸勤年六十八苦腹 心 病给养官牛　　　　　　　　　贰 2498

---

① 韩树峰：《走马楼吴简中的"真吏"与"给吏"》，长沙简牍博物馆、北京吴简研讨班编《吴简研究》第 2 辑，第 27—28 页。

上述简中，廷82岁，右手残疾，却仍担任佃父之职；贵68岁仍为常限客；蔡乔62岁仍在给驿兵；蔡指（？）64岁，左手残疾，仍养官牛；蒸勤68岁，有腹心病，也给养官牛。而且，吴简中庶民即使年龄超过60岁者，也标注其身体情况，如：

☒□年八十九 盲 右 目 ☒	壹 362
☒□年六十七肿两足刑右手　☒	壹 2580
老男胡公年六十一踵两足	壹 5162
老男□□年七十二踵两足	壹 5199

这些人年龄在61至89岁之间，均标注了身体残疾情况，或盲，或刑手，或踵足。尤其值得注意的是简（壹5162）和（壹5199），其身份是"老男"，意味着他们已免老，即不再承担算事义务。簿籍中对这些免老的人仍标注身体情况，应不是为了进行抚恤慰问，而是为了了解可征发杂徭的人数所进行的户口调查。

下列例子虽不是真吏，但也可窥见西汉中后期庶民任吏的情况。《汉书·翟方进传》载："翟方进字子威，汝南上蔡人也。家世微贱，至方进父翟公，好学，为郡文学。方进年十二三，失父孤学，给事太守府为小史，号迟顿不及事，数为掾史所詈辱。"[1] 后来官至丞相的翟方进，十二、三岁时因父亲早逝，被迫到郡府任小史。由此来看，当时未到或超过服役年龄者，或主动或被动到官府任吏者当不在少数。

秦汉以来国家赋役繁重一向为史家所诟病。孙吴时期，外有三国之争，内有武陵蛮等反叛，赋役征发频繁自然更甚于和平年代。在这种情况下，小至12、13岁的少年，老至7、80岁的老人，虽然没有制度内的算事义务，但是却仍要服各种杂徭，即使身体有轻度残障者也不能幸免。这种情况下，真吏也不能例外。

---

① 《汉书》卷八四《翟方进传》，第3411页。

5. 吏所任为掾、史、书佐等职

真吏、给吏担任哪些吏职呢？笔者搜检了一些同名而有吏职的简，以此作为考察的切入点。例如下组简：

N. 小成里户人公乘五陵年卅六给县吏复	壹 9435
☑……月廿六日桑乡典田掾五陵☑	贰 6582
☑掾五陵省　☑月　十　二　日　白	参 3892
☑五月三日典田（？）掾五陵白	壹 1361
六月廿七日典田掾五陵☐☑	壹 5589

后四简中的五陵显然应是同一个人，其吏职为"桑乡典田掾"，多省称为"典田掾"。那么，桑乡典田掾的五陵是否就是小成里给县吏的五陵呢？虽然不能完全确认，但是这种可能性极大，"给县吏"和"典田掾"均为"吏"，一县之中出现同名又同为吏的人概率不会太高，况且吴简中没有反证的例子。如果这一推断可以成立，就可以确定五陵所给吏职是"桑乡典田掾"，属"县吏"。[①]

给吏担任县吏乡典田掾的例子可能还有文腾的例子：

O. 大成里户人公乘文腾卅三算一☑	贰 3032
九月十七日典田掾文腾白	贰 436

简（贰 3032）中的文腾有"算一"，而简（贰 436）有典田掾文腾，如果两人是同一人，那么，文腾的典田掾应当是以给吏的方式充任的。前文已述，在已公布的真吏简中只有一例标注了"算一"的信息，其他均被省略了，而给吏简一般不省略"算"的信息，由此推测文腾若为吏，则为给吏。

---

①　侯旭东以五训的例子推导出乡吏的身份是县吏的结论。侯旭东：《走马楼三国吴简所见"乡"与"乡吏"》，北京吴简研讨班编《吴简研究》第 1 辑，第 105 页。

担任田户经用曹史以及中贼曹史的张惕也很可能是给吏：

P. 吉阳里户人公乘张惕（?）年廿八筭一给县吏　　　　壹 10182

　　<u>下伍丘县吏张惕，田廿五町，（中略）嘉禾五年三月十日，田户经用曹史赵野、张惕、陈通 校 。　　　　　　　　　　4·21

　　<u>下伍丘男子勇恪（?），田二町，（中略）嘉禾五年三月十日，田户曹史赵野、张惕、陈通 校 。　　　　　　　　　　4·15

　　<u>上和丘郡吏何表，佃田五处，（中略）嘉禾五年□□六日，主者史赵野、张惕、陈通校。　　　　　　　　　　　　4·31

　　☑　五月十四日领中贼曹史张惕□☑　　　　　　　参 6582

在此组简中吉阳里给县吏张惕与下伍丘县吏张惕以及田户经用曹史张惕、中贼曹史张惕是否是一人，尚不能确定。但是，简4·21、4·15、4·31中主"校"的张惕显然是同一人，其吏职的正式名称应是田户经用曹史，多简称为田户曹史，简4·31甚至简称为主者史。

此外，下组简中的何盛担任的是兵曹掾史，但是，其为县吏还是州、郡吏则不详：

Q. ☑年七月直人二斛嘉禾元年六月卅日付樊嚣何盛☑　壹 1970

入平乡鹿皮二麂皮二枚合四枚<u>嘉禾元年十一月十三日男子何盛付库吏殷连受　　　　　　　　　　　　　　　贰 8957

　　☑……□月廿日付兵曹何盛　　　　　　　　　　参 932

　　□吏何盛　☑　　　　　　　　　　　　　　　　参 1749

由上述四组简可知，给吏或者担任属于县吏的乡典田掾，或者担任县田户经用曹史，或者担任中贼曹史，均为掾、史之职。遗憾的是，在目前公布的吴简中明确标为真吏的人中，尚未发现有关于其担任吏职的信息。但是，正如前文所论，真吏和给吏的社会身份都是公乘，社会地位相同，

因此，他们任吏职的情况应当和给吏大致相当。

从已公布的三册吴简可以看到，官吏中掾、史之职最为常见，而且前面多缀有曹名。除前述田户经用曹、贼曹、兵曹外，还有户曹、金曹、仓曹、法曹、功曹、田曹、佃田曹、司屯曹、仓田曹、典军曹、质曹、司虞曹，有些曹如贼曹、户曹、仓曹还分左、中、右。仅列举数例：

☑间事　正月十四日功曹史☐珠白　　　　　　　　　　　壹 954

☑元年四月卅日付典军曹史许尚受　　　　　　　　　　　壹 1793

☑☐金曹史李珠白县领☑　　　　　　　　　　　　　　　壹 5514

法曹掾区☐年卅五　　　　　　　　　　　　　　　　　　贰 884

☑潘栋右仓田曹史烝室（？）户曹史☐☐兵曹史黄☐☑　贰 6765

☑列受兵年月日造作☐
十六日领部佃田曹掾烝☐白　　　　　　　　　　　　　　贰 7847

除上述曹掾、史外，还有临湘丞掾、录事掾、劝农督邮书掾、市掾、劝农掾、期会掾、核事掾、主库掾、监运掾等。如：

临湘丞掾副言县领三年租具钱五万六千八百部吏唐王☐☐民☐☐入四

壹 6935

丞出给民种粮掾烝☐如　曹期会掾烝　录事掾谷水校
君教　　　　　　　　　嘉禾三年五月十三日付三州仓领杂米起
　　主簿　省　　　　　嘉禾元年七月一日讫九月卅日一时簿　贰 257

除掾、史之外，吴简中还可见府史、主簿、主记史、书史、内藏史、待事史、书佐、典事等职。如上引简（贰257）的主簿，再如：

☑丘男子郑断关主记史梅综付掾孙仪受　　　　　　　　　参 3484

草言答府史潘☐☐☑　　　　　　　　　　　　　　　　　参 7671

这些曹名和吏名多见于传世文献和出土文字资料。① 这些在吴简中大量出现的掾、史、主簿、书佐、典事等职，应当就是真吏、给吏担任的吏职。这些吏职正相当于汉代所说之"少吏"。《汉书·百官公卿表上》："县令、长，皆秦官，掌治其县。万户以上为令，秩千石至六百石。减万户为长，秩五百石至三百石。皆有丞、尉，秩四百石至二百石，是为长吏。百石以下有斗食、佐史之秩，是为少吏。"②

四 汉魏时期官吏的分野

严耕望将秦汉时期郡、县僚佐因其性质分为佐官与属吏两种，"佐官，秩二百石以上，由中央任命之，丞、长史、尉是也。属吏，秩百石以下，由守相自辟任之，功曹、主簿、督邮等掾史属佐等是也"。③ 甚为精当。从上一节的分析可以看出，吴简中真吏、给吏之"吏"担任的无论是州、郡还是县属僚佐，都不属于佐官的范畴，而为属吏。这一判断对于我们认识吴简中的吏、吏民以及汉魏社会结构具有重要意义。

众所周知，曹丕即魏王位后，由尚书陈群创制了著名的九品官人法，将汉代以禄秩划分官位级别的方式，改为以"品"来划分。此事见于《三国志·魏书·陈群传》："及即王位，封（陈）群昌武亭侯，徙为尚书。制九品官人之法，群所建也。及践阼，迁尚书仆射，加侍中，徙尚书令，进爵颍乡侯。"④"官人"之得名显系相对"吏"而言，即被列入此法的只有官，而不包括吏。九品官人法一经创立，便成为后世品官之法。

那么，九品官人法之"官"的概念是如何与"吏"区分开的？撇开别的不谈，仅就地方行政官僚体制来说，则相当明确，即在地方长官、

---

① 可参考严耕望《中国地方行政制度史——秦汉地方行政制度》，上海古籍出版社 2007年影印本，1961 年初版，1989 年第 3 版；安作璋、熊铁基《秦汉官制史稿》，齐鲁书社 1984年版。

② 《汉书》卷一九上《百官公卿表上》，第 742 页。

③ 严耕望：《中国地方行政制度史——秦汉地方行政制度》，第 102、218 页。

④ 《三国志》卷二二《魏书·桓二陈徐卫卢传·陈群》，第 635 页。

佐官与属吏之间划出一条鸿沟，前者为官，后者为吏。如《通典·职官·秩品一》所记录的魏官品中，七品有诸县令相秩六百石以上者，八品有郡国太守相内史中丞长史、诸县署令千石以上者丞、州郡国都尉司马、诸乡有秩三老，九品有诸县长令相、诸乡有秩。① 晋官品大致与魏相同，七品有诸县置令六百石者，八品有郡国相内史丞长史、州郡国都尉司马、诸县令长相、诸县署令千石之丞尉，九品有诸县署令长相之丞尉。② 魏与晋县级官的品级基本没有变化，变化较大的是乡级官，魏时乡有秩三老和有秩尚在八、九品官，晋时则不在官品。

从吴简所反映的吏的情况来看，它与九品官人法之后的吏的概念正相吻合。它表明，孙吴政权也将官与吏明确区别开来，即将诸曹掾史等属吏称作吏，以与署长、佐官等官相区别。他们的爵位身份是公乘，这注定了他们的社会地位与公乘以下庶民之"民"并无二致。他们是国家法定的课赋役对象，有"算事"和服各种杂徭的义务，只是由于他们正在担任吏职，而将这些义务免除了。而进入九品的官则不课赋役。《新唐书·食货志一》："凡主户内有课口者为课户。若老及男废疾、笃疾、寡妻妾、部曲、客女、奴婢及视九品以上官，不课。"③ 吏和普通的庶民享受同样的政治、经济和法律等权利，而不能和官以及五大夫以上爵者相提并论。因此，孙吴政权才会将他们和公乘以下庶民一起合称为"吏民"，并将他们编籍在一起，正如吴简所反映的那样。

由孙吴也将官与吏严格区别一事，是否可以推测，孙吴继曹魏建立政权后，也借鉴曹魏的做法，在吴国推行九品官人法或类似制度呢？由于现存文献中完全觅不到可以作为佐证的材料，因此，这一推测恐难以成立。事实上，无论是曹魏的九品官人法还是孙吴的官吏之别，都不是凭空而起，而是渊源于汉代的观念与制度。前文已述，《汉书·百官公卿表》中已经将县令、长、丞、尉与属下的诸曹掾史从禄秩到名称明确区

① （唐）杜佑：《通典》卷三六《职官·秩品一》，中华书局 1984 年影印本，第 206—207 页。

② （唐）杜佑：《通典》卷三七《职官·秩品二》，第 209 页。

③ 《新唐书》卷五一《食货志一》，中华书局 1975 年版，第 1343 页。

别开来，前者称长吏，禄秩在二百石以上；后者称少吏，禄秩为百石以下。九品官人法将二百石以上与百石以下区别为两个截然不同的社会群体，前者为官，享受各种待遇，后者为吏，与庶民相同，应当就是在汉代长吏与少吏之别的基础上制定的。孙吴将百石以下掾史类属吏明确为吏群体，也应源于汉制。①

曹魏和孙吴政权在建立伊始即将二百石以上官与百石以下吏明确划分为两个不同的社会阶层，表明官与吏的区别事实上在汉代已经萌芽甚至出现，否则曹魏九品官人法的制定和孙吴的官吏之别就会失去现实的依托。那么，汉时的情形到底是怎样呢？

正如宫崎市定所指出，自古以来都认为汉代没有"流品"的思想，其中最具代表性的就是宋代章如愚《山堂考索后集》卷二二的如下议论：

> 汉之用人，不分流品。视其才能勋绩，等而上之，无有限格。周勃以引强，申屠以蹴张，薛宣以书佐，魏相以卒史，皆致位为丞相。然其入仕之始，等级次第，亦自有品节，存乎其间。其以明经文学进者，多除博士，或大夫侍中，如严助、朱买臣、疏广、平当之徒是也。其以材武勇猛进者，多除中郎将骖乘，如公孙贺、卫绾是也。张汤以法律进，则先以法官处之。故张汤为内史丞相掾，荐补侍御史，后为廷尉，皆法官也。黄霸以入粟补官，则以财赋处之。故霸始以卒史，领郡钱谷，计簿书正，以廉称，察补河东均输长，皆掌财也。虽其始有所分别，而积功累勋，无不可任者，此汉官未免乎杂也。终汉之世，清浊混淆，上下无别。以宦者典领中书，以医术校书秘阁。尚书郎掌代王言，而以令史久次补之，宜乎？丁邯

---

① 黎虎已指出汉魏时期"吏民"中的"吏"是与"长吏"相对应的"下吏"。（参见黎虎《原"吏民"——从长沙走马楼吴简谈起》，河南大学历史文化学院《祝贺朱绍侯先生八十华诞 史学新论》；黎虎《论"吏民"的社会属性——原"吏民"之二》，《文史哲》2007年第2期）但黎先生认为秦汉以降长吏与少吏之间的界线呈逐步下移趋势，以及其关于真吏、给吏、是否存在吏户的认识和论证方法等，都与笔者有较大的不同。

耻以孝廉为郎也。

宫崎市定虽然部分认同章如愚的看法，但同时认为："说汉代完全没有贵贱之分，没有流品思想，又未免言过其实。在汉代，还是存在着汉代的贵族主义。只是它与后世的思想大相径庭。"他认为汉代的禄秩可以归纳为二千石以上、六百石以上、二百石以上和百石以下四个级别，大致与儒家所说的公卿大夫、上士、下士和庶民四个阶级相对应。他以"郎"和少吏入仕途径与结果的差别，指出"郎"是由特定资格的人担任的，从一开始就具备"士"的身份，而庶民入仕，必须从庶民担任的少吏开始做起。而且，从少吏起家晋升到丞相的情况极为罕见，从少吏到长吏，亦即从庶民变为士的身份相当困难。"由此类推其他情况，在士与庶民之间同样存在着一个难于逾越的断层。"也正是因为"汉代社会本身存在着贵族制的因素"，才使得汉代仅具形式的官僚制没有顺利成长起来，反而朝着贵族制的方向发展了。①

宫崎氏的论述是粗线条的，其认识也有进一步探讨的余地，但是，他这一深入中国古代社会基底的长时段研究对于我们深入解析中国古代社会结构的实态和变迁无疑具有重要意义。

众所周知，汉代对于官、吏概念的区分并不明晰。《汉书·百官公卿表上》名为"官"之表，列述相国、丞相以下职掌、变迁、僚属时，均称"官"。如载"相国、丞相，皆秦官"，"县令、长，皆秦官，掌治其县"。但在本卷末却又说：

> 凡吏秩比二千石以上，皆银印青绶，光禄大夫无。秩比六百石以上，皆铜印黑绶，大夫、博士、御史、谒者、郎无。其仆射、御史治书尚符玺者，有印绶。比二百石以上，皆铜印黄绶。成帝阳朔二年，除八百石、五百石秩。绥和元年，长、相皆黑绶。哀帝建平

---

① ［日］宫崎市定：《九品官人法研究——科举前史》，韩昇、刘建英译，中华书局2008年版，第45—50页，日文版1956年初版。

二年，复黄绶。吏员自佐史至丞相，十二万二百八十五人。①

将佐史至丞相皆称"吏"。以万石至百石的禄秩序列来排列官吏的位次，也很容易给人造成错觉，以为百石以上皆为官吏，虽有等级、大小之差，却没有本质之别。但事实并非如此。笔者曾在宫崎氏等前贤的基础上，提出秦汉社会中存在着"位—爵—秩"的社会分层体系。所谓"位"即公卿大夫士位，爵即二十等爵，秩即百石至万石的禄秩。秦汉时期在创制中央集权官僚制国家的过程中，以宗法分封制国家的"卿大夫士"爵位体系为参照系，并加上后人为适应大一统的需要臆造的"公"位，形成"公卿大夫士"爵位系统，建立并完备了二十等爵制和以禄秩排列等级的社会体系。其中，"位大夫—爵五大夫—秩六百石"在相当长时期是划分贵族与庶民的分界线。此处列出西汉时三者的对应关系表，以供参看:②

表4　　　　　　　　西汉时期位、秩、爵、印绶对照表

位	禄秩	爵	印绶
上公			
公		列侯	金印紫绶
比公			
上卿正卿	中二千石	御史大夫—关内侯，中二千石—右庶长	银印青绶
卿			
上大夫	二千石	诸侯相右庶长	银印青绶
	比二千石		
下大夫	千石	五大夫	铜印黑绶
	比千石		
	八百石		
	比八百石		
	六百石		
	比六百石		

① 《汉书》卷一九上《百官公卿表上》，第743页。
② 参见本书上编"秦汉官僚体系中的公卿大夫士爵位系统及其意义"，第27—65页。

续表

位	禄秩	爵	印绶
士	五百石	公乘至上造	铜印黄绶
	四百石		
	比四百石		
	三百石		
	比三百石		
	二百石		
	比二百石		

可以看到，笔者对于大夫位的认识与宫崎氏相左，但是，对于"士"位与庶民的界限，笔者却完全赞同宫崎氏的见解。而且，笔者认为曹魏制定九品官人法，将二百石以上划分为官，百石以下划归吏，以及孙吴时也将二百石以上之署长、佐官划归官，掾史等属吏划为吏，就是基于汉代关于"士"与"庶民"的观念与制度。

然而，正如宫崎氏所指出，东汉时三署郎大多由孝廉补任，而地方郡国所举荐的孝廉大多是郡的掾史。而"郡县掾史，并出豪家，负戈宿卫，皆由势族，非若晚代，分为二涂者也"。[1] 他因此认为，在他们中间产生了与政权相结合而在一定程度上贵族化的右族，从而导致魏晋以后贵族制的出现。[2] 据此，东汉时的掾史与魏晋时期的掾史似有相当大的差异，那么又该如何解释这一问题呢？这是一个十分复杂的问题，笔者拟以后探讨。

此外，关于学界争论的"吏户"问题，笔者认为中国历史上一直存在一定的身份世袭制，即"世业"制。前引吴简中的真吏年龄长者高达80岁、小者只有12、3岁，至少可以证明部分真吏的身份是世袭的，并且，这一身份伴其终生。而且，吴简发现的真吏均属宜阳里，也表明当时他们集中居住和管理。因此，应当认为，孙吴时期的真吏已经具备相

---

① 《宋书》卷九四《恩幸列传》，中华书局1974年版，第2301页。
② ［日］宫崎市定：《九品官人法研究——科举前史》，第51—53页。

当的职业化和世袭化。但是，真吏的爵位身份与庶民一样均为公乘，以及吏职不足的情况下，可以由庶民给吏充任，则表明即使真吏已经出现身份世袭化，但是他们的社会地位并不比庶民低。他们虽然要给吏役，但是作为代偿，国家免除了他们本人的算事义务，以及其他一些赋税徭役负担。而且，真吏如果担任较高且较重要的吏职，就会成为现实生活中的有权势者。

从新出简牍看二十等爵制的
起源、分层发展及其原理

　　二十等爵制是周秦汉魏时期最重要的制度之一，在战国秦汉社会转型中扮演着重要角色。以往诸多学者对此作过研究，取得了丰硕成果。[①]21 世纪初，张家山汉简、里耶秦简、岳麓秦简等秦及汉初简牍的刊布，为这一问题的研究提供了新的契机。[②] 本文拟利用这些新资料，在以往

　　① 劳贞一：《释士与民爵》，《史学年报》第 2 卷第 1 期，1934 年，第 241—246 页；吴景超：《西汉的阶级制度》，《清华学报》第 10 卷第 3 期，1935 年，第 587—629 页；［日］栗原朋信：《両漢時代の官民爵に就いて. 上》，《史観》第 22、23 册合刊，1940 年，第 27—59 页；［日］栗原朋信：《両漢時代の官民爵に就いて. 下》，《史観》第 26、27 册合刊，1941 年，第 109—146 页；［日］守屋美都雄：《中国古代的家族与国家》，第一章"从汉代爵制源流角度所见之商鞅爵制研究"，钱航、杨晓芬译，上海古籍出版社 2010 年版，第 3—51 页；［日］西嶋定生：《中国古代帝国的形成与结构——二十等爵制研究》，第 1—571 页；高敏：《试论商鞅的赐爵制度》，《郑州大学学报》1977 年第 3 期；高敏：《论两汉赐爵制度的历史演变》，《文史哲》1978 年第 1 期（两文修订后均收入其著《秦汉史论集》，第 1—57 页）；朱绍侯：《军功爵制试探》，《开封师院学报》1978 年第 1 期；朱绍侯：《秦军功爵制简论》，《河南师大学报》（社会科学版）1979 年第 6 期（两文后吸收张家山汉简公布以后的相关研究成果，增订收入其著《军功爵制考论》，商务印书馆 2008 年版，第 1—505 页）；杜正胜：《编户齐民——传统政治社会结构之形成》，第八章"平民爵制与秦国的新社会"，第 317—372 页；等等。

　　② 李均明：《张家山汉简所反映的二十等爵制》，《中国史研究》2002 年第 2 期；朱绍侯：《西汉初年军功爵制的等级划分——〈二年律令〉与军功爵制研究之一》，《河南大学学报》（社会科学版）2002 年第 5 期，收入其著《军功爵制考论》，第 233—241 页；刘敏：《张家山汉简"小爵"臆释》，《中国史研究》2004 年第 3 期；拙文：《秦汉官僚体系中的公卿大夫士爵位系统及其意义——中国古代官僚政治社会构造研究之一》，《文史哲》2008 年第 5 期，收入本书上编"秦汉官僚体系中的公卿大夫士爵位系统及其意义"，第 27—65 页；阎步克：《从爵本位到官本位——秦汉官僚品位结构研究》，生活·读书·新知三联书店 2009 年版，第 1—341 页；等等。

研究的基础上，对二十等爵制官、民爵的分层变化进行讨论，并论及二十等爵制的起源及原理。

一　关于官爵、民爵、吏爵等概念

二十等爵分官爵、民爵为清代钱大昭首次明确提出。钱大昭《汉书辨疑》卷九：

（1）自公士至公乘，民之爵也，生以为禄位，死以为号谥。凡言赐民爵者即此。自五大夫至彻侯，则官之爵也。（2）《成帝纪》永始二年诏曰："吏民以义收食贫民，其百万以上，加赐爵右更，欲为吏补三百石。"是爵至十四级，与三百石吏相埒矣。准是以推，九级之五大夫，等比百石；十级之左庶长，等百石；十一级之右庶长，等比二百石；十二级之左更，等二百石；十三级之中更，等比三百石矣。故谓之官爵。①

其观点包括两部分：1. 二十等爵以公乘和五大夫为界分为两大层级，第一级公士至第八级公乘为民爵，第九级五大夫至第二十级彻侯为官爵。2. 官爵是可以"为吏"的爵级，吏的禄秩可以与爵位挂钩类比。他根据《成帝纪》永始二年诏，"吏民"以义收食贫民，百万以上"加赐爵右更，欲为吏补三百石"，将第十四级右更爵与三百石吏挂钩对等，以此类推，第九级五大夫可以任比百石吏。因为可以"为吏"，所以称为"官爵"，这样实际上等于认为"吏"就是"官"。由于秦汉时期"官""吏"的概念与后代不同，且存在广义、狭义之分，故其"官爵"概念极易造成误解，事实上他本人对"吏"的理解就存在问题。例如，他在《汉书·元帝纪》永光二年"赐吏六百石以上爵五大夫，勤事吏二级，

_____

① （清）钱大昭：《汉书辨疑》卷九，清铜熨斗斋丛书本，中国基本古籍库，笔者标点，下同。（1）（2）为笔者标注。

为父后者民①一级"② 下注曰："爵自五大夫以上为官爵，故必六百石以上乃赐之。其勤事吏之二级，民爵也。"③ 其认为"勤事吏"为民爵的观点是错误的。"勤事吏"即勤恳工作的吏，是汉代考核官吏的名称之一。《汉书·宣帝纪》元康元年三月诏："赐勤事吏中二千石以下至六百石爵，自中郎吏④至五大夫，佐史以上二级，民一级。"⑤ 正如下文钱大昕的理解，这里的"勤事吏"是吏中二千石至佐史的修饰语，而不专指六百石以下吏，故其赐予的不一定是民爵。因此，永光二年的"勤事吏"不是指六百石以下吏，而是指所有吏中被推荐为勤事吏者（详见下文）。

二十等爵以公乘、五大夫为界分为两大层级并非钱大昭的发现，自东汉以来便不断有学者论及。如东汉王充《论衡·谢短》："赐民爵八级，何法？"⑥ 东汉卫宏《汉旧仪》："五大夫，九爵。赐爵九级为五大夫。以上次年德者为官长将率。"⑦ 三国曹魏刘劭《爵制》："吏民爵不得过公乘者，得贯与子若同产。"⑧ 唐代李贤注《后汉书·明帝纪》明帝即位诏"爵过公乘，得移与子若同产、同产子"："汉制，

---

① 此处的"民"应为"人"之误，应是颜师古注《汉书》时避唐太宗李世民讳，将"民"改为"人"，后人回改时误改的。参见《汉书补注·武帝纪第六》"楼船将军杨仆坐失亡多，免为庶民"条王先谦补注："李慈铭曰：'民'当作'人'，它文无曰'免为庶民'者，盖缘小颜本避太宗讳，于《汉书》'民'字皆改作'人'，后人回改，此'人'字亦误改'民'耳。"〔（汉）班固撰，（清）王先谦补注：《汉书补注·武帝纪第六》，第281—282页〕此处的"民"也属于这种情况。

② 《汉书》卷九《元帝纪》，第287页。

③ 钱大昭：《汉书辨疑》卷二。从下条注可知，至晚从北宋刘攽时起就误将"吏爵"理解为授予六百石以上者。

④ 王先谦补注："刘攽曰：'爵自中郎吏'文，误。盖本云'自中更至五大夫'，传者误以'更'为'吏'，遂衍出'郎'字。与民爵不过公乘，则赐吏爵自五大夫而上也。以中二千石爵中更，二千石亦当左更，真比同千石当右庶长，六百石则五大夫矣。寻本始元年诏文，则知此说是。苏舆曰：爵属上为句，自中更至五大夫，犹本始诏云自左更至五大夫也。"（汉）班固撰，（清）王先谦补注：《汉书补注·宣帝纪第八》，第356页。

⑤ 《汉书》卷八《宣帝纪》，第254页。

⑥ （汉）王充撰，黄晖校释：《论衡校释》卷一二《谢短》，第572页。

⑦ （汉）卫宏：《汉旧仪》卷下，孙星衍等辑：《汉官六种》，第84页。

⑧ 《续汉书·百官志五》刘昭注引，《后汉书》志二八，第3632页。

赐爵自公士已上不得过公乘，故过者得移授也。同产，同母兄弟也。"①

钱大昭之兄钱大昕也曾论及公乘以下爵与五大夫以上爵的区别，他在《再答袁简斋书》中说：

> 蒙询秦汉赐爵及唐同三品之称，谨按：赐爵始于商鞅，以旌首功。汉时或以军功或以入粟、入钱得之，而赐民爵一级或二级、三级、史不绝书。大约公乘以下与齐民无异，五大夫以上始得复其身。民赐爵者至公乘而止，爵过公乘得移与子若同产、同产子，有罪得赎，贫者得卖与人……至五大夫以上，则以赐中二千石至六百石之勤事者及列侯嗣子。然考之《史》《汉》，自卜式、桑羊而外，书赐爵者寥寥，非无爵也，赐爵不足为荣，史家略而不书也。民爵不过公乘，而入粟之法行，则有至大庶长者，大庶长去关内侯一级耳。然鬻爵而不鬻官，官有员，爵无员，此晁错所谓出于口而无穷者也……②

钱大昕对二十等爵及分层的论述较之钱大昭更为详细，侧重也有所不同。两人的共通之处是都认为二十等爵以公乘、五大夫为界分为两个层级。不同之处是：钱大昭从有爵者任吏的角度论述，根据汉成帝永始二年赐爵右更可补三百石的诏令，推测五大夫可补比百石吏。他在最后总结说"故谓之官爵"，即他之所以将五大夫以上爵称为官爵，就是缘于五大夫以上爵可以"为吏"。他似乎将成帝永始二年诏看成是通例，但这其实

---

① 《后汉书》卷二《明帝纪》，第96—97页。此类诏书还见于章帝即位诏（《后汉书》卷三《章帝纪》，第129页）、安帝元初元年（公元114）改元诏（《后汉书》卷五《安帝纪》，第220页）、顺帝阳嘉元年（公元132）立皇后诏（《后汉书》卷六《顺帝纪》，第259页）。

② （清）钱大昕：《潜研堂文集》卷三四，《潜研堂集》，清嘉庆十一年刻本，中国基本古籍库，笔者标点。另见吕友仁校点本《潜研堂集》，上海古籍出版社1989年版，第614页。但其标点存在问题，如"爵过公乘得移与子若同产、同产子，有罪得赎"，吕本作："爵过公乘得移与子若同产，同产子有罪得赎"。

存在很大风险。① 钱大昕则是从以爵赐吏的角度论述，认为五大夫以上爵是赐给"六百石至中二千石"这些高官中的"勤事者"以及"列侯嗣子"，但未使用"官爵"概念。而且，他强调"入粟"拜爵是鬻爵，但汉代"鬻爵不鬻官"，也就是说爵并不等于官，并非有了爵位就可以自动转换为官职。这一点与钱大昭依据成帝永始二年诏，认为五大夫以上爵可任吏的观点有很大不同。总体来看，钱大昕对二十等爵分层的认识相当准确到位。

钱大昭关于官爵、民爵的区分为其后的沈家本、王先谦所采纳。沈家本《汉律摭遗·具律三》按语称："《功臣表》公士凡三十一见……八公乘，凡二十七见。此民之爵也……自五大夫以上，官之爵也。凡言赐民爵者，公士至公乘。此皆秦制，而汉承之。"② 王先谦《汉书补注》也在《百官公卿表》"爵"条下全文照录了钱大昭说。③ 近代以来，日本的栗原朋信、守屋美都雄、西嶋定生，中国的蒙文通、陈直、俞伟超等均

---

① 关于二十等爵与"为吏"的关系，史籍中材料较少，情况也较为复杂。如《韩非子·定法》载："商君之法曰：'斩一首者爵一级，欲为官者为五十石之官；斩二首者爵二级，欲为官者为百石之官。'官爵之迁与斩首之功相称也。"［（清）王先慎：《韩非子集解·定法》，第399 页］据此，商鞅时法律规定，一级爵公士可任五十石官，二级爵上造可任百石官，与汉成帝永始二年右更才可任三百石吏相距甚远。此外，《史记·平准书》载武帝后期，"法既益严，吏多废免。兵革数动，民多买复及五大夫，征发之士益鲜。于是除千夫五大夫为吏，不欲者出马；故吏皆适令伐棘上林，作昆明池。"（《史记》卷三〇《平准书》，第1723 页）由此反推，在征发之士不少的情况下，千夫、五大夫以上爵应当是不用除为吏的，这对于我们理解秦汉时期"吏"的概念至关重要。限于篇幅的原因，笔者无法展开，这里只想强调，秦汉时期"官""吏""民"的概念、关系、地位都较为复杂，值得深入探讨。

② （清）沈家本：《历代刑法考·汉律摭遗卷一一·具律三》，第1582 页。

③ （汉）班固撰，（清）王先谦补注：《汉书补注·百官公卿表第七上》引，第904 页。但另一方面，自古以来，许多饱学之士对二十等爵也不甚了了。如明代方以智《通雅·官制·爵禄》："于文定言汉赐民爵不知其制。智按：……常见汉诏赐高年帛，又因宋赐民爵必以高年，乃始较然于汉诏所称民殆乡老或里长之谓乎？犹今之耆民寿官也。其公乘以下，观高帝诏令诸吏善遇高爵，则公士等犹夫民耳，即汉诏所云久立吏前曾不为决也，特用以赎罪而已。"［（明）方以智：《通雅》卷二二《官制·爵禄》，中国书店1990 年版，第282 页。笔者标点］清代袁枚《随园随笔》卷九《官职类·赐爵》："方密之以为所赐者不过乡老、里长辈，虽曰民，非平民也。"（《袁枚全集新编》第13 册，王英志编纂校点，浙江古籍出版社2015 年版，第153—154 页）

采用了官民爵概念,① 官民爵概念也因此成为解构二十等爵制的术语,为学界广泛使用。但学者对于其概念的理解和界定却存在很大不同。其中,西嶋定生的认识最为清晰准确,他曾专门对"官爵""民爵""吏爵"概念的含义等进行辨析。他说:

> (刘劭)把吏的最高爵限定到公乘,是不正确的。

> 以汉代制度为中心来看,此二十等爵中,自第一级的公士至第八级的公乘的爵位是给予一般庶民以及下级官吏的;第九级的五大夫以上,秩六百石的官吏始得授与,一般庶民不授予五大夫以上的爵。

> 故为方便起见,今后把公乘以下的八等爵称为民爵(特授与吏者,称吏爵),五大夫以上之爵,称官爵。但这到底是为了方便的叫法,在当时并不是有民爵(或吏爵)之称呼;用当时语言若说官爵,则是指官与爵,或由官给予的爵,亦即爵位之总体内容,并不存在把五大夫以上的爵特称为官爵之例。因此,在以下进行研究时,所用的民爵(吏爵)、官爵之词,是各指公乘以下的爵与五大夫以上的爵。若说的是当时用法的官爵,随时指明。②

他所说刘劭"把吏的最高爵限定到公乘"是指前引刘劭《爵制》的下段

---

① 〔日〕栗原朋信:《両漢時代の官民爵に就いて. 上》,《史観》第 22、23 册合刊,第 27—59 页;〔日〕栗原朋信:《両漢時代の官民爵に就いて. 下》,《史観》第 26、27 册合刊,第 109—146 页;蒙文通:《儒学五论》,广西师范大学出版社 2007 年版,第 111 页(路明书店 1944 年初版);〔日〕守屋美都雄:《中国古代的家族与国家》,第一章"从汉代爵制源流角度所见之商鞅爵制研究",第 4 页;〔日〕西嶋定生:《中国古代帝国的形成与结构——二十等爵制研究》,第一章第三节"官爵、民爵的区别与授爵的机会",第 84—149 页;陈直:《九章算术著作的年代》,《西北大学学报》1957 年第 1 期;陈直:《秦汉爵制亭长上计吏三通考》,《西北大学学报》1979 年第 3 期;俞伟超:《古史分期问题的考古学观察(一)》,《文物》1981 年第 5 期。如守屋美都雄根据《商君书·境内》认为,商鞅爵制以是否食邑为标准,以五大夫("税邑三百家")和公乘界区分为官、民爵,并推测五大夫以上是因军功受爵者,以下是因其他因素受爵者。

② 〔日〕西嶋定生:《中国古代帝国的形成与结构——二十等爵研究》,第 70、84—85、88 页。

话："吏民爵不得过公乘者，得贳与子若同产。"① 西嶋定生显然认为，汉代的吏以六百石为界分为高级官吏和下级官吏，民爵除了赐予公乘以下民外，还赐予六百石以下（不含）下级官吏，官爵是赐予六百石以上（含）高级官吏的，吏爵是民爵中专门授予下级官吏的。他指出，将二十等爵分为官爵、民爵（吏爵）并不是汉代人的叫法，是后代人也是他自己为了分析二十等爵的分层结构而起的。西嶋定生的论说十分清晰到位。从史料来看，除了刘劭所说"吏民爵"外，史料中确实见不到"吏爵"或"吏民爵"的说法，所有文例均是以"赐吏民爵""赐吏爵"的形式表现的。除了前引《汉书·宣帝纪》元康元年（前65）三月条外，如"赐吏爵"有：

> 1. 《汉书·宣帝纪》神爵元年三月："赐天下勤事吏爵二级，民一级"。②
> 2. 《汉纪·孝元皇帝纪》永光元年三月："〔赐〕吏（赐）六百石以上爵五大夫，勤事吏爵二级，民一级。"③
> 3. 《后汉书·章帝纪》元和二年五月诏："其赐天下吏爵，人三级"。④

"赐吏民爵"有：

> 4. 《汉纪·孝宣皇帝纪》本始元年："五月，凤凰集胶东、千乘。赦天下。赐吏民爵。"
> 5. 《汉纪·孝成皇帝纪》永始四年春正月："赐云阳吏民爵"。⑤
> 6. 《汉书·哀帝纪》绥和二年四月："赐宗室王子有属者马各

① 《续汉书·百官志五》"关内侯"条刘昭注引，《后汉书》志第二十八，第3632页。
② 《汉书》卷八《宣帝纪》，第259、242页。
③ （汉）荀悦：《汉纪·孝元皇帝纪中卷第二十二》，张烈点校，中华书局2002年版，第382页。
④ 《后汉书》卷三《章帝纪》，第152页。
⑤ 分见（汉）荀悦《汉纪》各本纪，第296、324页。

一驷，吏民爵"。①

可以看到，"赐吏爵"或"赐吏民爵"的意思是赐给吏或吏民爵位，"吏爵"和"吏民爵"不能连读为一个词。上述材料中，绝大多数为"吏"与"民"相对、并列，因此，"吏"应当指广义的中二千石以下至佐史的官吏。但上述材料中，也有少数限定了吏的范畴，如材料 2 限定为"吏六百石以上"，这和前文所引《汉书·宣帝纪》元康元年三月诏限定为"中二千石以下至六百石"范围相同。下列材料 7 也是类似例子。

　　7. 《汉书·宣帝纪》载本始元年："五月，凤皇集胶东、千乘。赦天下。赐吏二千石、诸侯相②下至中都官、宦吏、六百石爵③各有差，自左更至五大夫。赐天下民④爵各一级"。⑤

前半部分赐予的"中二千石、诸侯相"以下到"中都官、宦吏、六百石"的"吏"的范畴，和材料 2 以及《宣帝纪》元康元年三月诏一致。那么，又该如何理解材料 2 下段的"勤事吏爵二级，民一级"？对此，同样涉及"勤事吏"的材料 1 可以提供线索。材料 1 的赐爵中，将天下民分为两部分：勤事吏和民。从逻辑上来说，未被推举为勤事吏的广大吏群体应当被归入"民"的范畴，他们虽然不能像勤事吏那样可以赐爵二级，但仍然应享有普通民赐爵一级的权利。如此来看，材料 2 的"勤事吏"是指既包括六百石以上也包括六百石以下的广义"吏"中被推举为"勤事"者，而"民"则指公乘以下者和六百石以下吏中未被推举为勤事吏者。

　　而且，若仔细分析的话，就会发现材料 7《汉书》所记宣帝本始元

---

① 《汉书》卷一一《哀帝纪》，第 334 页。
② 此处，中华书局点校本以顿号断开，笔者认为不应断，故改。
③ 此处，中华书局点校本以逗号断开，笔者认为不应断，故改。
④ 中华书局点校本作"人"，笔者应为"民"，故改。理由如第 98 页注①。
⑤ 《汉书》卷八《宣帝纪》，第 242 页。

年五月赐爵事和材料 4《汉纪》所记当为一事。《汉纪》记载简约，《汉书》中的"吏二千石、诸侯相下至中都官、宦吏、六百石"《汉纪》简称为一个"吏"字，"天下民"则简称为"民"。《汉书》前半部分说要赐予吏六百石以上者爵，下半部分说要赐天下民爵，那么六百石以下吏是否也在赐爵范畴中？答案应当是肯定的。六百石以下吏是官吏的重要组成部分，是国家行政的重要践履者。大量史料表明吏是国家赐爵的主要对象，国家单独对吏赐予更多的爵级显然是为了激励吏"勤事"，没有理由将这个群体排除在外。所以，材料 7 未载的六百石以下吏也应包含在"天下民"之中。

由于汉代的"吏"概念有广义、狭义之分，广义的吏指佐史以上至中二千石乃至丞相的官吏，狭义的吏既可以指六百石以上高级官吏，也可以指六百石以下低级官吏，县的地方官吏又有长吏、少吏之别①等等，情况甚为复杂，常常需要参考语境加以区别。所以西嶋定生才特意指出刘劭"吏民爵不得过公乘者"的说法不够严谨，容易造成误解。从目前学界的研究来看，学界确实存在着对"吏"概念不加以辨析，片面理解为一个单一群体的情况，或者将其看成是六百石以下官吏，与"民"构成社会下层群体——"吏民"；或者将其理解为六百石以上官吏，把赐给六百石以上吏的"官爵"概念与词义不明的"吏爵"概念混淆在一起。例如有学者在讨论五大夫爵在军功爵中的历史定位时，将"官爵"等同于"吏爵"、"高爵"，与"民爵"相对。举其文章开篇的一段文字：

> 　　因五大夫在汉初已经发展成高爵和"赐吏爵"的起点……但秦统一后，"五大夫"却突破常规，而晋升成陪同秦始皇出游的议政治大臣。这个演变对汉初五大夫成为吏爵起点，形成了举足轻重的影响。本文撰写虽是为说明春秋至秦始皇时期，五大夫在军功爵制中的历史演变，但五大夫所以能引发历史关切，乃是因其最终已演

---

① 《汉书·百官公卿表上》："县令、长，皆秦官，掌治其县。万户以上为令，秩千石至六百石。减万户为长，秩五百石至三百石。皆有丞、尉，秩四百石至二百石，是为长吏。百石以下有斗食、佐史之秩，是为少吏。"（《汉书》卷一九上《百官公卿表上》，第 742 页）

变成高爵和吏爵的起点。因此本文拟……以呈现出"五大夫"由春秋至秦统一后的历史发展内容，并导出其成为两汉官爵及吏爵起点之原因。①

可以看出，作者认为，五大夫以上爵既可以称之为"官爵"，也可以称之为"吏爵""高爵"，它们都是一回事，而这些称呼的来源便在于惠帝时期"赐吏爵"的出现。

本文所使用的官民爵概念，是西嶋氏扬弃钱大昭、沈家本、王先谦等观点后所定义的概念：官爵指二十等爵第九级五大夫爵以上至第二十级彻侯，只能授予六百石以上（含）吏；民爵指第一级爵公士至第八级爵公乘，是授予六百石以下（不含）吏和普通民的爵层。

二　秦汉时期官民爵分界线的变化

如前所述，自清代钱大昭以来，学界便普遍以官民爵概念来解构二十等爵制，认为秦汉时期二十等爵以第八级公乘和第九级五大夫为界分为两个层级，五大夫以上为官爵，五大夫以下为民爵。但也有学者关注到秦汉时固有的"高爵""长爵""下爵"等概念，以此作为探索二十等爵发展演变的线索。例如，陈直曾敏锐地观察到"高爵"存在秦制、汉制差别。他在《汉书·百官公卿表上》颜师古注"不更谓不与更卒之事"下按：

此语系本于《汉旧仪》，其实不然。汉代八级②爵以上，始不与徭役，《旧仪》所记，可能为秦制。敦煌、居延木简中，不更爵戍

---

① 周美华：《春秋至秦统一后"五大夫"在军功爵中的历史定位（上）》，《许昌学院学报》2013 年第 1 期。

② 按：此处应不含八级，从第九级计。其在《汉书·晁错传》"先为室屋具田器，乃募罪人及免徒复作令居之，不足募以丁奴婢赎罪，及输奴婢欲以拜爵者，不足乃募民之欲往者，皆赐高爵，复其家"下按："高爵谓九级起之官爵。"（陈直：《汉书新证·爰盎晁错传第十九》，中华书局 2008 年版，第 284 页）可以为证。

边者多不胜举，是其明证……又按：《高祖纪》五年诏有云："七大夫、公乘以上皆高爵也。"又曰："异日秦民爵公大夫以上，令丞与亢礼。"可见秦爵自第七级起，虽在民爵范围之内，但已甚觉光荣（七级曰公大夫，本文七大夫亦指公大夫而言）。①

在《汉书·高帝纪上》"令诸大夫曰，进不满千钱，坐之堂下"条下按：

> 大夫为秦第五级爵名，《本纪》五年有云："亡爵及不满大夫者，皆赐爵为大夫。"盖秦时在民爵中，大夫即为高爵，故在宴会时，借为客之尊称，后来武帝试贤良策文，亦称对策者为子大夫。②

颜师古解释"不更"爵名的缘起是"不与更卒"事，陈直注意到，这与汉代五大夫以上才可以免除徭役的制度不同；以及《史记·高祖本纪》所载高祖五年诏中，命给军吏卒无爵及爵不满大夫者皆赐爵大夫，并说秦时七大夫（公大夫）、公乘以上都属于高爵，"令丞与抗礼"，这与汉代五大夫以上才为高爵不同，从而得出二十等爵存在秦制和汉制的时代差别。但他根据高祖五年诏中仍称"秦民爵公大夫"，认为大夫至公乘仍属于民爵。

高敏进一步根据文献中残留的蛛丝马迹，尝试复原秦汉时期高低爵界限不断上移的过程，认为：商鞅变法时，大夫爵可能是高爵的起点；不久提高到第六级"官大夫"；秦王朝时上移到第七级爵"公大夫"；汉高帝八年提高到"公乘"；惠帝即位后又上移至第九级爵五大夫；东汉明帝时规定赐民爵不得超过第八级爵公乘。③ 高敏充分发掘史料，研究深入细致，具有启发意义，但其论述中也存在一些问题。例如，他将

---

① 陈直：《汉书新证·百官公卿表第七上》，第122—123页。

② 陈直：《汉书新证·高纪第一上》，第3—4页。按：《高帝纪》"令诸大夫曰"和武帝时称对策者"子大夫"均应取"公卿大夫士"意义上的大夫，而非二十等爵的第五级大夫爵。关于《高帝纪》"大夫"的含义，承孙闻博提示，特此感谢。

③ 高敏：《秦汉史论集》，"秦的赐爵制度试探""论两汉赐爵制度的历史演变"，第20—22、24—25、41、43—44、52—55页。

《商君书·境内》的下列记载作为商鞅变法时有高低爵之分的证据：

> 其狱法，高爵訾下爵级。高爵能，无给有爵人隶仆。①

但学界对此句的理解存在争议，② 关于其中的"下爵级"，"一说为降低犯罪者的爵级，一说是指爵位低的人"，③ 因此，这里的"高爵"到底是相对其下爵级而言的概念，还是具有分层意义的高低爵概念尚不能确定（笔者倾向第一种意见）。再如，高敏根据下列睡虎地秦简《传食律》："御史卒人使者，食粺米半斗，酱驷（四）分升一，采（菜）羹，给之韭葱。其有爵者，自官士大夫以上，爵食之。使者（简179）之从者，食糲（粝）米半斗；仆，少半斗。传食律（简180）"④ 认为商鞅变法后"可能提高到以第六级'官大夫'为高爵的起点"。⑤ 然而，此律中的"官士大夫"到底是何意味尚不清楚，不能不加以辨析地随意以"官大夫"替换。⑥ 而且，从后来出土的张家山汉简等材料来看，二十等爵每个爵级所享有的名田宅、传食、赏赐、丧葬规格等具体权益并不完全一致，有时属下，有时上挂，⑦ 因此，不能仅依据一条《传食律》就认为

---

① 高亨：《商君书注译·境内》，中华书局1974年版，第152页。

② 关于文中"訾"和"能"的解释，孙诒让曰："言使贵者訾量贱者所得之首级。""能，亦当为'罢'。言高爵有辜而罢，无得给有爵之人为隶仆，然则卑爵罢，给有爵人为隶仆矣。"（孙诒让：《籀庼遗著辑存·商子境内篇校释》，雪克辑点，中华书局2010年版，第469—470页）蒋礼鸿："訾亦量也。量其罪，贬其爵。"（蒋礼鸿：《商君书锥指·境内》，第120页）高亨将此句译为："关于诉讼的法律，由爵位高的人审判爵位低、等级低的人的是非曲直。爵位高的人如果因故罢免，不要给予他有爵人的奴仆。"（高亨：《商君书注译·境内》，第152页）

③ 徐莹注说：《商君书》，河南大学出版社2012年版，第222页。好并隆司持第一种看法（〔日〕好並隆司：《商君書研究》，广岛：溪水社1992年版，第319页），高敏则持第二种看法。

④ 陈伟主编，彭浩、刘乐贤等撰著：《秦简牍合集（释文注释修订本）（壹）》，第131页。

⑤ 高敏：《秦汉史论集》，"秦的赐爵制度试探"，第24—25页。

⑥ 高敏在前文分析时就较为谨慎："不过'官士大夫'相当于《境内篇》的大夫呢，还是相当于'官大夫'？这一点不甚明白。如果相当于'官大夫'，则《境内篇》中的第五级确是高爵的起点；如果相当于'官大夫'，则商鞅变法之后高爵的起点有由第五级爵上升为第六级爵的变化。"（高敏：《秦汉史论集》，"秦的赐爵制度试探"，第21页）

⑦ 参见李均明《张家山汉简所反映的二十等爵制》，《中国史研究》2002年第2期。

当时已经将高爵的起点提高到官大夫。其将高帝八年令"爵非公乘以上毋得冠刘氏冠"① 作为高爵起点提高至公乘的证据，将惠帝即位后令"太子御骖乘赐爵五大夫""爵五大夫、吏六百石以上及宦皇帝而知名者有罪当盗械者，皆颂系"② 看成是高爵上移至五大夫的证据，将东汉光武帝中元二年四月明帝诏"爵过公乘，得移与子若同产、同产子"③ 看成是赐民爵不得超过公乘规定之始，都存在把个别规定、现象当成根本性、决定性因素，把文献中首次出现的史实制度等同于现实中制度首次出现的证据等问题。此外，秦汉文献中的高低爵概念与钱大昭等学者定义的官民爵概念是否能够完全契合，也需要先加以辨析。

21 世纪初，随着张家山汉简的公布，学界对秦及汉初官民爵的分层问题出现了新的看法。李均明根据《二年律令·户律》"自五大夫以下，比地为伍"的律条，认为普通百姓应尽之义务五大夫皆须承担，社会地位显然与左庶长以上者有很大差别。而且，《户律》还规定"卿以上所自田户田，不租，不出顷刍"，而五大夫不可免。因此，五大夫以下属编户民，当为民爵，与刘劭《爵制》所载不同。但在涉及具体权益时，大多属下，有时亦上挂。④ 朱绍侯认为，《二年律令》所反映的汉初军功爵分侯、卿（第十级至第十八级）、大夫、小爵四大等级，与刘劭《爵制》的四个等级基本吻合。所谓"民爵八级"是西汉中期以后军功爵制轻滥的产物。⑤ 凌文超在高敏意见的基础上认为，惠帝即位诏令使"变动中的高、低爵与相对稳定的以六百石为界标的上、下秩级相结合促使了官、民爵的形成"。⑥ 孙闻博则认为，秦及汉初大夫、士爵分界仍应以大夫、不更处为宜。⑦

---

① 《汉书》卷一下《高帝纪下》，第 65 页。
② 《汉书》卷二《惠帝纪》，第 85 页。
③ 《后汉书》卷二《明帝纪》，第 96 页。
④ 李均明：《张家山汉简所反映的二十等爵制》，《中国史研究》2002 年第 2 期。
⑤ 朱绍侯：《西汉初年军功爵制的等级划分——〈二年律令〉与军功爵制研究之一》，《河南大学学报》（社会科学版）2002 年第 5 期。其观点后来有所修正。
⑥ 凌文超：《汉初爵制结构的演变与官、民爵的形成》，《中国史研究》2012 年第 1 期。
⑦ 孙闻博：《二十等爵确立与秦汉爵制分层的发展》，《中国人民大学学报》2016 年第 1 期。

那么，秦汉时期官、民爵的区分到底起源于何时？其间是否发生过变化？其原理是什么呢？新出秦汉简牍材料为解决这一问题提供了新的可能。

张家山汉简《二年律令》中有两条材料与官民爵问题有关，但未引起学者充分注意：

> ……能产捕群盗一人若斩二人，揬（拜）爵一级。其斩一人若爵过大夫及不当揬（拜）爵者，皆购之如律……（简148）
>
> ☐及（？）爵，与死事者之爵等，各加其故爵一级，盈大夫者食之。（简373）①

简148规定，"产捕"群盗一人或者斩首二人可以拜爵一级，但如果只斩首一人，或者爵级超过了大夫，以及不应当拜爵这三种情况，就不拜爵而只给予赏金（"购"）。简373规定，一定情况下（因简文残断，具体情况不详）可在其原爵基础上提高一级，达到大夫级可以"食之"。这两条律的规定意味着大夫爵在当时是一个重要的分界级，一般情况下低级爵的人最高只能到大夫，不得逾越成为官大夫。

新公布的《岳麓书院藏秦简（伍）》第二组一条廷卒乙令也发现了类似规定：

> 173/1849：·能捕以城邑反及智（知）而舍者一人，揬（拜）爵二级，赐钱五万；诇吏，吏捕得之，购钱五万。诸已反及与吏卒战而缺简
>
> 174/1892：受爵者毋过大夫，凵所☐虽多☐☐☐☐☐☐☐☐☐及不欲受爵，予购级万钱，当赐者，有（又）行
>
> 175/1684：其赐。　·廷卒乙廿一②

---

① 分见张家山二四七号汉墓竹简整理小组《张家山汉墓竹简〔二四七号汉墓〕（释文修订本）》，第29、60页。

② 陈松长主编：《岳麓书院藏秦简（伍）》，上海辞书出版社2017年版，第125—126页。后文简称《岳麓秦简（伍）》。

受爵者的爵级不能超过大夫。如果超过了，则不拜爵而给予赏金，一级一万钱。

"受爵者毋过大夫"以及爵过大夫者"购之""食之"的说法与刘劭《爵制》"吏民爵不得过公乘者，得贳与子若同产"的说法如出一辙，其意义当也一样。刘劭《爵制》所说"吏民爵不得过公乘"，显然是为了限制处于庶民阶层的"吏民"跨入官爵阶层，让其维持在民爵阶层不动。如果两者的原理相同，那么，上述岳麓秦简和张家山汉简关于"受爵者毋过大夫"等的法律规定就意味着，秦统一前后至西汉初年的吕后二年（公元前 186），第五级大夫爵与第六级官大夫爵是一个重要的分水岭。

我们还可以从其他方面来佐证上述观点。其一，战国末至汉初，大夫与官大夫、公大夫的地位、权益有明显区别。《韩非子·内储说上七术》：吴起为魏侯西河之守，秦有小亭临境，吴起欲攻之，"乃下令曰：'明日且攻亭，有能先登者，仕之国大夫，赐之上田上宅。'人争趋之，于是攻亭，一朝而拔之"。[1] 只有赐爵国大夫（即官大夫，见下文）而非大夫，对于战士才有吸引力。《史》《汉》所载刘邦在楚汉战争期间赐的爵位最低是官大夫。如《史记·樊哙列传》："高祖为沛公，以哙为舍人……与司马尼战砀东，却敌，斩首十五级，赐爵国大夫。常从沛公击章邯军濮阳，攻城先登，斩首二十三级，赐爵列大夫……下户牖，破李由军，斩首十六级，赐上间爵。从攻围东郡守尉于成武，却敌，斩首十四级，捕虏十一人，赐爵五大夫。"国大夫，《集解》引文颖曰："即官大夫也。"《正义》："爵第六级也。"列大夫，《集解》引文颖曰："即公大夫，爵第七。"[2]《史记·曹相国世家》："高祖为沛公而初起也，参以中涓从……丰反为魏，攻之。赐爵七大夫……攻爰戚及亢父，先登。迁为五大夫。"[3] 曹参的初赐爵位是第七级公大夫。《史记·夏侯婴列传》：

---

① （清）王先慎：《韩非子集解·内储说上七术》，第 230 页。
② 《史记》卷九五《樊郦滕灌列传·樊哙》，第 3215—3216 页。
③ 《史记》卷五四《曹相国世家》，第 2455—2456 页。

"上降沛一日，高祖为沛公，赐婴爵七大夫，以为太仆。"① 夏侯婴任列卿官太仆，但赐爵只有公大夫。

其二，秦"大夫"不入"君子"之列。《岳麓秦简（肆）》的下条律文表明，秦时存在"君子"与"大夫"的界限：

> 210/1396：置吏律曰：县除小佐毋（无）秩者，各除其县中，皆择除不更以下到士五（伍）史者为佐，不足，益除君子子、大夫子、小爵
>
> 211/1367：及公卒、士五（伍）子年十八岁以上备员，其新黔首勿强，年过六十者勿以为佐。∟人属弟、人复子欲为佐吏②

根据君子子、大夫子、小爵、公卒士伍子的排列，可知大夫的地位低于"君子"，无法纳入君子之列。

其三，至晚汉文帝时，五大夫是享受复除的起始爵，公乘则是服徭成劳役的最高爵级。《汉书·食货志上》载汉文帝时晁错上书：

> 今令民有车骑马一匹者，复卒三人。车骑者，天下武备也，故为复卒……粟者，王者大用，政之本务。令民入粟受爵至五大夫以上，乃复一人耳，此其与骑马之功相去远矣。③

五大夫爵以上可以"复卒"一人，所谓"复卒"就是复除作为正卒的徭、成役。④ 下文又载汉武帝开始北伐匈奴后：

---

① 《史记》卷九五《樊郦滕灌列传·夏侯婴》，第3229页。

② 陈松长主编：《岳麓书院藏秦简（肆）》，上海辞书出版社2015年版，第137—138页。后文简称《岳麓秦简（肆）》。

③ 《汉书》卷二四上《食货志上》，第1133—1134页。

④ 参见拙文《徭、成为秦汉正卒基本义务说——更卒之役不是"徭"》，《中华文史论丛》2010年第1期，收入拙著《出土简牍与秦汉社会（续编）》，广西师范大学出版社2015年版，第181—209页。

兵革数动，民多买复及五大夫、千夫，征发之士益鲜。于是除千夫五大夫为吏，不欲者出马；故吏皆适（谪）令伐棘上林，作昆明池。①

当时屡屡兴发兵役，百姓为了不当兵打仗，故"多买复及五大夫"，以致可以征发的士兵都很少。它意味着到了五大夫爵，就可以免除本人的兵役，而公乘以下则不能享受这一优惠。这种情况一直延续到三国吴时没有改变，故三国吴简吏民籍的最高爵级仍是公乘。②

但新出秦简及张家山汉简则表明，秦及汉初大夫爵是分界爵级，是一般徭戍等劳役征发的上限。《岳麓书院藏秦简（肆）》所载戍律规定：

188/1267：·戍律曰：城塞陛郭多陕（决）坏不脩，徒隶少不足治，以闲时岁一兴大夫以下至弟子、复子无复不复，各旬

189/1273：以缮之。尽旬不足以索（索）缮之，言不足用积徒数属所尉，毋敢令公士、公卒、士五（伍）为它事，必与缮城塞。③

修缮城塞陛障征发的人员是"大夫以下至弟子、复子无复不复"，亦即大夫以下爵及其弟子、复子无论是否复除都需要服修缮城塞壁障的劳役，将官大夫和大夫严格区分开来，官大夫及以上爵级不需要服此类劳役。

再如，张家山汉简《二年律令》简411－415是有关发传送、载粟等劳役的规定：

发传送，县官车牛不足，令大夫以下有訾（赀）者，以訾（赀）共出车牛；及益，令其毋訾（赀）者与共出牛食，约载具。吏及宦皇帝者不（简411）与给传送事。委输传送，重车、重负日

---

① 《汉书》卷二四上《食货志上》，第1165页。《史记》卷三〇《平准书》（第1723页），文字略有不同。

② 参见本书上编"吴简中的吏、吏民与汉魏时期官、吏的分野"，第66—95页。

③ 陈松长主编：《岳麓书院藏秦简（肆）》，第130页。

行五十里，空车七十里，徒行八十里。免老、小、未傅者、女子及诸有除者，县道勿（简412）敢繇（徭）使。节（即）载粟，乃发公大夫以下子未傅年十五以上者。补缮邑院、除道桥、穿波（陂）池、治沟渠、堑奴苑，自公大夫以下（简413）□□□，勿以为繇（徭）。市垣道桥，令市人不敬者为之。县弩春秋射各旬五日，以当繇（徭）。戍有余及少者，隤后年。兴（简414）传（？）送（？）为□□□□及发繇（徭）戍不以次，若擅兴车牛，及繇（徭）不当繇（徭）使者，罚金各四两。（简415）①

此律规定，征发"传送"劳役时，如果公家的车牛不足，就令大夫以下有资产者根据资产的多少出车牛等贵重物品，没有资产的人则负担牛食等便宜物品的费用，免老、小、未傅者、女子等则不在徭使之列，则大夫是此类劳役征发对象的上限。"载粟"的劳役可以征发公大夫以下年满十五岁以上尚未傅籍的儿子。根据《二年律令》的傅籍规定，"不为后而傅者"，"公乘、公大夫子二人为上造，它子为公士"（简359－360）；"疾死置后者"，"公大夫后子为大夫"（简367－368）。② 由此或可推测，之所以规定"公大夫以下子未傅年十五以上者"要服载粟的劳役，就是因为即便是公大夫的后子，傅籍后其爵位也不超过大夫，仍属民爵范畴，故需服徭戍劳役。

其四，张家山汉简表明，汉初吕后二年时，大夫享受名田宅的数量与官大夫为两个层级。《二年律令》把从半刑徒的司寇、隐官至关内侯名田宅的数量分七个阶梯：1. 司寇、隐官至上造，分别可名有0.5、1、1.5、2顷、宅，以0.5为级差；2. 簪袅至大夫，分别可名有3、4、5顷、宅，以1为级差；3. 官大夫至公大夫，分别可名有7、9顷、宅，以

---

① 释文在彭浩、陈伟、［日］工藤元男主编《二年律令与奏谳书——张家山二四七号汉墓出土法律文献释读》（第248页）基础上有所修改。参见拙文《繇、戍为秦汉正卒基本义务说——更卒之役不是"繇"》，《中华文史论丛》2010年第1期。
② 分见张家山二四七号汉墓竹简整理小组：《张家山汉墓竹简〔二四七号汉墓〕（释文修订本)》，第58、59页。

2 为级差；4. 公乘，可名有 20 顷、宅；5. 五大夫，可名有 25 顷、宅；6. 左庶长至大庶长，分别可名有 74、76、78、80、82、84、86、88、90 顷、宅，以 2 为级差；7. 关内侯，可名有 95 顷、宅。① 虽然不能与爵制的分层完全对等，但仍有一定联系。例如从第十级左庶长到第十八级大庶长卿爵的级差是一致的。簪袅、不更和大夫则为一个阶梯，至官大夫、公大夫跃升为另一个阶梯，与公乘差距更大，表明大夫与官大夫以上存在级差。

其五，大夫在享受传食、赏赐等待遇时，也与官大夫分属两个层级。《二年律令》：

> ……使非吏，食从者，卿以上比千石，五大夫以下到官大夫比五百石，大夫以下比二百；吏皆以实从者食之……（简 236 – 237）

> 赐不为吏及宦皇帝者，关内侯以上比二千石，卿比千石，五大夫比八百石，公乘比六百石，公大夫、官大夫比五百石，大夫比三百石，不更比有秩，簪袅比斗食，上造、公士比佐史……（简 291 – 292）②

享受传食时，五大夫以下到官大夫为一个层级，大夫以下为一个层级；享受"赐"时，公大夫、官大夫为一个层级，大夫自为一个层级。

但是，正如以往学者所论，张家山汉简中二十等爵所享受的待遇呈现着非常复杂的情形。③《二年律令》中大夫的待遇也存在上挂情形：

> 大夫以上【年】九十，不更九十一，簪袅九十二，上造九十三，公士九十四，公卒、士五（伍）九十五以上者，禀鬻米月一

---

① 参见本书下编"《二年律令》与秦汉'名田宅制'"，第 153—194 页。
② 分见张家山二四七号汉墓竹简整理小组《张家山汉墓竹简〔二四七号汉墓〕（释文修订本）》，第 40、49 页。
③ 参见李均明《张家山汉简所反映的二十等爵制》，《中国史研究》2002 年第 2 期；等等。

石。（简 354）

大夫以上年七十，不更七十一，簪裹七十二，上造七十三，公士七十四，公卒、士五（伍）七十五，皆受仗（杖）。（简 355）

大夫以上年五十八，不更六十二，簪裹六十三，上造六十四，公士六十五，公卒以下六十六，皆为免老。（简 356）

不更年五十八，簪裹五十九，上造六十，公士六十一，公卒、士五（伍）六十二，皆为睆老。（简 357）

不为后而傅者，关内侯子二人为不更，它子为簪裹；卿子二人为不更，它子为上造；五大夫子二人为簪裹，（简 359）它子为上造；公乘、公大夫子二人为上造，它子为公士；官大夫及大夫子为公士；不更至上造子为公卒。（简 360）

不更以下子年廿岁，大夫以上至五大夫子及小爵不更以下至上造年廿二岁，卿以上子及小爵大夫以上年廿四岁，皆傅之。公士、（简 364）公卒及士五（伍）、司寇、隐官子，皆为士五（伍）。畴官各从其父畴，有学师者学之。（简 365）①

禀鬻米、受杖和免老等规定中，以大夫为限，大夫以上者为一个层级，以下者逐级不同。不为后而傅者，公乘、公大夫为一个层级，官大夫与大夫为一个层级。傅籍时，不更以下为一个层级，大夫至五大夫为一个层级。这些规定恐是以往制度遗存（详见下文），在秦及汉初并非影响身份地位的决定性因素。

这样，汉高帝五年在打败项羽、结束楚汉战争后所下五月诏也可以得到合理解释。《汉书·高帝纪下》载：

帝乃西都洛阳。夏五月，兵皆罢归家。诏曰："军吏卒会赦，其亡罪而亡爵及不满大夫者，皆赐爵为大夫。故大夫以上赐爵各一级，

---

① 彭浩、陈伟、［日］工藤元男主编：《二年律令与奏谳书——张家山二四七号汉墓出土法律文献释读》，"二年律令释文"，第 230—234 页。

其七大夫以上，皆令食邑，非七大夫以下，皆复其身及户，勿事。"
又曰："七大夫、公乘以上，皆高爵也。诸侯子及从军归者，甚多高
爵，吾数诏吏先与田宅，及所当求于吏者，亟与。爵或人君，上所
尊礼，久立吏前，曾不为决，甚亡谓也。异日秦民爵公大夫以上，
令丞与亢抗。今吾于爵非轻也，吏独安取此！且法以有功劳行田宅，
今小吏未尝从军者多满，而有功者顾不得，背公立私，守尉长吏教
训甚不善。其令诸吏善遇高爵，称吾意。且廉问，有不如吾诏者，
以重论之。"

颜师古注：

> 公大夫也，爵第七，故谓之七大夫。①

之所以赐给无爵或爵不满大夫的军吏卒大夫爵，而原为大夫爵者加赐一
级等，就是因为大夫爵是民爵的上限。通过此次赐爵，普通军吏卒可获
得民爵的最高爵，而原为大夫爵的军吏卒则可进入另一个阶层。

《二年律令》规定"自五大夫以下，比地为伍，以辨券②为信，居处
相察，出入相司"（简305）③ 仅仅是表示，当时自五大夫以下都被编入
什伍中，是编户，但编户与民爵的概念并不等同。秦王朝及汉初的编户
包括五大夫爵以下至无爵的公卒、士伍、庶人，乃至半刑徒的司寇、隐
官；而民爵只包括一级爵公士至五级爵大夫，不包括无爵的公卒、士伍、
庶人以及半刑徒的司寇、隐官。此外，西汉中后期以后，连关内侯都被
纳入到编户中。《盐铁论·周秦》御史曰：

> 故今自关内侯以下，比地于伍，居家相察，出入相司，父不教

---

① 《汉书》卷一下《高帝纪下》，第54—55页。如前所述，陈直已经注意到这一史料。
② 《释文修订本》此处作"券"，《二年律令与奏谳书》作"□"。此从前者。
③ 张家山二四七号汉墓竹简整理小组：《张家山汉墓竹简〔二四七号汉墓〕（释文修订
本）》，第51页。

子，兄不正弟，舍是谁责乎?①

然此时官民爵的分界如前所述在五大夫与公乘之间。这个例子可以反证编户的分界与官民爵的分界不同。

如前所述，汉高帝五年五月诏和吕后二年的《二年律令》中，官民爵的分界尚在官大夫与大夫之间，但是到汉文帝晁错上书时已改为五大夫、公乘之间，因此，汉代官民爵分界的移动就应当发生在这期间。那么具体是哪年？又因何而改呢？

三 汉文帝对位秩爵体系的改革

笔者曾结合张家山汉简和传世文献论证，文帝六年至十二年期间，曾在贾谊的建议下进行过一次大规模的官秩改革，将中央列卿的秩级从二千石提高到中二千石，以区别于诸侯列卿和中央的上大夫。② 从其他迹象看，文帝在贾谊建议下所进行的改革远不止官秩，还包括官民爵界限的上移。

《史记·贾生列传》载，汉文帝"初立"，召贾谊为博士，"超迁，一岁中至太中大夫"：

> 贾生以为汉兴至孝文二十余年，天下和洽，而固当改正朔，易服色，法制度，定官名，兴礼乐，乃悉草具其事仪法，色尚黄，数用五，为官名，悉更秦之法。孝文帝初即位，谦让未遑也。诸律令所更定，及列侯悉就国，其说皆自贾生发之。于是天子议以为贾生任公卿之位。绛、灌、东阳侯、冯敬之属尽害之，乃短贾生曰："雒阳之人，年少初学，专欲擅权，纷乱诸事。"于是天子后亦疏之，不

---

① （汉）桓宽撰，王利器校注：《盐铁论校注》卷一〇《周秦》，第584页。
② 参见本书上编"秦汉官僚体系中的公卿大夫士爵位系统及其意义"，第27—65页。

用其议，乃以贾生为长沙王太傅。①

《汉书·贾谊传》记载有所不同：

> 谊以为汉兴二十余年，天下和洽，宜当改正朔，易服色制度，定官名，兴礼乐。乃草具其仪法，色上黄，数用五，为官名悉更，奏之。文帝谦让未皇也。然诸法令所更定，及列侯就国，其说皆谊发之。②

《史记》的"法制度"可以理解为是效法古制，《汉书》删掉"法"字，与"易服色"合为一句，则没有了此意。《史记》"为官名，悉更秦之法"句，《汉书》将"秦"改为"奏"，去掉"法"字，应是怀疑《史记》把"奏"误作"秦"字。《史记》中的"律令"改为了"法令"，范围更宽。两者孰是，不可遽论。但可以确定的是，汉文帝在贾谊建议下确实对法令制度进行了大规模改革，并令列侯就国。只是"改正朔，易服色"、将汉当时奉行的水德改为土德等建议没有被文帝采纳。以往我们因周勃事迹，对"令列侯就国"事印象深刻，③但对"诸法令更定"之事则因材料较少，理解不深。现在随着简牍资料的出土，我们可以更深入地探讨这一问题。

《汉书·食货志上》载：

> 文帝即位，躬修俭节，思安百姓。时民近战国，皆背本趋末，贾谊说上曰："筦子曰'仓廪实而知礼节'……夫积贮者，天下之大命也……"于是上感（贾）谊言，始开籍田，躬耕以劝百姓。晁错复说上曰："……令民入粟受爵至五大夫以上，乃复一人耳，此其

---

① 《史记》卷八四《贾生列传》，第 3021 页。

② 《汉书》卷四八《贾谊传》，第 2221—2222 页。

③ 参见陈苏镇《汉文帝"易侯邑"及"令列侯之国"考辨》，《历史研究》2005 年第 5 期。此承邹水杰先生提示，特此致谢。

与骑马之功相去远矣……"于是文帝从错之言，令民入粟边，六百石爵上造，稍增至四千石为五大夫，万二千石为大庶长，各以多少级数为差。错复奏言："陛下幸使天下入粟塞下以拜爵，甚大惠也。窃恐塞卒之食不足用大漙天下粟。边食足以支五岁，可令入粟郡县矣；足支一岁以上，可时赦，勿收农民租。如此，德泽加于万民，民俞勤农。时有军役，若遭水旱，民不困乏，天下安宁；岁孰且美，则民大富乐矣。"上复从其言，乃下诏赐民十二年租税之半。明年，遂除民田之租税。①

据此可以大致梳理出一条文帝在贾谊建议下进行改革的时间线：

根据《史》《汉》本纪的记载，文帝二年（前178）在贾谊建议下首开籍田礼。② 其后，晁错上《论贵粟疏》，文帝采纳了他的建议，令入粟拜爵。晁错又上疏建议国库粮食足以支配一年以上时，可免除农民的田租。这一建议又为文帝所采纳，于十二年免除当年一半租税，十三年全部免除。③ 因此，晁错上《论贵粟疏》当在文帝十二年（前168）之前至少一年，即文帝十一年（前169）以前。贾谊后来做了梁怀王揖太傅，揖死于文帝十年，④ 贾谊一年多以后亦即文帝十一年也因悲伤过度而死。⑤ 因此可以进一步确定，文帝在贾谊建议下所进行的改革当在文帝元年至文帝十一年之间。

除了文帝二年首开籍田礼外，《汉书·文帝纪》载文帝四年秋九月"作顾成庙"。颜师古注引应劭曰：

---

① 《汉书》卷二四上《食货志上》，第1127—1135页。
② 《史记·孝文本纪》："（二年）正月，上曰：'农，天下之本，其开籍田，朕亲率耕，以给宗庙粢盛。'"（《史记》卷一〇《孝文本纪》，第536页）《汉书》卷四《文帝纪》（第117页）文字略有不同。
③ 《汉书·文帝纪》："（十二年三月）诏曰：'……其赐农民今年租税之半。'"（《汉书》卷四《文帝纪》，第124页）
④ 《汉书》卷一四《诸侯王表》，第406页。
⑤ 《史记·贾生列传》："居数年，怀王骑，堕马而死，无后。贾生自伤为傅无状，哭泣岁余，亦死。"（《史记》卷八四《屈原贾生列传·贾生》，第3034页）

文帝自为庙，制度卑狭，若顾望而成，犹文王灵台不日成之，故曰顾成。贾谊曰："因顾成之庙，为天下太宗，与汉无极。"①

应劭所引贾谊言在贾谊《新书·数宁》中有详细记载：

> 射猎之娱与安危之机，孰急也？臣闻之：自禹以下五百岁而汤起，自汤已下五百余年而武王起。故圣王之起，大以五百为纪。自武王已下过五百岁矣，圣王不起，何怪矣。及秦始皇帝似是而卒非也，终于无状。及今，天下集于陛下，臣观宽大知通，窃曰足以操乱业，握危势，若今之贤也。明通以足，天纪又当，天宜请陛下为之矣……古者，五帝皆逾百岁，以此言信之。因王为明帝，股肱为明臣，名誉之美，垂无穷耳。"祖有功，宗有德。"始取天下为功，始治天下为德。因顾成之庙，为天下太宗，承天下太祖，与汉长无极耳。因卑不疑尊，贱不逾贵，尊卑贵贱，明若白黑，则天下之众不疑眩耳。因经纪本于天地，政法倚于四时，后世无变故，无易常，袭迹而长久耳。臣窃以为建久安之势，成长治之业，以承祖庙，以奉六亲，至孝也；以宰天下，以治群生，神民咸亿，社稷久享，至仁也；立经陈纪，轻重周得，后可以为万世法程，后虽有愚幼不肖之嗣，犹得蒙业而安，至明也。寿并五帝，泽施至远，于陛下何损哉！以陛下之明通，因使少知治体者得佐下风，致此治非有难也。陛下何不一为之，及其可素陈于前，愿幸无忽。②

由此可知，文帝是在贾谊建议下建立顾成庙，意为汉文帝为天下太宗，治天下，期待汉王朝的统治可以永远延续下去，"长无极"。

《史记·孝文本纪》：

---

① 《汉书》卷四《文帝纪》，第121页。
② （汉）贾谊撰，阎振益、钟夏校注：《新书校注》卷一《数宁》，第30—31页。

孝文帝从代来，即位二十三年，宫室苑囿狗马服御无所增益，有不便，辄弛以利民……上常衣绨衣，所幸慎夫人，令衣不得曳地，帏帐不得文绣，以示敦朴，为天下先。

裴骃《集解》引如淳曰："贾谊云'身衣皁绨'。"① 《汉书·文帝纪》"赞"则称"身衣弋绨"。颜师古注引如淳曰："弋，皁也。贾谊曰'身衣皁绨'。"② "衣绨衣"或"身衣弋绨"的做法也源自贾谊。《新书·孽产子》：

民卖产子，得为之绣衣、编经履、偏诸缘，入之闲中，是古者天子后之服也，后之所以庙而不以燕也，而众庶得以衣孽妾。白縠之表，薄纨之里，緁以偏诸，美者黼绣，是古者天子之服也，今贵富人大贾者丧资，若兄弟召客者得以被墙。古者以天下奉一帝一后而节适，今贵人大贾屋壁得为帝服，贾妇优倡下贱产子得为后饰，然而天下不屈者，殆未有也。且主帝之身，自衣皁绨，而靡贾侈贵，墙得被绣；帝以衣其贱，后以缘其领，孽妾以缘其履，此臣之所谓踬也。③

贾谊说古者天子"自衣皁绨""衣其贱"，"后以缘其领"，穿得很简朴。这应当就是汉文帝穿"绨衣"（皁绨）、慎夫人"衣不得曳地"的原因，即向古天子看齐。

此外，皇帝坐宣室听大臣忏悔的制度当也是在贾谊的建议下建立的。《史记·贾生列传》载贾谊被贬为长沙王太傅三年作《鹏鸟赋》：

后岁余，贾生征见。孝文帝方受厘，坐宣室。上因感鬼神事，而问鬼神之本。贾生因具道所以然之状。④

---

① 《史记》卷一〇《孝文本纪》，第547、548页。
② 《汉书》卷四《文帝本纪》，第134页。
③ （汉）贾谊撰，阎振益、钟夏校注：《新书校注》卷三《孽产子》，第107页。
④ 《史记》卷八四《屈原贾生列传·贾生》，第3033页。此事也见于《汉书》卷四八《贾谊传》，第2230页。

《新书·阶级》：

> 故古者，礼不及庶人，刑不至君子，所以厉宠臣之节也。古者大臣有坐不廉而废者，不谓曰不廉，曰"簠簋不饰"；坐秽污姑妇姊姨母，男女无别者，不谓污秽，曰"帷箔不修"；坐罢软不胜任者，不谓罢软，曰"下官不职"。故贵大臣定有其罪矣，犹未斥然至以呼之也，尚迁就而为之讳也。故其在大谴大何之域者，闻谴何则白冠厘缨，盘水加剑，造请室而请其罪耳，上弗使执缚系引而行也。其中罪者，闻命而自弛，上不使人颈盩而加也。其有大罪者，闻令则北面再拜，跪而自裁。上不使人捽抑而刑也，曰："子大夫自有过耳，吾遇子有礼矣。"遇之有礼，故群臣自憙；厉以廉耻，故人务节行。上设廉耻礼义以遇其臣，而群臣不以节行而报其上者，即非人类也。①

祠官祝厘的礼仪也应当与此有关。《史记·孝文本纪》载文帝十四年春，文帝诏曰：

> 朕获执牺牲珪币以事上帝宗庙，十四年于今，历日县长，以不敏不明而久抚临天下，朕甚自愧。其广增诸祀墠场珪币。昔先王远施不求其报，望祀不祈其福，右贤左戚，先民后己，至明之极也。今吾闻祠官祝厘，皆归福朕躬，不为百姓，朕甚愧之。夫以朕不德，而躬享独美其福，百姓不与焉，是重吾不德。其令祠官致敬，毋有所祈。

《集解》引如淳曰："厘，福也。《贾谊传》'受厘坐宣室'。"②

　　由此可以看到，文帝在贾谊建议下所进行的改革举措涉及范围极广。

---

①　（汉）贾谊撰，阎振益、钟夏校注：《新书校注》卷二《阶级》，第81—82页。
②　《史记》卷一〇《孝文本纪》，第543页。此事也见于《汉书》卷四《文帝纪》，第126页。

以上只是见诸史籍记载者，还有许多未见记载者。最典型的就是文帝在贾谊建议下进行的官秩改革。张家山汉简《二年律令·秩律》载吕后二年时御史大夫、廷尉至奉常等中央列卿的秩级均为二千石：

> ·御史大夫，廷尉，内史，典客，中尉，车骑尉，大（太）仆，长信詹事，少府令，备塞都尉，郡守、尉，衡〈卫〉将军，衡〈卫〉尉，汉（简440）中大夫令，汉郎中，奉常，秩各二千石……（简441）①

这当是继承秦制而来。但《汉书·百官公卿表》等传世文献所载上述职官绝大部分都是中二千石，它意味着汉代曾发生过一次重大官秩改革，却未被《史》《汉》等传世文献所记载。笔者曾论证此改革发生在汉文帝六年至十二年之间，② 现在可根据上述考察，进一步缩小至文帝六年至十一年（由于贾谊后来被贬为长沙王和梁王太傅，因此可进一步推测改革的时间可能在文帝六年左右），也是在贾谊建议下进行的，改革的内容不限于官秩，而是一次广泛涉及位秩爵体系即官僚政治社会结构的全面大调整，其中一个重要的内容就是将官民爵的分界线从官大夫、大夫之间上移到五大夫、公乘之间。

从现存贾谊的著作、言论来看，其思想最核心的主干就是加强皇帝和中央集权，明确尊卑贵贱等级制度。这在其著《新书》中表现得十分充分。他强调明尊卑贵贱等级的重要性时说：

> 因卑不疑尊，贱不逾贵，尊卑贵贱，明若白黑，则天下之众不疑眩耳。
> 《学礼》曰："……帝入北学，上贵而尊爵，则贵贱有等而下不逾矣……此五学既成于上，则百姓黎民化辑于下矣。"

---

① 彭浩、陈伟、〔日〕工藤元男主编：《二年律令与奏谳书——张家山二四七号汉墓出土法律文献释读》，"二年律令释文"，第258页。
② 参见本书上编"秦汉官僚体系中的公卿大夫士爵位系统及其意义"，第27—65页。

> 礼者，所以固国家，定社稷，使君无失其民者也。主主臣臣，
> 礼之正也；威德在君，礼之分也；尊卑大小，强弱有位，礼之数
> 也。礼，天子爱天下，诸侯爱境内，大夫爱官属，士庶各爱其家，
> 失爱不仁，过爱不义。故礼者，所以守尊卑之经、强弱之称
> 者也。①

他认为能够规范社会贵贱、尊卑的方法就是"礼"，具体体现在等级、
势力、衣服、号令上：

> 所持以别贵贱明尊卑者，等级、势力、衣服、号令也……君臣
> 同伦，异等同服，则上恶能不眩于其下？②
> 制服之道，取至适至和以予民，至美至神进之帝。奇服文章，
> 以等上下而差贵贱。是以高下异，则名号异，则权力异，则事势异，
> 则旗章异，则符瑞异，则礼宠异，则秩禄异，则冠履异，则衣带异，
> 则环珮异，则车马异，则妻妾异，则泽厚异，则宫室异，则床席异，
> 则器皿异，则食饮异，则祭祀异，则死丧异。故高则此品周高，下
> 则此品周下。加人者品此临之，埤人者品此承之。迁则品此者进，
> 绌则品此者损。贵周丰，贱周谦；贵贱有级，服位有等。等级既设，
> 各处其检，人循其度。擅退则让，上僭则诛。建法以习之，设官以
> 牧之。是以天下见其服而知贵贱，望其章而知其势，使人定其心，
> 各著其目。③

而贾谊据以整齐制度的标本就是二十等爵制和官僚制赖以衍生发展的所
谓内爵制：④

---

① 以上分见（汉）贾谊撰，阎振益、钟夏校注：《新书校注》卷一《数宁》、卷五《保
傅》、卷六《礼》，第 31、184、215 页。

② （汉）贾谊撰，阎振益、钟夏校注：《新书校注》卷一《等齐》，第 47 页。

③ （汉）贾谊撰，阎振益、钟夏校注：《新书校注》卷一《服疑》，第 53 页。

④ 参见本书上编"秦汉官僚体系中的公卿大夫士爵位系统及其意义"，第 27—65 页。

先王知壅蔽之伤国也，故置公卿大夫士，以饰法设刑而天下治。①

天子之于其下也，加五等已往，则以为臣例；臣之于下也，加五等已往，则以为仆。仆则亦臣礼也，然称仆不敢称臣者，尊天子，避嫌疑也。②

故古者圣王制为列等，内有公卿大夫士，外有公侯伯子男，然后有官师小吏，施及庶人，等级分明，而天子加焉，故其尊不可及也。③

《史记·日者列传》还记载：

宋忠为中大夫，贾谊为博士，同日俱出洗沐，相从论议，诵易先王圣人之道术，究遍人情，相视而叹。贾谊曰："吾闻古之圣人，不居朝廷，必在卜医之中。今吾已见三公九卿朝士大夫，皆可知矣。试之卜数中以观采。"④

仔细搜检一下史料就会发现一个有趣的现象，贾谊之前，《史》《汉》中不见"公卿大夫士"和"三公九卿"等提法，自贾谊开始才普遍起来。这应当不是巧合，而与贾谊的大力倡导特别是汉文帝所进行的位秩爵体系改革有密切关系。

从现存文献来看，早在秦时就建立了宦者显大夫与六百石、六百石与五大夫及"宦皇帝而知名者"的挂钩关系。如：

① （汉）贾谊撰，阎振益、钟夏校注：《新书校注》卷一《过秦下》，第16页。
② （汉）贾谊撰，阎振益、钟夏校注：《新书校注》卷一《服疑》，第53页。阎振益、钟夏注："五等，《礼记·王制》：'王者之制禄爵，公、侯、伯、子、男凡五等。诸侯之上大夫卿、下大夫、上士、中士、下士凡五等。'疏：'诸侯之下，北面之臣，有上大夫卿，有下大夫，有上士，有中士，有下士，凡五等。不以王朝之臣而以诸侯臣者，王朝之臣本是事王，不在其数。'"［（汉）贾谊撰，阎振益、钟夏校注：《新书校注》卷一《服疑》，第54页］按：从下句"臣之于下也，加五等已往，则以为仆"来看，上句的"五等"应指内爵公卿大夫士。
③ （汉）贾谊撰，阎振益、钟夏校注：《新书校注》卷二《阶级》，第80页。
④ 《史记》卷一二七《日者列传》，第3908页。

睡虎地秦简《法律答问》："可（何）谓'宦者显大夫?'·宦及智（知）于王，及六百石吏以上，皆为'显大夫'。"（简191）①

《汉书·惠帝纪》："爵五大夫、吏六百石以上及宦皇帝而知名者有罪当盗械者，皆颂系。"②

所谓"显大夫"就是大夫位中之尊者。但如前文所述，文帝改革以前，二十等爵的大夫到五大夫爵与位、秩的关系较为混乱，经常出现上挂或属下的情况。而且，更重要的是秦汉以来赐爵逐渐频繁，如果依然将官民爵维持在官大夫、大夫之间，官大夫以上即可免除主要赋役的话，国家的劳役（徭役、兵役）和赋税征发就会面临很大困难。而且，以贾谊的理想主义来看，这种混乱也不是一个太宗盛世所应有，所以他力主改革，重新划定位秩爵的关系：一方面提高中央列卿的秩级为中二千石，以区别郡守尉和诸侯国相，加强中央集权；一方面提高官民爵的界限，将五大夫爵作为大夫位的起始爵，将公乘以下都归入民爵。

四　二十等爵制的起源：以卿大夫爵位系统为标本

在秦汉简牍材料大量出土以前，传世文献关于二十等爵制的系统记载主要见于以下三种文献：《汉书·百官公卿表》及颜师古注、卫宏《汉旧仪》、刘劭《爵制》。但三者所记不仅详略不同，内容方面也有很大差异。其中一个重要的差异就是关于二十等爵的制度设计是否与公卿大夫士的内爵系统有关。《汉书·百官公卿表上》记述较为简略，未提及与内爵的关系：

爵：一级曰公士，二上造，三簪袅，四不更，五大夫，六官大

---

① 睡虎地秦墓竹简整理小组：《睡虎地秦墓竹简·法律答问释文注释》，第139页。
② 《汉书》卷二《惠帝纪》，第85页。

夫，七公大夫，八公乘，九五大夫，十左庶长，十一右庶长，十二左更，十三中更，十四右更，十五少上造，十六大上造，十七驷车庶长，十八大庶长，十九关内侯，二十彻侯。皆秦制，以赏功劳。彻侯金印紫绶，避武帝讳，曰通侯，或曰列侯，改所食国令长名相，又有家丞、门大夫、庶子。

但颜师古注则有两条涉及：

> 公士，"言有爵命，异于士卒，故称公士也。"上造，"造，成也，言有成命于上也。"簪袅，"以组带马曰袅。簪袅者，言饰此马也。"不更，"言不豫更卒之事也。"大夫，"列位从大夫。"官、公大夫，"加官、公者，示稍尊也。"公乘，"言其得乘公家之车也。"五大夫，"大夫之尊也。"左、右庶长，"庶长，言为众列之长也。"左、中、右更，"更言主领更卒，部其役使也。"少上造、大上造，师古曰："言皆主上造之士也。"驷车庶长，"言乘驷马之车而为众长也。"大庶长，"又更尊也。"关内侯，"言有侯号而居京畿，无国邑。"彻侯，"言其爵位上通于天子。"①

其所说大夫"列位从大夫"显然是指内爵公卿大夫士的大夫位，五大夫为"大夫之尊"当指从大夫到五大夫的"大夫"层爵级。

东汉卫宏《汉旧仪》卷下：

> 古者诸侯治民。周以上千八百诸侯，其长伯为君，次仲、叔、季为卿大夫，支属为士、庶子，皆世官位。至秦始皇帝灭诸侯为郡县，不世官，守、相、令、长以他姓相代，去世卿大夫士。
>
> 汉承秦爵二十等，以赐天下。爵者，禄位也。公士，一爵。赐一级为公士，谓为国君列士也。上造，二爵。赐爵二级为上造，上

---

① 《汉书》卷一九上《百官公卿表上》，第739—740页。

造乘兵车也。簪褭，三爵。赐爵三级为簪褭。不更，四爵。赐爵四级为不更，不更主一车四马。大夫，五爵。赐五级为大夫，大夫主一车，属三十六人。官大夫，六爵。赐爵六级为官大夫，官大夫领车马。公大夫，七爵。赐爵七级为公大夫，公大夫领行伍兵。公乘，八爵。赐爵八级为公乘，与国君同车。五大夫，九爵。赐爵九级为五大夫。以上次年德者为官长将率。秦制爵等，生以为禄位，死以为号谥。左庶长，十爵。右庶长，十一爵。左更，十二爵。中更，十三爵。右更，十四爵。少上造，十五爵。大上造，十六爵。驷车庶长，十七爵。大庶长，十八爵。侯，十九爵。列侯，二十爵。①

说周治民采取分封、世官制，分君、卿大夫、士庶子。秦始皇统一后，废除世官卿大夫士，而以不世袭的郡县守、相、令、长制代之。在解说二十等爵爵名时，也基本上没谈到与内爵的关系。

只有曹魏刘劭《爵制》在论及二十等爵制的起源时，明确提出二十等爵是以内爵的卿大夫士为模本构建起来的：

> 《春秋传》有庶长鲍。商君为政，备其法品为十八级，合关内侯、列侯凡二十等，其制因古义。古者天子寄军政于六卿，居则以田，警则以战，所谓入使治之，出使长之，素信者与众相得也。故启伐有扈，乃召六卿，大夫之在军为将者也。及周之六卿，亦以居军，在国也则以比长、闾胥、族师、党正、州长、卿大夫为称，其在军也则以卒伍、司马、将军为号，所以异在国之名也。秦依古制，其在军赐爵为等级，其帅人皆更卒也，有功赐爵，则在军吏之例。自一爵以上至不更四等，皆士也。大夫以上至五大夫五等，比大夫也。九等，依九命之义也。自左庶长以上至大庶长，九卿之义也。关内侯者，依古圻内子男之义也。秦都山西，以关内为王畿，故曰关内侯也。列侯者，依古列国诸侯之义也。然则卿大夫士下之品，

---

① （汉）卫宏：《汉旧仪》卷下，孙星衍等辑：《汉官六种》，第83—86页。

皆放古，比朝之制而异其名，亦所以殊军国也。古者以车战，兵车
一乘，步卒七十二人，分翼左右。车，大夫在左，御者处中，勇士
居右，凡七十五人。一爵曰公士者，步卒之有爵为公士者。二爵曰
上造。造，成也。古者成士升于司徒曰造士，虽依此名，皆步卒也。
三爵曰簪袅，御驷马者。要袅，古之名马也。驾驷马者其形似簪，
故曰簪袅也。四爵曰不更。不更者，为车右，不复与凡更卒同也。
五爵曰大夫。大夫者，在车左者也。六爵为官大夫，七爵为公大夫，
八爵为公乘，九爵为五大夫，皆军吏也。吏民爵不得过公乘者，得
贳与子若同产。然则公乘者，军吏之爵最高者也。虽非临战，得公
卒车，故曰公乘也。十爵为左庶长，十一爵为右庶长，十二爵为左
更，十三爵为中更，十四爵为右更，十五爵为少上造，十六爵为大
上造，十七爵为驷车庶长，十八爵为大庶长，十九爵为关内侯，二
十爵为列侯。自左庶长已上至大庶长，皆卿大夫，皆军将也。所将
皆庶人、更卒也，故以庶更为名。大庶长即大将军也，左右庶长即
左右偏裨将军也。①

他说：二十等爵制的起源很早，春秋时就有，商鞅变法时只是将其完备
为十八级，加上两个侯级为二十等。古代实行军政合一的制度，但行政
与军队采用不同的官名体系。秦模仿古制，在军中实行二十等爵制，用
以赏赐军功，其等级划分完全与内爵相对应：一级公士至四级不更为
"士"，五级大夫至九级五大夫比"大夫"，十级左庶长至十八级大庶长
比"九卿"。这些品级和古代一样可以"比朝之制"，只是名称不同，其
目的是区别军队和国家体制。

　　然而，由于材料太少，加之学界过去深受卫宏《汉旧仪》等说法的
影响，认为"卿大夫士"是先秦世官制，因此多将刘劭《爵制》关于二
十等爵挂钩卿大夫士的说法看成是托古的表现。现在随着张家山汉简的
出土，我们了解到吕后二年律令中仍将左庶长到大庶长的九个爵级称作

　　① 《续汉书·百官志五》刘昭注引，《后汉书》志二八《百官志五》，第3631—3632页。

"卿"，这部分印证了刘劭《爵制》的说法，表明刘劭《爵制》并非无稽之谈，而有切实的历史依据。但秦及汉初简牍中的大夫、士级，如前所述，情况却比较复杂，与刘劭《爵制》的说法不合。本文前两节通过考证证明，秦统一前后至汉初官民爵的界限在官大夫与大夫之间，汉文帝时期改为五大夫与公乘之间，但调整只涉及大夫、士位，而不涉及卿位。官民爵界限的调整必然导致相关爵级地位和权益的变化，比如调整前，官大夫至公乘的地位明显高出大夫以下一个层级，但调整后，官大夫至公乘的地位从本质上和大夫以下是一样的，纵使在某些具体权益上有所不同。此外尤为重要的是，官民爵界限调整到五大夫与公乘之间后，五大夫爵与六百石秩、大夫位挂钩就完全契合，而不存在其他复杂情形了。

如果秦汉时期官民爵的分界线处在不断调整且是上移的过程中，那么，我们就理由相信刘劭《爵制》关于二十等爵起源的论述，即：二十等爵制准确地说是十八等爵制最初是以"卿大夫士"的内爵系统为标本并且通过与其挂钩建立起来的。在设立之初，带有"大夫"爵名的第五级大夫至第九级五大夫，其地位相当于朝廷中的大夫位、禄秩六百石至千石的官吏，也正因为如此，其爵名才从"大夫"起到"五大夫"止。也就是说，在那个时期，十八等爵的爵名与其政治社会地位是名实相符的。但随着十八等爵尤其是五大夫以下爵越赐越多，而国家必须维持社会上层（贵族）与庶民的比例，避免社会上层占比过多而导致服役人口过少等问题，因此才不断调整官民爵的分界线：第一步是将第五级大夫爵从大夫位拉下来，纳入士位，这一步应在战国后期完成；第二步则将第六级官大夫至第八级公乘爵全部从大夫位拉下来，纳入士位，这一步则是在汉文帝时期实现的。在现有资料下，我们可以部分地证明这一观点。

首先，我们在现有文献中仍然可以看到第四级爵不更处于士级的上限、与大夫级分界的痕迹，它主要表现在以下几个方面：

（一）置吏、除吏、推举里典、老等方面

《岳麓秦简（肆）》第二组 142 - 146 简《尉卒律》规定，里典、老应首先以年长、无害的公卒、士伍担任，如果没有合适的人选，才以有爵者担任，但上限是不更，本着从低至高的原则任用：

142/1373：●尉卒律曰：里自卅户以上置典、老各一人。不盈卅户以下，便利，令与其旁里共典、老，其不便者，予之典

143/1405：而勿予老。公大夫以上擅启门者附其旁里，旁里典、老坐之。∟置典、老，必里相谁（推），以其里公卒、士五（伍）年长而毌（无）害

144/1291：者为典、老，毌（无）长者令它里年长者。为它里典、老，毌以公士及毌敢以丁者，丁者为典、老，赀尉、尉史、士吏主

145/1293：者各一甲，丞、令、令史各一盾∟。毌（无）爵者不足，以公士，县毌命为典、老者，以不更以下，先以下爵。其或复，未当事

146/1235：戍，不复而不能自给者，令不更以下无复不复，更为典、老。①

同出《岳麓秦简（肆）》第二组简207－209也规定，除有秩吏，若"害（宪）盗"，允许除不更以下到士伍者：

207/1272：置吏律曰：县除有秩吏，各除其县中。其欲除它县人及有谒置人为县令、都官长、丞、尉、有秩吏，能任

208/1245：者，许之∟。县及都官啬夫其免徒而欲解其所任者，许之。新啬夫弗能任，免之，县以攻（功）令任除有秩吏∟。

209/1247：任者免徒，令其新啬夫任，弗任，免。害（宪）盗，除不更以下到士五（伍），许之。②

---

① 陈松长主编：《岳麓书院藏秦简（肆）》，第115—116页。
② 陈松长主编：《岳麓书院藏秦简（肆）》，第136—137页。

前引《岳麓秦简（肆）》第二组简210－211《置吏律》规定，"县除小佐毋（无）秩者，各除其县中，皆择除不更以下到士五（伍）史者为佐"，也是以不更为上限。

（二）徭、戍等劳役方面

同出《岳麓秦简（肆）》第二组简151－153规定补缮邑院等劳役征发不更以下的人：

151/1255：●繇（徭）律曰：补缮邑院、除田道桥、穿汲〈波（陂）〉池、渐（堑）奴苑，皆县黔首利殴（也），自不更以下及都官及诸除有为

152/1371：殴（也），及八更，其皖老而皆不直（值）更者，皆为之，冗宦及冗官者，勿与。除邮道、桥、驼〈驰〉道，行外者，令从户

153/1381：□□徒为之，勿以为繇（徭）。①

同出《岳麓秦简（肆）》第二组简253－255表明"徭戍"的征发对象是不更以下者：

253/1305：繇（徭）律曰：发繇（徭），自不更以下繇（徭）戍，自一日以上尽券书，及署于牒，将阳倍（背）事者亦署之，不从令及繇（徭）不当

254/1355：券书，券书之，赀乡啬夫、吏主者各一甲，丞、令、令史各一盾。繇（徭）多员少员，積（隤）计后年繇（徭）戍数。发吏力足以均繇（徭）日，

255/1313：尽岁弗均，乡啬夫、吏及令史、尉史主者赀各二甲，左瞏（迁）。令、尉、丞繇（徭）已盈员弗请而擅发者赀二

---

① 陈松长主编：《岳麓书院藏秦简（肆）》，第118页。

甲，免。①

里耶秦简中也有相关史料表明当时服徭者最高的爵位就是不更：

> 卅五年九月丁亥朔乙卯，贰春乡守辨敢言Ⅰ之：上不更以下隸
> （徭）计二牒。敢言之。Ⅱ（8-1539）②

下列材料中具体内容不详，但仍可以看出是以不更以下至公卒、士伍、庶人为一个群体：

> 不更以下七十七人，其少半当被者廿六人。　　迁陵（9-92）③

张家山汉简《二年律令》简309规定宿门令不更以下轮番担任：

> □□□□令不更以下更宿门。（简309）④

《二年律令》中只有不更以下才有睆老：

> 不更年五十八，簪褭五十九，上造六十，公士六十一，公卒、
> 士五（伍）六十二，皆为睆老。（357简）⑤

（三）传食、赏赐等待遇方面

睡虎地秦简《传食律》简181中不更以下到谋人属于一个档次：

---

① 陈松长主编：《岳麓书院藏秦简（肆）》，第152页。
② 陈伟主编：《里耶秦简牍校释（第一卷）》，第353页。
③ 陈伟主编：《里耶秦简牍校释（第二卷）》，武汉大学出版社2018年版，第66页。
④ 彭浩、陈伟、［日］工藤元男主编：《二年律令与奏谳书——张家山二四七号汉墓出土法律文献释读》，"二年律令释文"，第216页。
⑤ 彭浩、陈伟、［日］工藤元男主编：《二年律令与奏谳书——张家山二四七号汉墓出土法律文献释读》，"二年律令释文"，第232页。

不更以下到谋人，粺米一斗，酱半升，采（菜）羹，刍稿各半石。·宦奄如不更。传食律（181 简）①

（四）傅籍方面

如前所引《二年律令》简 359－360 规定，"不为后而傅者"，关内侯子、卿子中二人可以为不更，五大夫子二人为簪褭，公乘、公大夫子二人为上造，官大夫及大夫子为公士，不更至上造子为公卒。其一，只有关内侯和卿除后子之外的两个儿子可以傅籍为不更，显然不更是一个重要的分层爵。其二，不更至上造子为公卒，又与大夫以上区别开来。简 364 则规定，不更以下子傅籍的起始年龄是廿岁，而大夫以上至五大夫及小爵不更以下至上造傅籍的起始年龄是年廿二岁，不更与大夫严格区别开来。此外，关于因病死亡而置后，简 367－368 规定：

疾死置后者，彻侯后子为彻侯，其毋（无）适（嫡）子，以孺子 子，良 人 子。关内侯后子为关内侯，卿 侯〈后〉子为公乘，五 大 夫 后子为公大夫，公乘后子为官（367 简）大夫，公大夫后子为大夫，官大夫后子为不更，大夫后子为簪褭，不更后子为上造，簪褭后子为公士，其毋（无）适（嫡）子，以下妻子、偏妻子。（368 简）②

官大夫后子为不更，而不更的后子则为上造。如前所述官大夫、不更、上造均具有分层意义。

刘劭《爵制》说："秦依古制，其在军赐爵为等级，其帅人皆更卒也，有功赐爵，则在军吏之例。自一爵以上至不更四等，皆士也。""自

---

① 睡虎地秦墓竹简整理小组：《睡虎地秦墓竹简·秦律十八种释文注释》，第 60 页。
② 彭浩、陈伟、［日］工藤元男主编：《二年律令与奏谳书——张家山二四七号汉墓出土法律文献释读》，"二年律令释文"，第 235 页。

左庶长已上至大庶长，皆卿大夫，皆军将也。所将皆庶人、更卒也，故以庶更为名。"军队的士兵由庶人、更卒组成。"古者以车战，兵车一乘，步卒七十二人，分翼左右。车，大夫在左，御者处中，勇士居右，凡七十五人。"公士、上造均为步卒，簪袅可以驾驭驷马的战车，而不更"为车右"，"不复与凡更卒同也"。《汉书·百官公卿表》序颜师古注也说不更之名源于"不豫更卒之事"之意。更卒是基层战士，"更"为轮番更代的意思，"不更"虽属于士、卒，但地位与簪袅以下者不同，可以不用承担一般更卒的义务。①

其次，睡虎地秦简《日书》中还保留着大夫位的说法，表明当时大夫爵层与大夫位分离的情况至少是不明显的。睡虎地秦简《日书甲种·星》：

牵牛，可祠及行，吉。不可杀牛。以结者，不择（释）。以入〔牛〕，老一，生子，为大夫。(76 正壹)②

这里的大夫应当是指大夫位。正因为大夫以上的人与普通的百姓不同，所以人们占卜时希望生子能当上大夫。睡虎地秦简《日书甲种·马禖》：

祝曰："先牧日丙，马禖合神。"·东乡（向）南乡（向）各一【马】□□□□□中土，以为马禖，穿壁直中，中三脆，(156 背/11 反) 四厩行："大夫先牧次席，今日良日，肥豚清酒美白粱，到主君

① 孙闻博也引用了《二年律令》的资料（包括简 149、309、354—357、364）论证不更的分层意义。（孙闻博：《二十等爵确立与秦汉爵制分层的发展》，《中国人民大学学报》2016 年第 1 期。另见其撰《秦及汉初"徭"的内涵与组织管理——兼论"月为更卒"的性质》，《中国经济史研究》2015 年第 5 期）但其关于秦和汉初大夫、士爵分界仍在大夫、不更处的结论与笔者不同。

② 陈伟主编，彭浩、刘乐贤等撰著：《秦简牍合集（释文注释修订本）（贰）·睡虎地秦墓简牍下·睡虎地 11 号秦墓竹简·九 日书甲种》，第 364 页。也见于《十 日书乙种·官》104 壹，第 497 页。

所……（157 背/10 反）……"①

这里的大夫也应指内爵的大夫位。同出于一墓的律令简和《日书》中的"大夫"所指却不同，应与《日书》具有稳定性、成书后少有改动有关。但这些恰好能准确反映大夫在先秦社会中的地位。故秦在建立二十等爵时将大夫层爵与大夫位挂钩就是理所当然之事。

由于《商君书》所反映的爵制以及传世文献和出土资料所反映的秦及汉初爵制问题过于复杂，笔者拟专门论考。

五　结　语

古代中国在从宗法分封制国家发展到统一的专制主义中央集权郡县制国家的过程中，二十等爵制扮演了重要的角色。然而，由于传世文献史料的阙如，我们对于二十等爵制的产生、发展过程已不甚了了。幸运的是，1970 年代以来睡虎地、里耶、岳麓书院等秦简和张家山等汉简资料的出土和发现，为我们提供了全新的宝贵资料。

传世文献表明汉代二十等爵存在官民爵的划分，五大夫以上为官爵，公乘以下为民爵，民爵者原则上不能升格为官爵，即刘劭《爵制》所谓"吏民爵不得过公乘者，得赉与子若同产"。但是，张家山汉简《二年律令》简 148"爵过大夫……购之如律"、简 373"盈大夫者食之"以及岳麓秦简 174/1892"受爵者毋过大夫"的法律规定，则意味着秦及汉初民爵的上限为第五级大夫爵，大夫爵是吏民不可逾越的界限。其他材料可以佐证这一判断，例如，秦及汉初修缮城塞陛障、"发传送"等劳役均由大夫爵以下者负担；"大夫"不入"君子"之列；在名田宅、享受传食、接受赏赐等待遇时，大夫爵也与官大夫以上存在明显的分界。

《汉书·食货志上》所载汉文帝时晁错上书"令民入粟受爵至五大

---

① 陈伟主编，彭浩、刘乐贤等撰著：《秦简牍合集（释文注释修订本）（贰）·睡虎地秦墓简牍下·睡虎地 11 号秦墓竹简·九 日书甲种》，第 474 页。

夫以上，乃复一人耳"，表明当时情况发生变化，官爵的起始爵已经升级为五大夫。那么，何时开始变化、如何变化、变化的目的是什么呢？诸多迹象表明，文帝初年在贾谊的建议下曾进行过一次广泛涉及位秩爵体系即官僚政治社会结构的全面改革。《史记·贾生列传》其实对此有记载："贾生以为汉兴至孝文二十余年，天下和洽，而固当改正朔，易服色，法制度，定官名，兴礼乐，乃悉草具其事仪法，色尚黄，数用五，为官名，悉更秦之法。孝文帝初即位，谦让未遑也。诸律令所更定，及列侯悉就国，其说皆自贾生发之。"以往我们仅仅注意到"孝文帝初即位，谦让未遑也"这句话，以为文帝对于贾谊的建议均采取"谦让未遑"的态度，但事实并非如此简单。文帝"谦让未遑"的应主要是"改正朔，易服色""色尚黄，数用五"，即改水德为土德，但其他方面仍大量采纳贾谊的建议，所以才有了后文"诸律令所更定，及列侯悉就国，其说皆自贾生发之"的说法，以致以周勃、灌婴为代表的保守派大臣批评贾谊"纷乱诸事"。文帝在贾谊建议下所进行的改革，除了见诸史籍的开籍田礼、作顾成庙、文帝称太宗、衣绨衣、坐宣室受厘等外，还有许多未见诸史料。新近因张家山汉简的刊布才为我们所知晓的官秩改革就是一个典型例证。文帝在贾谊建议下，将大部分中央列卿的秩级从二千石提高到中二千石，以区别于诸侯列卿和中央的上大夫，这一重大改革就完全不见于传世文献。本文则力图证明改革还包括另一项重要内容，即将官民爵的分界线从官大夫、大夫之间上移到五大夫、公乘之间。可以看到，"颇通诸子百家之书"的贾谊深受古典思想的影响，而其利用古典思想整齐、改革汉家制度的目的则是加强皇帝和中央集权，明确尊卑贵贱等级制度。

当我们清楚了官民爵的分界经历了从官大夫、大夫到五大夫、公乘之间的变化，结合秦汉时期卿位自始至终都维持在左庶长到大庶长层级，与刘劭《爵制》所说卿爵层一致，以及秦及汉初简牍中大夫、不更所具有的明显的分层界标痕迹，我们有理由推测，二十等爵制，准确地说是其前身十八等爵制，是与内爵的最早形态——卿大夫士系统挂钩建立起来的。其建立之初，卿对应左庶长到大庶长级，大夫对应大夫至五大夫级，士对应公士到不更级，十八等爵按卿大夫士进行分层并命名，名实相符，所谓官民爵的分界就是大夫层爵与士层爵的分界，在第五级大夫爵与第四级不更爵之间。但随着赐爵的广泛，拥有爵级的人越来越多，统治者为了维持官民爵的比例，保证足够的服役人口，便需要调整官民爵的界限。根据目前的材料，我们大体知道从商鞅变法到汉文帝至少经历了两次调整：一次发生在战国后期，将第五级大夫爵从大夫位拉下来，纳入士位；一次发生在汉文帝六年左右，将第六级官大夫至第八级公乘爵全部从大夫位拉下来，纳入士位。此后官民爵的分界便稳定下来，直到三国时期。官民爵分界的上移不仅意味着公乘以下爵级地位的下降，也意味着二十等爵制本身在秦汉官僚政治社会中的意义衰减。

秦汉时期的"尉""尉律"
与"置吏""除吏"

关于秦汉时期官吏的任免程序以及官、吏的概念，由于传世文献语焉不详，有很多问题目前尚不甚清楚。睡虎地秦简、里耶秦简等简牍表明，尉与官吏的任免有一定关系，并载入《尉律》中。

一 "尉""尉律"与"置吏""除吏"

睡虎地秦简《秦律十八种·置吏律》有一律条，整理小组断作：

> 1. 除吏、尉，已除之，乃令视事及遣之；所不当除而敢先见事，及相听以遣之，以律论之。啬夫之送见它官者，不得除其故官佐、吏以之新官。置吏律（简160）

"译文"作："任用吏或尉，在已正式任命以后，才能令他行使职权和派往就任……"① 整理小组将"吏""尉"看作"除"（任用）的两个对象。邹水杰指出，此断句误，应断作："除吏，尉已除之，乃令视事及遣之"。并举《秦律杂抄·除吏律》下列律条为证：

---

① 睡虎地秦墓竹简整理小组：《睡虎地秦墓竹简·秦律十八种释文注释》，第56页。

2. 任灋（废）官者为吏，赀二甲。·有兴，除守啬夫、叚（假）佐居守者，上造以上不从令，赀二（简1）甲。·<u>除土吏、发弩啬夫不如律，及发弩射不中（简2），尉赀二甲。</u>·发弩啬夫射不中，赀二甲，免，啬夫任之。·驾驺除四岁，不能驾御，赀教者一盾；免，赏（偿）四岁繇（徭）戍（简3）。除吏律①

认为"这说明尉要对除吏不如律负责，同样表明尉有除吏之职权"。② 其说甚是。对此还可进一步补充论证。

《置吏律》此律前有一条律，即：

3. 县、都官、十二郡免除吏及佐、群官属，以十二月朔日免除，尽三月而止之。其有死亡及故有夬（缺）者，为补（简157）之，毋须时。置吏律（简158）③

是关于县、都官、十二郡任免吏、佐、群官属的法律规定。整理小组认为材料1中的"尉"指县尉："尉，此处指县尉，管理县中军务的官，见《汉书·百官表》。"④ 从材料3来看，材料1中的尉最低限度是指县尉。众所周知，汉代县吏有长吏、少吏之别，县令（长）、丞、尉为长吏，百石以下的斗食、佐、史为少吏。⑤ 县长吏由中央任免，百石以下

---

① 睡虎地秦墓竹简整理小组：《睡虎地秦墓竹简·秦律杂抄释文注释》，第79页。

② 邹水杰：《秦汉县丞尉设置考》，《南都学坛》2006年第3期，其著《两汉县行政研究》，湖南人民出版社2008年版，第78—79页。邹文未全列此律，笔者为后文讨论方便全文列出，下划线为笔者所加。

③ 睡虎地秦墓竹简整理小组：《睡虎地秦墓竹简·秦律十八种释文注释》，第56页。

④ 睡虎地秦墓竹简整理小组：《睡虎地秦墓竹简·秦律十八种释文注释》，第56页。

⑤ 《汉书·百官公卿表上》："县令、长，皆秦官，掌治其县。万户以上为令，秩千石至六百石。减万户为长，秩五百石至三百石。皆有丞、尉，秩四百石至二百石，是为长吏。百石以下有斗食、佐、史之秩，是为少吏。"（《汉书》卷一九上《百官公卿表上》，第742页）中华书局点校本"佐史"中间没有断开，笔者认为应断开。

少吏则由郡自行辟除。① 因此，材料1中的"尉"不可能与"吏"并列为"除"的对象，而是由"尉"来"除"吏，即由尉负责吏的任免工作。

新出里耶秦简则为尉除吏提供了新证据。如简8－157：

4. 卅二年正月戊寅朔甲午，启陵乡夫敢言之：成里典、启陵 Ⅰ 邮人缺。除士五（伍）成里匄、成，成为典，匄为邮人，谒令 Ⅱ 尉以从事。敢言之。Ⅲ （简8－157）

正月戊寅朔丁酉，迁陵丞昌却之启陵：廿七户已有一典，今有（又）除成为典，何律令 Ⅰ 應（应）？尉已除成、匄为启陵邮人，其以律令。/气手。/正月戊戌②日中，守府快行。Ⅱ 正月丁酉旦食时，隶妾冉以来。/欣发。壬手。Ⅲ （简8－157背）③

这是一条关于除里典、邮人的文书。启陵乡名叫"夫"的乡啬夫守，④

---

① 《汉旧仪》卷下："旧制：令六百石以上，尚书调；拜迁四百石长相至二百石，丞相调；除中都官百石，大鸿胪调；郡国百石，二千石调。"［（汉）卫宏：《汉旧仪》卷下，孙星衍等辑：《汉官六种》，第82页］《汉官旧仪》卷下同［（汉）卫宏：《汉官旧仪》卷下，（清）孙星衍等辑《汉官六种》，第50页］《史记·袁盎列传》裴骃《集解》引如淳曰："调，选。"（《史记》卷一〇一《晁错袁盎列传·袁盎》，第3320页）下条材料也可以佐证这一点。《续汉书·百官志一》本注曰："《汉旧注》东西曹掾比四百石，余掾比三百石，属比二百石，故曰公府掾，比古元士三命者也。或曰，汉初掾史辟，皆上言之，故有秩比命士；其所不言，则为百石属。其后皆自辟除，故通为百石云。"（《后汉书》志二四《百官志一》，第3558—3559页）它表明百石及以下吏均是长官自辟除。

② 戊戌，陈伟主编《里耶秦简牍校释（第一卷）》释作"正月十一日"（第95页），误，应为正月二十一日。参见王双怀主编《中华日历通典（贰）》，吉林文史出版社2006年版，第1187页。

③ 陈伟主编：《里耶秦简牍校释（第一卷）》，第95页。

④ "乡夫"，张春龙、龙京沙疑是乡啬夫之省；王焕林认为夫是人名，启陵乡之吏；刘乐贤等认为是名叫"夫"的乡啬夫省称。分见张春龙、龙京沙《湘西里耶秦代简牍选释》，《中国历史文物》2003年第1期；王焕林《里耶秦简校诂》，中国文联出版社2007年版，第52页；刘乐贤《里耶秦简和孔家坡汉简中的职官省称》，《文物》2007年第9期；等等。笔者认为，此"乡夫"或就是简8－1445中启陵乡守夫即名叫"夫"的启陵乡啬夫守。简8－1445："卅二年，启陵郷守夫当坐。上造，居梓潼武昌。今徙（正）为临沅司空啬夫。时毋吏。（背）"

上报上级主管单位迁陵县，说成里缺里典，启陵乡缺邮人，想除（任命）士伍"成"为里典，士伍"匄"为邮人，请求让尉批准。① 三天后迁陵丞回复说：成里共有二十七户人，已有一个里典，现在又要任命成为里典，依据的是哪一条律令（很显然，启陵乡的这一请求不符合规定）？现在尉已按照律令，除成、匄为启陵乡邮人。这里的"尉"显然是县尉。由此简可知，当时乡要除吏，须请示上级县，由尉负责"除"。② "谒令尉以从事"的法律依据，就是前文所引睡虎地秦简《置吏律》："除吏，尉已除之，乃令视事及遣之。"即只有经过尉除（任命）的吏，才可以让他上任或派遣去办事。

下列简由于残断，信息不全，未出现"尉""除"的字样，但是根据文意以及其他简仍可以推断，梓潼长覩人欣是由尉除为迁陵佐的：

5. 卅一年二月癸未朔丙戌，迁陵丞昌敢言之：迁☒ I 佐日备者，士五（伍）梓潼长覩欣补，谒令☒ II （8－71）

二月丙戌水十一刻刻下八，守府快行尉曹。☒（8－71背）

正面第二行的"佐日备者"，当指佐任期已满，③ 这个期满的佐名谁，因简残断不晓。"士五（伍）梓潼长覩欣补"，当指梓潼县长覩里名叫欣的

---

① 里耶秦简讲读会认为"令"指命令。［日］里耶秦简讲读会：《里耶秦简訳注》，《中国出土资料研究》第8辑，中国出土资料学会2004年版，转引自陈伟主编《里耶秦简牍校释（第一卷）》，第95页。

② 邹水杰亦引此简为证，但对于此简的理解与笔者不同。胡平生认为此简背面应从左至右读："启陵乡啬夫应的公文是报给令、尉的，没有提到丞。丞提出严厉的诘问。但迁陵县尉否决了县丞昌的意见，批复同意由成、匄担任启陵的邮人，显示其权力大于丞。"（胡平生：《读里耶秦简札记》，"简帛"网2003年10月23日，http：//www.jianbo.org/admin3/list.asp？id＝1028）邹水杰采胡先说，认为："这也同样说明尉有置吏权，且无需县丞的同意"。（邹水杰：《秦汉县丞尉设置考》，《南都学坛》2006年第3期）

③ 陈伟主编：《里耶秦简牍校释（第一卷）》注释："日备，即期满。"（第54页）

人补任为佐。① 此处的守府当指县丞治所。② 尉曹是郡、县所设各曹之一，主管官员应是郡、县尉（详见后文）。从"敢言之"可知，这是一封上行文书，因此，此简的尉曹应指郡尉曹。③ 迁陵丞昌将欣补任佐的信函发往郡尉曹，即是因为尉是负责除吏的主管官员。

此外，下列简则表明吏是由尉来管理的：

　　6. 廿六年十二月癸丑朔辛巳，尉守蜀敢言之：大（太）守令曰：秦人□□□Ⅰ侯中秦吏自捕取，岁上物数会九月朢（望）大（太）守府，毋有亦言。Ⅱ问之尉，毋当令者。敢告之。Ⅲ（8－67＋8－652）

　　辛巳，走利以来。/□半。憙☒（8－67背＋8－652背）④

太守令秦吏捕取某物，令尉年终时将捕取的情况报告太守府，名叫

---

　　① 陈伟主编《里耶秦简牍校释（第一卷）》注释："梓潼，县名……长丨，疑是里名。'欣'或'欣补'，为人名。"（第54页）关于梓潼长丨的解释可从，但说"欣补"或为人名则误。补是官吏有缺位，选员补任的意思，如《盐铁论·除狭》贤良曰："今吏道杂而不选……戏车鼎跃，咸出补吏，累功积日，或至卿相。"〔（汉）桓宽撰，王利器校注：《盐铁论校注》卷三二《除狭》，第410页〕前文所引材料2说，县、都官、十二郡免除吏及佐、群官属，通常须在十二月朔日至三月，但若有死亡或故有缺者，"为补之"则不必拘于这一时间段，可立即补，亦可为证。此外，里耶秦简简8－2106：

　　☒☒【迁陵】□□☒Ⅰ☒迁陵有以令除冗佐日备者为Ⅱ☒□谒为史，以衔不当补有秩，当Ⅲ（8－2106）

及简8－2135：

　　☒□□□……Ⅰ☒　　　有秩，衔不当□□Ⅱ☒【衔】当补有秩不当☒Ⅲ（8－2135）

其中的"补有秩"即补任有秩吏，也可为证。里耶秦简中，三十一年以后迁陵县文书经常是由"欣发"（即由欣启封，如前揭8－157，再如简8－152、简8－1455），或"欣手"（即由欣书写，如简8－155）。而简8－164则明确有"佐欣"：

　　□□年后九月辛酉朔丁亥，少内武敢言之：上计☒Ⅰ□□而后论者狱校廿一牒，谒告迁陵将计丞☒Ⅱ上校。敢言之。☒Ⅲ（正）☒九月丁亥水十一刻刻下三，佐欣行廷。　　欣手。☒（8－164＋8－1475背）

《里耶秦简（壹）》将第二个字释为"元"，若是，则应为二世元年。这些欣当是一人。

　　② 关于守府，笔者另文讨论。

　　③ 此简中的尉曹当为郡尉曹，采单印飞意见。

　　④ 陈伟主编：《里耶秦简牍校释（第一卷）》，第52页。

"蜀"的尉守报告说，问了尉，没有符合令的。它表明秦吏属于尉的管理范畴，所以有关他们的命令要向尉发出，由尉向上级报告。

张家山出土的汉初《二年律令·置吏律》有一条律文：

> 7. 受（授）爵及除人关于尉。（简215）①

整理小组注释："除，《汉书·景帝纪》'初除之官'注：'凡言除者，除故官就新官也。'尉疑指廷尉。""关，报告。"② 整理小组对"关"的解释是正确的，但是其余解释则有可商之处。"除人"的对象当不限于官，还包括吏。而且，正如李天虹所指出，由平民初任为吏亦可称作"除"。③ 将"尉"解释为廷尉则显然是错误的，它在地方应指郡尉、县尉。④ 这条律令表明汉初"授爵"和"除人"（即除吏）仍是"尉"的职掌，而这一职掌显然是沿袭秦制。⑤

但是，材料1中又有"啬夫之送见它官者，不得除其故官佐、吏以之新官"的规定，其文意正如整理小组的译文："啬夫被调任其他官府，不准把原任官府的佐、吏任用到新任官府"，显然啬夫也有任命佐、吏的权力，那么应该如何理解啬夫与尉在除吏方面的关系呢？笔者认为，除吏是县尉的基本职责之一，但是由于县尉的地位低于县啬夫（县令长），因此，县啬夫有最终审核权。由于县的事务多由县丞具体处理，因此，这一审核权又往往体现在县丞身上，这就是里耶秦简中有关除吏的文书多

---

① 张家山汉简二四七号汉墓竹简整理小组：《张家山汉墓竹简〔二四七号汉墓〕（释文修订本）》，第37页。

② 参见张家山汉简二四七号汉墓竹简整理小组《张家山汉墓竹简〔二四七号汉墓〕（释文修订本）》，第37页。

③ 李天虹：《居延汉简所见候官少吏的任用与罢免》，《史学集刊》1996年第3期。

④ 李均明认为，这里的尉指县尉。李均明：《张家山汉简所反映的二十等爵制》，《中国史研究》2002年第2期。另，李天虹《居延汉简所见候官少吏的任用与罢免》（《史学集刊》1996年第3期）对居延都尉府少吏的任免进行了详细讨论。

⑤ 里耶秦简简8-247："☒【尉】府爵曹卒史文、守府戍卒士五（伍）狗以盛都結。Ⅰ☒ 式Ⅱ"，可证秦时郡尉府下设有爵曹，爵曹当是负责授爵、减除爵等事宜。简8-1952："☒☐☐☐☐☐☐☐☐☐【迁陵尉计】☒Ⅰ☐主爵发。敢言之。Ⅱ……☐☐☐☐☐Ⅲ"，也表明尉计与主爵有关。这两条材料分别承单印飞、贾丽英告示，特致谢。

由县丞发出的原因。这可以从睡虎地秦简《效律》下列律条得到左证：

8. 尉计及尉官吏节（即）有劾，其令、丞坐之，如它官然。（简 54）①

尉计及尉府官吏若有罪，该县令、丞要连坐，连坐的原因显然是因为他们是尉的上级主管。由此也可以推测出除吏的基本程序：由乡等部门提出除吏的方案，上交到尉，由尉根据法律进行审核，决定如何任用，将其上交到县丞，由县丞返回提交部门。

通过上述考察，我们确认了秦汉时由"尉"负责吏的任免一事，但以往研究对此少有论及。事实上，关于秦"尉"具有任免吏的职能，传世文献并非完全无迹可寻。《礼记·月令》"孟夏月"条说："命太尉赞桀俊，遂贤良，举长大。行爵出禄，必当其位。"郑玄注："桀俊，能者也。遂，犹进也。"② 表明太尉的职掌之一是举荐贤能，授予爵位，任用官吏。太尉是"尉"官中职位最高者，具有代表意义。《礼记·月令》的这条记载与出土简牍所反映的情况完全一致。此外，《说文解字·叙》说：

9. 自尔秦书有八体……汉兴有草书。《尉律》：学僮十七已上，始试，讽籀书九千字，乃得为史。又以八体试之。郡移太史并课，最者以为尚书史。书或不正，辄举劾之。今虽有《尉律》不课，小学不修，莫达其说久矣。③

徐锴注曰："尉律，汉律篇名。"④ 据此，汉代试学童为史的律文属《尉

---

① 睡虎地秦墓竹简整理小组：《睡虎地秦墓竹简·效律释文注释》，第 75 页。

② （清）朱彬；《礼记训纂》卷六《月令》，饶钦农点校，中华书局 1996 年版，第 241—242 页。

③ （汉）许慎撰，（清）段玉裁注：《说文解字注》第十五卷上，第 766 页上栏—767 页下栏。

④ （宋）王应麟：《玉海》卷六五《诏令》，"汉尉律"条，清光绪九年浙江书局刊本，中国基本古籍库。

律》。汉代试学童为史之事，也见于《汉书·艺文志》。《汉书·艺文志》曰："汉兴，萧何草律，亦著其法，曰：'太史试学童，能讽书九千字以上，乃得为史。又以六体试之，课最者以为尚书御史史书令史。吏民上书，字或不正，辄举劾。'"① 内容大体与《说文解字·叙》同，只是未明言此律所属篇名。张家山汉简《二年律令》出土后，可发现其中有与《说文解字·叙》所引《尉律》内容大致相同的律条：

> 10. 史、卜子年十七岁学。史、卜、祝学童学三岁，学佴将诣大史、大卜、大祝，郡史学童诣其守，皆会八月朔日试之。（简474）
>
> 试 史学童以十五篇，能风（讽）书五千字以上，乃得为史。有（又）以八膧（体）试之，郡移其八膧（体）课大史，大史诵课，取冣（最）一人以为其县令（简475）史，殿者勿以为史。三岁壹并课，取冣（最）一人以为尚书卒史。（简476）
> ……②

由于《二年律令》中出现了"史律"的篇名，因此整理小组将这些与史、卜、祝有关的律条全部归入《史律》，但广濑熏雄认为应归入《尉律》。③ 笔者赞同广濑熏雄的意见。许慎为东汉人，其说当有据。而且，被整理小组归入《史律》的律条均不仅仅涉及史，还及于卜、祝，称作"史律"或不当。由于史、卜、祝需要具备专业知识，因此其培养、考试、任用都不同于一般的吏，比一般的吏要严格。④ 秦汉时期，有关培

---

① 《汉书》卷三〇《艺文志》，第1721页。

② 张家山汉简二四七号汉墓竹简整理小组：《张家山汉墓竹简〔二四七号汉墓〕（释文修订本）》，简474–487，第80—82页。

③ ［日］广濑熏雄：《〈二年律令·史律〉札记》，丁四新编《楚地简帛思想研究（二）》，湖北教育出版社2005年版。

④ 这可以从下列简得到佐证：

□□，大史官之；郡，郡守官之。卜，大卜官之。史、人（卜）不足，乃除佐。（简481）

大史、大卜谨以吏员调官史、卜县道官，官受除事，勿环。吏备（憊）罢、佐劳少者，毋敢宣（擅）史、卜……（简483）

即只有在史、卜人数不够的情况下，才可以任用佐为史、卜，而且不能任用疲惫、劳少的。

养、考试、任用史、卜、祝的法律被归入"尉律",应本于尉掌有除吏（包括史、卜、祝）之职。

二 再论秦汉时期"吏"的属性

众所周知，中国古代"吏"的概念比较宽泛，在多种意义上使用。因此，学界曾就汉魏时期是否存在一个有别于官吏之吏的吏群体展开过长期争论。[①] 那么，上一节讨论的秦汉时期"尉除吏"的吏到底属于哪一群体呢？它反映了怎样的社会现实呢？笔者曾论，汉魏时期狭义的官、吏的分野在长官、佐官与属吏之间，即《汉书·百官公卿表上》所谓长吏（二百石以上）与少吏（百石以下）之别，前者为官，后者为吏。这一划分是基于汉代关于"士"与"庶民"的观念与制度。[②] 那么，秦汉时期"尉除吏"的制度是否可以据此得到解释，换言之，汉魏时期官、吏的分野可以上溯至秦呢？下面我们就来讨论这一问题。

在前引材料 1 睡虎地秦律《置吏律》中，尉、啬夫与佐、吏分别是"除"的施为者与被施为者，两者的地位不同。如果仔细搜检，就会发现这在睡虎地秦简中是普遍现象，例子甚多。例如，《秦律十八种·金布律》下列律条：

> 11. 都官有秩吏及离官啬夫，养各一人，其佐、史与共养；十人，车牛一两（辆），见牛者一人。都官之佐、史冗者，十人，养一人（简 72）；十五人，车牛一两（辆），见牛者一人；不盈十人者，各与其官长共养、车牛，都官佐、史不盈十五人者，七人以上鼠（予）车牛（简 73）、仆，不盈七人者，三人以上鼠（予）养一人；小官毋（无）啬夫者，以此鼠（予）仆、车牛。狠生者，食其

---

① 学术史情况参见本书上编"吴简中的吏、吏民与汉魏时期官、吏的分野"，第 66—68 页。

② 参见本书上编"吴简中的吏、吏民与汉魏时期官、吏的分野"，第 89—95 页。

母日粟一斗，旬五日而止之，别（简74）缄以叚（假）之。金布律（简75）①

是关于官吏配备养、车牛、仆的规定。这一规定中，显然都官有秩吏与离官啬夫、官长为一层级，佐、史为另一层级。啬夫、官长是官署的长官，② 佐、史为属吏，③ 仆、养属杂役，不属于严格的吏的范畴，地位更低。再如，下列律条：

> 12. 百姓叚（假）公器及有责（债）未赏（偿），其日蹑以收责之，而弗收责，其人死亡；及隶臣妾有亡公器、畜生者，以（简77）其日月减其衣食，毋过三分取一，其所亡众，计之，终岁衣食不蹑以稍赏（偿），令居之，其弗令居之，其人（简78）【死】亡，令其官啬夫及吏主者代赏（偿）之。 金布（简79）④

也明确将"官啬夫"与"吏"对举。

材料3中，"吏"与"佐、群官属"并举，很容易让人产生误解，以为三者是不同的群体，事实上这只是因为当时措词不甚考究，佐、群官属均为吏，佐是秦汉时期设置最普遍、最多的吏。睡虎地秦律中就出现了大量的"佐"，如《秦律十八种·田律》简12中的"部佐"、《仓

---

① 睡虎地秦墓竹简整理小组：《睡虎地秦墓竹简·秦律十八种释文注释》，第37—38页。

② 啬夫，参见裘锡圭《啬夫初探》，中华书局编辑部编《云梦秦简研究》，中华书局1981年版。官长，整理小组注释："机构中的主管官员"。（睡虎地秦墓竹简整理小组：《睡虎地秦墓竹简·秦律十八种释文注释》，第38页）据睡虎地秦简《法律答问》：

"辞者辞廷。"·今郡守为廷不为？为殹（也）。｜"辞者不先辞官长、啬夫。"｜可（何）谓"官长"？可（何）谓"啬夫"？命都官曰"长"，县曰"啬夫"。（简95）
睡虎地秦墓竹简整理小组：《睡虎地秦墓竹简·法律答问释文注释》，第115—116页。都官称长，县称啬夫。

③ 需要注意的是，律文中的"都官有秩吏"，严格说来仍是属吏，只是由于都官的级别较高，所以给予特殊对待，与离官啬夫、官长同等待遇。有秩吏仍属于尉除的范畴，前文注所引里耶秦简8－2106及8－2135关于补有秩吏的简文即反映了这一点。

④ 睡虎地秦墓竹简整理小组：《睡虎地秦墓竹简·秦律十八种释文注释》，第38页。

律》简 21 中的"离邑仓佐"、①《金布律》简 72 中的"离官啬夫佐"、②
《秦律杂抄·中劳律》简 13 中的"县司空佐"、③《封诊式》简 39 中的少
内佐等。④《汉书·百官公卿表上》："百石以下有斗食、佐、史之秩，
是为少吏。"颜师古注："《汉官名秩簿》云斗食月奉十一斛，佐、史
月奉八斛也。一说，斗食者，岁奉不满百石，计日而食一斗二升，故
云斗食也。"⑤ 据此可知，唐时关于斗食的岁奉有两种说法。笔者倾向于
后一种说法，有秩汉初为百二十石，⑥ 斗食当不足百石。佐、史的地位
还低于斗食。《秦律十八种·置吏律》的下列律条也表明佐、史地位
很低：

> 13. 官啬夫节（即）不存，令君子毋（无）害者若令史守官，
> 毋令官佐、史守。置吏律（简 161）⑦

此律规定，官啬夫不在的场合，可以由"无害"之"君子"和令史代理
其职，却不能让佐、史代理。整理小组注释："君子，《左传》襄公十三
年注：'在位者。'这里疑指有爵的人"。结合材料 2"·有兴，除守啬
夫、叚（假）佐居守者，上造以上不从令，赀二甲"的规定，所谓"君
子无害者"当指上造以上。群官属则是吏的一种泛称，泛指史等，也包括
《秦律十八种·传食律》下列律条中的"卜、史、司御、寺、府"等：

> 14. 上造以下到官佐、史毋（无）爵者，及卜、史、司御、寺、

---

① 睡虎地秦墓竹简整理小组：《睡虎地秦墓竹简·秦律十八种释文注释》，第 22、25 页。

② 睡虎地秦墓竹简整理小组：《睡虎地秦墓竹简·秦律十八种释文注释》，第 37 页。

③ 睡虎地秦墓竹简整理小组：《睡虎地秦墓竹简·秦律杂抄释文注释》，第 82 页。

④ 睡虎地秦墓竹简整理小组：《睡虎地秦墓竹简·封诊式释文注释》，第 154 页。

⑤ 《汉书》卷一九上《百官公卿表上》，第 742 页。

⑥ 《二年律令》："都官之稺官及马苑有乘车者，秩各百六十石，有秩毋乘车者，各百廿石
（简 470）……都市亭厨有（简 471）秩者及毋乘车之乡部，秩各百廿石……（简 472）"（张家
山汉简二四七号汉墓竹简整理小组：《张家山汉墓竹简〔二四七号墓〕（释文修订本）》，第
80 页）

⑦ 睡虎地秦墓竹简整理小组：《睡虎地秦墓竹简·秦律十八种释文注释》，第 56 页。

府，糲（粝）米一斗，有采（菜）羹，盐廿二分升二。传食律（简
182）①

值得注意的是，材料 2 和材料 14 中均将上造作为分界线。笔者曾
论，上造是秦汉时期二十等爵系统与公卿大夫士爵位系统相对应的
"士"的起始级，② 睡虎地秦简的这两条材料进一步佐证了这一观点。即
上造、二百石以上才是"士"；公士以下、百石以下则不是"士"，是当
时所称的"小人"或者"庶民"。因此，自秦以来狭义的"吏"群体就
是指在公卿大夫士之下的庶民群体，地位低下。当然随着秦汉时期二十
等爵地位的变化，这一分层概念也发生了一些变化。

---

① 睡虎地秦墓竹简整理小组：《睡虎地秦墓竹简·秦律十八种释文注释》，第 60 页。
② 参见本书上编"秦汉官僚体系中的公卿大夫士爵位系统及其意义"，第 41 页。

下　编

《二年律令》与秦汉"名田宅制"

目前关于战国秦汉土地制度形态的认识和构架,很大程度上是建立在假设、演绎和推理之上的,因为传世文献提供给我们的材料如此之少,仅仅通过材料的搜集、分类、排比远不足以复原其基本模式和内容。史学界对战国秦汉土地制度形态认识的长期分歧亦正源于此。这种情况下,新的材料特别是第一手材料的出现,对于此项研究以及研究者来说,意义重大是不言而喻的。张家山汉简正是具有此种价值的新材料。《二年律令》中有大量关于土地制度的法令。这样大规模的完整的西汉初期土地制度法令的出土,不仅填补了历史记载的空白,使我们对这一时期的土地制度形态有了更深入、具体的了解;而且也给我们的认识带来了巨大冲击,我们由此发现,由于教条地、生搬硬套地运用马克思主义理论,长期以来,史学界关于土地所有制的理论存在某些误区,我们需要在充分研究中国历史实际的基础上进行反思和重构。这些宝贵的资料也将成为一个新的研究增长点,借助它所提供的材料和视角,我们可以重新审视更长历史时段的土地制度形态和发展轨迹,而对土地制度认识的推进也必将推动我们对整个中国古代社会形态和社会性质的认识。

一 《二年律令》所反映的名田宅制实态

张家山汉简《二年律令·户律》中有这样两段律文:

关内侯九十五顷,大庶长九十顷,驷车庶长八十八顷,大上造八十六顷，少上造八十四顷，右更八十二顷，中更八十（简310）顷，左更七十八顷，右庶长七十六顷，左庶长七十四顷，五大夫廿五顷，公乘廿顷，公大夫九顷，官大夫七顷，大夫五顷，不（简311）更四顷，簪袅三顷，上造二顷，公士一顷半顷，公卒、士五（伍）、庶人各一顷，司寇、隐官各五十亩。不幸死者，令其后先（简312）择田，乃行其余。它子男欲为户，以受其杀田予之。其已前为户而毋田宅，田宅不盈，得以盈。宅不比，不得。（简313）

宅之大方卅步。彻侯受百五宅，关内侯九十五宅，大庶长九十宅，驷车庶长八十八宅，大上造八十六宅，少上造八十四宅，右（简314）更八十二宅，中更八十宅，左更七十八宅，右庶长七十六宅，左庶长七十四宅，五大夫廿五宅，公乘廿宅，公大夫九宅，官大夫七宅，大夫（简315）五宅，不更四宅，簪袅三宅，上造二宅，公士一宅半宅，公卒、士五（伍）、庶人一宅，司寇、隐官半宅。欲为户者，许之。（简316）①

这两段律文显系田宅制度的法律规定无疑。下面试对其内容加以分析。

第一，二十等爵制是这套田宅制度的基础。

这套田宅制度以二十等爵为基础，按照爵位的有无、高低把社会人划分为不同等级，每个等级可占有的田宅数量不等。按照田宅占有数量的级差比可划分为六个档次。无爵的公卒、士伍、庶人属第一个档次，他们可拥有一顷田、一宅。一顷田为100亩。一宅是什么概念呢？简文说"宅之大方卅步"，《汉书·食货志上》："六尺为步，步百为亩"，② 1步6尺，1汉尺相当于0.23米，1步=0.23米×6=1.38米，30步=1.38米×30＝41.4米，方三十步宅的面积（41.4米×41.4米）约等于1713.96平方米。方三十步即九百平方步，"步百为亩"，因此，方三十

① 彭浩、陈伟、［日］工藤元男主编：《二年律令与奏谳书——张家山二四七号汉墓出土法律文献释读》，"二年律令释文"，第216—218页。

② 《汉书》卷二四上《食货志上》，第1119页。

步为汉代九小亩（相当今 2.57094 市亩①）的面积。这个宅面积是纯粹的住房面积，还是包括庭院的？假如是前者，以现代人的住房标准看，当时社会基础群体的住宅面积都大得不可思议，因此，合理的解释是包括园圃、庭院的。汉代的普通住宅形式是"一宇二内"，或称"一堂二内"，即一间堂屋、二间卧室。河南内黄三杨庄汉代聚落遗址的住宅包括两种类型，其中的一种类型就是二内型，包括主房和南厢房，其中主房为两开间，南厢房为厨房，最多能容纳 5 人，② 亦可反证简文中的"一宅"是包括庭院的。拥有 1 顷田、1 宅的公卒、士伍、庶人，和屡屡见诸文献的"五口之家、百亩之田"的战国秦汉时期的小农模式相契合。③他们是当时社会的基础群体，因此亦构成这套制度的基础。

在公卒、士伍、庶人之上，是按照二十等爵爵序排列的有爵者。从公士到公大夫构成这套田宅制度的第二个档次，田宅的数量按 1.5、2、3、4、5、7、9 顷宅依次递增。第八级公乘、第九级五大夫跃至第三个档次，占有田宅的数量分别为 20、25 顷宅，与第二个档次的最高级公大夫相较，数量翻了一番以上。第十级左庶长至第十八级大庶长为第四个档次，可拥有田宅的数量分别为 74、76、78、80、82、84、86、88、90 顷宅，与第三个档次级差拉得更大，第十级左庶长较之第九级五大夫翻了近两番。第十九级关内侯和二十级彻侯构成这一宝塔式结构的塔尖，关内侯可拥有的田宅数为 95 顷宅，彻侯（列侯）的土地数量简文无载，这是因为汉代对彻侯实行的是食邑制度。彻侯所能拥有的宅是 105 宅，即 179965.8 平方米，约合 0.18 平方公里，俨然是一个小城邑。

处于这套制度最底层的是司寇、隐官，他们是受轻刑的没有完全自由的罪犯，属于半贱民，只能拥有半田（50 亩）、半宅，因此他们在这套制度中属于档外级。

---

① 100 平方米 = 0.15 市亩。

② 参见彭卫、杨振红《秦汉风俗》，上海文艺出版社 2018 年版，第 138—142 页。

③ 《汉书·食货志上》载李悝为魏文侯作尽地力之教，说"今一夫挟五口，治田百亩"（《汉书》卷二四上《食货志上》，第 1125 页）。文帝时，晁错上书也称"今农夫五口之家，其服役者不下二人，其能耕者不过百亩"（《汉书》卷二四上《食货志上》，第 1132 页）。

表5　　　　　　　　　　《户律》以爵位名田宅数

身份（爵）	田（顷）	宅	合今平方米数
彻侯		105	179966
关内侯	95	95	162826
大庶长	90	90	154256
驷车庶长	88	88	150828
大上造	86	86	147401
少上造	84	84	143973
右更	82	82	140545
中更	80	80	137117
左更	78	78	133689
右庶长	76	76	130261
左庶长	74	74	126833
五大夫	25	25	42849
公乘	20	20	34279
公大夫	9	9	15426
官大夫	7	7	11998
大夫	5	5	8570
不更	4	4	6856
簪褭	3	3	5142
上造	2	2	3428
公士	1.5	1.5	2571
公卒、士伍、庶人	1	1	1714
司寇、隐官	0.5	0.5	857

　　第二，田宅的占有以户为单位，占有的数量根据户主的爵位身份确定。

　　《户律》简318载：

　　　　未受田宅者，乡部以其为户先后次次编之，久为右。久等，以

爵先后。有籍①县官田宅，上其廷，令辄以次行之。（简318）②

"为户"即立户。此简表明地方政府是根据立户的时间顺序授予田宅，"为户"应是授田宅的先决条件。《户律》简323–324载：

诸不为户，有田宅附令人名③，及为人名田宅者，皆令以卒戍

---

① 关于"籍"的涵义，学界有不同意见〔参见彭浩、陈伟、〔日〕工藤元男主编《二年律令与奏谳书——张家山二四七号汉墓出土法律文献释读》，"二年律令释文"，第219页〕。三国时代出土文字资料研究班认为，籍指"田地、宅地登录于国家簿册"（〔日〕三国时代出土文字资料研究班：《江陵张家山汉墓出土「二年律令」譯注稿その（二）》，《東方學報》京都第77册，2005年）。《二年律令与奏谳书》在此基础上进一步解释："籍，登记。'有籍县官田宅'，意为将拟授田宅者的户籍、田宅数量、受领田宅的先后次序等登入政府的簿册。"（彭浩、陈伟、〔日〕工藤元男主编：《二年律令与奏谳书——张家山二四七号汉墓出土法律文献释读》，"二年律令释文"，第219页）

按，"籍"的本意是簿书。《说文》竹部："籍，簿也。"段玉裁注："簿当作薄。六寸薄，见寸部。引伸凡箸于竹帛皆谓之籍。"也用作动词，意为在簿籍上登记。〔（汉）许慎撰，（清）段玉裁注：《说文解字注》第五篇上，第192页下栏〕《释名·释书契》："籍，籍也，所以籍疏人名户口也。"〔（汉）刘熙撰，（清）毕沅疏证，（清）王先谦补：《释名疏证补》卷六《释书契》，祝敏彻、孙玉文点校，中华书局2008年版，第203页〕《史记·平准书》"贾人有市籍者，及其家属，皆无得籍名田，以便农"（《史记》卷三〇《平准书》，第1725页）的"籍"即此意。但是，此简前文说乡部将"未受田宅者"按照立户先后顺序等"编之"，即按顺序登记造册。因此，后文没有必要再次进行登记。而且，从简文中"久为右""久等"可以看出，当时国家并不一定随时都有可供授予的田宅，未受田宅者登记后有可能要等很长时间，故而国家才专门制定了"久为右""久等，以爵先后"的原则，一旦有田宅可授时，按照这样的原则依次授予。因此，"有籍县官田宅"应指有新登记到国家（即县官）名下的田宅，要马上上报县廷，县再依照以前编好的未受田宅的簿籍，进行分配。新登记到国家名下的田宅可能是绝户土地，也可能是罚没土地。

② 彭浩、陈伟、〔日〕工藤元男主编：《二年律令与奏谳书——张家山二四七号汉墓出土法律文献释读》，第219页。

③ 整理小组原断为"诸不为户，有田宅，附令人名"（张家山二四七号汉墓竹简整理小组：《张家山汉墓竹简〔二四七号墓〕》，文物出版社2001年版，第177页）。拙文《秦汉"名田宅制"说——从张家山汉简看战国秦汉的土地制度》（《中国史研究》2003年第3期）断作"诸不为户，有田宅附令人名"。张家山汉简研读班读为"诸不为户有田宅，附令人名"（张家山汉简研读班读：《张家山汉简〈二年律令〉校读记》，中国社会科学院简帛研究中心等编《简帛研究二〇〇二、二〇〇三》，广西师范大学出版社2005年版，第189页）。《二年律令与奏谳书》读为"诸不为户有田宅附令人名"（彭浩、陈伟、〔日〕工藤元男主编：《二年律令与奏谳书——张家山二四七号汉墓出土法律文献释读》，"二年律令释文"，第221页）。

由于断句不同，学者对此条内容的理解也不同。参见朱绍侯《吕后二年赐田宅制度试探——〈二年律令〉与军功爵制研究之二》，《史学月刊》2002年第12期；高敏《从张家山汉简〈二年律令〉看西汉前期的土地制度——读〈张家山汉墓竹简〉札记之三》，《中国经济史研究》2003年第3期；朱红林《张家山汉简集释》，社会科学文献出版社2005年版，第202页。

边二岁，没入田宅县官。为人名田宅，能先告，除其（简323）罪，有（又）畀之所名田宅，它如律令。（简324）①

此简是关于对三种非法名田宅行为的处罚规定，第一种即"不为户"，第二种是已经名有田宅仍然让他人为自己名田宅，第三种和第二种有关，即以自己的名义为他人名田宅。第二、三种可能是在这种情况下发生的，即本人名有的田宅已经达到了法律规定的最高限度，还想获得更多数量的田宅，便与还没有达到田宅限额的户主约定，让他们以自己的名义名田宅，但田宅实际上属于前者。国家对采取这种行为的双方均要处以重罚，但是假如后者告发前者，国家则会免除他的处罚，并且把"名"的田宅归其所有。

这条材料把这种占有田宅的行为称为"名田宅"。这种称呼亦见诸秦及西汉文献。《史记·商君列传》载，商鞅变法的一项内容即："明尊卑爵秩等级，各以差次；名田宅臣妾衣服以家次"。②《史记·平准书》载武帝下令"贾人有市籍者，及其家属，皆无得籍名田，以便农。敢犯令，没入田僮。"《索隐》："谓贾人有市籍，不许以名占田也"。③《汉书·食货志上》载董仲舒上书："古井田法虽难卒行，宜少近古，限民名田，以澹不足，塞并兼之路。"颜师古注："名田，占田也。各为立限，不使富者过制，则贫弱之家可足也。"④ 汉哀帝时还制定了限民名田宅的法令："诸侯王、列侯皆得名田国中。列侯在长安，公主名田县道，及关内侯、吏民名田皆毋过三十顷。"⑤ 由此可知"名田"即是"以名占田"。《史记·平准书》：武帝令"诸贾人末作贳贷卖买，居邑稽诸物，及商以取利者，虽无市籍，各以其物自占"。《索隐》："按：郭璞云'占，自隐

① 彭浩、陈伟、［日］工藤元男主编：《二年律令与奏谳书——张家山二四七号汉墓出土法律文献释读》，"二年律令释文"，第221页。
② 《史记》卷六八《商君列传》，第2710页。
③ 《史记》卷三〇《平准书》，第1725、1726页。
④ 《汉书》卷二四上《食货志上》，第1137、1138页。
⑤ 《汉书》卷二四上《食货志上》，第1142、1143页。

度也'。谓各自隐度其财物多少，为文簿送之官也。若不尽，皆没入于官。"① 《汉书·宣帝纪》地节三年（公元前67）诏"流民自占八万余口"。颜师古注曰："占者，谓自隐度其户口而著名籍也。"② 可见，所谓"名田宅"就是把占有的田宅呈报官府，登记在自己户籍下。③ 在出土的汉代买地券中，时人把所买的坟地称为"所名有"，④ 盖也缘于"名田宅"制度，故当时人把因"名"而有称为"名有"。

从前引《户律》简312 - 313 "不幸死者，令其后先择田，乃行其余。它子男欲为户，以受其杀田予之。其已前为户而毋田宅，田宅不盈，得以盈。宅不比，不得"来看，男子只要没有从父母那儿分开、单立户籍，就不能以自己的名义名有田宅，而是和父母共有一套田宅。根据《傅律》：

> 不为后而傅者，关内侯子二人为不更，它子为簪袅；卿子二人为不更，它子为上造；五大夫子二人为簪袅，（简359）它子为上造；公乘、公大夫子二人为上造，它子为公士；官大夫及大夫子为公士；不更至上造子为公卒。（简360）当士为上造以上者，以适（嫡）子；毋（无）适（嫡）子，以扁（偏）妻子、孽子，皆先以长者。若次其父所以，所以未傅，须其傅，各以其傅（简361）时父定爵士之。父前死者，以死时爵。当为父爵后而傅者，士之如不为后者。（简362）⑤

---

① 《史记》卷三〇《平准书》，第1725、1726页。

② 《汉书》卷八《宣帝纪》，第248页。

③ 参见唐长孺《西晋户调式的意义》，其著《魏晋南北朝史论丛续编》，生活·读书·新知三联书店1978年版，收入《唐长孺文存》，上海古籍出版社2006年版，第197页。

④ 如建武中元元年《徐胜买地券》："广阳太守官大奴徐胜，从武邑男子高纪成，卖所名有黑石滩部罗佰田一町"，见鲁波《汉代徐胜买地铅券简介》，《文物》1972年第5期；建宁四年《孙成买地铅券》："左骏厩官大奴孙成从洛阳男子张伯始卖（买）所名有广德亭部罗陌田一町"，见罗振玉《蒿里遗珍》，《罗雪堂先生全集》七编第三册，文华出版公司1968年版。

⑤ 彭浩、陈伟、［日］工藤元男主编：《二年律令与奏谳书——张家山二四七号汉墓出土法律文献释读》，"二年律令释文"，第232—233页。

可知男子达到法定傅籍年龄时，可根据父亲的爵位得到相应的爵位或身份。按照简310－316以爵位名田宅的法令，似乎只要具有了爵位和身份，就应该享有名田宅的权利。那么，傅籍的男丁未分户时虽然不能以自己的名义名田宅，但是否可以以其家庭的名义名有与其身份相应的田宅呢？从《周礼·地官司徒·遂人》①及《汉书·食货志上》②记载的西周授田法来看，户主外的余夫和户主一样享有受田的权利，那么张家山汉简所反映的名田宅制是否也是如此呢？臆以为不是。秦自商鞅变法以来就实行鼓励核心家庭政策，商鞅变法时甚至实行了"民有二男以上不分异者，倍其赋"③的措施，假如男子傅籍后未分户也和分户的人一样享有受田宅的权利，显然分户对百姓就没有诱惑力。前文已提到，战国秦汉以来一般小农的家庭经济模式是"五口之家，百亩之田"，李悝为魏文侯作尽地力之教时，谈到魏国的小农时说："今一夫挟五口，治田百亩"。④西汉文帝时，晁错上书也称"今农夫五口之家，其服役者不下二人，其能耕者不过百亩"。⑤五口之家不能排除家有余夫的可能，但是家庭所拥有的土地数却只有百亩，显然余夫并没有自己名下的土地。比李悝稍晚、与商鞅几乎同时代的孟子，谈到当时的小农家庭也是百亩之田。《孟子·梁惠王上》："五亩之宅，树之以桑，五十者可以衣帛矣……百亩之田，勿夺其时，数口之家可以无饥矣。"⑥在此篇还有一处："五亩之宅，树之以桑，五十者可以衣帛矣……百亩之田，勿夺其

---

① 《周礼·地官司徒·遂人》："凡治野，以下剂致甿，以田里安甿，以乐昏扰甿，以土宜教甿稼穑，以兴锄利甿，以时器劝甿，以彊予任甿，以土均平政。辨其野之土，上地、中地、下地，以颁田里。上地，夫一廛，田百亩，莱五十亩，余夫亦如之；中地，夫一廛，田百亩，莱百亩，余夫亦如之；下地，夫一廛，田百亩，莱二百亩，余夫亦如之。"〔（清）孙诒让：《周礼正义》卷二九《地官司徒下·遂人》，第1123—1127页〕
② 《汉书·食货志上》："民受田，上田夫百亩，中田夫二百亩，下田夫三百亩。岁耕种者为不易上田；休一岁者为一易中田；休二岁者为再易下田，三岁更耕之，自爰其处。农民户人已受田，其家众男为余夫，亦以口受田如此。"（《汉书》卷二四上《食货志上》，第1119、1120页）
③ 《史记》卷六八《商君列传》，第2710页。
④ 《汉书》卷二四上《食货志上》，第1125页。
⑤ 《汉书》卷二四上《食货志上》，第1132页。
⑥ （清）焦循：《孟子正义》卷二《梁惠王章句上》，第55—58页。

时，八口之家可以无饥矣。"①《尽心上》："五亩之宅，树墙下以桑，匹妇蚕之，则老者足以衣帛矣……百亩之田，匹夫耕之，八口之家足以无饥矣。"② 孟子谈到的小农家庭规模"八口之家"比李悝的"五口之家"略大，八口之家，其家必有余夫，但是其田亩数却也只有一百亩，显然并没有给余夫授田。《汉书·武帝纪》载武帝建元三年（公元前138）春"赐徙茂陵者户钱二十万，田二顷"，③ 就是以户为单位赐田。由此可以证明至少战国中期以后，名有土地是以"户"为单位，而不是以"口"为单位。

以上论证表明有爵者未必有田宅，有田宅的充分条件是具有户主身份的人。法律并不限定户主必须是男子，在一些情况下女子也可作户主立户。《置后律》：

> 死毋子男代户，令父若母，毋父母令寡，毋寡令女，毋女令孙，毋孙令耳孙，毋耳孙令大父母，毋大父母令同产（简379）子代户。同产子代户，必同居数。弃妻子不得与后妻子争后。（简380）④

确定了户主的代立顺序依次是：子男—父母—妻子—女儿—孙子—耳孙—祖父母—同居的同产子（侄子）。因此常有女子继为户主的情形。《置后律》：

> 女子为户，毋后而出嫁者，令夫以妻田宅盈其田宅。宅不比，弗得。其弃妻，及夫死，妻得复取以为户。弃妻，畀之其财。（简384）

> 寡为户后，予田宅，比子为后者爵。其不当为户后，而欲为户

① （清）焦循：《孟子正义》卷二《梁惠王章句上》，第95页。
② （清）焦循：《孟子正义》卷二七《尽心章句上》，第911页。
③ 《汉书》卷六《武帝纪》，第158页。
④ 彭浩、陈伟、［日］工藤元男主编：《二年律令与奏谳书——张家山二四七号汉墓出土法律文献释读》，"二年律令释文"，第238页。

以受杀田宅，许以庶人予田宅。毋子，其夫；夫（简386）毋子，其夫而代为户。夫同产及子有与同居数者，令毋贸卖田宅及入赘。其出为人妻若死，令以次代户。（简387）①

均是关于女子立户及名田宅的法律原则。

由于是以户为单位名有田宅，因此，国家十分重视百姓的户籍、分户登记。简345规定：

为人妻者不得为户。民欲别为户者，皆以八月户时，非户时勿许。（简345）②

有丈夫的女子不能单独立户，这应是避免一家以多个户籍的名义多占田宅。通常情况下分户必须等到八月登记户籍时进行。遗产分割时可以按特例处理，《户律》简334－336载：

民欲先令③相分田宅、奴婢、财物，乡部啬夫身听其令，皆参辨券书之，辄上（简334）如户籍。有争者，以券书从事；毋券书，勿听。所分田宅，不为户，得有之，至八月书户。留难先令，弗为券书，（简335）罚金一两。（简336）④

可先按遗嘱进行分割，等到八月户籍登记时再进行补登。

---

① 分见彭浩、陈伟、［日］工藤元男主编《二年律令与奏谳书——张家山二四七号汉墓出土法律文献释读》，"二年律令释文"，第239、240页。

② 彭浩、陈伟、［日］工藤元男主编：《二年律令与奏谳书——张家山二四七号汉墓出土法律文献释读》，"二年律令释文"，第227页。

③ 整理小组释文："先令，遗嘱。《汉书·景十三王传》'病先令，令能为乐奴婢从死'注：'先令者，预为遗令也。'江苏仪征胥浦一〇一号汉墓出土有《先令券书》。"（张家山汉简二四七号汉墓竹简整理小组：《张家山汉墓竹简〔二四七号墓〕（释文修订本）》，第54—55页）

④ 彭浩、陈伟、［日］工藤元男主编：《二年律令与奏谳书——张家山二四七号汉墓出土法律文献释读》，"二年律令释文"，第223—224页。

《户律》简 322 规定：

> 代户①、贸卖田宅，乡部、田啬夫、吏留弗为定籍，盈一日，
> 罚金各二两。（简 322）②

发生代户和买卖田宅的情况，主管官吏必须在当天进行户籍登记，过一日罚金二两。

从《户律》简 331－334：

> 民宅园户籍、年细籍、田比地籍、田合籍、田租籍，谨副上县
> 廷，皆以篋若匣匮盛，缄闭，以令若丞、（简 331）官啬夫印封，独
> 别为府，封府户；节（即）有当治为者，令史、吏主者完封奏
> （凑）令若丞印，啬夫发，即杂治为；（简 332）其事（？）已，辄
> 复缄闭封臧（藏），不从律者罚金各四两。其或为诈（诈）伪，有
> 增减也，而弗能得，赎耐。官恒先计雠，（简 333）□籍□不相（？）
> 复者，辄劾论之……（简 334）③

可知当时政府制定的簿籍有宅园户籍、年细籍、田比地籍、田合籍、田租籍。年细籍应当指记录户内人口生年的簿籍，④ 田比地籍指记录田地

---

① 邢义田："'代户'似是指前条有不幸死，其继承为后或'子男欲为户'者。""'代户'一词又见武威旱滩坡东汉墓出土简：'代户，父不当为正，夺户。在《尉令》弟（第）五十五行事。大（太）原武乡啬夫。'（《文物》10（1993），第30—32 页及李均明、刘军《武威旱滩坡出土汉简考述》，页37）"（邢义田：《张家山汉简〈二年律令〉读记》，《燕京学报》新十五期，第28 页）

② 彭浩、陈伟、［日］工藤元男主编：《二年律令与奏谳书——张家山二四七号汉墓出土法律文献释读》，"二年律令释文"，第220 页。

③ 彭浩、陈伟、［日］工藤元男主编：《二年律令与奏谳书——张家山二四七号汉墓出土法律文献释读》，"二年律令释文"，第223 页。

④ 关于年细籍的涵义，学界有不同意见。高敏认为可能指所授田宅地的耕种与使用情况（高敏：《从张家山汉简〈二年律令〉看西汉前期的土地制度——读〈张家山汉墓竹简〉札记之三》，《中国经济史研究》2003 年第3 期）。朱绍侯认为可能指占有田园的逐年记录（朱绍侯：《论汉代的名田（受田）制及其破坏》，《河南大学学报》（社会科学版）2004 年第1 期）。池田雄一认为指记载谷物生长状况的账簿（［日］池田雄一：《中国古代の律令と社会》，东京：汲古书院2008 年版，第503—504 页）。

四至的籍册。① 有意思的是这里出现了"宅园户籍"，表明当时还有专门用以记录民户宅园情况的簿籍。现在不清楚的是田合籍和田租籍。田合籍的"合"，整理小组原释为"命"，何有祖据图版改释，②《二年律令与奏谳书》从，并按："田合籍，似指按乡汇合统计的田亩簿书"，③ 这还有待进一步论考。关于田租籍，睡虎地秦简《法律答问》中有一段问答：

> 部佐匿者（诸）民田④，者（诸）民弗智（知），当论不当？部佐为匿田，且可（何）为？已租者（诸）民，弗言，为匿田；未租，不论○○为匿田。（简157）

整理小组注释："租，《说文》：'田赋也'。《管子·国蓄》注：'在农曰租税。'此处意为征收田赋。"⑤ 这一解释是正确的。从《行书律》简268：

> 复蜀、巴、汉中、下辨、故道及鸡劙中五邮，邮人勿令縣（徭）戍，毋事其户，毋租其田一顷，勿令出租、刍稁。（简268）⑥

及《户律》简317：

---

① 整理小组注释："田比地籍，记录田地比邻次第的簿籍。"（张家山汉简二四七号汉墓竹简整理小组：《张家山汉墓竹简〔二四七号墓〕（释文修订本）》，第54页）

② 何有祖：《读〈二年律令〉札记》，丁四新主编《楚地简帛思想研究（二）》，湖北教育出版社2005年版。

③ 彭浩、陈伟、〔日〕工藤元男主编：《二年律令与奏谳书——张家山二四七号汉墓出土法律文献释读》，"二年律令释文"，第224页。

④ 补按：整理小组注释："部佐，乡部之佐，汉代称乡佐，《续汉书·百官志》：'又有乡佐，属乡，主民，收赋税。'"（睡虎地秦墓竹简整理小组：《睡虎地秦墓竹简·法律答问释文注释》，第130页）认为是乡佐。裘锡圭则认为部佐是田部系统田啬夫下属吏（裘锡圭：《啬夫初探》，中华书局编辑部编《云梦秦简研究》，第248—250页），其说当是。参见本书下编"龙岗秦简诸'田''租'简释义补正"，第205页"补按"。

⑤ 睡虎地秦墓竹简整理小组：《睡虎地秦墓竹简·法律答问释文注释》，第130页。

⑥ 彭浩、陈伟、〔日〕工藤元男主编：《二年律令与奏谳书——张家山二四七号汉墓出土法律文献释读》，"二年律令释文"，第201页。

卿以上所自田户田，不租，不出顷刍稾。（简 317）①

来看，并不是所有授予的田宅都要出田租和刍稾，因此，为了了解每年可收田租的土地数量，国家就须制定相应的簿籍，这可能就是田租籍。

第三，田宅在家族内可有条件地进行分割和继承。

从上载简 312–313 "不幸死者，令其后先择田，乃行其余。它子男欲为户，以受其杀田予之。其已前为户而毋田宅，田宅不盈，得以盈。宅不比，不得"可知，死者的继承人"后"有优先继承和选择死者田宅的权利，即所谓"令其后先择田"。"后"择田后如有剩余，其他儿子愿分户独立，也可继承田宅，即按"受其杀田"的原则继承。关于"杀"的涵义，《二年律令与奏谳书》校释："杀，减省，减降。《汉书·杜邺传》'《春秋》不书纪侯之母，阴义杀也'师古曰：'杀，谓减降也。''以受其杀田'意为按'为户后'田地数减降继承或另行授予，如《置后律》三八六简。"②由于后子的爵位高于余子（见下文），按照以爵位名田宅的原则，余子名有的田宅数应与其爵位相应，因此，其继承或另行授予的田宅数必然少于后子，故称"受其杀田"。如果余子在死者生前已经分户独立而没有田宅或拥有的田宅数不足，亦可用这些剩余的田宅补足，但是如果自己的宅和父亲的宅不相邻，则不能名有其宅。③

这里存在一个问题，"后先择田"是否有数量的限制，"后"是否有权继承死者的全部田宅？首先我们必须考虑到，"后"择田必须符合"以爵位名田宅"的原则，即他所能择的田宅数必须与自己的爵位相当。而根据《二年律令·置后律》，"后"继承爵位可分为两种情况，一种是

---

① 彭浩、陈伟、[日]工藤元男主编：《二年律令与奏谳书——张家山二四七号汉墓出土法律文献释读》，"二年律令释文"，第 218 页。

② 彭浩、陈伟、[日]工藤元男主编：《二年律令与奏谳书——张家山二四七号汉墓出土法律文献释读》，"二年律令释文"，第 217 页。

③ 朱绍侯把此政策的原因归之为"在吕后当政时人少地多"，"故政府鼓励独立成户"。（朱绍侯：《吕后二年赐田宅制度试探》，《史学月刊》2002 年第 12 期）恐不确。前文已述，鼓励分户政策早在商鞅时已经实行。

被继承人自然死亡后的继承，这种情况下实行的是爵位减级继承。① 《置后律》简 367－368 规定：

> 疾死置后者，彻侯后子为彻侯，其毋（无）适（嫡）子，以孺子子、良人子。关内侯后子为关内侯，卿侯〈后〉子为公乘，五大夫后子为公大夫，公乘后子为官（简 367）大夫，公大夫后子为大夫，官大夫后子为不更，大夫后子为簪袅，不更后子为上造，簪袅后子为公士，其毋（无）适（嫡）子，以下妻子、偏妻子。（简 368）②

除彻侯、关内侯外，其余爵位的"后子"继承爵位时要减若干等级，从簪袅到五大夫的后子较之被继承人要减两级，卿（从左庶长到大庶长）的后子继承时一律为公乘，即自左庶长到大庶长从减两级逐级递增到减十级。这样，"后"所能名有的田宅理论上势必少于被继承人的田宅，特别是公乘以上高爵者的后子，因此"后"择田后理论上会出现剩余。这些剩余的田宅则由余子依序继承。

表6　　　　《置后律》父亲病死"后子"爵位的确定原则

父亲爵位	为后者爵位
彻侯	彻侯
关内侯	关内侯
卿（大庶长到左庶长）	公乘
五大夫	公大夫
公乘	官大夫

---

① 李均明称"降级继承"（李均明：《张家山汉简所反映的二十等爵制》，《中国史研究》2002 年第 2 期）。

② 彭浩、陈伟、［日］工藤元男主编：《二年律令与奏谳书——张家山二四七号汉墓出土法律文献释读》，"二年律令释文"，第 235 页。

续表

父亲爵位	为后者爵位
公大夫	大夫
官大夫	不更
大夫	簪褭
不更	上造
簪褭	公士

表7　　　　《傅律》父亲健在子傅籍的爵位确定原则

父亲爵位	子二人应受爵位	余子应受爵位
关内侯	不更	簪褭
卿（大庶长到左庶长）	不更	上造
五大夫	簪褭	上造
公乘、公大夫	上造	公士
官大夫、大夫	公士	
不更至上造	公卒	

另一种情况是被继承人因公殉职后的继承。《置后律》简369－370：

　　　　□□□□为县官有为也，以其故死若伤二旬中死，□□□皆为死事者，令子男袭其爵。毋（无）爵者，其后为公士。毋（无）子男以女，毋（无）女（简369）以父……（简370）……①

这种情况下"后"可以完全继承被继承人的爵位，因此也可以完全继承他的田宅。另据《置后律》简373："□及（？）爵，与死事者之爵等，

————————

① 彭浩、陈伟、[日]工藤元男主编：《二年律令与奏谳书——张家山二四七号汉墓出土法律文献释读》，"二年律令释文"，第236页。

各加其故爵一级，盈大夫者食之"，① "后"的爵位与死事者生前的爵位相当，可加爵一级，至大夫可食邑，这样法律给予"后"名田宅的数量反而超过了被继承人，因此"后"也有权全部继承他的田宅。

自然死亡者的"后"和"它子男"依律继承与其爵位相当的田宅后，理论上有可能出现田宅还有剩余或不足分配两种情况。以大庶长为例，大庶长可名有的田数为九十顷，大庶长之后子为公乘，其所能名有的田数为20顷，依律继承后还余70顷。大庶长之子傅籍时可有二人为不更，余子为上造，为不更的二人中应包括后子，这样不更只剩一人可继承4顷田，这样还余66顷，上造可名田2顷。如要全部继承完大庶长的田宅，必须还有33个余子，加上后子1人、不更1人，大庶长共计需要有35个儿子才可能令他的田全部为其子继承。依据同样的方法，可计算出驷车庶长需有34个儿子，大上造33，少上造32，右更31，中更30，左更29，右庶长28，左庶长27，五大夫9子以上，公乘至少9子，公大夫至少4子，官大夫、大夫3子以上，不更3，簪袅2子以上，上造2，公士1子以上，公卒、士伍、庶人1子，才可能使他们的田被完全继承。由此可以看到，爵位愈高的人，其子可继承的田宅数不仅可以得到完全的满足，而且还有可能出现剩余，尤其是左庶长以上的高爵，即使在多妻妾的情况下也不能保证每个具有卿爵的人都有如此多的子嗣。与高爵者情况恰好相反，爵位低或者无爵者之子则可能无法继承到其应有的田宅数，譬如公士、士伍、庶人的田宅只够一个儿子继承，如果儿子超过一人，余子就将一无所继，他们不得不完全依赖国家的授给。分配不足可以依赖国家授予，但高爵者继承后剩余的田宅数应该如何处理呢？出土的《二年律令》并未见相关的规定。这其实关系到多余的田宅是否要由国家收回的问题。

现实中高爵者的子嗣可以通过多种渠道获得爵位，继承只是其中最基本的一种方法。譬如秦有葆子制，汉有任子制。《汉书·哀帝纪》绥

---

① 彭浩、陈伟、［日］工藤元男主编：《二年律令与奏谳书——张家山二四七号汉墓出土法律文献释读》，"二年律令释文"，第237页。

和二年（公元前 7）六月有司条奏"除任子令"，颜师古注引应劭曰："任子令者，《汉仪注》吏二千石以上视事满三年，得任同产若子一人为郎。不以德选，故除之。"① 爰盎在文帝即位之初，即以兄任为郎中。② 汲黯在景帝时以父任为太子洗马。③ 而刘向在宣帝时年仅 12 就以父任為輦郎。④ 惠帝即位时曾对郎官等侍从之官进行爵赏："中郎、郎中满六岁爵三级，四岁二级。外郎满六岁二级。中郎不满一岁一级……宦官尚食比郎中。谒者、执楯、执戟、武士、驺比外郎。太子御骖乘赐爵五大夫，舍人满五岁二级。"⑤ 此外，战国秦汉时人还可通过军功、纳粟、徙民、国家恩赏性赐爵等获得爵位，而官吏较之普通百姓，得到赐爵的机会更多。⑥ 因此，就一般情况而言，高爵者想让自己的子嗣获得足够高的爵位，以便继承自己的全部田宅是很容易做到的。但是，作为一种法律制度，即使存在一点可能性，它也须做出相应的规定，以免自相矛盾或者出现漏洞。因此，即便我们在《二年律令》没有见到相关的规定，即使在现实中这种情况也许并不多见，但是仍然应该设想，当时对于继承后出现的剩余田宅，应该是由国家收回的。⑦ 而且也只有这样，才与战国秦汉时期的时代精神相吻合。战国时期各国变法的一个重要目标就是打破世卿世禄制，吴起在楚国实行变法，主张"使封君之子孙三世而收爵禄"，⑧ 商鞅在秦国也提出"宗室非有军功论，不得为属籍"，⑨

---

① 《汉书》卷一一《哀帝纪》，第 337 页。

② 《汉书》卷四九《爰盎晁错传·袁盎》，第 2267 页。

③ 《汉书》卷五〇《汲黯传》，第 2316 页。

④ 《汉书》卷三六《楚元王传附刘向》，第 1928 页。

⑤ 《汉书》卷二《惠帝纪》，第 85 页。

⑥ 参见［日］西嶋定生《中国古代帝国的形成与结构——二十等爵制研究》；朱绍侯《军功爵制研究》。

⑦ 北魏均田制关于还田、露田、桑田有不同规定：露田"老免及身没则还田"，即在免老或死亡后要归还官府；而"诸桑田皆为世业，身终不还，恒从见口。有盈者无受无还，不足者受种如法。盈者得卖其盈，不足者得买所不足。不得卖其分，亦不得买过所足"。（参见《魏书》卷一一〇《食货志》，中华书局 1974 年版，第 2853、2854 页）。即桑田为世业，死后不需归还，可以买卖，超过应受额部分，可以出卖；不足应受额部分，可以买足。秦汉名田宅制尚未见到这样的分别。

⑧ （清）王先慎：《韩非子集解》卷四《和氏》，第 96 页。

⑨ 《史记》卷六八《商君列传》，第 2710 页。

主张以耕战作为功赏的唯一依据，爵位减级继承正是他们变法精神的体现或者延续。它通过与"以爵位名田宅"制相结合，不仅在身份上而且在以田宅为主的财富上，打破了"贵者恒为贵，富者恒为富"的局面。

前引《置后律》379－380确定的为"后"顺序是：子男—父母—妻子—女儿—孙子—耳孙—祖父母—同居的同产子（侄子）。而据《置后律》简367－368，彻侯、关内侯子男的为"后"顺序是嫡子—孺子子—良人子，卿以下子男为"后"的顺序是嫡子—下妻子—偏妻子。

上述法律规定是田宅继承的通行原则，但是假如死者生前有遗嘱，则以遗嘱为准，它反映在前引《户律》简334－336中。立遗嘱时，乡部啬夫作为证人必须亲临现场。遗嘱是一式三份的券书，其中一份上交政府户籍部收藏。如果不按此办理，要罚金一两。

《户律》下列简：

> 民大父母、父母、子、孙、同产、同产子，欲相分予奴婢、马牛羊、它财物者，皆许之，辄为定籍。孙为户，与大父母居，养之不（简337）善，令孙且外居，令大父母居其室，食其田，使其奴婢，勿贸卖。孙死，其母而代为户，令毋敢遂（逐）夫父母及入赘，（简338）及道外取子财。（简339）
>
> 诸后欲分父母、子、同产、主母、叚（假）母，[1] 及主母、叚（假）母欲分孽子、叚（假）子田以为户者，皆许之。（简340）[2]

是两条关于田宅分割和继承的十分有趣的律文，反映了当时复杂的户籍

---

① 《二年律令与奏谳书》此处未断开（彭浩、陈伟、〔日〕工藤元男主编：《二年律令与奏谳书——张家山二四七号汉墓出土法律文献释读》，"二年律令释文"，第226页）。此处从张家山汉简二四七号汉墓竹简整理小组《张家山汉墓竹简〔二四七号墓〕（释文修订本）》，第55页。

② 彭浩、陈伟、〔日〕工藤元男主编：《二年律令与奏谳书——张家山二四七号汉墓出土法律文献释读》，"二年律令释文"，第225—226页。

和财产继承制度。第一条简文大意如下：孙子为户主，与祖父母同居时，如果孙子不善待祖父母，法律会为祖父母做主，把孙子赶出家"外居"，把房子让给祖父母住，祖父母有权享用他田里的收获物，役使他的奴婢，但是无权出卖孙子的田宅和奴婢。如果孙子死了，他的母亲可继为户主，但是不允许她驱逐自己的公婆及入赘的丈夫。看到此简，必然会生出两个疑问，既然孙与祖父母同居一处，户主为什么不是大父母而是孙子，孙子的父亲在哪里？第二个问题的答案可能有两个，孙子的父亲或者已经亡故或者是赘婿后父（这也可以从简338中的"入赘"得到证实）。睡虎地秦简《为吏之道》所夹《魏户律》曰："自今以来，叚（假）门逆吕（旅），赘壻后父，勿令为户，勿鼠（予）田宇"。① 这条法律很可能一直沿用至张家山汉简时代。假如孙子的父亲是赘婿或后父，他就不能做户主、不能授给田宅，因此孙子才是户主，而孙子代的是外祖父母的户。但无论孙子的父亲是亡故了还是赘婿后父，都牵涉到一个问题，即为什么他的大父母还健在，户主身份却转移给了他的儿子甚至孙子？这实际上牵涉到秦汉时期的代户原则问题。至于通常在什么情况下可进行这样的代户，则不在本章讨论范围。简337—339表明，一旦户主身份转移，其田宅等财产所有权也随之转移，在此例中孙子因虐待大父母而使田宅的使用权归属大父母，但是大父母却无权处置它们，因为孙子仍是户主。

第二条简文的意思很明确：继承人"后"有权要求分田给父母、子、同产、主母、叚（假）母，让他们出去单立门户；主母、假母也有权要求分田给庶子、假子，让他们单独出去立户。

《二年律令·置后律》还有一条颇有意味的法令，简382－383规定：

> 死毋后而有奴婢者，免奴婢以为庶人，以庶人律予之其主田宅及余财。奴婢多，代户者毋（勿）过一人，先用劳久、有（简382）

---

① 睡虎地秦墓竹简整理小组：《睡虎地秦墓竹简·为吏之道释文注释》，第174页。

夫（？）子若主所信使者。（简 383）。①

在死者没有继承人但有奴婢的情况下，奴婢不仅可以免为庶人，而且可以代户继承主人的田宅及家产。之所以制定这样的法令，可能与当时重视家族的传续有关。

第四，田宅可有条件地进行转让或买卖。

《户律》简 321－322：

> 受田宅，予人若卖宅，不得更受。（简 321）
> 代户、贸卖田宅，乡部、田啬夫、吏留弗为定籍，盈一日，罚金各二两。（简 322）②

显示田宅的转让和买卖是合法的，但是，转让方或卖出方以后却不能再申请授予田宅。虽然简文没有明确记载，但是可以想见，田宅的转让和买卖必须在制度允许的范围内进行，即买方拥有的田宅总数不能超过其爵位规定的田宅数。③

此外，买宅和前述儿子继承父宅时一样有条件限制，《户律》简 320 规定：

> 欲益买宅，不比其宅者，勿许。为吏及宦皇帝，得买舍室。（简 320）④

买的宅必须与自己原来的住宅相连，这可能是考虑到一户拥有多处住宅，

---

① 彭浩、陈伟、［日］工藤元男主编：《二年律令与奏谳书——张家山二四七号汉墓出土法律文献释读》，"二年律令释文"，第 239 页。

② 彭浩、陈伟、［日］工藤元男主编：《二年律令与奏谳书——张家山二四七号汉墓出土法律文献释读》，"二年律令释文"，第 220 页。

③ 后代均田法也有相关规定。《魏书·食货志》记载北魏均田令，规定桑田"盈者得卖其盈，不足者得买所不足。不得卖其分，亦不得买过所足"（《魏书》卷一一〇《食货志》，第 2854 页）。

④ 彭浩、陈伟、［日］工藤元男主编：《二年律令与奏谳书——张家山二四七号汉墓出土法律文献释读》，"二年律令释文"，第 220 页。

不便管理。① 但是官吏可以例外，他们除了按爵位名有普通住宅外，还可以买舍室。《说文》亼部："舍，市居曰舍。"② 舍室指市中的住宅，以区别于乡里的住宅。《后汉书·皇甫嵩列传》"初，嵩讨张角，路由邺，见中常侍赵忠舍宅逾制，乃奏没入之"，③ 提到的"舍宅"应就是《二年律令》简320所说的"舍室"。允许买舍室是给予官吏的优惠待遇。④ 简文中没有见到买田或继承田产时必须与自己原有田产相连的限制。

第五，以爵位名田宅的制度是以国家拥有对田宅的控制和收授田宅的权力为前提的，国家对不够田宅标准的人按照一定的原则进行给授，对依律属于多占田宅的人则予以收回。

前述四项内容表明，以爵位名田宅的必要条件是户主有爵，充分条件是户主的爵位等级，田宅的分割、继承、转让、买卖都被限制在这两个条件之内，它是一套完整的制度，任何人都不能超越它，国家则依据这一标准对田宅进行调控收授。

前引《户律》简318："未受田宅者，乡部以其为户先后次次编之，久为右。久等，以爵先后。有籍县官田宅，上其廷，令辄以次行之。"记录了地方政府授田宅的程序，乡部按照立户的时间把应受田宅的人登记入册，有田宅可以授予时，以时间先后为序，如果立户时间相同，则以授爵时间先后为序。

《田律》：

> 田不可田者，勿行；当受田者欲受，许之。（简239）⑤

---

① 卖田宅先问四邻的后世习俗应源于此。

② （汉）许慎撰，（清）段玉裁注：《说文解字注》第五篇下，第225页下栏。

③ 《后汉书》卷七一《皇甫嵩朱儁列传·皇甫嵩》，第2304页。

④ 三国时代出土文字资料研究班认为"舍室"指官舍。（［日］三国时代出土文字资料研究班：《江陵張家山漢墓出土「二年律令」譯注稿その（二）》，《東方學報》（京都）第77册，2005年，转引自彭浩、陈伟、［日］工藤元男主编《二年律令与奏谳书——张家山二四七号汉墓出土法律文献释读》，"二年律令释文"，第220页）但是，汉代官舍是否可以买卖尚是一个待考的问题。

⑤ 彭浩、陈伟、［日］工藤元男主编：《二年律令与奏谳书——张家山二四七号汉墓出土法律文献释读》，"二年律令释文"，第187页。

规定如果耕地过于贫瘠无法耕种，① 不能用来授田，除非受田者自己愿意接受。从《田律》下简看，接受这种田可能得到一定补偿，如果没有补偿，受田者可以退回，要求重新授予：

田不可垦（垦）而欲归，毋受偿者，许之。（简244）②

以上两条法令应是为了鼓励百姓占垦草田，开垦荒地。《汉书·孙宝传》载，成帝舅红阳侯王立"使客因南郡太守李尚占垦草田数百顷，颇有民所假少府陂泽，略皆开发，上书愿以入县官。有诏郡平田予直，钱有贵一万万以上"。③王立在此事上犯了多条法律：其一，他所占垦的田中并非全部是草田，其中一部分是少府假与百姓的陂泽田，因此他不仅侵占了国家所属土地，而且带有抢夺性质；其二，他把田献给国家后，成帝让郡以田的价值偿付他田款时，他与地方官相勾结，高估此田的价值达一万万以上。王立因此事被丞相司直孙宝弹劾，李尚下狱死。虽然此事发生的年代较晚，但仍能从一个侧面反映"名田宅制"的一项重要内涵，即当时百姓可以通过占垦草田来获取土地，一旦土地被开垦，其占有权即归开垦者所有，国家因故予以收回时，要偿付其价值。

以爵位名田宅制是与爵位继承制配套实行的。前文已述，国家对正

---

① 三国时代出土文字资料研究班、专修大学《二年律令》研究会皆认为，本律条是对新开垦土地的授予规定（［日］三国时代出土文字资料研究班：《江陵张家山汉墓出土「二年律令」译注稿その（二）》，《東方學報》（京都）第77册，2005；［日］专修大学《二年律令》研究会：《张家山汉简「二年律令」译注（六）——田律·□市律·行书律——》，《專修史学》第40號，2006；均转引自彭浩、陈伟、［日］工藤元男主编《二年律令与奏谳书——张家山二四七号汉墓出土法律文献释读》，"二年律令释文"，第187页）。笔者认为恐不限于此。当也适用早已开发但土壤贫瘠或地力耗尽的土地。

② 彭浩、陈伟、［日］工藤元男主编：《二年律令与奏谳书——张家山二四七号汉墓出土法律文献释读》，"二年律令释文"，第188页。朱红林将此简解释为"田地无法耕种而归还官府，如果不再要求重新授予其他田地的话，允许退回"（朱红林：《从张家山汉简看汉初国家授田制度的几个特点》，《江汉考古》2004年第3期）。但是，假如不再要求国家重新授予土地，又何必非要费一道手续，将土地退还给国家，闲置不理就可以了。何况还可以通过施肥等方式逐渐改善土质，即使达不到其他土地的产量，也聊胜于无吧？

③ 《汉书》卷七七《盖诸葛刘郑孙毋将何传·孙宝》，第3258页。

常情况下的爵位继承实行减级继承，除彻侯、关内侯的后子外，其余爵位的子嗣在继承爵位时，较之被继承者，爵位均要降若干等级。根据以爵位名田宅的法令，田宅的名有要与其爵位相当。国家通过这两条法律确定了后子和余子的田宅继承比例，不仅解决了田宅继承中可能出现的纠纷，而且还通过这一手段完成了社会等级秩序的重新整合，从身份和财产两方面保证了嫡长子的地位。继承者按照爵位继承相应数量的田宅后，如有剩余，则被国家收回，成为国家授田宅的一个来源。这样国家就完成了有授有还的循环系统，使这套制度的施行不致因人口的自然增长而陷入困境。

因犯罪罚没的田宅是国家授田宅的一个重要来源。根据《户律》简323 的规定："诸不为户，有田宅附令人名，及为人名田宅者，皆令以卒戍边二岁，没入田宅县官"，对于非法名有田宅的人，除处以其他处罚外，还要没收其田宅。

《户律》简319：

> 田宅当入县官而誷（诈）代其户者，令赎城旦，没入田宅。（简319）①

规定针对田宅应被国家收回，却冒代其户、名有其田宅的，除要处以赎城旦的刑罚外，还要没收他的田宅。

《收律》：

> 罪人完城旦、鬼薪以上，及坐奸府（腐）者，皆收其妻、子、财、田宅。其子有妻、夫，若为户、有爵，及年十七以上，若为人妻而弃、寡者，（简174）皆勿收。坐奸、略妻及伤其妻以收，毋收其妻。（简175）②

---

① 彭浩、陈伟、［日］工藤元男主编：《二年律令与奏谳书——张家山二四七号汉墓出土法律文献释读》，"二年律令释文"，第219页。

② 彭浩、陈伟、［日］工藤元男主编：《二年律令与奏谳书——张家山二四七号汉墓出土法律文献释读》，"二年律令释文"，第159页。

因犯罪被处以完城旦、鬼薪以上刑罚以及腐刑的人，其妻、子要被收孥，财产和田宅则要被没收。除非其子、女已经结婚，单独立户、有爵，并已年满十七岁；或者妻子已经被休、守寡；或者丈夫犯的是强奸罪、妻子是被卖或殴打的受害方，这些情况均可免于被收。此外，以下几种情况也可以免除连坐被收：

> 夫有罪，妻告之，除于收及论；妻有罪，夫告之，亦除其夫罪。·毋夫，及为人偏妻，为户若别居不同数者，有罪完春、白（简176）粲以上，收之，毋收其子。内孙毋为夫收。（简177）①

因故被降爵的人，如其田宅数超出了其爵位应"名"之数，亦应考虑被国家收回。《商君书·境内》："爵自二级以上，有刑罪则贬。爵自一级以下，有刑罪则已。"② 有爵二级以上的人犯了罪，可以以贬爵作为处罚，之所以如此，是因为爵本身不仅代表身份，更重要的是它代表了一定的权益，随着爵的贬黜，其权益也应该被取消，这样才真正起到了处罚的作用。睡虎地秦简《军爵律》："欲归爵二级以免亲父母为隶臣妾者一人，及隶臣斩首者为公士，谒归公士而免故妻隶妾一（简155）人者，许之，免以为庶人……军爵律（简156）"③ 归爵者所放弃的不仅是爵位本身，而且包括爵位本身所附带的权益，包括相应的名田宅数。降爵后收回的田宅亦是国家授田宅的来源之一。

此外，户绝田也是国家授田宅的一个来源。上引《户律》简319"田宅当入县官而詐（诈）代其户者"，表明田宅的所有者其家已无可代户之人，故而出现冒充代户者，这种情况应是户绝。

---

① 彭浩、陈伟、［日］工藤元男主编：《二年律令与奏谳书——张家山二四七号汉墓出土法律文献释读》，"二年律令释文"，第160页。

② 高亨：《商君书注译》，第152页。

③ 睡虎地秦墓竹简整理小组：《睡虎地秦墓竹简·秦律十八种释文注释》，第55页。

二 战国秦汉土地制度形态的反思与重构

1. 《二年律令》的出土首先解决了这样一个历史疑案，即战国秦汉时期是否存在过关于土地占有的制度。

《史记·商君列传》记载，商鞅变法的一项重要内容是："明尊卑爵秩等级，各以差次；名田宅臣妾衣服以家次"。① 据此，商鞅变法时似建立了一套田宅占有制度，对不同爵秩等级的人占有田宅的数量进行了制度上的限制。汉代文献中也常能见到"田宅逾制"的说法，② 汉代的许多政论家还多次为政府献言，提倡"限民名田"，③ 汉哀帝时甚至公布过限民名田宅的法令，④ 这些史实似乎提示汉代存在过关于田宅占有的制度，而且它应该与商鞅变法确立的以"爵秩等级""名田宅"的制度有渊源关系，确切地说是这一制度的延续。⑤ 但是，杜佑《通典》却说："（鞅）故废井田，制阡陌，任其所耕，不限多少"。⑥ 马端临《文献通

---

① 《史记》卷六八《商君列传》，第2710页。

② 汉武帝时设立部刺史，监察以二千石为首的地方官吏及地方豪强，其职责范围即著名的"以六条问事"，六条中的第一条就是"强宗豪右田宅逾制，以强凌弱，以众暴寡"（《汉书》卷一九上《百官公卿表上》颜师古注引《汉官典职仪》，第742页；《续汉书·百官志五》刘昭注引蔡质《汉仪》，《后汉书》卷二八《百官志五》，第3617页）。《后汉书·刘隆列传》载，建武十五年，光武帝下令度田，十二岁的明帝说："河南帝城，多近臣，南阳帝乡，多近亲，田宅逾制，不可为准。"（《后汉书》卷二二《朱景王杜马刘傅坚马列传·刘隆》，第781页）

③ 《汉书·食货志上》载董仲舒上书："古井田法虽难卒行，宜少近古，限民名田，以澹不足，塞并兼之路。"（《汉书》卷二四《食货志上》，第1137页）同书载哀帝时师丹上言："古之圣王莫不设井田，然后治乃可平。孝文皇帝承亡周乱秦兵革之后……未有并兼之害，故不为民田及奴婢为限。今累世承平，豪富吏民訾数巨万，而贫弱俞困……宜略为限。"（《汉书》卷二四《食货志上》，第1142页）《后汉书·仲长统列传》："今者土广民稀，中地未垦。虽然，犹当限以大家，勿令过制。其地有草者，尽曰官田，力堪农事，乃听受之。若听自取，后必为奸也。"（《后汉书》卷四九《王充王符仲长统列传·仲长统》，第1656页）

④ 《汉书·食货志上》载哀帝时制定限田令："诸侯王、列侯皆得名田国中。列侯在长安，公主名田县道，及关内侯、吏民名田皆毋过三十顷。诸侯王奴婢二百人，列侯、公主百人，关内侯、吏民三十人。期尽三年，犯者没入官。"（《汉书》卷二四《食货志上》，第1142—1143页）

⑤ 钱剑夫说，商鞅"诱三晋之民，以尽地利；任其所耕，不限多少"出自《商君书·徕民篇》（钱剑夫：《秦汉赋役制度考略》，湖北人民出版社1984年，第19页）。现查蒋礼鸿《商君书锥指》和高亨《商君书注译》均无此语。

⑥ （唐）杜佑：《通典》卷一《食货一·田制上》，第10页。

考》引吴氏语也持这种说法："井田受之于公，毋得粥（通"鬻"，笔者按）卖，故《王制》曰：'田里不粥。'秦开阡陌，遂得卖买。又战得甲首者益田宅，五甲首而隶役五家。兼并之患自此起，民田多者以千亩为畔，无复限制矣。"马端临也同意这一说法："按：秦坏井田之后，任民所耕，不计多少，已无所稽考，以为赋敛之厚薄。其后遂舍地而税人，则其缪尤甚矣。"① 因此，关于商鞅变法以后特别是西汉王朝建立以后，是否存在田宅占有制度遂成了一桩历史疑案。一些学者基于战国秦汉时期豪强权贵大量占有土地的事实，赞同杜佑和马端临的观点，认为这一时期根本不存在对土地占有的限制，汉代政论家关于限民名田的主张只是以井田制为蓝本的乌托邦式的空泛议论，哀帝和王莽的限田努力也因此遭受失败。② 另外一些学者则持不同看法，他们鉴于睡虎地秦简中有"受田"的简文③，主张秦统一前实行土地国有制，国家对土地的占有实行限制。秦始皇三十一年（公元前216）"使黔首自实田"④ 后，土地私有制确立，才放开对土地占有的控制。⑤

《二年律令·户律》的出土证明历史上确实存在过以爵位名田宅的制度。笔者曾从法典编纂修订的角度证明《二年律令》为吕后二年修订的法典，⑥ 因此，可以确定西汉初国家仍在实行这套以爵位名田宅的制度。这也可以从其他材料得到证明。

《汉书·高帝纪下》记载高帝五年（公元前202），刘邦在结束了楚

---

① （元）马端临：《文献通考》卷一《田赋考一·历代田赋之制》，第15—16页。

② 如张守军说："从董仲舒起，所有各种限田主张和方案，一个也没有真正实施。原因在于限田要求与土地私有制原则相矛盾。"（张守军：《中国封建时代解决土地问题的三个基本理论模式——限田 井田 均田》，《辽宁师范大学学报》1991年第6期）

③ 《田律》："入顷刍稾，以其受田之数，无垦（垦）不垦（垦），顷入刍三石、稾二石。刍自黄䅵及藄束以上皆受之。入刍稾，相（简8）输度，可殹（也）。 田律（简9）"（睡虎地秦墓竹简整理小组：《睡虎地秦墓竹简·秦律十八种释文注释》，第21页）

④ 《史记》卷六《秦始皇本纪》裴骃《集解》引徐广曰，第321页。

⑤ 例如：袁林：《战国授田制试论》，《社会科学》1983年第6期；杜绍顺：《关于秦代土地所有制的几个问题》，《华南师范大学学报》1984年第2期；李瑞兰：《战国时代国家授田制的由来、特征及作用》，《天津师大学报》1985年第3期；等等。

⑥ 拙文：《从〈二年律令〉的性质看汉代法典的编纂修订与律令关系》，《中国史研究》2005年第4期，拙著《出土简牍与秦汉社会》，广西师范大学出版社2009年版，第36—82页。

汉战争完成了全国的统一后，曾下了一道著名的诏令：

> 夏五月，兵皆罢归家。诏曰："……军吏卒会赦，其亡罪而亡爵及不满大夫者，皆赐爵为大夫。故大夫以上赐爵各一级，其七大夫以上，皆令食邑，非七大夫以下，皆复其身及户，勿事。"又曰："七大夫、公乘以上，皆高爵也。诸侯子及从军归者，甚多高爵，吾数诏吏先与田宅，及所当求于吏者，亟与。爵或人君，上所尊礼，久立吏前，曾不为决，甚亡谓也。异日秦民爵公大夫以上，令丞与亢礼。今吾于爵非轻也，吏独安取此！且法以有功劳行田宅，今小吏未尝从军者多满，而有功者顾不得，背公立私，守尉长吏教训甚不善。其令诸吏善遇高爵，称吾意。且廉问，有不如吾诏者，以重论之。"①

这道诏令分为前后两部分，应是分两次颁布的。在诏令的第一部分，刘邦下令赏赐从军将士爵位及给予相应的赋役豁免优惠。在诏令的后一部分，刘邦斥责地方小吏不顾他的屡次诏令，迟迟不给那些因军功得到七大夫、公乘以上高爵的退伍将士授予田宅，却利用职务之便以权谋私，先给自己授满了田宅。他指出，在秦时拥有高爵的人地位尊显，而"今吾于爵非轻也"，他又进一步说"且法以有功劳行田宅"，严令地方官吏按诏行事，否则将处以重罪。

从这两道诏令我们可以确认，刘邦建国后不仅遵循"有功劳行田宅"的法律原则，而且当时有一套包括有爵者和小吏在内的田宅授予占有制度。从军将士因军功被赐予爵位，由地方官吏根据他的爵级授予一定数量的田宅，但是显然并不是只有他们才有权利授予田宅，从诏令上看，他们和小吏参与的是同一个授给系统。刘邦多次下令先给因军功获得高爵的人授予田宅，看来是为了打破已往授给的惯例（即按照为户时间先后），给予他们以特殊的待遇。但是地方官吏并没有贯彻他的诏令，

---

① 《汉书》卷一下《高帝纪下》，第54—55页。

故尔出现小吏的田宅已"满",而这些高爵者却还未得到授予的状况。"满"也表明授予的田宅数是有限度的。

"以有功劳行田宅"的法律精神不是刘邦的创建,其源流甚早。西周建国伊始,除了遵循"亲亲"的原则分封同姓子弟外,还对伐商作战的将士进行封赏,赐给采邑、土地。《管子·版法解》:"武王伐纣,士卒往者,人有书社。"① 《礼记·祭法》:"天下有王,分地建国,置都立邑"。郑玄注云:"建国,封诸侯也。置都立邑,为卿大夫之采地,及赐士有功者之地。"② 西周传世和出土青铜器铭文中很多是关于封赏土地的记录。西周建立的包括公、侯、伯、子、男和卿、大夫、士在内的爵制体系,正是西周采地采邑制的具体体现,它的实质内涵就是根据爵位进行授民授土或赐以禄田,因此,有爵即意味着拥有土地或封邑。春秋战国时期随着社会的剧烈变化,西周爵制发生了很大变化,赐爵标准逐渐降低,打开了普通庶民获得爵位的道路。从文献记载来看,当时人可以通过多种渠道获得爵禄,并由此获得田宅,而这正是商鞅变法时所竭力抨击和反对的。商鞅的思想集中反映在《商君书》中。《商君书·农战》说:

> 凡人主之所以劝民者,官爵也。国之所以兴者,农战也。今民求官爵,皆不以农战,而以巧言虚道,此谓劳民……善为国者,其教民也,皆作壹而得官爵。是故不官无爵……今境内之民皆曰:"农战可避,而官爵可得也。"是故豪杰皆可变业,务学《诗》《书》,随从外权,上可以得显,下可以求官爵;要靡事商贾,为技艺;皆以避农战。具备,国之危也。民以此为教者,其国必削……今境内之民及处官爵者,见朝廷之可以巧言辩说取官爵也,故官爵不可得而常也。是故进则曲主,退则虑私所以实其私,然则下卖权矣。夫曲主虑私,非国利也,而为之者,以其爵禄也;下卖权,非忠臣也,

---

① 黎翔凤:《管子校注》卷二一《版法解》,第1205页。
② (清)孙希旦:《礼记集解》卷四五《祭法》,第1197页。

而为之者，以末货也……①

因此，商鞅虽然不是以军功赐爵和田宅占有制度的创建者，但是他却是把耕战作为获得爵位和田宅、并使之制度化的第一人。商鞅变法的一个重要内容就是以赐予爵位田宅奖励战功。《商君书·境内》："能得（爵）〔甲〕首一者，赏爵一级，益田一顷，益宅九亩，一除庶子一人，乃得人兵官之吏。"② 但是我们不能简单地孤立地理解这条材料，否则很可能会产生一种误解，即商鞅以军功赏赐爵位田宅，是在被赏赐者原有的爵位和田宅上再行加赏，并非非要有一套田宅占有制度。《史记·商君列传》载商鞅变法内容："有军功者，各以率受上爵……僇力本业，耕织致粟帛多者复其身……明尊卑爵秩等级，各以差次；名田宅臣妾衣服以家次；有功者显荣，无功者虽富无所芬华。"③ 这条材料说明以军功受爵和以爵秩等级名田宅是一个政策紧密相关的两面，不能把它们割裂地看成是两个不相干的政策，以军功受田是纳入在以爵秩等级名田宅制度中的。睡虎地秦简《军爵律》的律文"从军当以劳论及赐"，也反映了当时是以功劳行赏赐，其所赐的不外爵与田宅。由此我们可以确定在田宅制度上刘邦继承的基本上是商鞅变法以来秦实行的以爵位名田宅制度。

　　《商君书·境内》说："能得（爵）〔甲〕首一者，赏爵一级，益田一顷，益宅九亩"，揆之以《二年律令·户律》，爵升一级、益田一顷的有上造至簪袅、簪袅至不更、不更至大夫三个级别，在益田的同时还可益宅一宅。前文已述，《户律》中的一宅相当汉代的九小亩，数字与《商君书》恰好吻合。日本学者曾经依据《孟子》"百亩之田，五亩之宅"的记载，推论《商君书·境内》"益宅九亩"的"九"是"五"字之误，④现在张家山汉简的出土使这一问题得到了澄清。孟子所说"百亩之田，

---

①　高亨：《商君书注译》，第31—33页。

②　高亨：《商君书注译》，第152页。

③　《史记》卷六八《商君列传》，第2710页。

④　〔日〕守屋美都雄：《作为汉代爵制源流来看待的商鞅爵制之研究》，《東方学報》第27册，1957年，转引自〔日〕西嶋定生《中国古代帝国的形成与结构——二十等爵制研究》，第104页。

五亩之宅"的小农模式，可能指的是关东六国的情况。秦国由于土地资源丰富，人口相对稀少，因此宅的面积大于关东六国亦在情理之中。《商君书·境内》："〔故爵公乘〕，就为五大夫，则税邑三百家。故爵五大夫，〔就为大庶长。故大庶长，就为左更。故四更也，就为大良造〕。皆有赐邑三百家，有赐税三百家。爵五大夫①，有税邑六百家者，受客。"②据此，五大夫可以"税邑"。然而，高帝五年（公元前 202）诏却说："其七大夫以上，皆令食邑"，从上下文看，七大夫应该指第七级爵公大夫，食邑的起始爵比《商君书》低两级，可能是刘邦为了奖励开国将士进行的格外赏赐。《二年律令·户律》只列出了不同爵位所应占有的田宅数，没有涉及爵位与食税邑的关系，但在前引《置后律》简 373 "☐及（?）爵，与死事者之爵等，各加其故爵一级，盈大夫者食之"中，提到"死事者"之"后"的爵位与死事者相当时，可以加爵一等，但达到大夫时则采取"食之"的优惠政策，这里的"食之"臆以为是食邑。从商鞅变法到《二年律令》颁行时代以爵位名田宅制度发生了怎样的变化，有待进一步考察。

《汉书·食货志上》载哀帝时师丹上言：

> 古之圣王莫不设井田，然后治乃可平。孝文皇帝承亡周乱秦兵革之后，天下空虚，故务劝农桑，帅以节俭。民始充实，未有并兼之害，故不为民田及奴婢为限。今累世承平，豪富吏民訾数巨万，而贫弱俞困。盖君子为政，贵因循而重改作，然所以有改者，将以救急也。亦未可详，宜略为限。③

这条材料为我们了解以爵位名田宅制度的变化提供了一条很好的线索，它明确指出是在文帝时期"不为民田及奴婢为限"的，也就是说在文帝之前对于民田和奴婢的数量都是有限制的，这种限制必然载在当时的法

---

① 高亨认为此四字是衍文。高亨：《商君书注译》，注 40，第 150 页。
② 高亨：《商君书注译》，第 149 页。
③ 《汉书》卷二四上《食货志上》，第 1142 页。

令中，它不可能是别的制度，只能是"以爵位名田宅制度"。因此，《二年律令》的"二年"系吕后二年说与师丹的说法没有矛盾。由此又提出另一个问题，即秦汉时期与以爵位名田宅制度并行的还有以爵位名奴婢制度。其源头亦可溯至商鞅变法，《史记·商君列传》"明尊卑爵秩等级，各以差次名田宅，臣妾衣服以家次"，商鞅时的臣妾即汉代的奴婢。

我们再联系《汉书·食货志上》所载董仲舒上书：

> 至秦则不然，用商鞅之法，改帝王之制，除井田，民得卖买，富者田连仟伯，贫者亡立锥之地……汉兴，循而未改。古井田法虽难卒行，宜少近古，限民名田，以澹不足，塞并兼之路。①

董仲舒说商鞅时"除井田，民得卖买"，"汉兴，循而未改"，意指汉代在土地制度方面继承了商鞅以来的制度。他又说"古井田法"已难以实行，但应当稍微"近古"，"限民名田"。显然，董仲舒所处武帝时代对"民名田"已经没有限制。董仲舒的上书进一步证明了师丹的说法。哀帝时制定限田令、王莽实行王田私属制，同样是基于当时权贵、豪富"多畜奴婢，田宅亡限"②的社会现实。

但是，既然文帝时已不再为民名田和奴婢进行限制，为什么武帝时设置刺史还令其纠查"强宗豪右田宅逾制"，东汉建立之初为什么时为东海公的汉明帝刘庄还说"河南帝城，多近臣，南阳帝乡，多近亲，田宅逾制，不可为准"③呢？一个制度的灭亡需要一定的历史过程，人们的观念往往会滞后于社会现实的发展。作为国家管理田宅的手段和方法，"名田宅"——即通过自行申报确认田宅的权属——作为一种制度终两汉时期一直存在。因此，"名田"之语汇在此后相当长一段时期内仍然被沿用。武帝时隔文帝时不远，光武帝时距王莽时更近，因此，"田宅逾

---

① 《汉书》卷二四上《食货志上》，第1137页。
② 《汉书》卷一一《哀帝纪》，第336页。
③ 《后汉书》卷二二《朱景王杜马刘傅坚马列传·刘隆》，第781页。

制"的观念较之其他时代要强烈，亦在情理之中。但是，这时所"逾"的应远非文帝以前那样有明确内涵的"制"，否则就难以解释文帝以后权贵豪富拥有大量土地的事实。

文帝之后，的确有一些人因为田宅问题遭受处罚。武帝建元六年（公元前135），乐平侯卫侈因"坐买田宅不法，有请赇吏"，被处死。①卫侈买田宅过程中触犯了何种法律，史书不详，但是显然与贿赂官吏有关。武帝时淮南王刘安因王后荼、太子迁及女陵"侵夺民田宅"，成为他的罪状之一；②衡山王刘赐因"数侵夺人田，坏人冢以为田"，也为有司纠弹。③丞相李蔡因盗取阳陵冢地出卖等罪行，被判下狱，自杀。④东汉章帝时窦宪"以贱直请夺沁水公主园田"，激怒章帝。⑤桓帝时缯侯刘敞"侵官民田地"，缯相公沙穆将其没收，上交朝廷。⑥我们看到，上述因田宅问题被处罚的诸侯王、列侯等人，并不是因为田宅逾"制"，而是因为在"名"田宅时采用了非法手段。

值得一提的是，师丹说文帝时"不为民田及奴婢为限"，却没有提到"宅"。哀帝时的"限田令"以及王莽改制也都没有对"宅"的规定。其原因盖在于宅本身所具有的特性，宅较之土地具有不易分割、与人们的生活联系更为紧密、不可缺失等特性，对宅控制的难度远远大于对土地的控制。因此，大概在文帝对名田和奴婢不再作出限制之前，对宅地的限制已经名存实亡。文帝以后更有日盛一日之势。如昭帝时贤良批评："今富者井干增梁，雕文槛楯，堊幔壁饰。"⑦成帝永始四年（公元前13）时下诏切责公卿列侯亲属近臣"奢侈逸豫，务广第宅，治园池"。⑧安帝时太尉杨震批评朝廷为安帝乳母所修第舍，"合两为一，连里竟街，雕修

---

① 《汉书》卷一六《高惠高后文功臣表》，第622页。

② 《史记》卷一一八《淮南衡山列传·淮南王安》，第3747页。

③ 《史记》卷一一八《淮南衡山列传·衡山王赐》，第3760页。

④ 《汉书》卷五四《李广苏建传·李广附李蔡》，第2449页。

⑤ 《后汉书》卷二三《窦融列传附窦宪》，第812页。

⑥ 《后汉书》卷八二下《方术列传下·公沙穆》，第2730页。

⑦ （汉）桓宽撰，王利器校注：《盐铁论校注》卷六《散不足》，第349页。

⑧ 《汉书》卷一〇《成帝纪》，第324页。

缮饰，穷极巧伎"。① 桓帝时督邮张俭举奏中常侍侯览"起立第宅十有六区，皆有高楼池苑，堂阁相望，饰以绮画丹漆之属，制度重深，僭类宫省"。② 灵帝时中常侍吕强上疏批评外戚及中官公族无功德者"造起馆舍，凡有万数，楼阁连接，丹青素垩，雕刻之饰，不可单言"。③ 由此可见，西汉中后期以后，对各级官员的宅面积完全没有明确的限定，当时的社会现实正如仲长统所说："豪人之室，连栋数百，膏田满野，奴婢千群，徒附万计。"④

2. 张家山汉简解决的第二个历史疑案是，战国时期的基本土地制度是否是授田制，并因此提出几个过去一直不成为问题的问题：汉代是否存在授田？授田究竟是在什么时候废止的？汉代土地制度的实质内涵到底是什么？

由于睡虎地秦简、银雀山汉简、四川青川秦墓木牍等一系列简牍的出土，战国时期直至秦王朝统一时存在授田这一事实得到确认。如何看待这种授田，它是不是战国时期基本的土地制度，授田是国有还是私有土地性质，授田之外是否还有私有土地的存在等一系列问题，在史学界曾引起长期争论。一些学者认为授田制是战国时期基本的土地制度，它是井田制废除之后各国普遍实行的土地制度，其土地所有制的性质是国家所有。⑤ 一些学者虽然承认当时确实存在着国家授田给农民的情况，但是认为此"授田"已不同于井田制下的"授田"，它是在农村公社组织瓦解和土地私有化的过程中推行的。这些学者通常把授田与个体小农的私有土地及贵族官僚的军功赏田视为各自独立的性质不同的事物。⑥

———————————

① 《后汉书》卷五四《杨震列传》，第1764页。

② 《后汉书》卷七八《宦者列传·侯览》，第2523页。

③ 《后汉书》卷七八《宦者列传·吕强》，第2530页。

④ 《后汉书》卷四九《王充王符仲长统列传·仲长统》载其《昌言·理乱篇》，第1648页。

⑤ 例如，袁林：《战国授田制试论》，《社会科学》1983年第6期；杜绍顺：《关于秦代土地所有制的几个问题》，《华南师范大学学报》1984年第2期；李瑞兰：《战国时代国家授田制的由来、特征及作用》，《天津师大学报》1985年第3期；等等。

⑥ 例如，高敏：《从云梦秦简看秦的土地制度》，其著《云梦秦简初探（增订本）》，河南人民出版社1981年版，第133—155页；唐赞功：《云梦秦简所涉及土地所有制形式问题初探》，中华书局编辑部《云梦秦简研究》，第53—66页；潘策：《从睡虎地竹简看秦的土地制度》，《历史教学与研究》1983年第2期；等等。

但是，论争的双方在两点上认识是统一的：第一，都把授田制与土地买卖看成是互不相容的对立物，如果实行的是授田制，就不能也不应允许土地买卖；假如存在土地买卖，这种授田就是有授无还，就必定因为长期的占有而变成私有土地。因此，主张战国时期的基本土地制度是授田制的学者竭力否认当时存在着土地买卖的事实，而主张战国时期是多种土地所有制并存的学者则承认土地买卖存在的事实。第二，论争的双方都主张汉代不存在授田制，认为秦始皇三十一年（公元前 216）下令"使黔首自实田"标志着土地私有制在全国范围内的确立，此后的秦汉政府便无授田之举。

让我们把授田制是否是战国时期基本土地制度的问题暂且搁在一边，先来探讨一下汉代有无授田的问题。"汉代没有授田制"并不是睡虎地秦简出土后学界论争的结果，唐代注疏家贾公彦就曾说过："汉无授田之法，富者贵美且多，贫者贱薄且少"。① 但是，现在《二年律令》的出土却对这种似乎已成定论的观点提出了挑战。《二年律令》中有多处关于授田宅的律文，《户律》简 318 的律文表明乡部是根据立户时间先后、爵位高低、授爵时间先后的原则，对田宅不足的民户实行授给的。很明显，收授田宅不是作为独立于以爵位名田宅制的另一制度而存在，它是在以爵位名田宅制度的框架内实施的，收授田宅的标准就是根据这一制度确定的。国家通过爵位减级继承，从源头上避免了由于继承造成的田宅逾限问题，并使相当一部分田宅可以回笼到授受系统。犯罪罚没和户绝是授田的另外两个重要来源。正是这些相关的配套措施，使以爵位名田宅制度得以长期延续。应该强调的一点是，由于田宅可以继承、转让和买卖，国家还有鼓励百姓占垦草田的法律措施，因此，国家授给并不是民户获取田宅的唯一渠道，而且很可能自行获得是当时人们取得田宅更为常见和重要的手段。以爵位名田宅制度是"限"（限制田宅数量）与"授"并举，"限"的意义可能大于"授"，特别是在制度实行后期。

文帝时，随着对民田名有限制的废止，授田存在的基础也随之消失，

---

① （清）孙诒让：《周礼正义》卷二四《地官司徒下·载师》，贾公彦疏，第 964 页。

因为既然没有名田的标准，就不存在足与不足的问题，也就无需授与还。师丹把文帝废止对民田进行限制的原因归之为时当战乱之后，"民始充实，未有并兼之害"。这种说法显然难以成立。刘邦、惠帝、吕后时期较之文帝时应该更加没有"并兼之害"，但是，以爵位名田宅制却作为一项法律制度长期存在。那么，影响文帝做出废止这一制度的决定性原因是什么呢？赐爵的溢滥应该是一个重要因素。《史记·秦本纪》记载：秦昭襄王二十一年（公元前286），"魏献安邑，秦出其人，募徙河东赐爵，赦罪人迁之"，① 开了徙民赐爵的先河，时隔商鞅变法仅 70 余年。秦王政四年（公元前243），"天下疫。百姓内粟千石，拜爵一级"，② 又开了纳粟拜爵的先例。秦始皇二十七年（公元前220），应是为了庆祝全国的统一，在全国范围内"赐爵一级"。③ 前引汉高帝五年诏，西汉建国后不仅承认百姓所持有的秦爵和田宅，而且还对跟随其征战的将士进行大规模赐爵。文帝时在晁错的建议下，"令民入粟边，六百石爵上造，稍增至四千石为五大夫，万二千石为大庶长，各以多少级数为差"，④ 打破了民爵与官爵的界限。当赐爵与赏功劳相分离之时，亦是其走向衰亡之始。作为国家驭民的手段，愈少使用、愈坚持它的赐给原则，才愈能显现它的价值。但是，秦昭襄王、秦始皇、汉文帝都为权一时之宜打破了赐给的原则，特别是文帝以后，广泛的赐爵更为兴盛。正如晁错所说："爵者，上之所擅，出于口而亡穷。"⑤ 爵可以无限制地赐予，但土地资源却是有限的，它不可能源源不断地供给，因此，爵的轻滥必然会动摇以爵位为基础的田宅名有制度。事实上，从高帝五年诏已经可以看出，西汉初年名田宅制已经遭到侵蚀，授田难以运作，还田更不可行，否则以高帝之尊，何以要对行田宅之事一再下诏督办？文帝时，鉴于名田宅制已名存实亡，索性不再加以限制，听之任之。

---

① 《史记》卷五《秦本纪》，第 267 页。
② 《史记》卷六《秦始皇本纪》，第 290 页。
③ 《史记》卷六《秦始皇本纪》，第 310 页。
④ 《汉书》卷二四上《食货志上》，第 1134 页。
⑤ 《汉书》卷二四上《食货志上》，第 1134 页。

文帝时期随着名田宅制度的变化，土地兼并迅速发展起来，并造成日益严重的社会问题。为了缓解矛盾，两汉政府采取了"赐民公田""赋民公田"和"假民公田"的方式，以取代名田宅制中的授田，解决贫困农民没有土地的问题。通过这种方式，政府还可以定期处理手中的公田。从性质上说"赐民公田""赋民公田"与授田更为接近。文献中关于"赐民公田""赋民公田"和"假民公田"的记载基本见于文帝后，也可以说明一定的问题。

在实行以爵位名田宅制度的时期里，社会中是否存在游离于这套制度之外的人？作为战国秦汉时期社会基础存在的"五口之家、百亩之田"的小农是否也被框架在这套制度之中？回答是肯定的。我们从《户律》简310－316可以看到，这套制度包括了三大类人：第一是有爵位的人，第二是公卒、士伍、庶人，第三是司寇、隐官。二十等爵是当时划分社会等级的基础标准之一，其他的划分标准则通过与这一标准挂钩建立对应关系，因此拥有爵位的人代表了社会的中上层。公卒、士伍、庶人属于平民，是社会的基础人群，占人口的绝大多数。司寇、隐官则是轻刑刑徒。被排除在这套制度之外的，除了皇帝和诸侯王外，主要有奴婢和包括隶臣妾、城旦春、鬼薪白粲在内的罪囚。根据《户律》简307：

> 隶臣妾、城旦春、鬼薪白粲家室居民里中者，以亡论之。（简307）①

隶臣妾、城旦春、鬼薪白粲不能在里中居住，因此不可能拥有自己的田宅。奴婢由于是主人的附属物，不具有法律上自由人的意义，因此也不纳入这套田宅制度中。战国秦汉时期实行"四民分业"的职业身份制，工、商是不同于"农"的行业，他们有专门的户籍（商贾的户籍称为市籍）。《周礼·地官司徒·载师》郑玄注："《食货志》云：'农民户一人

---

① 彭浩、陈伟、[日]工藤元男主编：《二年律令与奏谳书——张家山二四七号汉墓出土法律文献释读》，"二年律令释文"，第216页。

已受田，其家众男为余夫，亦以口受田如比。士工商受田，五口乃当农夫一人。'今余夫在遂地之中，如此则士工商以事入在官，而余夫以力出耕公邑。"①《食货志》和郑玄说的周制是否符合事实，已非本章论题范畴。但是，前文已述，商鞅以后由于鼓励分户的小家庭制，对家庭中的余夫很有可能不再实行授田。而且，商鞅变法的一项重要政策是重农抑商，工、商和赘婿、后父一起被视为贱民，从这一点来讲他们很可能被排除在这套制度之外，至少在一定时期是如此的。睡虎地秦简出土的《魏户律》即规定："自今以来，叚（假）门逆吕（旅），赘壻后父，勿令为户，勿鼠（予）田宇"。②《汉书·食货志下》载武帝时公卿建言："贾人有市籍，及家属，皆无得名田，以便农。敢犯令，没入田货。"③但是这两条材料又反证了现实中存在着大量商人、赘婿、后父名田宅的事例，正因为如此，政府才会颁布诏令加以限制。西汉建国后实行郡国并行制，分封了大批同姓和异姓诸侯王。西汉初期的诸侯王与周的诸侯王别无二致，不仅有民有疆土，而且对其国内拥有行政和司法权。这是西汉初期国体的一大特色。但是就其国内的土地制度而言，它应该与中央是一致的，即也实行"名田宅制"。据此可以推断，以爵位名田宅的制度是商鞅至吕后时期的基本土地制度，在它之外不存在任何其他制度。

我们由此可以回到商鞅以来秦至西汉吕后时期的基本土地制度问题上来。虽然授田是这套制度的一个重要环节，授田制本身也有助于我们理解这一时期土地制度的特点，但是显然它的内涵不够丰富，不足以表达这一时期土地制度的本质特征和全部内容。而且历史上曾经存在过各种形式的授田，西周井田制实行授田，北魏至隋唐的均田制也实行授田。授田的外延是如此宽泛，授田存在的历史时期是如此之长，我们独独把商鞅以来至吕后时期称之为"授田制"是不合适的。准确地定义这一时期的土地制度莫过于用当时人自己的说法——"名田宅"，完整的称呼

---

① （清）孙诒让：《周礼正义》卷二四《地官司徒下·载师》，郑玄注，第939页。
② 睡虎地秦墓竹简整理小组：《睡虎地秦墓竹简·为吏之道释文注释》，第174页。
③ 《汉书》卷二四下《食货志下》，第1167页。

则是"以爵位名田宅"。①

　　既然我们清楚了商鞅至吕后时期的土地制度是一脉相承的，秦始皇三十一年"使黔首自实田"的问题就迎刃而解了。它不过是秦始皇以承认现有的土地占有状况为前提，对统一后的全国土地占有状况进行的一次普查登记。② 它的目的不外两个：一是稳定政局，安抚被征服的六国百姓；一是进行土地管理和赋税征收。它并不意味着新建立的秦帝国改变了长期以来奉行的土地政策，秦王朝实行的仍然是"以爵位名田宅制度"。因此，它也就不具有"标志着土地私有制在全国确立"这样深远的意义。

　　3. 在明确了以爵位名田宅制度的内涵和实质之后，新的理论问题浮现出来：这套制度的所有制性质是什么？国有和私有的标志到底是什么？土地买卖以及继承权是否可以作为土地私有的法律标志？

　　史学界就战国秦汉时期土地所有制性质问题曾展开过长期讨论，目前史学界的观点主要分两大派：国有制说和私有制为主说。产生分歧的

---

　　① 国内较早提出名田制概念的是朱绍侯。1980、90 年代朱绍侯发表了数篇关于"名田制"的文章：《名田制浅释》（其著《中国古代史论丛》，福建人民出版社 1981 年版）、《试论名田制与军功爵制的关系》（《许昌学院学报》1985 年第 1 期）、《辕田制和名田制》（其著《秦汉土地制度与阶级关系》，中州古籍出版社 1985 年版）、《军功爵制与名田制的关系》（其著《军功爵制研究》），提出名田制始于商鞅变法，是军功爵制的经济基础，名田制就是秦的授田制。但对其所有权属性的认识有反复，最初认为是土地长期占有制，后认为是土地私有制，最终又恢复到土地长期占有制。1940、50 年代，日本学界西嶋定生和平中苓次曾围绕"名田""占田"问题，对秦汉时期土地制度的实态和性质展开过讨论。参见［日］西嶋定生《漢代の土地所有制—特に名田と占田について—》，《史學雜誌》五十八編一号，1949 年。［日］平中苓次：《秦代土地制度の一考察—「名田宅」について》，《立命館文學》第七九号，1952 年；《漢代のいわゆる名田・占田に就いて》，《和田博士還暦紀念東洋史論叢》，1952 年；均收入其著《中國古代の田制と税法—秦漢經濟史研究一》。

　　② 平中苓次认为"自实"和唐、宋时期的"手实"意思相同，意为"从实自己申报"。秦始皇三十一年"自实田"的主要目的是，伴随着秦始皇二十六年统一国家的建立，必然要求将全国的土地没有遗漏地置于它的统治之下，将全国人民的租税收取的权能完全掌握在自己手中。（［日］平中苓次：《中國古代の田制と税法—秦漢經濟史研究一》，第三章"秦代の自實田について"，第 54—61 页）山田胜芳根据《晋书·成帝纪》咸康七年（公元 341）四月的"实编户，王公以下，皆正土断白籍"，《汉书·匡衡传》"令郡实之"，敦煌汉简简 147"实籍"等，认为"实"是"调查"的意思，"实田"应作"定田"。（［日］山田胜芳：《秦漢財政收入の研究》，东京：汲古書院 1999 年版，第 56—59 页）

原因，一方面源于对理论概念的理解不同，一方面源于对制度本身的认识不同。当我们对战国至秦汉以来的土地制度进行定性时，首先需要对概念有一个统一的认识，使讨论建立在一个共同的基础上。

土地所有权在法学中属于“物权”的范畴。《中国大百科全书·法学卷》中对“物权”的解释是：

> 对物的直接管领和支配，并排除他人干涉的民事权利……1804年《法国民法典》第 2 编规定了所有权、用益权、使用权、居住权、役权等。第 3 编规定了质押权、优先权和抵押权等，并已有物权这一概念……物权一般包括所有权、地上权、地役权、抵押权、质权、留置权、典权、永佃权等。各种物权按其不同特点可作如下区分：①自物权和他物权。自物权是权利主体对自己的所有物享有的物权，即所有权。他物权是在他人所有物上设定的物权，包括所有权以外的其他物权。②完全物权和限定物权。在物权中，只有所有权具有完全的物权权利内容，是完全的物权。各种他物权都是不完全的或有限制的，称限定物权……

对“占有”的解释：

> 指对物的控制和管领。

在现代各国民法中，对占有的法律界定有一些分歧，或者把占有规定为一种权利，一种独立的物权，同所有权并列；或者把占有认定为一种状态，即对物的事实管领力，而不是权利；或者把占有规定为所有权的一项内容，或一项权能。为此，各国民法典和民法著作按不同标准对占有作了不同的分类，其中比较重要的有：

> 完全占有和不完全占有　一般认为，所有人的占有是完全占有，他可以对占有物拥有完全的物权。非所有人的占有则是不完全占有，

不享有完全的物权。完全占有通常还包括以所有的意思为占有；而不完全占有则是不以所有的意思为占有。这是以占有人主观态度为标准而作的分类。一般又称为自主占有和他主占有。

　　直接占有和间接占有　　直接占有是指直接对物的控制，而不问权源如何。所有人常常直接占有所有物；而在不少情况下，所有人并不直接占有，而为地上权人、典权人、质权人、承租人、借用人、保管人、受托人、承运人等人直接占有，但所有人的所有权未变，依法或依约仍可请求返还，这就被称为间接占有。直接占有也被称为实际占有，间接占有则由于是从所有权推定的，因此又称为推定占有。①

由此我们知道，所有权和其他物权都有对物进行控制、管领和排除他人干涉的民事权利，它们之间最根本的区别在于所有权是完全的物权，其他物权则是不完全的有限制的物权。不完全的物权因为对物也有控制和管领的权利，因此在一定情况下也可以进行继承、转让甚至买卖。最近的例子有：中国房改中以标准价出卖的原公有住宅明确规定其物权的性质是使用权，允许其子女继承；承包的土地和承租的店铺可以进行转让和买卖，这些行为都没有改变它们的所有权性质。因此，继承、转让和买卖都不能视为所有权的标志，所有权必须具有明确的法律权属界定。

　　但是，战国秦汉时期是一个法律形成初期的社会，其物权法远未成形，因此当时的法律根本不可能明示"名田宅制"的所有权性质。以爵位名田宅制度下的田宅可以继承、转让和买卖，说明名有者具有控制和处分它们的权利，但并不能证明他们一定具有所有权，何况这种制度下的继承、转让和买卖还是有条件的。田宅由国家授予或者在国家允许的范围内占有，国家在田宅的继承、转让和买卖环节上实施一定的限制和监控，确实表明国家对全国范围的田宅拥有相当的权利。但是在我们以

---

　　① 中国大百科全书编委会：《中国大百科全书·法学卷》，中国大百科全书出版社 1990年版。

此证明其所有权属于国家时，还应该注意把国家主权者的权利和它的所有权区别开来，因为国家职能本身赋予了它许多权利。

中国前近代时期的土地所有制问题是一个相当庞大的命题，当我们试图解决它时，除了需要厘清诸如上述概念问题外，还有一个重要条件，即我们必须对中国前近代社会各个时期的土地制度实态和发展变化有充分的认识和理解。只有立足于这种动态的长时段的考察之后，我们的结论才显得有价值和意义。显然，这已超出本章的范畴。但是，沿着这样的思路，我们却可以从文帝前后土地占有状况的比较中，加深对战国秦汉时期土地制度的认识。前文已述，文帝时，由于对百姓名田不再加以限制，并停止了对田的收授，失去监控的土地兼并便如脱缰的野马一发而不可收，此后，国家完全失去了对土地的控制，土地的继承、转让和买卖变得完全自由，没有约束，以爵位名田宅制度实际上只保留了唯一一项功能，即土地登记的手段。由于土地兼并愈演愈烈，土地日益集中到少数豪强权贵手中，社会矛盾日益突出，西汉末年哀帝颁布的限田令和王莽实行的王田制就是为了解决这一社会危机，重新对土地加以控制，但终以失败告终。此种局面一直延续到汉魏之际。文帝前后的土地制度状况产生如此大的反差，恰恰为我们提供了解决上述难题的一个线索。无论文帝后的土地名有名义上是国有制抑或私有制，它与文帝前都有质的区别，即名有者实际上几乎拥有了对土地的全部支配和控制权，而文帝前的田宅名有显然不具备如此充分的物权权利。

（四）当我们清楚了"以爵位名田宅制"的内涵和实质后，另一个长期困扰学术界的问题——西晋占田课田制和北魏隋唐均田制的历史渊源问题也随之迎刃而解。已往由于不清楚战国秦汉时期土地制度的实态，从井田制到均田制的发展脉络呈现出断裂的形态，仿佛一根环环相扣的链条，由于重要一环的缺失，而使其余的部分显得支离孤立，缈无头绪。现在随着"以爵位名田宅制度"的明晰，这一问题随之而解，占田课田制和均田制不必在其他制度乃至异族的制度中寻求源泉，无论是在观念上还是制度的设计上，它都直接承继了战国秦汉时期的"以爵位名田宅制"。而考察从井田制到均田制的发展过程则是我们今后的课题。

三 结 语

《二年律令》为我们了解西汉初期吕后二年的土地制度内容提供了可能，这套制度的精髓就是以爵位名田宅。通过分析，我们确认了这样的事实：这套制度是从商鞅变法开始确立的，并作为基本的土地制度为其后的秦帝国和西汉王朝所继承。它的基本内容是：以爵位划分占有田宅的标准，以户为单位名有田宅，田宅可以有条件地继承、转让和买卖。国家通过爵位减级继承制防止田宅长期积聚在少部分人手中，并使手中不断有收回的土地，它们和犯罪罚没的土地以及户绝土地一起构成国家授田宅的来源，授予田宅不足的民户。文帝时期，由于国家不再为土地占有立限，使这套制度走向名存实亡，"名田制"仅仅作为土地登记的手段而存在。此后，脱控的土地兼并掀起狂潮，并引发了激烈的社会矛盾和危机。西汉末年哀帝和王莽曾力图恢复限田，但无奈因这套制度已经失去了存在的基础，而以失败告终。东汉政府则基本上放弃了对土地占有加以控制的努力，采取听之任之的态度。

当我们清楚了商鞅以来至两汉时期土地制度发展的脉络，我们对这一时期的认识也随之发生了微妙而切实的变化。我们在曾经呈片断式的断裂历史中找到了一条清晰可见的线索，许多曾经困扰我们的一片迷蒙的问题随着它的澄清而变得清晰可见，触手可及，战国秦汉史研究乃至中国古代史研究将会因此有一番极大的改观。

龙岗秦简诸"田""租"简释义补正

　　1989 年出土的湖北云梦龙岗秦简中有许多带"田"和"租"字的简，这些简无疑是了解秦特别是秦王朝土地和田赋制度的重要史料。然而，由于简文残损严重，给释读带来了很大困难。2001 年底刊布的张家山汉简《二年律令》中有比较完整的关于土地制度的法律规定，《算数书》中也有数则与"田租"有关的算题。据研究者推测，龙岗六号墓的年代为秦二世二年（公元前 208）九月至汉三年（公元前 204）九月，其内容主要反映的是秦末的法律和制度。[①] 张家山汉简的年代一般认为是吕后二年（公元前 186）。两座墓葬的年代只相隔 20 余年，而西汉初年的制度多沿袭秦制，因此，将两批简结合起来加以考察，不仅有利于两批简各自的释读和理解，而且可以更为完整地复原当时土地制度和田租征收的实态。

一　"行田"

　　龙岗秦简出土以后，其中一枚简最初整理者释为：

　　廿四年正月甲寅以来，吏行田赢□□▨

---

　　① 　中国文物研究所、湖北省文物考古研究所编：《龙岗秦简》，"云梦龙岗六号秦墓及出土简牍概述"，中华书局 2001 年版，第 7—9 页。

对于"赢"后面的字，整理者推测可能是"假法"二字，并将此类简命名为"田赢"。① 1996 年胡平生撰文指出：

> 《龙》文（即《云梦龙岗六号秦墓及出土简牍》，笔者按）怀疑"赢"下可能是"假法"二字，据残痕和文意分析，恐怕难以成立，《龙》文对"田赢"意义的表述，语焉不详，似乎认为"田赢"是一种法律，这也是讲不通的。《龙》文因对简文的理解有误而将句读弄错，我们认为"行田"即行猎，是进行田猎的意思。"赢"下应是"律"字，"赢律"见于睡虎地简《秦律杂抄·除弟子律》："当除弟子籍不得，置任不审，皆耐为侯（候）。使其弟子赢律，及治（笞）之，赀一甲……"整理小组注释："赢律，即过律，超过律，超出法律规定，《史记·傅靳蒯成列传》有'坐事国人过律'。"秦律处罚"赢"与"不备"的律文，又见于《效律》等，"赢、不备"都是有罪的，如："为都官及县效律：其有赢、不备，物直（值）之，以其贾（价）多者罪之，勿赢（累）。"这是在统计上报官有财产时，多报少报都违法，都要受到处罚……所谓"吏行田赢律"，应当是官员进行田猎活动超过法律规定次数或规模，须论罪处罚。据《月令》（《吕氏春秋》十二纪同），古人田猎有时节约束……②

2001 年出版的《龙岗秦简》采纳了胡先生的意见，将此简释为：

> 廿四年正月甲寅以来，吏行田赢律（？）言作（诈）☐（简116）③

---

① 湖北省文物考古研究所等合撰：《云梦龙岗六号秦墓及出土简牍》，中国社会科学院考古研究所编《考古学集刊》第八辑，科学出版社 1994 年版。刘信芳、梁柱：《云梦龙岗秦简》（科学出版社 1997 年版）释读与上同。

② 胡平生：《云梦龙岗秦简考释校证》，西北师范大学文学院历史系等编《简牍学研究》第一辑，甘肃人民出版社 1997 年版。

③ 据中国文物研究所、湖北省文物考古研究所编《龙岗秦简》本。后文所引龙岗简文及简号均据此本。

胡先生正确地指出了《龙》文句读上的错误，指出应将"行田"读为一词。但是，将"行田"解释为"行猎"亦不妥。"行田"作为一个语汇在文献中屡有出现。如《汉书·高帝纪下》载高帝五年诏：

> 七大夫、公乘以上，皆高爵也。诸侯子及从军归者，甚多高爵，吾数诏吏先与田宅，及所当求于吏者，亟与。爵或人君，上所尊礼，久立吏前，曾不为决，甚亡谓也。异日秦民爵公大夫以上，令丞与亢礼。今吾于爵非轻也，吏独安取此！且法以有功劳行田宅，今小吏未尝从军者多满，而有功者顾不得，背公立私，守尉长吏教训甚不善。其令诸吏善遇高爵，称吾意。且廉问，有不如吾诏者，以重论之。

颜师古注引苏林曰：

> 行音行酒之行，犹付与也。①

《汉书·沟洫志》载史起语：

> 魏氏之行田也以百亩，邺独二百亩，是田恶也。

颜师古注：

> 赋田之法，一夫百亩也。②

《史记·河渠书》裴骃《集解》引徐广曰：

---

① 《汉书》卷一下《高帝纪下》，第54—55页。
② 《汉书》卷二九《沟洫志》，第1677、1678页。《吕氏春秋》亦载此事［（秦）吕不韦编，许维遹集释：《吕氏春秋集释》卷一六《先识览·乐成》，第416页］。

《沟洫志》行田二百亩，分赋田与一夫二百亩，以田恶，故更岁耕之。①

综上，战国秦汉时期，"行田"是一专用语词，专指国家给人民分配土地的行为。对秦、汉国家而言，自商鞅变法实行"名田宅制"后，"行田"即作为"以爵位名田宅制"的一项具体实施手段而存在。《商君书·算地》中有一段文字提到"行"：

故有地狭而民众者，民胜其地；地广而民少者，地胜其民。民胜其地，务开；地胜其民者，事徕。开则行倍……故为国分田数小。②

杜正胜解释说："行，行田也，即授田。"③ 他的解释是正确的。张家山汉简《二年律令》出土了吕后二年"以爵位名田宅制"的许多相关法律条文，为我们复原和认识这一制度提供了可能。这套制度的基本内容是：国家根据爵位划分占有田宅的标准，田宅占有的单位是户，田宅主要通过国家授予、继承、转让和买卖获得。④ 在《二年律令》下列简中均出现了"行"字，如《户律》简310-313：

关内侯九十五顷，大庶长九十顷，驷车庶长八十八顷，大上造八十六顷，少上造八十四顷，右更八十二顷，中更八十（简310）顷，左更七十八顷，右庶长七十六顷，左庶长七十四顷，五大夫廿五顷，公乘廿顷，公大夫九顷，官大夫七顷，大夫五顷，不（简311）更四顷，簪褭三顷，上造二顷，公士一顷半顷，公卒、士五

---

① 《史记》卷二九《河渠书》，第 1706 页。
② 蒋礼鸿：《商君书锥指·算地第六》，第 42—43 页。
③ 杜正胜：《编户齐民——传统政治社会结构之形成》，第四章"土地的权属问题"，第 182 页。
④ 参见本书下编"《二年律令》与秦汉'名田宅制'"，第 153—194 页。

（伍）、庶人各一顷，司寇、隐官各五十亩。不幸死者，令其后先
（简312）择田，乃行其余。它子男欲为户，以受其杀田予之。其已
前为户而毋田宅，田宅不盈，得以盈。宅不比，不得。（简313）

《户律》简318：

> 未受田宅者，乡部以其为户先后次次编之，久为右。久等，以
> 爵先后。有籍县官田宅，上其廷，令辄以次行之。（简318）

《田律》简239：

> 田不可田者，勿行；当受田者欲受，许之。（简239）

这些简中的"行"即是"行田"的省称，指国家将土地分配给个人，即
授田。而且，如果汉初的确如史载多沿承秦制的话，那么龙岗简简116
中的"行田赢律"应与《二年律令·户律》简310-313有直接渊源
关系。

相反，无论传世还是出土文献，均不见"行猎"意义的"行田"。
因此，龙岗秦简上述简文中的"行田"应指国家分配土地即授田。龙岗
秦简"行田"意义的确定，无论对认识龙岗秦简本身，还是对认识秦汉
"名田宅制"都具有重要意义。①

---

① 补按：新出秦简为进一步认识"行田"提供了新资料。里耶秦简："☑□颍阴繁阳东
乡。Ⅰ【戊午】☑Ⅱ己未Ⅲ庚申，颍阴相来行田宇。（8-161+8-307）"有"行田宇"。（陈伟
主编：《里耶秦简牍校释（第一卷）》，第97页）岳麓秦简《为吏治官及黔首》中有"部佐行
田"（10+70/002+残1-1+残1-3）语，可知"行田"由"部佐"具体实施。关于"部佐"，
整理小组："部佐，疑为乡部之佐。睡虎地秦简《秦律十八种·田律》：'百姓居田舍者毋敢酤
（酤）酉（酒），田啬夫、部佐谨禁御之，有不从令者有罪。田律（简12）'"（陈松长主编：
《岳麓书院藏秦简（壹—叁）》释文修订本，上海辞书出版社2018年版，第40页）但"部佐"
应如裘锡圭所说为田部啬夫下属吏（裘锡圭：《啬夫初探》，中华书局编辑部编《云梦秦简研
究》，第248—250页）详见下文第205页补按。

二 "田实"

龙岗秦简中有一枚简：

> 黔首田实多其□☑（简 157）

《龙岗秦简》注释说：

> 田实多其□，疑指"度田不实"，汉代有"度田不实"之罪。《后汉书·光武纪》：建武十六年，"河南尹张伋及诸郡守十余人，坐度田不实，皆下狱死。"又《刘隆传》："是时，天下垦田多不以实，又户口年纪互有增减。十五年，诏下州郡检核其事，而刺史多不平均，或优饶豪右，侵刻羸弱，百姓嗟怨，遮道号呼。"《刘般传》："……般上言：'……而吏举度田，欲令多前，至于不种之处，亦通为租，可申敕刺史、二千石，务令实核，其有增加，皆使与夺（脱）田同罪。'"李家浩先生说，"田实"与庭实、内实、口实、腹实、豆实、簋实、官实等文例相同，似指田中的农作物。

由此可知，《龙岗秦简》和李家浩对此简的认识不同，李先生将"田实"读为一词，认为它与庭实、口实、簋实等一样是当时惯用的熟语。

李先生的看法或更有据。从《后汉书·刘隆列传》可知，"度田不实"的"实"与"天下垦田多不以实"的"实"词义相通，即指实际、事实。"实"是修饰"田"的，应以"田以实"或"田不以实"的形式出现，"田"与"实"不能直接合为一词。而且，从《刘隆列传》来看，当时"不以实"的除了"垦田"外，还有"户口年纪"。假如当时确实存在《龙岗秦简》所说意义上的"田实"，那么，户口年纪又该用什么样的语汇来表示呢？此外，《龙岗秦简》猜测简 159"田"后的残字为"实"：

☑或即言其田实（？）☑（简159）

从字形看，此字所残的部分的确是"宀"字头。假如此字确是"实"，则证明"田实"确为一名词，是"言"的宾语，从词性角度证明李先生的解释更为合理。

三 "田籍"

龙岗简简151：

田及为言作（诈）伪写田籍皆坐臧（赃），与盗□☑（简151）

《龙岗秦简》注释说：

> 诈伪写田籍，欺骗或假造田土文书。《唐律疏议·诈伪律》："诸诈为官私文书及增减，欺妄以求财赏及避没入、备偿者，准盗论。注：文书，谓券抄及簿账之类。"《历代刑法考·汉律摭遗》辨诈伪云："诈者，虚言相诳以取利；伪者，造似物以乱真。"田籍，占有田地的簿籍文书。《史记·平准书》："贾人有市籍者，及其家属，皆无得籍名田。"《索隐》："谓贾人有市籍，不许以名占田也。"

《龙岗秦简》的注释大体允当。秦汉时期的传世文献中不见"田籍"一词，但大量材料表明这一时期和后代一样，政府对每家每户占有土地等情况制有簿籍。龙岗简的出土弥补了文献材料的不足，揭示了秦帝国时"田籍"的存在。新近刊布的张家山汉简《二年律令》出土了更详尽的关于田籍的法律规定，将两者结合起来，可以更好地了解秦至西汉初年田籍的制作、管理等情况。

张家山汉简中关于田籍的规定见于《二年律令·户律》简331－336：

民宅园户籍、年细籍、田比地籍、田合籍、田租籍，谨副上县廷，皆以筐若匣匮盛，缄闭，以令若丞、（简331）官啬夫印封，独别为府，封府户；节（即）有当治为者，令史、吏主者完封奏（凑）令若丞印，啬夫发，即杂治为；（简332）其事（？）已，辄复缄闭封臧（藏），不从律者罚金各四两。其或为詐（诈）伪，有增减也，而弗能得，赎耐。官恒先计雠，（简333）□籍□不相（？）复者，辄劾论之。民欲先令相分田宅、奴婢、财物，乡部啬夫身听其令，皆参辨券书之，辄上（简334）如户籍。有争者，以券书从事；毋券书，勿听。所分田宅，不为户，得有之，至八月书户。留难先令，弗为券书，（简335）罚金一两。（简336）①

由此可知，汉初户籍是由五个"子簿籍"构成的：民宅园户籍、年细籍、田比地籍、田合籍、田租籍，其中关于土地的簿籍占了三种。整理小组注释："田比地籍，记录田地比邻次第的簿籍。"② 它应是记录每户占有土地的数量、位置和地界等情况的簿籍。田合籍文献缺载，《二年律令与奏谳书》注释："田合籍，似指按乡汇合统计的田亩簿书"，③ 有待进一步论证。田租籍，顾名思义应该是关于田租的簿籍。《二年律令·行书律》简268：

复蜀、巴、汉中、下辨、故道及鸡劍中五邮，邮人勿令繇（徭）戍，毋事其户，毋租其田一顷，勿令出租、刍稾。（简268）

及《户律》简317：

———

① 彭浩、陈伟、[日] 工藤元男主编：《二年律令与奏谳书——张家山二四七号汉墓出土法律文献释读》，"二年律令释文"，第223—224页。
② 张家山汉简二四七号汉墓竹简整理小组：《张家山汉墓竹简〔二四七号墓〕（释文修订本）》，文物出版社2001年版，第54页。
③ 彭浩、陈伟、[日] 工藤元男主编：《二年律令与奏谳书——张家山二四七号汉墓出土法律文献释读》，"二年律令释文"，第224页。

卿 以上所自田户田，不租，不出刍稾。（简317）①

表明当时并非所有的土地都要缴纳田租和刍稾税，因此，田租籍的一项重要内容应是记录需要征收田租的土地。后文将证明田租籍的内容还应包括每块地的亩产量、田租率和每户应缴纳田租的总额。

秦时田籍是否也被分为田比地籍、田合籍、田租籍三种，以及龙岗简151中的"田籍"是否就是这三种簿籍的统称，目前还没有明确的材料可以证明。但是，正如前文所述，龙岗秦简与张家山汉简年代相距不远，汉初基本沿袭秦制，本书第六章论证了汉初继承了秦的名田宅制，后文还将证明秦的田租征收制度也为汉所继承，因此，照常理推之，秦应该和汉初一样存在三种土地簿籍，并统称之为"田籍"。

据简331－336可知，包括三种田籍的户籍的副本要由乡部上交到县里保存。它表明户籍的编造是在乡而不是县，由乡部官吏和县廷派遣的官吏共同完成。②《二年律令·户律》简328－330则明示户籍是由乡部啬夫、吏、令史等共同查验、制成的，副本藏于县廷：

> 恒以八月令乡部啬夫、吏、令史相杂案户籍，副臧（藏）其廷。有移徙者，辄移户及年籍爵细徙所，并封。留弗移，移不并封，（简328）及实不徙数盈十日，皆罚金四两；数在所正、典弗告，与同罪。乡部啬夫、吏主及案户者弗得，罚金（简329）各一两。（简330）

此外，《二年律令·户律》简322载：

---

① 分见彭浩、陈伟、〔日〕工藤元男主编《二年律令与奏谳书——张家山二四七号汉墓出土法律文献释读》，"二年律令释文"，第201、218页。

② 参见邢义田《汉代案比在县或在乡？》，《中研院历史语言研究所集刊》60：2，1989年，第451—487页；邢义田《张家山汉简〈二年律令〉读记》，《燕京学报》新十五期，第11页。

代户、贸卖田宅，乡部、田啬夫、吏留弗为定籍，盈一日，罚
金各二两。（简 322）①

如果有代户或买卖田宅者，由"乡部、田啬夫、吏"负责"定籍"，即
对户籍内容进行更改。令史指县令史。简 331－333 对县廷封缄、收藏、
开封、修改户籍内容等做了非常具体的规定。

简 333－334"其或为誃（诈）伪，有增减也，而弗能得，赎耐。官
恒先计雠，□籍□不相（？）复者，辄劾论之"的涵义不甚明确，需要
加以辨析。"其或为誃（诈）伪，有增减也"的主体应指百姓。秦汉时
期户籍的内容（包括家庭人口、土地占有、耕作等情况）可能实行自行
申报制度，② 但是，对于申报的内容，乡吏和县吏要进行核实，然后制
成簿籍。因此，"弗能得"的主体应指乡部啬夫和县令史等主管吏。此
简规定，乡吏和县吏在案户定籍时，如果没有发现编户民"诈伪""增
减"的行为，即为失职，要对他们处以"赎耐"的刑罚。简后文说"官
恒先计雠，□籍□不相（？）复者，辄劾论之"，是关于县对户籍管理登
记工作实行监督检查的规定。《字汇补》言部："雠，应验也。"《正字
通》言部："雠，校勘书籍曰雠，比言两本相对复如仇也。"③ 县令等在
接到乡部呈报的户籍时，一定要进行审计检查，看各簿籍中的数字是否
吻合，发现问题要马上处理有关官吏。由此也可以进一步确定上述《户
律》简是针对县、乡制定的关于户籍管理的规定。

由于乡部啬夫是管理一乡的地方长官，比令史等县吏熟悉本乡的情
况，因此，在户籍管理工作中起着主导作用。这可以从乡部啬夫在先令

---

① 分见彭浩、陈伟、［日］工藤元男主编《二年律令与奏谳书——张家山二四七号汉墓出
土法律文献释读》，"二年律令释文"，第 222、220 页。

② 《史记·秦始皇本纪》裴骃《集解》引徐广语：秦始皇三十一年"使黔首自实田"。
（《史记》卷六《秦始皇本纪》，第 321 页）

③ 如《史记·封禅书》："五利妄言见其师，其方尽，多不雠。上乃诛五利。"司马贞
《索隐》案："郑德云'相应为雠，谓其言语不相应，无验也。'"（《史记》卷二八《封禅书》，
第 1676 页）《汉书·律历志上》武帝诏："乃者有司言历未定，广延宣问，以考星度，未能雠
也。"颜师古注："雠，相当。"（《汉书》卷二一上《律历志上》，第 975—976 页）

券书的制作、管理程序中所处角色推之。前揭《户律》简 334 – 336 载，户主如果想在生前通过立遗嘱——"先令"的形式分割家产，一定要请乡部啬夫到场，听取"先令"，将其书写为三份，其中一份要和户籍一样上交到县里。如果乡部啬夫拒绝到场或书写券书，罚金一两。也就是说，充当分割家产的证人和书写券书是乡部啬夫的职责。

秦及汉初对基层农村社会分乡部、田部两个系统进行管理，田部主要负责田地的分配、登记、田租刍稿税的征收、农事管理等，因此田籍工作主要由田部系统的田啬夫、部佐、田史等官吏具体实施完成。① 但乡啬夫作为一乡行政长官，仍负有领导责任。前引《二年律令》简 322 明确规定，百姓"代户、贸卖田宅"时，如果"乡部、田啬夫、吏留弗为定籍，盈一日，罚金各二两"，由此可知田宅登记、变更和户籍一样，是乡部啬夫协同田啬夫共同完成的，乡部啬夫为第一责任人。具体负责田籍登记工作的是部佐。睡虎地秦简《法律答问》："部佐匿者（诸）民田，者（诸）民弗智（知），当论不当？部佐为匿田，且可（何）为？已租者（诸）民，弗言，为匿田；未租，不论○○为匿田。（简157）"② 据《秦律十八种·田律》："百姓居田舍者毋敢酤（酤）酉（酒），田啬

---

① 补按：关于睡虎地秦简《法律答问》简 157 中出现的"部佐"，整理小组注释："部佐，乡部之佐，汉代称乡佐，《续汉书·百官志》：'又有乡佐，属乡，主民，收赋税。'"（睡虎地秦墓竹简整理小组：《睡虎地秦墓竹简·法律答问释文注释》，第 130 页）认为是乡佐。但裘锡圭根据《秦律十八种·田律》简 12，认为秦汉时期存在乡啬夫和田啬夫两个平行系统，"乡啬夫下面有乡佐、里典，田啬夫下面有部佐、田典"。"田啬夫总管全县田地等事，部佐则是分管各乡田地等事的"。（裘锡圭：《啬夫初探》，中华书局编辑部编《云梦秦简研究》，第 248—250 页）山田胜芳进一步依据《二年律令·田律》简 247 – 248 "乡部主邑中道，田主田道"，认为当时存在着像乡部、亭部一样有一定管辖区域的田部。（〔日〕山田胜芳：《秦汉财政收入の研究》，第 40—49 页）徐福昌也认为部佐为田啬夫属吏。（徐福昌：《睡虎地秦简研究》，台北：文史哲出版社 1994 年版，第 408 页）张家山汉简释文全部公布后，因《二年律令·秩律》中多次出现"田、乡部二百石"的简文，证实了裘先生等先生的看法。学术史参见王彦辉《田啬夫、田典考释——对秦及汉初设置两套基层管理机构的一点思考》，《东北师大学报（哲学社会科学版）》2010 年第 2 期。如正文所述，此后公布的里耶秦简和岳麓秦简也有这方面的资料。基于这些新材料的研究有：王彦辉：《〈里耶秦简（壹）〉所见秦代县乡机构设置问题蠡测》，《古代文明》2012 年第 4 期；于洪涛：《岳麓秦简〈为吏治官及黔首〉研究》，2.1.1 "土地的分配"，硕士学位论文，吉林大学，2013 年；邹水杰：《再论秦简中的田啬夫及其属吏》，《中南大学学报（社会科学版）》2014 年第 5 期；等等。

② 睡虎地秦墓竹简整理小组：《睡虎地秦墓竹简·法律答问释文注释》，第 130 页。

夫、部佐谨禁御之，有不从令者有罪。田律（简12）"① 可知部佐为田啬夫属吏。部佐之所以能匿田，即因为其掌握着登记田籍的权力。

总之，龙岗秦简简151与张家山汉简《二年律令·户律》简333无论在内容上还是形式上都十分相象。所不同的是，《户律》简333所说的"诈伪""增减"针对的是包括宅园户籍、年细籍在内的所有户籍，而龙岗简151针对的只是田籍。两者之间的承继关系清晰可见，即《二年律令·户律》简331—336的系列规定是在秦律有关规定特别是龙岗秦简简151等的基础上形成的。

四　"程田"与"程""程租" "租"及"匿田"

龙岗秦简中有一枚关于"程田"的简：

> 程田以为臧（赃），与同灋（法）。田一町，尽□盈□希☑（简133）

由于龙岗秦简中还有一些涉及"程"特别是"程租"的简，以往学者认为它们之间关系紧密，因此多将它们联系起来考察。龙岗简中关于"程"的简主要有如下几条：

> 不遗程、败程租者，□；不以败程租上☑（简125）
> 盗田二町，当遗三程者，□□②□□□□□☑（简126）
> 一町，当遗二程者，而□□□□□□☑（简127）
> 誹（诈）一程若二程□□之□□☑（简128）
> 人及虚租希（稀）程者，耐城旦舂；□□□☑（简129）

---

① 睡虎地秦墓竹简整理小组：《睡虎地秦墓竹简·秦律十八种释文注释》，第130页。
② 从图版上看此字可能是"律"。

☑希（稀）其程率；或稼☑（简134）

租不能实□，□轻重于程，町失三分，☑（简136）

☑程租☑（简167）

关于"程"，《云梦龙岗秦简》简126注释指出："'程'于秦律中多指一规定数额……简文'三程'以及下文'二程''一程'等，当是一种田赋单位"。简125注释说："'遗程'，谓不足租赋数额，'败程'谓不合租赋质量。"《龙岗秦简》沿袭了这一思路，但是解释略有不同，简125注释说：

> 程，课率，此处指"程租"，是国家规定的每个单位面积土地应当缴纳田租的定量。遗程租，逃漏应缴田租的份额。
>
> 败程租，降低田租规定标准的等级。"程"是一种法定的国家标准，不是一般的数量、质量规定。《九章算术》卷六："今有程传委输，空车日行七十里，重车日行五十里。"又，"今有程耕，一人一日发七亩，一人一日耕三亩，一人一日耰种五亩。"本简所说的"程租"，与"程传""程耕"意义相近，应是一亩田缴纳多少粮食的定额。

解释该句大意是：

> ……不逃漏应缴纳的田租及降低田租标准者……不以降低田租标准……

解释简133的程田"为田地计算并规定应缴纳的田租标准"，并在《校证》中说："本简可能是对官吏给农民的田地确定田租标准时的违法行为进行惩处的律文。"① 南玉泉的看法与《龙岗秦简》大致相同，亦认为

---

① 中国文物研究所、湖北省文物考古研究所编：《龙岗秦简》，第114、117页。

典籍中的"员程皆为规定的一定数额标准","而龙岗简之'程',通常作一定的租赋数额解",程田"意即评定地亩税额标准"。①

以往学者对"程租"的解释以及将"程租"作为理解"程"和"程田"的关键,方向是正确的。新出张家山汉简《算数书》中有数则关于田租税的算题,其中多涉及"程",一道算题的标题即为"取程",进一步揭示田租与"程"之间关系密切。②

张家山汉简《算数书》六则与田租税有关的算题如下:

1. 并租　禾三步一斗,麦四步一斗,荅五步一斗,今并之租一石,问租几何。得曰:禾租四斗卌七分[斗]十二,麦租三斗卌七分[斗]九,(简43)荅租二斗卌七分[斗]廿六。术(術)曰:直(置)禾三步、吏〈麦〉四步、荅五步,令禾乘麦为荅实,荅乘禾为麦实,[麦乘荅为禾实],各□(简44)直(置)之以一石各乘之[禾、荅、麦]为实,卌七为法而一斗。(简45)

2. 税田　税田廿四步,八步一斗,租三斗。今误券三斗一升,问几何步一斗。得曰:七步卌七〈一〉分步廿三而一斗。术(術)曰:三斗一升者为法,(简68)十税亩[为实],令如法一步。(简69)

3. 取程　取程十步一斗,今干之八升,问几何步一斗?问得田〈曰〉:十二步半一斗。术(術)曰:八升者为法,直(置)一升〈斗〉步数而十之[为实],如法一步。竟(简83)程卌七步得禾十九斗七升,问几何步一斗。得曰:减田十〈卅〉一〈五〉步有

① 南玉泉:《龙岗秦律所见程田制度及其相关问题》,中国社会科学院简帛研究中心主编《简帛研究二〇〇一》上册,广西师范大学出版社2001年版。

② 《算数书》的算题是否可以作为考察秦及西汉初年社会现实的依据,是我们利用这一材料前必须回答的问题。笔者的看法是肯定的,理由如下:首先,后文将揭示《算数书》算题使用的是240步的亩制,这是秦、汉时期的法定亩制。青川秦墓出土的秦武王二年(公元前309)"更修为田律":"田广一步,袤八则","卅步为则",30则即240步。(参见胡平生《青川秦墓木牍"为田"所反映的田亩制度》,《文史》第十九辑,1983年)张家山汉简《二年律令·田律》简4:"田广一步,袤二百卌步"。其次,下文将证,《算数书》的"取程"即龙岗秦简之"程租"。再次,《二年律令》表明西汉初年继承了秦的名田宅制,因此,田租征收方式应也继承下来。

（又）［一百］九十七分步七十九步而一斗。（简84）取程五步一斗，今干之一斗一升，欲减田令一斗？得曰：减田十一分步五。术（術）曰：以一斗一升数乘五步［为实］，令十一而一［为法］。（简85）

4. 秏（耗）租　秏（耗）租产多干少，曰：取程七步四分步［一］一斗，今干之七升少半升，欲求一斗步数。术（術）曰：直（置）十升以乘七斗〈步〉四分步（简86）［为实，七升少半升为法］，如干成一数也。曰：九步卅四分步卅九而一斗。程它物如此。（简87）

5、误券　租禾误券者，术（術）曰：毋升者直（置）税田数以为实，而以券斗为一，以石为十，并以为法，如法得一步。其券有［斗］者，直（置）舆〈与〉（简93）①田步数以为实，而以券斗为一，以石为十，并以为法，如法得一步。其券有升者，直（置）与田步数以为实，而以（简94）券之升为一，以斗为十，并为法，如·［法］得一步。（简95）

6. 租吴（误）券　田一亩租之十步一斗，凡租二石四斗。今误券二石五斗，欲益耎其步数，问益耎几何。曰：九步五分步三而一斗。术（術）（简96）曰：以误券为法，以与田为实。（简97）②

透过这几则算题，关于《算数书》时代的田租征收可以清楚以下几点：

第一，田租征收的单位是240步的大亩制。这可以从"租（吴）误券"一题推导出来，此题说"田一亩租之十步一斗，凡租二石四斗"，

---

① 补按：整理小组将"舆田"释作"与田"，认为"舆"是"与"（繁体字"與"）字的误写，除第一个"舆"作"舆〈与〉"外，其余两处全部径改为"与"。（张家山汉简二四七号汉墓竹简整理小组：《张家山汉墓竹简〔二四七号墓〕（释文修订本）》，第145页）笔者认为，"舆田"为秦始皇统一天下后更定名号时基于天下观创立的说法，将大地比喻为"舆车"，自己是驾驭这辆舆车的统治者，其治下的耕田称作"舆田"，故原文不误，不当改。（参见杨振红、尚宇昌《"乘舆""舆地图""舆田"与战国秦汉时期的天下国家观》，待刊）

② 张家山汉简二四七号汉墓竹简整理小组：《张家山汉墓竹简〔二四七号墓〕（释文修订本）》，第137、141、143、143、145、145页。

据此推算，2.4 石/0.1 石×10 步＝240 步，即亩积宽 1 步、长 240 步。以往研究者也指出《算数书》中与土地面积、边长计算有关的算题如"启广""启从（纵）""少广""大广""里田"等，也都是以 240 平方步为 1 亩。[①]

第二，上述算题在计算"租"或"税"时均采取"若干步一斗"的方式，从算题"取程"来看，这种以"若干步一斗"的方式计算租税的做法被称作"取程"。以此为"程"（标准），将 240 步的亩制换算成若干程，两者之乘积即为每亩之"租""税"。秦汉时期亩产量大约为大亩 3 至 4 石之间，[②] 但根据秦汉时期的法定税率反推上述算题的亩产量要比上述数字高出许多。如"租（吴）误券"中"田一亩租之十步一斗，凡租二石四斗"，是上述算题中"租"率最低的，按照汉初十五税一或十税一的税率，折合亩产量为 36 石或 24 石。"并租"中"三步一斗"是上述算题中"租"率最高的，折合亩产量为 120 石或 80 石，数量惊人，西汉时期除了区种田可能达到这样高的产量外，通常情况下根本不可能达到。因此，《算数书》上述算题中的数字到底是为了算题的需要虚拟的，还是这里的"租"或"税"实际上指的是产量，不得而知。

第三，"误券"和"租误券"表明每亩的田租率要被写在券书上，券书具有法律严肃性，即使误写了，也不能修改券书，而要以误写的券书为准，通过增减每程的步数的方式，使每亩的田租率和程租率以及程数三者吻合。由此推之，当时写在券书上的只有每亩的田租率，即每亩应缴纳若干石（或斗）田租，而"若干步一斗"的程租率，以及一亩合计多少"程"的程田数，都不记载在券书上。所谓的"券书"应就是《二年律令·户律》简 331 中的"田租籍"。

第四，从"取程"和"耗租"可以看出，当时国家规定要缴纳的田租应该是晾干后的粮食，如果"取程"时粮食没有晾干，则要按照晾干后粮食的重量重新推算"程"，这样获取"一斗"的步数势必增加，而

---

① 彭浩：《张家山汉简〈算数书〉注释》，科学出版社 2001 年版，第 6 页。
② 参见林甘泉主编《中国经济通史·秦汉经济卷（上）》，杨振红执笔第三章"农业生产"，经济日报出版社 1999 年版，第 237—244 页。

在每块地缴纳的田租总额不变的情况下，相应要在券书上减少这块地的步数。

当我们通过《算数书》对汉代田租征收的具体方式有了进一步的认识之后，再来看龙岗秦简，许多问题便可迎刃而解。

上述龙岗简由于不仅有"程"字，而且同一简中或者有"租"或者有"田""稼"等字，因此可以判定是与"程租"有关的简。但是，各简中"程"的含义并不完全相同。

简129"人及虚租希（稀）程者，耐城旦舂"，"希程"应是简134"□希（稀）其程率；或稼□"中"希其程率"的略称。《龙岗秦简》认为"希"应为"稀"，《注释》说："稀程，减少规定的租赋指标。"实际上"希"不必改为"稀"。《尔雅·释诂下》："希、寡、鲜，罕也。"[1]《集韵·微韵》："希，寡也。"[2]《龙岗秦简》释文说："虚，不实。虚租，收缴田租有虚数。"《吕氏春秋·士容论·辨土》"知其田之际也，不知其稼居地之虚也。"高诱注："虚，亦希也。"[3] 由于简文中有"稼"，而且称"程率"，因此，"希其程率"显然也与程租有关。

简136"租不能实□，□轻重于程，町失三分，□"中的"程"应该指规定的田租数额，否则不会用"轻重"一词。此简应该针对实际征收中能否征收足量的田租而制定，规定假如"一町"少了十分之三，应予以什么样的惩罚。下列简可能均是与此内容有关的简：

分以上，直（值）其所失臧（赃）及所受臧（赃），皆与盗同□（简137）

□分，失廿石以□（简186）

□以上，失租廿石□（简187）

---

① （清）郝懿行：《尔雅义疏·释诂弟一》，吴庆峰、张金霞、丛培卿、王其和点校，齐鲁书社2010年版，第2863页。

② （宋）丁度：《集韵》卷一《微第八》，（清）文渊阁《四库全书》本，中国基本古籍库。

③ （秦）吕不韦编，许维遹集释：《吕氏春秋集释》卷二六《士容论》，第693页。

盈廿石到十石，论（?）□□；不盈［十］石到一石，☑（简188）

以□□□□；不盈□石到☑（简189）

一盾；不盈十石到一石，诤（?）；不盈九斗到十☑（简191）

不盈廿石到十石，诤；不盈十石及过十☑（简193）

简125"不遗程、败程租者，□；不以败程租上☑"，《云梦龙岗秦简》将"败程租"解释为"不合租赋质量"，而《龙岗秦简》认为是"降低田租规定标准的等级"。《说文》支部："败，毁也。"[1] 但"败程"与"希程"有什么区别现在尚无法确定。至于"遗程"，《龙岗秦简》将其解释为"逃漏应缴田租的份额"是正确的。从简126"盗田二町[2]，当遗三程者"以及简127的"一町，当遗二程者"来看，盗田的对象是田亩，二简中遗程的"程"也应该指田亩数，而不可能是田租数额，因为不可能把不同质的东西放在一起进行类比。因此，"遗程"的"程"应该指一定田租率的土地份额。对此，后文还将从"匿田"的角度加以证明。

现在我们回过头来讨论简133"程田以为臧（赃），与同灋（法）。田一町，尽□盈□希☑"的"程田"。"程田"中"程"的对象是"田"，与"程租"不同，因此，将"程田"解释成"为田地计算并规定应缴纳的田租标准"或"评定地亩税额标准"不够准确。"程田"应为计算土地应缴纳的田租份额，份额的单位应就是简126和127中的"一程""二程"。

龙岗秦简还有一些与"租"有关的简：

租笄索不平一尺以上，赀一甲；不盈一尺到☑（简140）

上，然租不平而劾者，□□□□租（?）之（?）□☑（简141）

皆以匿租者，詐（诈）毋少多，各以其☑（简142）

---

[1] （汉）许慎撰，（清）段玉裁注：《说文解字注》第三篇下，第126页上栏。

[2] （唐）玄应：《一切经音义》卷八引《苍颉篇》："町，田区也。"（清）海山仙馆丛书本，中国基本古籍库。

□□□不到所租□直（值），虚租而失之如▨（简143）

租者监者诣受匿（?）租所□□□□▨▨□▨▨然▨（简144）

坐其所匿税臧（赃），与灋（法）没入其匿田之稼。▨（简147）

租者且出以律，告典、田典，典、田典令黔首皆智（知）之，及▨（简150）

▨□者租匿田▨（简165）

▨租故重▨（简170）

▨虽弗为轻租直（值）（简172）

▨重租与故（简174）

▨□租者不丈▨（简176）

▨□写律予租▨（简177）

其中，尤为引人注意的是简150及简177，两简中的“律”应该就是《史记·汉兴将相名臣年表》所说的“田租税律”。大概每年要收田租的时候，乡部啬夫和部佐都要将国家颁布的“田租税律”先传达给“典”（里典）和田典，由他们遍告百姓。简154：

黔首皆从千（阡）佰（陌）彊（疆）畔之其▨（简154）

很可能是与简150有关的简，即部佐进行“程田”“程租”时，要把百姓全部召集到田间地头，部佐和民户共同核准应缴纳田租的土地数量（即当年耕种的土地），测评亩产量和田租率，确定每户应缴纳的田租总额。

简140“租笄索不平一尺以上，赀一甲；不盈一尺到▨”，可能与租谷的测量、收纳有关，解释的关键在于“索”字。睡虎地秦简《仓律》《效律》中数见“索”字。如《仓律》：“入禾仓，万石一积而比黎之为户。县啬夫若丞及仓、乡相杂以印之，而遗仓啬夫及离邑仓佐主（简21）禀者各一户以气（饩），自封印，皆辄出，余之索而更为发户……

（简22）""禾、刍稾积索（索）出日，上赢不备县廷。出之未索（索）而已备者，言县廷，廷令长吏杂封其廥，与出之，辄上数（简29）廷；其少，欲一县之，可殹（也）。（简30）""□□□□□不备，令其故吏与新吏杂先索（索）出之。其故吏弗欲，勿强。其毋（无）故吏者，令有秩之吏、令（简31）史主，与仓□杂出之，索（索）而论不备。杂者勿更；更之而不备，令令、丞与赏（偿）不备。仓（简32）"《效》："度禾、刍稾而不备，十分一以下，令复其故数；过十分以上，先索以稾人，而以律论其不备。效（简167）"《效律》："度禾、刍稾而不备，十分一以下，令复其故数；过十分以上，先索（索）以稾人，而（简25）以律论其不备。（简26）"①

简142"皆以匿租者，詐（诈）毋少多，各以其□"、简144"租者监者②诣受匿（？）租所□□□□☒□☒□☒然☒"是关于"匿租"的简。江陵凤凰山十号汉墓出土简牍：

市阳租五十三石三斗六升半　其六石一升当簟（箪）物　其一斗大半当麦……凡□十一石八斗三升　定卌 [一] 石五斗三升半　监（？）印（？）③

其中的"监"应就是简144的"监者"，即负责监察田租征收的官吏。"匿租"应是简147"坐其所匿税臧（赃），与澹（法）没入其匿田之稼。☒"中的"所匿税赃"，即"匿田"的田租。此处的"匿田"与睡虎地秦简《法律答问》下段简的"匿田"义同④：

---

① 分见睡虎地秦墓竹简整理小组《睡虎地秦墓竹简·秦律十八种释文注释》，第25、27、27、58页；《效律释文注释》，第72页。整理小组注释："索，空。一说，此处余读为予，标点为'皆辄出余（予）之，索而更为发户。'"（睡虎地秦墓竹简整理小组：《睡虎地秦墓竹简·秦律十八种释文注释》，第26页）结合龙岗秦简，此解释似不妥。

② 《龙岗秦简》注释："监者，监督者。睡虎地秦简《法律答问》：'空仓中有荐，荐下有稼一石以上，廷行 [事] 赀一甲，令史、监者一盾。'"

③ 裘锡圭：《湖北江陵凤凰山十号汉墓出土简牍考释》，《文物》1974年第7期。

④ 参见刘信芳、梁柱《云梦龙岗秦简》，第38页。

> 部佐匿者（诸）民田，者（诸）民弗智（知），当论不当？部
> 佐为匿田，且可（何）为？已租者（诸）民，弗言，为匿田；未
> 租，不论○○为匿田。①

睡虎地秦律对部佐"匿田"做了法律界定。部佐如果没有将民田登记入册但却征收了田租，这种情况被视为"匿田"；反之，没有征收田租的则不被视为"匿田"。由此可知，"匿田"的罪行是否成立主要看其是否收了田租。因此，"匿田"之"田"应指部佐"程田"之田，即当年耕种的应登记入田租籍中的"田"，而不是田比地籍中的田。所谓"匿田"即隐瞒应缴纳田租的土地，主要与"遗程"等相区别。部佐"程田"时少登记应缴纳田租的土地数量可能存在两种情况，一种为故意所为，一种是工作疏忽造成。前者又分为两种情况，一种是为了侵吞这些土地上的田租，即秦律中所谓"匿田"；一种是接受了土地主人的贿赂，帮助他们逃避田租，这种情况在现实中应该普遍存在，前引《后汉书·刘隆列传》所说"刺史多不平均，或优饶豪右"反映的就是这一现实。龙岗简所出秦律对这三种情况均有涉及，除了前文提到的"匿田""匿租"外，龙岗秦简简148：

> 其所受臧（赃），亦与盗同灋（法）；遗者罪减焉☒（简148）

所针对的应是除"匿田"之外的另外两种情况。"其所受赃"可能就是指接受户主的贿赂，秦律规定这种行为与盗同罪。《龙岗秦简》注释说："遗者，疑指简125之'遗程'"。其思考方向是正确的。"遗程"即由于工作疏漏少登了应缴纳田租的土地，国家对此减轻处罚即"罪减焉"。

由此我们可以得出如下结论：龙岗上述关于"程田""程""程租""租"以及"匿田"的简，应是针对乡部啬夫、部佐等乡部官吏征收田

---

① 睡虎地秦墓竹简整理小组：《睡虎地秦墓竹简·法律答问释文注释》，第130页。

租制定的专门法律。龙岗秦简和张家山汉简《算数书》的出土，对搞清楚秦汉时期田租征收的实态具有重要意义。①

五 "盗田"

龙岗秦简中有几枚关于"盗田"的简，如：

> 人豕，与盗田同瀗（法）。☒（简124）
> 盗田二町，当遗三程者，□□□□□□☒（简126）
> 一町，当遗二程者，而□□□□□□☒（简127）
> 以为盗田。反农□□□☒（简175）

简127因为句式与简126相同，整理者因此认为两者是关于同一内容的系列简，从而将其列在一起，这是有道理的。关于"盗田"，《龙岗秦简》在简126注释中说：

> 盗田，盗占田地，此处疑指申报的田地面积少于实有的田地面积，等于是"盗田"。汉代有"占租"之法。《汉书·昭帝纪》：始元六年"令民得以律占租"。颜《注》引如淳曰："律，诸当占租者家长身各以其物占，占不以实，家长不身自书，皆罚金二斤，没入所不自占物及贾钱县官也。"师古曰："占谓自隐度其实，定其辞也。"参看简157注释一"度田不实"。

并解释此简的大意是：

> （少报土地面积而）盗占田地二町，相当于逃漏田租三个份额的人……

---

① 参见本书下编"秦汉时期的田租征收"，第222—243页。

《龙岗秦简》以秦汉实行土地申报制度为前提，认为"盗田"是少申报土地面积，并将它与汉代的占租政策相联系。这一解释存在几个问题。

首先，《龙岗秦简》将"盗田""度田不实"与"占租"联系在一起，不妥，"占租"针对的应是工、商行业，不包括农民的田租。《二年律令·□市律》出土了有关"占租"的法律，可资证明：

> 市贩匿不自占租，坐所匿租臧（赃）为盗，没入其所贩卖及贾钱县官，夺之死〈列〉。死〈列〉长、伍人弗告，罚金各一斤。啬夫、（简260）吏主者弗得，罚金各二两。诸詑（诈）给人以有取，及有贩卖贸买而詑（诈）给人，皆坐臧（赃）与盗同法，罪耐以下（简261）有（又）罢（迁）之。有能捕告詗吏，吏捕得一人，为除戍二岁；欲除它人者，许之。（简262）

《汉书·昭帝纪》始元六年（公元前81）"秋七月，罢榷酤官，令民得以律占租，卖酒升四钱"，针对的就是卖酒业。前文已述，秦汉时期的田租率由国家法律确定，百姓应缴纳田租的土地数量和田租率、田租数额等，均由乡部官吏审核确定。因此，用"占租"解释"盗田"从方向上就存在问题。

其次，"盗田"是否指"申报的田地面积少于实有的田地面积"呢？《唐律·户婚律》有"盗耕种公私田"条，是关于盗田的法律规定，可以为考察秦汉时期的盗田法提供借鉴：①

> 诸盗耕种公私田者，一亩以下笞三十，五亩加一等；过杖一百，十亩加一等，罪止徒一年半。荒田，减一等。强者，各加一等。苗子归官、主。

---

① 《二年律令》出土以后，我们在秦汉名田宅制与北魏以来至隋唐的均田制之间看到了清晰的沿承发展关系，因此，将两个时期的土地制度进行比较是可行的。参见本书下编"《二年律令》与'名田宅制'"，第153—194页。

《疏议》曰:

> 田地不可移徙,所以不同真盗,故云"盗耕种公私田者"……"苗子各归官、主",称苗子者,其子及草并征还官、主。"下条苗子准此",谓"妄认及盗贸卖""侵夺私田""盗耕墓地",如此之类,所有苗子各还官、主。其盗耕人田,有荒有熟,或窃或强,一家之中罪名不等者,并依例"以重法并满轻法"为坐……若亲属相侵得罪……若已上籍,即从下条"盗贸卖"之坐。①

《疏议》明确指出所以称作"盗耕种"是因为"田地"不同于其他物品,不可移动。② 此条后是"妄认盗卖公私田"以及"在官侵夺私田""盗耕人墓田"等条,这些行为应属于广义的盗田范畴,如"在官侵夺私田"显然属于"或窃或强"的"强",唐律对这三种行为单独立条并加重处罚,应该是因为在当时人看来,这些行为比普通的盗田更为恶劣。由此可知,唐律中的"盗田"指的是在自己法定占有的土地之外,采取隐秘或公开手段侵占、抢夺公私田的行为。

那么,秦汉时期"盗田"的概念是否和唐代一样呢?愚以为如此。汉代文献记载了一些与上述唐律"盗田"行为相类似的事件。如《史记·淮南衡山列传》载,汉武帝时淮南王刘安的王后荼、太子迁及女陵"侵夺民田宅";③ 衡山王刘赐"数侵夺人田,坏人冢以为田",④ 这些日后都成为他们的罪状。据《汉书·李广传附李蔡》,武帝时李蔡"以丞相坐诏赐冢地阳陵当得二十亩,蔡盗取三顷,颇卖得四十余万,又盗取神道外壖地一亩葬其中,当下狱,自杀"。⑤《后汉书·方术列传下·公

---

① (唐)长孙无忌等撰,刘俊文笺解:《唐律疏议笺解》卷一三《户婚》,中华书局1996年版,第970—971页。
② 从秦律"盗田"到唐律"盗耕种公私田"语言表述上的变化,表明经过数百年的发展,中国古代的法律术语日臻完善和严谨。
③《史记》卷一一八《淮南衡山列传·淮南王安》,第3747页。
④《史记》卷一一八《淮南衡山列传·衡山王赐》,第3760页。
⑤《汉书》卷五四《李广苏建传·李广附李蔡》,第2449页。

沙穆》记载，东汉桓帝时缯侯刘敞"侵官民田地"，其相公沙穆将其没收上交国家。① 结合唐律关于盗田的规定，可以推想这些人之所以获罪或被谴责，应是因为他们违反了盗田法。最典型的例证就是李蔡案，《汉书》本传直言他的行为为"盗取"，他不仅盗冢地，而且还将其出卖，因此触犯了法律关于盗田的多项规定。

可以看到，无论是唐律关于盗田的规定，还是汉代关于盗田的实例，盗田的行为不仅与少申报土地的行为有所区别，而且犯罪性质更为恶劣。《唐律疏议》有关法律写作"诸盗耕种公私田"，其实已经表明其所盗的土地权属是明确的，"公"即国家的官田，"私"即私有土地。盗田者只是利用"或窃或强"的手段去占有土地，或者进行耕种以收取收获物，或者将其转卖，或者通过申报使其占有合法化，即将其登记在自己的田籍中。

由此也可以认定龙岗秦简简 120、121：

> 侵食道、千（阡）、邸（陌），及斩②人畴企（畦），赀一甲⊠（简 120）
> 盗徙封，侵食冢庐，赎耐；□□宗庙奖（墙）⊠（简 121）

在秦汉时期也应该属于广义的盗田范畴。正如《龙岗秦简》所说，睡虎地秦简《法律答问》的下段问答：

> "盗徙封，赎耐。"可（何）如为"封"？"封"即田千佰。顷半（畔）"封"殹（也），且非是？而盗徙之，赎耐，可（何）重

---

① 《后汉书》卷八二下《方术列传下·公沙穆》，第 2730 页。
② 《龙岗秦简》引用李家浩的说法，认为"斩"疑读为"堑"，训为掘。实际上，这里"斩"即解释得通，不必读为"堑"。《说文》车部："斩，截也。从车斤。斩法车裂也。"〔（汉）许慎撰，（清）段玉裁注：《说文解字注》第十四篇上，第 737 页上栏〕《广雅·释诂》：斩，"断也"；斩、裁，"裂也"。〔分见（清）王念孙《广雅疏证》卷一上、卷二上，中华书局 1983 年影印本，第 22、47 页〕此简指截取别人的田地。

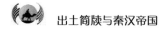

也？是，不重。（简64）①

所问正是龙岗简121的内容。② 结合唐律"盗耕种公私田"条中所说"苗子归官、主"，可推测下列简：

　　　　☑迣徙其田中之臧（赃）而不☑（简160）
　　　　☑罪及稼臧（赃）论之。（简161）
　　　　稼偿主。　　　☑（简162）③

可能是秦律对盗田的处置办法，对如何处置盗田上的庄稼作出规定。

六　结　语

　　本章结合张家山汉简等出土简牍，对龙岗秦简中有"田"和"租"等字的简做了进一步的考察和阐释。龙岗秦简简116"廿四年正月甲寅以来，吏行田赢律（？）誺（诈）☑"的出土表明，"行田"即授田在秦帝国时期是人们获得土地最为重要的一种方式，它和传世文献以及张家山汉简相互印证秦及西汉初期实行的是"名田宅制"。名田宅制下国家对土地有一套严格的管理办法。国家对土地实行管理的基层行政组织是乡，乡部啬夫及其属吏——部佐（汉为乡佐）每年要对百姓申报的户口、宅园、土地以及土地的耕种、收成等情况进行检核，制成宅园户籍、年细籍、田比地籍、田合籍、田租籍，并将这些簿籍的副本上交到县，

---

① 睡虎地秦墓竹简整理小组：《睡虎地秦墓竹简·法律答问释文注释》，第108页。

② 将龙岗秦简关于盗田的处罚与唐律进行比较会发现，唐律对"盗耕人墓田"处罚最重，而龙岗秦简简124、121表明，秦律中盗人冢、侵食冢庐与普通的盗田、盗徙封处罚相同，它表明至少在上述方面，秦代孝的观念还没有像后代那样被充分贯彻到法律中。

③ 《二年律令·田律》简253－254："马、牛、羊、豬彘、彘食人稼穑，罚主金马、牛各一两，四豬彘若十羊、彘当一牛，而令拆稼偿主。县官马、（简253）牛、羊，罚吏徒主者。贫弗能赏（偿）者，令居县官；□□城旦舂、鬼薪白粲也，笞百，县官皆为赏（偿）主，禁毋牧彘。（简254）"（彭浩、陈伟、［日］工藤元男主编：《二年律令与奏谳书——张家山二四七号汉墓出土法律文献释读》，"二年律令释文"，第192页）可能与此简有承继关系。

县令、史等对此进行监督、检查。对占有土地没有达到法定标准者，通过"行田"补其不足。每年庄稼即将收获时，乡要将国家关于田租征收的法律传达给里典、田典，由里典、田典告之百姓。部佐和里典、田典以及户主一起核算当年耕种的土地，测算田租率和应缴纳的田租总额。国家对乡部官吏在田租籍登记中出现的"匿田""遗程""败程"以及百姓盗耕种公私田的"盗田"等行为从法律上做了界定，并制定了严格的惩罚措施。秦汉国家对征收租谷的成色、干湿度、盛装等也有规定，如果不符合规定或各簿籍间的记载出现误差，主管官吏也要受到惩罚。

龙岗秦简上述"田""租"简的出土及其释义的解明，对进一步探讨秦汉时期的土地和田赋制度以及秦汉国家的特质具有重要意义。

秦汉时期的田租征收

一 学术史回顾及问题所在

田租是秦汉国家最重要的赋税项目和财政收入之一。自近代历史学建立以来，国内外学者对这一时期的田租问题展开了深入而广泛的研究和讨论。目前学界在以下认识上基本达成共识：按亩征税的制度始于鲁宣公十五年（公元前594）"初税亩"，① 秦国田租的征收晚于关东各国，始于秦简公七年（公元前408）"初租禾"。② 按亩征税是春秋战国时期具有划时代意义的税制改革。秦汉时田租基本上征收的是实物。汉高祖建立西汉王朝后，曾一度将田租的税率降至十五税一，但为期不长，此后，税率再度加重。惠帝即位后（公元前195），再次实行十五税一，并成为制度。文帝二年（公元前178）对田租进行减半征收，实行三十税一；十二年（公元前168）再次减半；翌年（十三年，公元前167）全部免除田租。景帝时曾实行三十税一。大约在景、武时期，三十税一成为汉代的定制。成帝建始元年（公元前32）开始实行什四免租制，对受灾四成以上的农田减免田租。③ 王莽时期在推行王田制的同时，也改革了田租制度，实行什税一，这一税率在东汉初年为光武帝所继承。建武六年（公元30），东汉国家恢复三十税一，直至东汉结束。东汉和帝永

---

① （清）洪亮吉：《春秋左传诂》卷三，经宣公十五年，第92页。
② 《史记》卷一五《六国年表》，第858页。
③ 《汉书·成帝纪》：建始元年十二月"郡国被灾什四以上，毋收田租"。颜师古注："什四，谓田亩所收，十损其四。"（《汉书》卷一〇《成帝纪》，第304页）

元四年（公元92）始行实除减半制，对受灾未达四成的农田，减去实际损失后，按实有产量减半征收田租。①

然而，关于秦汉时期田租征课的具体方法，学界对以下两个问题的认识长期存在分歧：第一，如何确定每户应缴纳田租的土地数量；第二，何时开始将耕地按肥瘠划分等级，并区别丰欠年份，实行差额征收，即分品制始于何时。下面详述学术史始末及争议点。

首先，关于如何确定应征田租的土地数量问题。以往学者普遍认为秦汉时期是按每户实际拥有的土地数量课征田租。② 睡虎地秦简出土以后，有学者根据以下材料：

> 睡虎地秦简《秦律十八种·田律》："入顷刍稿，以其受田之数，无豤（垦）不豤（垦），顷入刍三石、稿二石。刍自黄䕛及蘆束以上皆受之。入刍稿，相（简8）输度，可殴（也）。田律（简9）"③
>
> 《后汉书·南蛮列传》：秦昭王时"复夷人顷田不租"，李贤注："优宠之，故一户免其一顷田之税。"④
>
> 《通典·食货四·赋税上》："秦则不然，舍地而税人，故地数未盈，其税必备。
>
> 秦则不然，舍地而税人，故地数未盈，其税必备。"⑤

提出秦代征收田租，是以一户有田百亩的假设，按人户征收，不满顷亩

① 参见［日］吉田虎雄《両漢租税の研究》，大阪：大阪屋号书店 1942 年版；李剑农《先秦两汉经济史稿》，生活·读书·新知三联书店 1957 年版；韩连琪《汉代的田租口赋和徭役》，《文史哲》1956 年第 7 期；［日］平中苓次《中国古代の田制と税法—秦漢经济史研究一》；高敏《秦汉赋税制度考释》，其著《秦汉史论集》；黄今言《秦汉赋役制度研究》，江西教育出版社 1988 年版；周国林《战国迄唐田租制度研究》，华中师范大学出版社 1993 年版；［日］山田胜芳《秦漢财政收人の研究》；林甘泉主编《中国经济通史·秦汉经济卷（上）》；等等。

② ［日］吉田虎雄：《両漢租税の研究》；韩连琪《汉代的田租口赋和徭役》，《文史哲》1956 年第 7 期；等等。

③ 睡虎地秦墓竹简整理小组：《睡虎地秦墓竹简·秦律十八种释文注释》，第 21 页。

④ 《后汉书》卷八六《南蛮西南夷列传·南蛮·板楯蛮夷》，第 2842 页。

⑤ （唐）杜佑：《通典》卷四《食货四·赋税上》，第 77 页。

的农户同样要交顷田之租，到汉代时才按照实有土地数量征收。① 有学者甚至提出，这一征收方法一直延续到西汉末年，直至东汉初年才改为按亩计征。② 一些学者不同意上述观点。山田胜芳注意到前引睡虎地秦律《田律》将"受田"分为"狠（垦）"和"不狠（垦）"，以及《田律》和文献材料中有"垦田"的说法：

> 睡虎地秦简《田律》："雨为澍〈澍〉，及诱（秀）粟，辄以书言澍〈澍〉稼、诱（秀）粟及狠（垦）田暘毋（无）稼者顷数。稼已生后而雨，亦辄言雨少多，所（简1）利顷数。早〈旱〉及暴风雨、水潦、畜（螽）蚀、群它物伤稼者，亦辄言其顷数。近县令轻足行其书，远（简2）县令邮行之，尽八月□□之。田律（简3）"③
>
> 《后汉书·刘般列传》："又郡国以牛疫、水旱，垦田多减，故诏敕区种，增进顷亩，以为民也。而吏举度田，欲令多前，至于不种之处，亦通为租。"④

指出，秦汉时期仍以休闲农耕为主，耕地实际上包含"垦田"和"不垦"两种，刍稿税针对农民占有的所有土地征收，田租只针对当年耕种的垦田征收。⑤ 李恒全等亦认为刍稿税征收方式不同于田租征收方式，田租征收单位是亩而非顷。⑥

其次，关于秦汉时期是否按土地肥瘠及每年丰欠情况差别征收田租

---

① 黄今言：《秦租赋徭役研究》，《江西师院学报》1979 年第 3 期，收入其著《秦汉赋役制度研究》，第 80—82 页。

② 臧知非：《汉代田税征收方式与农民田税负担新探》，《史学月刊》1997 年第 2 期；《再谈汉代田税征收方式问题——兼答李恒全同志》，《江西师范大学学报》2001 年第 2 期；《西汉授田制度与田税征收方式新论——对张家山汉简的初步研究》，《江海学刊》2003 年第 3 期；《汉代田税"以顷计征"新证——兼答李恒全同志》，《江西师范大学学报》2003 年第 5 期。

③ 睡虎地秦墓竹简整理小组：《睡虎地秦墓竹简·秦律十八种释文注释》，第 19 页。

④ 《后汉书》卷三九《刘赵淳于江刘周赵列传·刘般》，第 1305 页。

⑤ ［日］山田胜芳：《秦漢財政收入の研究》，第 37—40 页。

⑥ 李恒全：《也谈西汉田税的征收方式问题——与臧知非先生商榷》，《江西师范大学学报》2000 年第 1 期；李恒全：《汉代田税百亩征收说确难成立——与臧知非先生再商榷》，《江西师范大学学报》2001 年第 4 期；李恒全、朱德贵：《对战国田税征收方式的一种新解读》，《中国社会经济史研究》2003 年第 4 期。

问题。学界最初根据《盐铁论·未通》载文学语：

> 什一而籍，民之力也。丰耗美恶，与民共之。民勤，己不独衍；民衍，己不独勤。故曰："什一者，天下之中正也。"田虽三十，而以顷亩出税，乐岁粒米狼戾而寡取之，凶年饥馑而必求足。① 加之以口赋更繇之役，率一人之作，中分其功。农夫悉其所得，或假贷而益之。是以百姓疾耕力作，而饥寒遂及己也。②

普遍认为两汉时期虽然原则上以收获量作为课税基准，按法定比率征收田租，实行十五税一或三十税一的定率租（或称分成租），但实际中可能采用"较数岁之中以为常"的方法，由政府估定正常年份的平均亩产量，以此为基础，计算出十五分或者三十分之一的税率，地无分肥瘠，年无论丰歉，实行统一的定额租。③ 并根据《后汉书·循吏列传·秦彭》的下列记载：

> 建初元年，迁山阳太守……兴起稻田数千顷，每于农月，亲度顷亩，分别肥墝，差为三品，各立文簿，藏之乡县。于是奸吏局踏，无所容诈。彭乃上言，宜令天下齐同其制。诏书以其所立条式，班令三府，并下州郡。④

推测东汉章帝建初三年（公元78），始在全国范围内将耕地划分为上、中、下三个等级，实行差额征收。⑤

---

① 正如以往学者指出，"乐岁粒米狼戾而寡取之，凶年饥馑而必求足"之语，应源于《孟子·滕文公上》："贡者，校数岁之中以为常，乐岁粒米狼戾，多取之而不为虐，则寡取之；凶年粪其田而不足，则必取盈焉。"[（清）焦循：《孟子正义》卷一〇《滕文公章句上》，第338页]

② （汉）桓宽撰集，王利器校注：《盐铁论校注》卷三《未通》，第191页。

③ ［日］吉田虎雄：《両漢租税の研究》；韩连琪《汉代的田租口赋和徭役》，《文史哲》1956年第7期；高敏《秦汉史论集》，"秦汉赋税制度考释"；等等。

④ 《后汉书》卷七六《循吏列传·秦彭》，第2467页。

⑤ 如［日］吉田虎雄《両漢租税の研究》；马大英《汉代财政史》，中国财政经济出版社1983年版，第33页；黄今言《秦汉赋役制度研究》，第81—83页。

但是，关于分品制实行的时间，也有学者持不同意见。平中苓次氏认为西汉时已将田地按质分为三等，他的意见有几点值得重视：第一，汉代史料中没有表明每亩租额的绝对数字；第二，《秦彭列传》的记载乍看起来很容易让人误以为三品制始于秦彭，深究其意却并非如此，"奸吏局蹐，无所容诈"表明秦彭和章帝改革针对的仅仅是以往不完善的田籍登记制度，而非田租征收方式；第三，《周礼》《礼记》等文献均有关于土地按质划分等级的记载，[①] 它表明将田地划分等级的观念可能由来已久。[②]

米田贤次郎则利用下列居延简，补充论证了平中氏的观点：

A ▎右第二长官二处田六十五亩　租廿六石　　□（303.7A）
B 　右家五田六十五亩租大石　廿一石八斗　　（303.25A）[③]

上述简的年代为昭帝始元至元凤年间（公元前86—公元前75）。米田氏指出，如果当时实行的是定额租，那么 B 简每亩的田租额就应该相同，但是，以 21.8 除以 65 亩，所得为约数 3.369230……，[④] 由此可知，B 简

① 《周礼·地官司徒上·小司徒》："乃均土地以稽其人民而周知其数。上地家七人，可任也者家三人；中地家六人，可任也者二家五人；下地家五人，可任也者家二人。"郑玄注："均，平也。周犹遍也。一家男女七人以上，则授之以上地，所养者众也。男女五人以下，则授之以下地，所养者寡也。正以七人六人五人为率者，有夫有妇然后为家，自二人以至于十，为九等，七六五者为其中。"贾公彦疏"乃均土地以稽其人民而周知其数"云："以其佐大司徒掌其土地人民之数，故制上地下地等，使得均平。既给土地，则据土地计考其人民可任不可任之事。"疏"上地家七人，可任也者家三人"："六乡三等田制，亦与六遂同。此经计户口之多寡，《遂人》辨土地之肥硗，两职文相表里。此上地即《遂人》云'田百晦莱五十晦'也。"［（清）孙诒让：《周礼正义》卷二〇《地官司徒上·小司徒》，第779页］《礼记·王制》："制农田百亩。百亩之分，上农夫食九人，其次食八人，其次食七人，其次食六人，下农夫食五人。庶人在官者，其禄以是为差也。"郑玄注："农夫皆受田于公，田肥墝有五等，收入不同也。"［（清）朱彬：《礼记训纂》卷五《王制》，第165页］
② ［日］平中苓次：《漢代の田租と災害による其の減免》，《立命館文學》第172、178、184、191号，1959—1961年，收入其著《中国古代の田制と税法—秦漢経済史研究—》，第六章，第97—182页。
③ 中研院史语所简牍整理小组编：《居延汉简（叁）》，中研院史语所2016年版，第250、254页。
④ 21.8 除以 65 应得 0.3353846……与上述数字不符，是米田氏计算错误，或是印刷、译文转写错误，不得而知。

· 226 ·

的 65 亩土地不是按同一标准课税，他推算其中一家为上田，四家为中田，上、中、下田的田租比例为 10:8:6。因此，至少昭帝时已经将田地分等级征收田租，而且是先将郡分为三等，又将郡内再制为三等，全国共分为九等。他还引用《管子·山权数》将土地划分为高田、间田、庸田，[①] 以及《禹贡》以州为单位将土地从上上到下下分为九等，加以佐证。他认为《盐铁论·未通》文学批评的不是土地未按肥瘠划分等级，而是对丰年和灾年不加以区别。根据居延出土的成帝建始二年（公元前 31）前后的简：

□田簿署岁上中下度得谷□率其有灾害者署 　　　　　113·6[②]

他进一步推断大约从成帝建始元年（公元前 32）起，开始根据年成将土地分为三个等级征收田租。[③] 此后，杜绍顺、[④] 山田胜芳、[⑤] 宋杰[⑥]等亦分别从《秦彭列传》文本本身以及其他文献材料两方面，论证秦彭以前

---

① 《管子·山权数》载管子语："高田十石，间田五石，庸田三石，其余皆属诸荒田。"（黎翔凤：《管子校注》卷二二《山权数》，第 1306 页）

② 《居延汉简释文合校（上）》将其与 139.24 编联作："𤞤田簿署岁上中下度得谷□率其有灾害者署顷亩□率□"（谢桂华、李均明、朱国炤：《居延汉简释文合校（上）》，第 184 页）。

③ 〔日〕米田贤次郎：《汉代田租查定法管见》，姜镇庆译，中国社会科学院历史研究所战国秦汉史研究室编《简牍研究译丛》第 2 辑，中国社会科学出版社 1987 年版，第 273—275 页，原文载《滋賀大學教育學部紀要》17，1967 年。

④ 杜绍顺：《汉代田税征收方法辨析》，《中国史研究》1985 年第 3 期。

⑤ 山田胜芳列举的材料有银雀山汉墓《守法守令等十三篇·田法》："岁收：中田小亩亩廿斗，中岁也。上田亩廿七斗，下田亩十三斗，大（太）上与大（太）下相复（覆）以为衡（率）。"（银雀山汉墓竹简整理小组：《银雀山汉墓竹简（壹）》，文物出版社 1985 年版）上中下田的田租比率是 1.35:1:0.65，山田胜芳据此推测汉代上中下田的田租比率是 1.25:1:0.75。（〔日〕山田胜芳：《秦漢財政收入の研究》，第 79—81 页）

⑥ 宋杰：《〈九章算术〉与汉代社会经济》，首都师范大学出版社 1994 年版，第 119—121 页。其列举的材料有：《国语·齐语》管仲"相地而衰征"，韦昭注："视土地之美恶及所生出，以差征赋之轻重也。"〔（春秋）（旧题）左丘明撰，徐元诰集解：《国语集解·齐语》，第 227 页〕桓谭《新论》引魏国田法曰："上上之田收下下，女则有罚；下下之田收上上，女则有赏。"〔（汉）桓谭撰，朱谦之校辑：《新辑本桓谭新论》卷一一《离事篇》，中华书局 2009 年版，第 49 页〕《汉书·沟洫志》载西汉时武帝下令曰："今内史稻田租挈重，不与郡同，其议减"（《汉书》卷二九《沟洫志》，第 1685 页）；等等。

即根据土壤的肥瘠实行差额征收。

新近刊布的龙岗秦简和张家山汉简中，有许多关于"田租"方面的简，[①] 为上述问题的解决提供了可能。而且，通过对这些新材料进行研读，笔者发现以往学界意见比较统一的汉初田租征收方式也还有进一步讨论的余地。[②]

二　出土秦汉简牍所反映的程租制度

龙岗秦简出土了一些有"程""租"字样的简：

不遗程、败程租者，□；不以败程租上☒（简125）

人及虚租希（稀）程者，耐城旦舂；□□□☒（简129）

租不能实□，□轻重于程，町失三分，☒（简136）

☒程租☒（简167）[③]

由于简文中多同时有"田""町""稼"等字，可以判定它们是关于田租征收的简。

《说文》禾部："程，程品也。十发为程，一程为分，十分为寸。从禾，呈声。"[④] 后引伸为度量衡的总称。《荀子·致士》："程者，物之准也。"杨倞注："程者，度量之总名也。"[⑤]《史记·太史公自序》："张苍为章程。"裴骃《集解》引如淳曰："程者，权衡丈尺斛斗之平法也。"瓒曰："《茂陵书》'丞相为工用程数其中'，言百工用材多少之量及制度

---

① 中国文物研究所、湖北省文物考古研究所编：《龙岗秦简》；张家山汉简二四七号汉墓竹简整理小组：《张家山汉墓竹简〔二四七号墓〕（释文修订本）》。

② 参见本书下编"龙岗秦简诸'田''租'简释义补正"，第195—221页。

③ 分见中国文物研究所、湖北省文物考古研究所编《龙岗秦简》，第114、116、118、127页。

④ （汉）许慎撰，（清）段玉裁注：《说文解字注》第七篇上，第330页下栏。

⑤ （清）王先谦：《荀子集解》卷九《致士篇》，第262页。

之程品者是也。"① 程亦作动词，为计量、度量之义。《礼记·儒行》："鸷虫攫搏，不程勇者；引重鼎，不程其力。"郑玄注："程犹量也。"② 《汉书·东方朔传》："武帝既招英俊，程其器能，用之如不及。"颜师古注："程谓量计之也。"③ 那么，龙岗秦简中的"程租"是否是秦时计算、征收田租的方法呢？

张家山汉墓所出《算数书》中也有两道算题提到"程"：

> 取程　取程十步一斗，今干之八升，问几何步一斗？问得田〈曰〉：十二步半一斗。术（术）曰：八升者为法，直（置）一升〈斗〉步数而十之［为实］，如法一步。竞（简83）程卅七步得禾十九斗七升，问几何步一斗。得曰：减田十〈卅〉一〈五〉步有（又）［一百］九十七分步七十九步而一斗。（简84）取程五步一斗，今干之一斗一升，欲减田令一斗。得曰：减田十一分步五。术（术）曰：以一斗一升数乘五步［为实］，令十一而一［为法］。（简85）

> 耗（耗）租　耗（耗）租产多干少，曰：取程七步四分步［一］一斗，今干之七升少半升，欲求一斗步数。术（术）曰：直（置）十升以乘七斗〈步〉四分步（简86）一［为实，七升少半升为法］，如干成一数也。曰九步卅四分步卅九而一斗。程它物如此。（简87）④

由于题中同时出现了田、步、斗、升、租、产等字，因此可以判定它们是关于计算田租的算题。此外，在下列四道算题中，虽然没有"程"字，但是却同样采用"若干步一斗"的模式，并且同样有"租"、"税"、

① 《史记》卷一三○《太史公自序》，第4026、4027页。
② （清）孙希旦：《礼记集解》卷五七《儒行》，第1402页。
③ 《汉书》卷六五《东方朔传》，第2863页。
④ 张家山汉简二四七号汉墓竹简整理小组：《张家山汉墓竹简〔二四七号墓〕（释文修订本）》，第143—144页。

谷物名称、谷物量制单位"升、斗、石"等要素：

> 并租 禾三步一斗，麦四步一斗，荅五步一斗，今并之租一石，问租几何。得曰：禾租四斗卌七分〔斗〕十二，麦租三斗〔卌七〕分〔斗〕九，（简43）荅租二斗〔卌七〕分〔斗〕廿六。术（术）曰：直（置）禾三步、吏〈麦〉四步、荅五步，令禾乘麦为荅实，荅乘禾为麦实，〔麦乘荅为禾实〕，各□（简44）直（置）之以一石各乘之〔禾、荅、麦〕为实，卌七为法而一斗。（简45）

> 税田 税田廿四步，八步一斗，租三斗。今误券三斗一升，问几何步一斗。得曰：七步卅七〈一〉分步廿三而一斗。术（术）曰：三斗一升者为法，（简68）十税亩为实。令如法一步。（简69）

> 误券 租禾误券者，术（术）曰：毋升者直（置）税田数以为实，而以券斗为一，以石为十，并以为法，如法得一步。其券有〔斗〕者，直（置）（简93）与田步数以为实，而以券斗为一，以石为十，并以为法，如法得一步。其券有升者，直（置）与田步数以为实，而以（简94）券之升为一，以斗为升，并为法，如·〔法〕得一步。（简95）

> 租吴（误）券 田一亩租之十步一斗，凡租二石四斗。今误券二石五斗，欲益亵其步数，问益亵几何。曰：九步五分步三而一斗。术（术）（简96）曰：以误券为法，以与田为实。（简97）①

因此，它们应该与前两道算题一样与田租计算有关。

《算数书》的"取程"与龙岗秦简的"程租"都与田租征收有关，两座墓葬的年代仅相隔20余年，那么，它们反映的是否是同一制度呢？我们首先面临的问题是，《算数书》是否可以作为反映当时社会现实的资料而使用，这实际关系到如何认识《算数书》的性质问题。《算数书》

---

① 分见张家山汉简二四七号汉墓竹简整理小组《张家山汉墓竹简〔二四七号墓〕（释文修订本）》，第137—138、141、145页。

的起源可能很早，至少在秦统一以前已经成形。它应是以社会现实为基础而设计，并随着时代的变化而不断修订的。此处试举几例加以证明。首先，《算数书》采用的是秦及西汉初期中央政府所在地（故秦地）的法定亩制——240平方步的大亩制。"租（吴）误券"一题说"田一亩租之十步一斗，凡租二石四斗"，据此推算，2.4石/0.1石×10步＝240步。《算数书》中与土地面积、边长计算有关的算题如"启广""启从（纵）""少广""大广""里田"等也均以240平方步为1亩。① 至少从秦武王时起，秦国即实行240平方步的大亩制。四川青川秦墓出土的秦武王二年（公元前309）"更修为田律"中有"田广一步，袤八则"的规定，根据1977年安徽阜阳双古堆西汉汝阴侯夏侯灶墓出土的竹简简文"卅步为则"，八则即为240步。② 这一亩制或许可以上溯至公元前4世纪中叶秦孝公商鞅变法时。张家山汉简《二年律令·田律》简246有"田广一步，袤二百卌步"③ 的内容，表明西汉初年法定的亩制也是240平方步的大亩制。其次，《九章算术·均输》有则算题：

> 今有均赋粟，甲县四万二千算，粟一斛二十，自输其县；乙县……凡六县赋粟六万斛，皆输甲县。六人共车，车载二十五斛，<u>重车日行五十里，空车日行七十里</u>，载输之间各一日。粟有贵贱，佣各别价，以算出钱，令费劳等。问县各粟几何？④

其中"重车日行五十里，空车日行七十里"一句，张家山汉简《二年律令·徭律》中亦有类似语句：

> 发传送，县官车牛不足，令大夫以下有赀（赀）者，以赀

---

① 彭浩：《张家山汉简〈算数书〉注释》，第6页。

② 参见胡平生《青川秦墓木牍"为田"所反映的田亩制度》，《文史》第十九辑。

③ 张家山汉简二四七号汉墓竹简整理小组：《张家山汉墓竹简〔二四七号墓〕（释文修订本）》，第42页。

④ 白尚恕：《〈九章算术〉注释》，科学出版社1983年版，第195页。

（赀）共出车牛；及益，令其毋訾（赀）者与共出牛食，约载具。吏及宦皇帝者不（简411）与给传送事。委输传送，<u>重车、重负日行五十里，空车七十里，徒行八十里</u>……（简412）[1]

它表明年代晚于《算数书》的《九章算术》也与现实法律制度之间有着紧密关系。再者，《算数书》与历谱、《二年律令》、《奏谳书》、《脉书》、《盖庐》、《引书》同出张家山247号汉墓，整理小组根据葬具和随葬品，推测墓主人可能是一名低级官吏，[2] 这些书籍之所以被随葬在墓中，很可能是因为它们是墓主人身为官吏必备的工具书。[3] 假如《算数书》确实是以现实为基础设计的，甚而是作为官府行政参考手册而作的，那么，就有理由认定《算数书》上述六道算题所反映的计算田租率的方式——"取程"，就是龙岗秦简所说的"程租"，它是秦及西汉初期田租征收的制度。

根据《算数书》上述算题，可知所谓"取程"或"程租"即测算得到一斗田租的田亩步数，[4] 以此"程"作为标准，将240平方步的亩换算成若干程，程数与一斗之积即为每亩之"租""税"。由此可进一步推

---

① 彭浩、陈伟、〔日〕工藤元男主编：《二年律令与奏谳书——张家山二四七号汉墓出土法律文献释读》，第248页。

② 张家山二四七号汉墓竹简整理小组：《张家山汉墓竹简〔二四七号墓〕》，"前言"。

③ 参见〔日〕藤田胜久《里耶秦简的文书形态与信息传递》，戴卫红译，中国社会科学院简帛研究中心等编《简帛研究二〇〇六》，广西师范大学出版社2008年版。

④ 但是，是否可以把《算数书》中以上算题的租或税理解为现实中的田租率尚存疑问。如"租（吴）误券"中"田一亩租之十步一斗，凡租二石四斗"，是上述算题中"租"率最低的，如果将其视为产量，那么与文献记载的汉代平均亩产量基本吻合；但是，如果将其视为田租，按照当时十五税一的税率，折合亩产量为36石，比文献反映的汉代亩产量高得多。再如，"并租"中"三步一斗"是上述算题中"租"率最高的，如果将其视为产量，折合亩产量为8石，在汉代已属高产；但是，如果将其视为田租，折合亩产量为120石，数量惊人，西汉时期除了区种田可能达到这样高的产量外，通常情况下根本不可能达到。因此，这些算数题中租税的数字或者表示的是产量，或者是出于设题的需要而虚拟的。《九章算术·衰分》中有一道算题："今有田一亩，收粟六升太半升。今有田一顷二十六亩一百五十九步，问收粟几何？答曰：八斛四斗四升一十二分升之五。术曰：以亩二百四十步为法，以六升太半升乘今有田积步为实，实如法得粟数。"（白尚恕：《〈九章算术〉注释》，第93页）如果将此题的"收粟六升太半升"看成是产量，则产量过低。但是，题中又未明确说"收粟"是产量还是租税。由此看来，《九章算术》也存在同样的问题。

定，龙岗秦简下列简：

> 盗田二町，当遗三程者，□□①□□□□□□☑（简126）
> 一町，当遗二程者，而□□□□□☑（简127）
> 誹（诈）一程若二程□□之□□☑（简128）
> 人及虚租希（稀）程者，耐城旦舂；□□□☑（简129）②

中的"一程""二程""三程"，指的是产出一斗田租的土地份额，份额的单位为"程"。简125中"遗程"的"程"意亦同，"遗程"指遗漏应缴纳田租的土地份额。简133：

> 程田以为臧（赃），与同灋（法）。田一町，尽□盈□希☑（简
> 133）③

中的"程田"应为计算土地应缴纳田租的份额。以"若干步一斗"的方式计算田租率有以下几种方便之处：首先，一斗是一个整数，容易计算；其次，一斗所合土地的步数（程）较小，容易计算小块土地的田租率。

"误券"和"租误券"的算题表明当时每亩的田租率要写在券书上，如果出现误写，不能修改券书，而要以误写的券书为准，通过增减"程"步数的方式，增加或减少每块地应缴纳"程"的数量，使实际征收的田租额与应缴纳的田租额相等。例如"租吴（误）券"一题，本来取程"十步一斗"，一亩租应为2石4斗，但在写券书时误作2石5斗，按照算题的方法要同比减少程的步数，$10 \times 24/25$ 为9又3/5步，反之，每亩地所合"程"数增加，程率为十步一斗时，一亩地合24程，现在为9又3/5步一斗，一亩合25程（240除以9又3/5），增加了1程。由此可以推知，当时写在券书上的只有每亩的田租率，即每亩应缴纳若干石

---

① 从图版上看此字可能是"律"。
② 中国文物研究所、湖北省文物考古研究所编：《龙岗秦简》，第115、116页、。
③ 中国文物研究所、湖北省文物考古研究所编：《龙岗秦简》，第117页。

（或斗）田租。"若干步一斗"的程率，以及一亩合计多少"程"，都不记载在券书上。

根据睡虎地秦简和龙岗秦简，① 可知程租过程中地方官吏的违法乱纪行为有：遗程、败程租、虚租、希程、程田以为臧（赃）、匿田、租不能实、失租等。对于"程田以为赃""遗程"，前文已论。《说文》攴部："败，毁也。从攴贝。"② 《尔雅·释诂下》："希、寡、鲜，罕也。"③ 《吕氏春秋·辩土》高诱注："虚，亦希也。"④ 关于匿田，睡虎地秦简《法律答问》：

> 部佐匿者（诸）民田，者（诸）民弗智（知），当论不当？部佐为匿田，且可（何）为？已租者（诸）民，弗言，为匿田；未租，不论○○为匿田。（简157）⑤

对部佐"匿田"做了法律界定。部佐如果没有将民田登记入册但却征收了田租，被视为"匿田"；反之，没有征收田租则不被视为"匿田"。"匿田"的罪名是否成立主要看其是否收了田租。龙岗秦简简147：

---

① 龙岗秦简除前引诸简外，还有：

☑希（稀）其程率；或稼☑	（简134）
□□□不到所租□直（值），虚租而失之如☑	（简143）
☑□者租匿田☑	（简165）
☑虽弗为轻租直（值）	（简172）
☑以上，失租廿石☑	（简187）
盈廿石到十石，论（？）□□；不盈［十］石到一石，☑	（简188）
以□□□□；不盈□石到☑	（简189）
一盾；不盈十石到一石，诤（？）；不盈九斗到十☑	（简191）
不盈廿石到十石，诤；不盈十石及过十☑	（简193）

分见中国文物研究所、湖北省文物考古研究所编《龙岗秦简》，第117、120、127、128、130页。

② （汉）许慎撰，（清）段玉裁注：《说文解字注》第三篇下，第126页上栏。

③ （清）郝懿行：《尔雅义疏·释诂弟一》，第2863页。

④ （秦）吕不韦编，许维遹集释：《吕氏春秋集释》卷二六《士容论》，第693页。

⑤ 整理小组注释"已租"："租，《说文》：'田赋也'。《管子·国蓄》注：'在农曰租税.'此处意为征收田赋。"（睡虎地秦墓竹简整理小组：《睡虎地秦墓竹简·法律答问释文注释》，第130页）

坐其所匿税臧（赃），与灋（法）没入其匿田之稼。☐（简147）①

其中的"所匿税赃"即应指所"匿田"的田租。由此可知，"匿田"应发生在部佐审核应缴纳田租的土地，登记田租籍时。"匿田"即部佐故意瞒报应缴纳田租的土地数量，其目的是侵吞这部分土地上的田租。由此可以看出，程租过程中的违法乱纪行为主要发生在核定田租率、核准农户应缴纳田租的土地数量、田租征收管理三个环节。

核定田租率时的违法行为主要表现为故意压低或抬高田租率，此事通常发生在田吏与田主有不正常的私人关系情况下。田吏故意压低田租率，或者因为接受了田主的贿赂，或者迫于田主的权势，或者与田主私交甚密。故意抬高田租率的情况正好相反，田主的社会地位或者较低，或者与田吏有私人恩怨，也不排除田吏为了追求政绩而故意抬高田租率以达到多征田租的目的。

核准民户应缴纳田租的土地数量时，田吏的违法行为主要表现为不如实核算和登记入册，多算或少算应缴纳田租的土地数量。故意多算应是为了虚报政绩，针对的主要是无权无势的贫苦百姓。少算可能存在两种情况，一种为故意所为，一种是工作疏忽造成。前者又分为两种情况，一是为了侵吞这些土地上的田租，即秦律中所谓"匿田"；一是接受了田主的贿赂，帮助他们逃避田租。龙岗简所出秦律对这三种情况均有涉及，除了前文提到的"匿田""匿租"外，龙岗秦简简148：

其所受臧（赃），亦与盗同灋（法）；遗者罪减焉☐（简148）②

所针对的应是除"匿田"之外的另外两种情况。"其所受赃"可能就是指接受户主的贿赂，秦律规定这种行为与盗同罪。《龙岗秦简》注释说："遗者，疑指简125之'遗程'。"③即由于工作疏漏少登了应缴纳

---

① 中国文物研究所、湖北省文物考古研究所编：《龙岗秦简》，第121页。
② 中国文物研究所、湖北省文物考古研究所编：《龙岗秦简》，第122页。
③ 中国文物研究所、湖北省文物考古研究所编：《龙岗秦简》，第122页。

田租的土地，国家对此减轻处罚，即"罪减焉"。

征收管理田租的环节，可能发生贪污田租以及由于工作失职造成粮食不达标或损耗的情况。龙岗秦简简140：

> 租笄索不平一尺以上，赀一甲；不盈一尺到▱（简140）①

表明当时国家对田租的收纳有一定的标准。《算数书》"取程"和"耗租"的算题还表明，如果"取程"时粮食没有晾干，要按照晾干后粮食的重量重新推算"程"，因此，国家规定要缴纳的田租应该是晾干后的粮食，没有晒干显然不符合标准。

三　程租制与分品制：东西方差异与统一

上文的考察结果表明，秦及西汉初年简牍材料所反映的田租征收制度是程租制。程租制的解明，使本章开篇提出的第一个问题迎刃而解。程租制是以亩为单位来计算田租率的，因此，田租征收的单位是亩而非顷。睡虎地秦律《田律》"入顷刍稿"条是关于刍稿税的征收规定，不能将其与田租征收混为一谈。也不能从《后汉书·南蛮列传》秦昭王"复夷人顷田不租"，以及《通典·食货四》"（秦）舍地而税人，故地数未盈，其税必备"推导出秦时田租以顷征收的结论。因为前者只是说免除夷人一顷的田租，但是其田租是如何征收的，在此并无体现；后者"其税必备"的"税"则应指"税人"的人头税。

程田即统计应交纳田租的土地数量是程租制度的一个关键步骤，国家专门制定了针对"程田以为赃""遗程""匿田"等程田过程中违法行为的惩罚措施。由此可推，无论是秦国、秦帝国抑或汉帝国，田租征收既不是按照百姓的受田（占有土地）征收，更不是按照以一户有田百亩的假设，无论其是否占有百亩，都要按照百亩征收，而是如山田胜芳等

---

① 中国文物研究所、湖北省文物考古研究所编：《龙岗秦简》，第119页。

学者所指出的那样，当时百姓的受田被分为"垦田"和"不垦"两种，刍稿税针对百姓受田征收，与之不同，田租征收只针对当年耕种的土地即垦田征收。也正因为如此，秦汉国家才十分重视垦田的统计，将其列入地方政府每年例行的重要工作当中。张家山汉简《二年律令·田律》简243：

> 县道已狼（垦）田，上其数二千石官，以户数婴之，毋出五月望。（简243）①

规定地方政府每年五月末之前要将当年的垦田数与户数上报中央。结合甘肃武威旱滩坡东汉墓出土的第14号简：

> ☑乡吏常以五月度田，七月举畜害，匿田三亩以上坐□☑②

可以确认，《二年律令》简243规定的县道每年五月调查已垦田的行为，就是旱滩坡所说的"度田"。这一点还可以通过尹湾汉墓出土的《集簿》中有户数、口数、提封田数、□国邑居园田数、种宿麦顷数、春种树顷数得到进一步证明。③ 关于度田，文献中有前文例举的《后汉书·刘般列传》的著名材料，正如以往学者所分析的那样，它反证度田即调查垦田数是为了确定需要征收田租的土地数量。那么，在度田已经成为制度的汉初《二年律令》时代，其度田的目的应当与后代别无二致吧？

前文已述，学界普遍认为两汉时期虽然原则上实行定率租（或称分成租），但实际当中可能采用"较数岁之中以为常"的办法，实行统一

---

① 张家山汉简二四七号汉墓竹简整理小组：《张家山汉墓竹简〔二四七号墓〕（释文修订本）》，第42页。

② 李均明、刘军：《武威旱滩坡出土汉简考述——兼论"挈令"》，《文物》1993年第10期。

③ 连云港市博物馆、社科院简帛研究中心、东海县博物馆、中国文物研究所编：《尹湾汉墓简牍》，中华书局1997年版，第77—78页。

的定额租。但是，程租制的解明使这一成说出现了疑问。程租制是通过计算每块土地得到一斗田租所需步数的方式来计算这块地的田租额。由于受土壤、气候、病虫害、耕作方法等因素影响，不同土地的产量以及相同土地不同年份之间的产量都不尽相同，这样，在定率租下每块土地每年的田租率都会有所不同，《算数书》几道算题的田租额就相差十分悬殊。因此，程租制下，田租征收不可能是定额租，而只能如文献所表现的那样是定率租或者说分成租。也只有在这样的认识之下，我们才能充分理解秦国何以会制定《田律》"雨为澍〈澍〉，及诱（秀）粟，辄以书言澍〈澍〉稼、诱（秀）粟及狼（垦）田畼毋（无）稼者顷数。稼已生后而雨，亦辄言雨少多，所（简1）利顷数。早〈旱〉及暴风雨、水潦、螽（螽）蚰、群它物伤稼者，亦辄言其顷数。近县令轻足行其书，远（简2）县令邮行之，尽八月□□之。田律（简3）"① 这样的规定。国家之所以非常关心庄稼的生长以及水旱灾害情况，就是因为国家田租收入和产量息息相关。因此，程租制下并非地无分肥瘠、年无论丰歉、产量不计多寡，实行统一的田租额。

这一结论还可以从以下几方面得到佐证：第一，《商君书·垦令》载，商鞅建议："訾粟而税，则上壹而民平"。蒋礼鸿案：

> 《汉书·枚乘传》"举吴兵以訾于汉"。李奇曰："訾，量也。"《说文》："税，租也。租，田赋也。"盖谓案亩而税，量一亩所出粟而赋之，额既一定，故上壹民平。平者，出粟有度，无过不及，故农者慎以求中程而已，有恒心而不思迁也。"②

高亨也将其解释为"朝廷计算农民收入粮谷的多少来征收地税，那末，国君的地税制度就统一了，农民负担的地税就公平了"。③ 商鞅主张依据产量来征收田租额，而只有真正的比率租才是依据产量来确定的。

---

① 睡虎地秦墓竹简整理小组：《睡虎地秦墓竹简·秦律十八种释文注释》，第19页。
② 蒋礼鸿：《商君书锥指·垦令第二》，第7页。
③ 高亨：《商君书注译·垦令》，第20页。

第二，《史记·商君列传》记载，商鞅变法的内容之一为："僇力本业，耕织致粟帛多者复其身。"① 即对耕织致粟帛多者采取"复其身"（即免除劳役和人头税）的优惠政策，这里的"多"应理解为交纳给国家的粟帛即赋税多，而不是单纯的产量。由于名田宅制下，同等社会身份（爵位）的人所能占有的土地数量是相同的，因此，能致粟多者应主要指努力耕耘而使单位面积产量增加的人。在这种情况下，只有实行真正的定率租，才可能出现交纳粟帛多的情况。如果实行的是定额租，即使产量再高，但交纳给国家的粟和别人一样，国家为什么要对其给予"复其身"的政策呢？更为重要的是，景、武以前全国的亩制还未统一，在原秦、楚等地实行 240 步大亩制的同时，关东一些地区仍然实行百步为亩的小亩制（详见后文），田租征收的单位是亩，不同的亩制怎么可能征收同样的田租额，这对小亩制地区的人来说岂不是太不公平？

然而，在确认了程租制度之后，一些相反的现象却不能不引起我们的重视和思考。其一，正如以往学者所指出，先秦以来许多文献反映的田租征收方式都是分品的定额租制，即将田地划分为等级（三等或九等）征收固定的田租；其二，西汉中期以后的文献中完全看不到程租制的痕迹，相反，一些文献如前引《盐铁论·未通》文学语似乎表明当时实行的是定额租；其三，《九章算术》中已不见《算数书》取程、耗租、并租、税田、误券、租误券这类反映程租制度的算题。那么，该如何解释这些现象？笔者推测，战国至西汉初期的田租征收实际上存在着东西方差异，以战国时秦国、楚国统治疆域为基础的西部地区一直实行程租制，而以齐国为代表的关东地区即使在秦汉统一后仍然沿袭着分品的定额租制。大约景、武时，在关东地区改行大亩制的同时，秦楚地区也废除了程租制，全国均统一为以 240 平方步为基础的分品的定额租制。

如果我们留意一下，就会发现反映程租制的材料均同时具备以下两

_____

① 《史记》卷六八《商君列传》，第 2710 页。

个特点：地域在故楚国疆域之内，年代在西汉中期以前。《算数书》出土于湖北省江陵张家山（今荆州市荆州区），龙岗秦简出土于湖北省云梦东郊龙岗，这两个地区均属故楚地。睡虎地秦简虽然并没有出土直接的程租材料，但是由于它与龙岗秦简同出云梦，简牍的年代也接近，因此应考虑两者的情况大致相同。虽然秦汉王朝统治中心的关中地区目前尚未出土有关程租的材料，但是，一方面与《算数书》同出张家山的《二年律令》可以确认是汉王朝中央制定的法律，一方面如下所论秦和楚都实行240亩的大亩制，一方面如前文所论，《商君书》、《史记·商鞅列传》均表明商鞅主张"訾粟而税"，因此，应当认为作为秦汉王朝统治中心的秦地，其田租征收方式很可能和楚国相同，实行程租制。与此相反，反映分品的定额租制的材料基本上都是关东地区特别是齐鲁地区的。例如山东省临沂银雀山汉墓出土的竹简、《管子》、《国语·齐语》、《孟子》等都是反映齐鲁地区情况的材料，《周礼》《礼记》的情况较为复杂，但至少可以确定它们反映的不是秦、楚制度。这些情况表明，秦统一前关东地区的田租征收方式和秦楚地区存在明显差异。

汉景、武统一亩制以前秦楚地区和关东地区实行不同的亩制则进一步强化了上述推论。周制以百步为亩，战国时期，作为变法图强的重要一环，各国纷纷扩大亩积，银雀山汉墓出土的《孙子兵法·吴问》记录下这一变法过程，孙子曰：

> 笵、中行是（氏）制田，以八十步为婉（畹），以百六十步为畛，而伍税之……韩、巍（魏）制田，以百步为婉（畹），以二百步为畛，而伍税【之】……赵是（氏）制田，以百廿步为婉（畹），以二百卅步为畛，公无税焉。

《通典·州郡四·古雍州下·风俗》杜佑语：

> 按周制，步百为亩，亩百给一夫。商鞅佐秦，以一夫力余，地

利不尽，于是改制二百四十步为亩，百亩给一夫矣。①

传世文献和出土材料均证明了杜佑说的真实性。前引四川青川秦墓木牍表明秦武王时实行的是 240 步的大亩制，张家山汉简《二年律令·田律》简 246 "田广一步，袤二百卌步" 和前引《算数书》则表明，至少在汉统治中心和故楚地也实行 240 步的大亩制。但是，从《礼记·王制》：

> 古者以周尺八尺为步，今以周尺六尺四寸为步。古者百亩，当今东田百四十六亩三十步；古者百里，当今百二十一里六十步四尺二寸二分。②

以及《盐铁论·未通》御史曰：

> 古者，制田百步为亩，民井田而耕，什而籍一。义先公而后己，民臣之职也。先帝哀怜百姓之愁苦，衣食不足，制田二百四十步而一亩，率三十而税一。③

可知西汉前期关东一些地区仍沿用百步为亩的小亩制，称为 "东田"，直至景、武时才在全国范围内将 240 步的大亩制法制化。④ 它表明秦始皇统一量制时并没有将亩制也纳入进去，西汉前期沿袭秦制，也允许各地沿用以往的亩制。笔者曾将出土秦汉律令与传世月令书以及《管子》、《国语·周语》等传世文献进行比较，发现关东地区和秦、楚的农事安排存在着本质性差异，睡虎地秦简和张家山汉简《二年律令》中

---

① （唐）杜佑：《通典》卷一七四《州郡四·古雍州下·风俗》，第 4563 页。
② （清）孙希旦：《礼记集解》卷一四《王制第五之三》，第 393 页。
③ （汉）桓宽撰集，王利器校注：《盐铁论校注》卷三《未通》，第 191 页。
④ 关于景、武前东西方亩制的差异，参见吴慧《中国历代粮食亩产研究》，农业出版社 1985 年版，第 1—19 页。

《田律》关于农事的安排主要是针对以原秦、楚统治地区为中心的西部地区。① 陈苏镇则从制度角度指出，西汉初期，文化上的战国局面依然存在，东方各地特别是楚、齐、赵地的文化传统仍有很大势力。在汉王朝共治局面下，诸侯王国在政治、法律、经济、军事等方面都具有相当的独立性，在一定程度上从俗而治。② 由于亩制与田租征收密切相关，因此，以齐鲁为代表的关东地区沿用以往的田租征收方式亦并非不可思议。

《九章算术》中不见有关程租的算题，以及西汉中期以后文献中不见程租的记载，反而有许多关于分品定额制的记载，曹魏时最终演变为每亩固定征收4升，③ 都意味着秦楚地区的程租制可能在西汉中期被关东地区的分品的定额租制所取代。它很可能是与大亩制在全国一起推行的。程租制过于繁琐，制度成本过高，不便于实行，以及容易给乡吏营私舞弊提供更多的机会，可能是程租制最终被分品的定额租制所取代的两个重要因素。

关于《盐铁论·未通》文学所说"乐岁粒米狼戾而寡取之，凶年饥馑而必求足"，应如米田贤次郎所说，文学批评的并不是没有按土地肥瘠划分等级一事，而是批评当时田租征收没有对丰年和灾年采取区别对待的政策，无论丰年还是欠年都征收同样比率的田租额。④ 根据平年产量确定田租额，表面上看似公平，其实则不然。较为完善的税收制度首先应该考虑社会的支付能力。就如今日征收个人所得税，通常会设定一个起征点，这个起征点是根据维持基本生存所需的基本生活费确定的，起

---

① 参见拙文《月令与秦汉政治再探讨——兼论月令源流》，《历史研究》2004 年第 3 期，拙著《出土简牍与秦汉社会》，第五章，第 201—208 页。

② 陈苏镇：《汉初王国制度考述》，《中国史研究》2004 年第 3 期。

③ 《三国志·魏书·武帝纪》建安九年条裴松之注引《魏书》载公令："其收田租亩四升，户出绢二匹、绵二斤而已，他不得擅兴发。"（《三国志》卷一《魏书·武帝纪》，第 26 页）

④ 《汉书·兒宽传》："宽表奏开六辅渠，定水令以广溉田。收租税，时裁阔狭，与民相假贷，以故租多不入。后有军发，左内史以负租课殿，当免。民闻当免，皆恐失之，大家牛车，小家担负，输租襁属不绝，课更以最。上由此愈奇宽。"（《汉书》卷五八《兒宽传》，第 2630 页）此条材料反证了文学语，当时无论丰、欠年都要收田租，兒宽即因为私自假贷，即宽限农民，因此要被免职。

征点以下收入免征所得税。起征点的设立，就是为了保障支付能力较低人群的基本生活。同样，秦汉时期的农民也有一个维持其基本生存的保有粮食的底线，一旦跌破了这个底线就会威胁他们的生存。从文学所言来看，至少昭帝时国家还没有对"乐岁""凶年"的田租实行差别征收。即使是对现实不满的文学也承认三十税一的税率不高，这一税率在平年一般农民都应该能够承受。但是，一旦发生农业灾害，情况可能会有很大不同，从成帝以后推行什四免租制来看，因灾害减产40％可能已严重影响农民的生活。在汉代，由于灾害严重，农民被迫流亡，接受国家救济的事情时有发生。这时再向农民征收田租不仅不现实，而且会加速社会的动荡和不稳定。但是，假如遇到丰年，三十税一的税率则可能显得微不足道，国家完全可以征收更多的田租，以作为国库的储备。文学倡导的应是活动税率，即根据年成确定田租的税率。汉代田租灾年减免制度大约从昭帝以后开始建立，成帝时形成"什四免租制"，对灾害达到40％以上者免除田租，从而确定了基本起征点。东汉时在什四免租制的基础上又出台了"实除减半制"，即灾害损失不到40％的，除去实际损失，对余下的田租实行减半征收。

关于《后汉书·秦彭列传》载章帝建初三年推广秦彭三品制之事，则如平中苓次等分析的那样，秦彭以前已经存在分品制，只是尚未建立将各户的土地等级登记造册的制度，从而给乡吏营私舞弊提供了条件。章帝时通过推广秦彭的三品制完善了这一制度。

秦汉时期的刍稿税

一　基本史料与学术史

　　刍指野草。《说文》艹部："刍，刈草也。象包束草之形。"禾部："稿，秆也。从禾，高声。"① 稿即粮食作物的秸秆。《汉书》的《五行志下之上》《萧何传》《赵充国传》《贡禹传》颜师古注均曰："稿，禾秆也。"② 刍、稿均可用以喂食牲畜。

　　刍稿税是秦汉时期重要的赋税项目之一。然而，《通典》《文献通考》等志书在述及秦汉时期的赋税项目时均未列刍稿税一项。1919 年，日本研究中国经济史的先驱加藤繁首先论及汉代存在刍稿税的税目。他依据《汉旧仪》卷下：

　　　　民田租刍稿，以给经用，备凶年。山泽鱼盐市税，以给私用。③

以及《汉官仪》：

　　　　田租、刍稿以给经用，凶年，山泽鱼盐市税少府以给私用也。④

---

　　① 分见（汉）许慎撰，（清）段玉裁注《说文解字注》第一篇下，第 44 页下栏；第七篇上，第 329 页上栏。
　　② 分见《汉书》卷二七下之上《五行志下之上》、卷三九《萧何曹参传·萧何》、卷六九《赵充国辛庆忌传·赵充国》、卷七二《王贡两龚鲍传·贡禹》，第 1476、2011、2985、3075 页。
　　③ （汉）卫宏：《汉旧仪》卷下，孙星衍等辑：《汉官六种》，第 83 页。
　　④ （汉）应劭：《汉官仪》，（清）孙星衍等辑《汉官六种》，第 135 页。

指出汉代的刍稿税属地税，它和田租均属于国家财政。① 刍稿税的研究遂由此展开。

传世文献关于秦时征收刍稿税的记载仅几见，以往研究多有提及。《史记·秦始皇本纪》：秦二世元年（公元前209），"复作阿房宫。外抚四夷，如始皇计。尽征其材士五万人为屯卫咸阳，令教射，狗马禽兽当食者多，度不足，下调郡县转输菽粟刍稿，皆令自赍粮食；咸阳三百里内不得食其谷"。② 《淮南子·泛论训》："秦之时，高为台榭，大为苑囿，远为驰道，铸金人，发适戍，入刍稿，头会箕赋，输于少府。"高诱注："入刍稿之税以供国用也。"③ 《汉书·主父偃传》载主父偃谏伐匈奴说："秦皇帝不听，遂使蒙恬将兵而攻胡……又使天下飞刍挽粟"。④ 此外，《商君书·徕民篇》还有一段材料，以往研究较少关注：

> 今以故秦事敌，而使新民作本，兵虽百宿于外，竟内不失须臾之时，此富强两成之效也。臣之所谓兵者，非谓悉兴尽起也，论竟内所能给军卒车骑。令故秦〔民事〕兵，新民给刍食。⑤

商鞅建议秦王只征召秦国原有国民充车骑战士，出征作战，让新招徕的新民专事农业生产，"给刍食"。刍即刍稿的刍。由此可证，商鞅变法时秦国已征刍稿税。秦国起征刍稿税的时间应当和起征田租时间大致相当，即在秦简公七年（公元前408）⑥ 或稍晚。⑦

---

① 〔日〕加藤繁：《汉代国家财政和帝室财政的区别以及帝室财政的一斑》，收入其著《中国经济史考证（上）》，吴杰译，中华书局2012年版，第28页。原文载《東洋學報》第8期第1分册、第9期第1、2分册，1918年5月—1919年6月。

② 《史记》卷六《秦始皇本纪》，第341页。

③ （汉）刘安编，何宁集释：《淮南子集释》卷一三《泛论训》，第942页。

④ 《汉书》卷六四上《严朱吾丘主父徐严终王贾传·主父偃》，第2800页。参见〔日〕吉田虎雄《両漢租税の研究》；罗仲言《中国国民经济史》，商务印书馆1944年版，第221页；韩连琪《汉代的田租口赋和徭役》，《文史哲》1956年第7期；等等。

⑤ 高亨：《商君书注译·徕民篇》，第121页。

⑥ 《史记》卷一五《六国年表》载秦简公七年"初租禾"，第858页。

⑦ 参见张金光《秦制研究》，上海古籍出版社2004年版，第190页。

汉承秦制，刍稿税也是汉王朝的一项重要赋税项目和重要的财政来源。汉代文献关于刍稿税的记载逐渐增多。如《汉书·萧何传》：萧何为民请命曰："长安地狭，上林中多空地，弃，愿令民得入田，毋收稿为兽食。"颜师古注："稿，禾秆也。言恣人田之，不收其稿税也。"① 《汉书·贡禹传》载贡禹上书："农夫父子暴露于中野，不避寒暑，摔中杷土，手足胼胝，已奉谷租，又出稿税，乡部私求，不可胜供。"② 东汉减免赋税时，常将刍稿税与田租一起减免。如《后汉书·光武帝纪下》载，建武二十二年（公元 46）九月南阳发生地震，光武帝因制诏曰："其令南阳勿输今年田租刍稿。"③《后汉书·顺帝纪》载：永建六年（公元 131）十一月，"其令冀部勿收今年田租、刍稿"。④

传世文献提供的有关刍稿税的信息十分有限，关于刍稿税的税率、征收方式等基本无载。幸运的是，1970、1980 年代，湖北省相继出土了江陵凤凰山 10 号汉墓简牍、云梦睡虎地秦简和江陵张家山汉简，其中均有有关刍稿税的内容，为我们进一步了解秦汉时期刍稿税征收的实态提供了宝贵的资料。

最早出土的是 1973 年发掘的江陵凤凰山 10 号汉墓，推测其年代为文帝晚期至景帝四年（公元前 153），其中 6 号木牍记有平里和稿上里征收刍稿税的情况：

> 平里户刍廿七石
>
> 田刍四石三斗七升
>
> 凡卅一石三斗七升
>
> 八斗为钱
>
> 六石当稿
>
> 定廿四石六斗九升当□

---

① 《汉书》卷三九卷三九《萧何曹参传·萧何》，第 2011 页。

② 《汉书》卷七二《王贡两龚鲍传·贡禹》，第 3075 页。

③ 《后汉书》卷一下《光武帝纪下》，第 74 页。

④ 《后汉书》卷六《孝顺孝冲孝质帝纪·顺帝》，第 258 页。

田稿二石二斗四升半

刍为稿十二石

凡十四石二斗八升半

稿上户刍十三石

田刍一石六斗六升

凡十四石六斗六升

二斗为钱

一石当稿

定十三石四斗六升给当□

田稿八斗三升

刍为稿二石

凡二石八斗三升①

　　裘锡圭在对江陵凤凰山汉简进行释文的基础上，对简文内容进行了全面解析，其中也涉及刍稿税。其基本观点如下：第一，平里和稿上交纳的刍分户刍和田刍两类，户刍的数量大大超过田刍。户刍应当是按户征收的刍税，过去只知道刍稿税与田租同类，不知道户刍的存在。第二，平里刍税项下"六石当稿"，稿税项下有"刍为稿十二石"；稿上刍税项下有"一石当稿"，稿税项下有"刍为稿二石"。由此可知，刍的价值大于稿，一石刍可以抵二石稿。第三，平里刍税项下有"八斗为钱"，稿上刍税项下有"二斗为钱"，记算钱的 5 号木牍，背面有"刍二石为钱"五字，应当理解为汉代允许以刍折钱纳税。第四，刍稿一般以束或重量单位计算，6 号牍以石、斗、升等容量单位计算刍稿，可能是经过垄斫以便于牲畜食用的碎刍稿。② 裘文为此后的研究提供了一个高起点的平台。

　　1975 年出土的睡虎地秦简是战国晚期到秦始皇时期的，其中关于刍

①　裘锡圭：《湖北江陵凤凰山十号汉墓出土简牍考释》，《文物》1974 年第 7 期。

②　裘锡圭：《湖北江陵凤凰山十号汉墓出土简牍考释》，《文物》1974 年第 7 期。

稿税征收和管理的法律规定有：

1. 《秦律十八种·田律》：“入顷刍稿，以其受田之数，无垦（垦）不垦（垦），顷入刍三石、稿二石①。刍自黄䴵及蘑束以上皆受之。入刍稿，相（简8）输度②，可殹（也）。田律（简9）”

2. 《秦律十八种·田律》：“禾、刍稿彻（撤）木、荐，辄上石数县廷。勿用，复以荐盖。田律（简10）”①

3. 《秦律十八种·仓律》：“入禾稼、刍稿，辄为廥籍，上内史。·刍稿各万石一积，咸阳二万一积，其出入、增积及效如禾。仓（简28）”

4. 《秦律十八种·仓律》：“禾、刍稿积索（索）③出日，上赢不备县廷。出之未索（索）而已备者，言县廷，廷令长吏杂封其廥，与出之，辄上数（简29）廷；其少，欲一县之，可殹（也）。廥才（在）都邑，当□□□□□□□者与杂出之。仓（简30）”②

5. 《秦律十八种·效》：“度禾、刍稿而不备十分一以下，令复其故数；过十分以上，先索以禀人，而以律论其不备。效（简167）”

6. 《秦律十八种·效》：“禾、刍稿积廥，有赢、不备而匿弗谒，及者（诸）移赢以赏（偿）不备，群它物当负赏（偿）而伪出之以彼（贩）赏（偿），皆与（简174）盗同法。大啬夫、丞智（知）而弗罪，以平罪人律论之，有（又）与主廥者共赏（偿）不备。至计而上廥籍内史。入禾（简175）、发扃（漏）仓，必令长吏相杂以见之。刍稿如禾。效（简176）”③

7. 《效律》：“度禾、刍稿而不备，十分一以下，令复其故数；过

---

① 以上两条均见睡虎地秦墓竹简整理小组《睡虎地秦墓竹简·秦律十八种释文注释》，第21页。

② 以上两条均见睡虎地秦墓竹简整理小组《睡虎地秦墓竹简·秦律十八种释文注释》，第27页。

③ 以上两条分见睡虎地秦墓竹简整理小组《睡虎地秦墓竹简·秦律十八种释文注释》，第58、59页。

十分以上，先絷（索）以稟人，而（简25）以律论其不备（简26）。"

8.《效律》："……禾、刍稿（简33）积瘚，有赢不备，而匿弗谒，及者（诸）移赢以赏（偿）不备，群它物当负赏（偿）而伪出之以（简34）彼（貏）赏（偿），皆与盗同法。大啬夫、丞智（知）而弗罪，以平罪人律论之，有（又）与主瘚者共（简35）赏（偿）不备（简36）。"

9.《效律》："入禾及发扁（漏）仓，必令长吏相杂以见之。刍稿如禾（简37）。"①

整理小组对简文进行了颇见功力的注释和译文。其中，关于材料1《田律》"入顷刍稿"条，将①的"石"解释为"重量单位，一百二十斤。秦一斤约为今半斤"。与裘先生将江陵凤凰山汉简中的石、斗、升理解为容量单位不同。整理小组的意见是正确的。关于②的"相输度"，提出了两种解释："输，运输，古时主要指粮草的输送。度，称量。一说，相输度指刍，稿可互相折算。"其译文作：

> 每顷田地应缴的刍稿，按照所受田地的数量缴纳，不论垦种与否，每顷缴纳刍三石，稿二石。刍从干叶和乱草够一束以上均收。缴纳刍稿时，可以运来称量。"②

关于材料4中《仓律》"入禾仓"条③的絷，注释："索，空。"③ 这些成果为今后研究奠定了坚实的基础。

1983年出土的张家山汉简，释文直至2001年底才正式刊布。其中的《二年律令》系西汉初吕后二年（公元前186）的律令集，有关刍稿税的简收在其中的《田律》《户律》《行书律》等律篇：

---

① 以上三条分见睡虎地秦墓竹简整理小组《睡虎地秦墓竹简·效律释文注释》，第72、73、73页。

② 睡虎地秦墓竹简整理小组：《睡虎地秦墓竹简·秦律十八种释文注释》，第21页。

③ 睡虎地秦墓竹简整理小组：《睡虎地秦墓竹简·秦律十八种释文注释》，第27页。

《田律》：入顷刍稿，顷入刍三石；上郡地恶，顷入二石；稿皆二石。令各入其岁所有，毋入陈，不从令者罚黄金四两。收（简240）入刍稿，县各度一岁用刍稿，足其县用，其余令顷入五十五钱以当刍稿。刍一石当十五钱，稿一石当五钱。（简241）

《田律》：刍稿节贵于律，以入刍稿时平贾（价）入钱。（简242）

《田律》：卿以下，五月户出赋十六钱，十月户出刍一石，足其县用，余以入顷刍律入钱。（简255）

《行书律》：复蜀、巴、汉（？）中、下辨、故道及鸡劍中五邮，邮人勿令繇（徭）戍，毋事其户，毋租其田一顷，勿令出租、刍稿。（简268）

《户律》：卿以上所自田户田，不租，不出顷刍稿。（简317）①

三种简牍材料的出土为进一步探明秦汉刍稿税征收的实态提供了可能。江陵凤凰山汉简公布后，便不断有学者撰文探讨这一问题，② 使研究逐渐走向深入。但是对于一些问题的看法，学界的意见还存在分歧；对于一些问题，或者尚未引起学界的重视，或者尚有进一步讨论的余地。本章主要围绕笔者认为的问题点展开讨论。

二　户刍、田刍与户赋

江陵凤凰山 10 号汉墓释文公布以后，学界第一次知道汉代征收的刍税分"户刍"和"田刍"两种。可以从其名称判定，户刍是以户为单位征收的，田刍是根据土地数量征收的。但由于相关材料太少，因此尚没有更多的讨论余地。一些学者在论述户刍和田刍时，时常将两者混而论之。

---

① 分见彭浩、陈伟、[日] 工藤元男主编《二年律令与奏谳书——张家山二四七号汉墓出土法律文献释读》，第 187、188、193、201、218 页。

② 中国学者有关研究详见下文。日本学者相关研究可参见 [日] 山田胜芳《秦汉财政收入の研究》，第二章"田租·刍稿税"第一节"学术史的检讨"，第 32 页。

2001 年张家山汉简释文刊布，其中，《二年律令·田律》简 255 "卿以下，五月户出赋十六钱，十月户出刍一石，足其县用，余以入顷刍律入钱"中有"十月户出刍"的内容。此外，此简中还可见到"五月户出赋"的规定。与此相关，《金布律》中亦出现了"户赋"一词：

> 官为作务、市及受租、质钱，皆为缿，封以令、丞印而入，与参辨券之，辄入钱缿中，上中辨其廷。质者勿与券。租、质、户赋、园池入钱，（简 429）县道官勿敢擅用，三月壹上见金、钱数二千石官，二千石官上丞相、御史……（简 430）[1]

如何理解两个墓葬简牍中的户刍、户出刍、田刍以及户赋的性质，学界的看法不一。

高敏认为"西汉初期已经出现了除按顷输刍、稿税外的按户征收刍税一石的制度"。秦时尚无此规定。[2]《二年律令·金布律》简 429－430 确证汉代有"户赋"。户赋即简 255 "卿以下，五月户出赋十六钱，十月户出刍一石"。户赋不是新税目，而是把口钱、算赋的按人头收的"赋税"改为按户出税和把顷亩入刍的刍税改为按户征收而已。户赋是优待卿以下获爵者的税目。[3] 臧知非将田租和刍稿税全部看成是田税，认为田税按顷计算的同时却是按户征收。江陵凤凰山之所以单列田刍、田稿，可能是考虑到各户土地占有量因土地转移所导致的差别，而将刍稿税分

---

① 彭浩、陈伟、［日］工藤元男主编：《二年律令与奏谳书——张家山二四七号汉墓出土法律文献释读》，第 254 页。

② 高敏：《论西汉前期刍、稿税制度的变化发展——读〈张家山汉墓竹简〉札记之二》，《郑州大学学报》2002 年第 4 期，收入其著《秦汉魏晋南北朝史论考》，中国社会科学出版社 2004 年版。

③ 高敏：《关于汉代有"户赋"、"质钱"及各种矿产税的新证——读〈张家山汉墓竹简〉札记之五》，《史学月刊》2003 年第 4 期，收入其著《秦汉魏晋南北朝史论考》。另，高敏认为卿是二十等爵之外高于五大夫的爵名。而学界一般认为"卿"指左庶长以上至大庶长的九个爵级。参见李均明《张家山汉简所反映的二十等爵制》，《中国史研究》2002 年第 2 期。笔者从后者。

解一部分按土地征收，以减少无论贫富一律按户征收所带来的矛盾。①
张荣强认为户赋征收的对象不限于卿以下获爵者，而是针对"一般庶民
缴纳的丁口之赋甚或其他杂赋"，"是一户内所纳诸赋的集合。"② 三位学
者的看法虽然不尽相同，但本质上有共通点。高敏和臧知非均将户刍、
田刍看成刍稿税征收的两种不同形式，而非性质不同的两种税目。高敏
和张荣强对户赋的认识也是如此，即把户赋看成是一种征收形式，而非
独立的税目。

与上述意见不同，于振波认为户赋是秦汉时期诸多赋税中的一个单
独税目，户刍是户赋的一部分，户刍与刍稿税有本质区别。户赋按户征
收，与所占有的田地多少无关，而刍稿税是根据土地面积征收的。户赋
和刍稿税的征收标准也不同。户赋每年交纳 16 钱和 1 石刍，合计 31 钱，
各户所纳户赋总量相同。刍稿税每顷交纳 3 石刍和 2 石稿，合 55 钱。田
多者多交，因此每户所交未必相同。卿爵虽然免征刍稿税，但和卿以下
乃至无爵的庶人一样需交纳户赋。③ 贾鸿也持此说。④

笔者亦认为户刍、田刍是两种不同的赋税种类，户刍是户赋的一种
征收形式。在前引《二年律令·田律》简 255 中，有"入顷刍律"，与
"户出刍"相对。这里的"入顷刍律"，指的应当是《田律》简 240 "入
顷刍稿，顷入刍三石；上郡地恶，顷入二石；稿皆二石"律条。而《二
年律令》的这条法律显然沿自前引睡虎地秦简《秦律十八种·田律》
"入顷刍稿，以其受田之数，无豤（垦）不豤（垦），顷入刍三石、稿二
石"。由于睡虎地《田律》"入顷刍稿"是以"受田之数"征收，因此，
这里的所谓"入顷刍"应当就是江陵凤凰山汉简中的"田刍"。那么，
"户出刍"就应当对应江陵凤凰山汉简的"户刍"。户刍以户为征收对
象，征收单位是户，其性质属"户口税"。田刍以土地顷亩为对象，征

① 臧知非：《西汉授田制度与田税征收方式新论——对张家山汉简的初步研究》，《江海学刊》2003 年第 3 期。

② 张荣强：《吴简中的"户品"问题》，北京吴简研讨班编《吴简研究》第 1 辑，第193 页。

③ 于振波：《从简牍看汉代的户赋与刍稿税》，《故宫博物院院刊》2005 年第 2 期。

④ 贾鸿：《〈二年律令〉所见西汉"户赋"制度》，《重庆工学院学报》2008 年第 8 期。

收单位是顷，其性质属"土地税"。因此，虽然户刍和田刍的征收物相同，但征收的税目性质完全不同。

名田宅制下，有爵者和无爵者以及不同爵级名田的数量标准不同，[①]因此，每户征收的田刍额也不同，田多者多征，田少者少征。户刍则不同，卿（含卿）以下者不论爵位高低、有无爵位，其征收的数额都相同，即按每户 1 石征收，相当于 15 钱。因此，不能一概说户刍的负担重于田刍。汉初，只有在田数少于 1/3 顷的情况下，户刍的负担才重于田刍（汉初田刍为每顷 3 石，户刍为每户 1 石，因此只有当田数少于 1/3 顷时，田刍才会少于 1 石，才会比户刍少）。只要拥有的田地数超过 1/3 顷，其田刍就会多于户刍，而且，拥有的田地越多，其需交纳的田刍也越多。

简 255 中"五月户出赋十六钱"与"十月户出刍一石"，均以户为征收单位。虽然两者征收物不同，但其性质应当相同，属"户赋"。汉初国家规定卿以下每户五月交纳 16 钱，十月交纳刍 1 石（合 15 钱），是将户赋分为两种征收物、分两个时间征收。则每户每年需交纳户赋 31 钱。

三　田刍稿税的征收标准

睡虎地秦简出土后，由于对《田律》"入顷刍稿，以其受田之数，无垦（垦）不垦（垦），顷入刍三石、稿二石"的理解不同，学界对田刍稿税的征收标准也有两种不同意见。一些学者认为秦汉时期的刍稿税征收，是以一户有田百亩的假设，按人户征收，不论农户有无顷亩之田，都必须按"顷"即百亩交纳刍稿税。即《通典·食货四·赋税上》说："夫夏之贡，殷之助，周之藉，皆十而取一，盖因地而税。秦则不然，舍地而税人，故地数未盈，其税必备。"[②] 一种意见认为刍稿税的征收标准

---

① 参见本书下编"《二年律令》与秦汉'名田宅制'"，第 153—177 页。

② （唐）杜佑：《通典》卷四《食货四·赋税上》，第 77 页。持此说者有黄今言《秦代租赋徭役制度研究》，《江西师院学报》1979 年第 3 期，收入其著《秦汉赋役制度研究》，第 80—82 页；臧知非《汉代田税征收方式与农民田税负担新探》，《史学月刊》1997 年第 2 期；臧知非《西汉授田制度与田税征收方式新论——对张家山汉简的初步研究》，《江海学刊》2003 年第 3 期；等等。

是"受田之数",即实际拥有土地的数量。①

　　笔者亦认为刍稿税是按农民实际拥有的土地数量征收。"入顷刍稿"条明言刍稿税的征收是"以其受田之数",即按照其受田的数量,但不论当年是否耕种。从张家山汉简《二年律令·户律》记载的名田宅制情况来看,秦汉时期公卒、士伍、庶人的法定受田数是1顷,而公士以上有爵者法定受田数均超过1顷,逐级递增,至五大夫为25顷。但是,常有受田不足的情况。因此,国家征收刍稿税是根据每户实际拥有的土地数量计征,田多者多征,少田者少征,但却不管这块土地当年是否耕种,因为当时允许刍、稿互相折纳。② 江陵凤凰山汉简平里共需交纳刍31石3斗7升,但其中"六石当稿","刍为稿十二石",也就是说6石刍实际上是以12石稿的形式交纳的。同样,稿上里共需交纳14石6斗6升刍,但实际上"一石当稿","刍为稿二石",即1石刍是以2石稿的方式交纳的。因此,即使所拥有的耕地当年没有耕种,不产出秸秆,但可以以田地上生长的野草折纳。此外,法律还允许以钱折纳刍稿税。

　　"入顷刍稿"的"顷"确指土地的数量单位"顷",而非泛指的地顷、地亩。称"入顷刍稿"即因为秦及西汉初年受田单位和刍稿税的计征单位为"顷"。张家山汉简《二年律令·户律》规定的名田标准中,庶人以上者均以顷为单位,只有司寇、隐官由于仅可名田50亩,不足1顷,才称亩,由此也可证明当时亩也是计量田地的单位。睡虎地秦律和

---

　　① 持此意见者有张金光《秦自商鞅变法后的租赋徭役制度》,《文史哲》1983年第1期,收入其著《秦制研究》,第187—190页;李恒全《也谈西汉田税的征收方式问题——与臧知非先生商榷》,《江西师范大学学报》2000年第1期;李恒全、季鹏《秦汉刍稿税征收方式再探》,《财贸研究》2007年第2期。张金光认为"入顷刍稿"的"顷"并不是指百亩田,而是以常用的田土面积单位来泛称土地,是"地顷"之意,若后世之言"地亩"。李恒全、季鹏将"顷入刍三石、稿二石"理解为刍稿征收的测算标准。

　　② 张金光认为商鞅变法后对未经垦殖过的质量较差的草茅之地,可能只征刍稿而不收租禾,《田律》"入顷刍稿"条反映的就是这种情况;"部佐匿诸民田"条只言收租而不及刍稿,表明商鞅变法之初可能对良田只征田租,不征刍稿。两条秦律可能是指故秦人良草田搭配授田分别收租的情况。(张金光:《秦制研究》,第190页)其说可商。"入顷刍稿"是专门针对征收刍稿税制定的法律,故不言及田租;"部佐匿诸民田"条只言田租而不及刍稿,可能只是就其主要内容和形式而言。从逻辑上说,从这两条史料中各有刍稿和田租,只能各证刍稿和田租之有,而不能各自反证田租、刍稿之无。

张家山汉律中刍稿税征收的标准均为"顷入刍三石、稿二石",但是从
江陵凤凰山汉简来看,征收时显然是以此为标准,根据实际拥有土地的
数量进行折算的。平里户刍 27 石,稿上里户刍 13 石,如果当时仍实行
《二年律令·田律》"十月户出刍一石"的标准,那么平里需交纳户刍的
户数应为 27 户,稿上为 13 户。[1] 如果当时是按照每户 1 顷征收户刍的
话,那么,平里、稿上的刍稿税都应为整数,但是实际上却有斗、升的
零数。[2] 我们还可以进一步细算。平里交纳的田刍 4 石 3 斗 7 升和田稿 2
石 2 斗 4 升半之比为 1. 95∶1,稿上交纳的田刍 1 石 6 斗 6 升和田稿 8 斗
3 升之比为 2∶1,两者约略相等。正如高敏所指出,此简的数字存在不
吻合现象,[3] 因此,平里的田刍和田稿数可能存在一定问题,可以推想
当时田刍和田稿比应如稿上里那样为 2∶1。这一比例显然与秦及汉初的
3∶2 不同。为什么会出现这种不同?文景时刍稿税的税率是多少?笔者
推测,文景时期在减免田租的同时,也降低了刍稿税的征收标准,将汉
初的每顷入刍 3 石、稿 2 石降低为每顷入刍 2 石、稿 1 石。[4] 若按这一标
准,按每户按 1 顷交纳刍稿税推算,平里 27 户应交纳田刍 54 石(2 石 ×
27 户)、稿 27 石,稿上 13 户应交纳田刍 26 石(2 石 × 13 户)、田稿 13
石,这两个数字与实际数字相差 12 至 15 倍多。这样巨大的差距反证当
时不是以每户 1 顷交纳刍稿税的。我们也可以以顷入刍 2 石、稿 1 石反
推平里、稿上实际应交纳田刍稿的田地数量。平里若按田刍数计算为
2. 185 顷(4. 37 石 ÷ 2 石 = 2. 185 顷),若按田稿数计算,则为 2. 245 顷

---

① 参见〔日〕山田胜芳《秦漢財政收入の研究》,注 96,第 109—110 页。
② 李恒全:《也谈西汉田税的征收方式问题——与臧知非先生商榷》,《江西师范大学学
报》2000 年第 1 期。
③ 高敏指出江陵凤凰山汉简中平里田刍"定廿四石六斗九升当□"中的"六斗九升"应
为"五斗七升",稿上田刍稿"凡十四石二斗八升半"中的"八升"应作"四升",并怀疑是
误释造成的。(高敏:《从江陵凤凰山 10 号汉墓出土简牍看西汉前期刍、稿税制度的变化及其意
义》,《文史哲》1988 年第 3 期,收入其著《秦汉史探讨》,中州古籍出版社 1998 年版,第
283 页)
④ 山田胜芳认为这一数字比的变化,是因为文帝在废除田租的同时,也废除了刍稿税,
但官府为了满足牛马日常饲料所需,故制定了新税率,向各户征收一定比例的刍稿税。(〔日〕
山田胜芳:《秦漢財政收入の研究》,第 77—78 页)

（2.245 石÷1 石＝2.245 顷），平均每户约合 8.09 亩（2.185 顷÷27户≈8.09 亩）至 8.31 亩（2.245 顷÷27 户≈8.31 亩）；稿上里按田刍数计算为 0.83 顷（1.66 石÷2 石＝0.83 顷），若按田稿数计算，亦为 0.83顷（0.83 石÷1 石＝0.83 顷），平均每户约合 6.38 亩（0.83 顷÷13户≈6.38 亩）。[①] 这个数字比同出的"郑里廪簿"中平均每户拥有的田亩数 24.68[②] 要低 1 至 2 倍，虽然也不完全吻合，但尚不至象前者那样相差悬殊。而且，从"郑里廪簿"记录的每户田数来看，田最少者亦为 8亩。因此，从江陵凤凰山记录的平里和稿上田刍稿税征收的实际情况，只能得出当时是按照实际拥有土地数量征收刍稿税、征收单位为顷的结论。

此外，关于《通典》所说"至秦则不然，舍地而税人，故地数未盈，其税必备"的理解问题。《通典》此说应当不是指田租和刍稿税。如本章开篇所述，《通典》在整体记述秦汉"赋税"时甚至没有罗列"刍稿税"一项。从此段话的后文"是以贫者避赋役而逃逸，富者务兼并而自若"，以及三代以来赋税制度变迁史来看，《通典》所说"舍地而税人"实际上指秦孝公十四年（公元前348）"初为赋"所建立的人口税制度。春秋战国时期，各国赋税制度均经历了从三代的以田赋为中心向以人口税为中心的转型。关于这一点，加藤繁在其《关于算赋的小研究》中论述已详，[③] 可参考。

四 余 论

第一，关于睡虎地秦简《田律》"入顷刍稿"条"入刍稿，相输度，

---

① 山田胜芳指出，平里平均每户拥有田数约 8 亩，稿上里平均约 6.4 亩，但未详细列出计算方法。（［日］山田胜芳：《秦漢財政収入の研究》，注 96，第 109—110 页）

② 裘锡圭认为，"郑里廪簿"的田数应为 617 亩，共有 25 户。（裘锡圭：《湖北江陵凤凰山十号汉墓出土简牍考释》，《文物》1974 年第 7 期，第 52 页）据此计算，平均每户拥有田24.68 亩。

③ ［日］加藤繁：《关于算赋的小研究》，其著《中国经济史考证（上）》，第 127—142页。原文载《史林》4 卷 4 期，1920 年。

可殹（也）"中"相输度"的涵义，如前所述，整理小组当时有两种意见。第一种意见将"输"解释为运输，指粮草的输送；"度"解释为称量。第二种意见认为指刍、稿可互相折算。整理小组倾向于第一种意见，译文作"缴纳刍稿时，可以运来称量。"

笔者倾向于第二种意见。"输"字的一个涵义是交出、献纳。例如《史记·平准书》载：

> （文帝时）匈奴数侵盗北边，屯戍者多，边粟不足给食当食者。于是募民能输及转粟于边者拜爵，爵得至大庶长。孝景时，上郡以西旱，亦复修卖爵令，而贱其价以招民；及徒复作，得输粟县官以除罪。①

这里的两处"输"应都是献纳的意思，尤其是第一个"输"后有"转"字。"转"为车运、转运。《史记·秦本纪》载秦穆公十二年：

> 晋旱，来请粟……于是用百里傒、公孙支言，卒与之粟。以船漕车转，自雍相望至绛。②

"转"是用车运输的意思，与"漕"相对。因此，《平准书》"能输及转"的"输"反而不是运输的意思，而是献纳的意思。"度"有改、迁的意思。《宋书·州郡志一·扬州》：

> 永世令，吴分溧阳为永平县，晋武帝太康元年更名。惠帝世，度属义兴，寻复旧。③

因此，睡虎地秦律《田律》"相输度"的"度"也应是改、迁的意思，

---

① 《史记》卷三〇《平准书》，第1713—1714页。
② 《史记》卷五《秦本纪》，第240页。
③ 《宋书》卷三五《州郡志一·扬州》，第1030页。

即刍、稿间的改纳。

从文意上来看，也应将"相输度"理解为"刍稿相互折纳"。因为"入刍稿，相输度，可殹（也）"后面有"可也"两字。若按第一种意见解释，"缴纳刍稿时，可以运来称量"，"运来称量"对百姓来说，显然是一件额外负担，除非国家明令这样做，否则很少会有人主动要求运来称量，那么"可也"即"允许这样做"又从何谈起呢？若按第二种意见则可以说得通，即如果想将刍、稿相互折纳，国家也允许。

第二，关于秦汉时期的"田租税律"问题。

《史记·汉兴以来将相名臣年表》文帝十三年（公元前167）条：

> 除肉刑及田租税律、戍卒令。①

据此可知，当时有"田租税律"的说法。山田胜芳指出，"田租税律"并非是独立于《田律》之外的法律，而是存在于《田律》中的"田的租税之律"，其中除了包括关于田租征收的法律外，还包括刍稿税征收的内容。② 其说甚是。此外，笔者想补充的是，《将相名臣年表》中的"田租税律"应是秦汉时人对《田律》中有关田租和刍稿税律条的权宜性代称。秦汉时由于未将律条象今天的法律那样编成固定的条目，指称某律时可以说某法之第几条，因此，在指称某具体律条时，常常采取简易的称法。例如，正如前文所述，《二年律令·田律》简255所称"入顷刍律"，指的就是《田律》简240－241"入顷刍稿"的律条。《二年律令·津关令》中有更多这样的例子。③《将相名臣年表》所说"田租税律"的内容，就目前所见，秦律中有睡虎地秦律《田律》"入顷刍稿"条，汉律中则有张家山汉简《二年律令·田律》简240－241、简242、简

① 《史记》卷二二《汉兴以来将相名臣年表》，第1337页。
② ［日］山田胜芳：《秦漢財政収入の研究》，第32—36、60—70页。
③ 参见拙文《从〈二年律令〉的性质看汉代法典的编纂修订与律令关系》，《中国史研究》2005年第4期，收入拙著《出土简牍与秦汉社会》，第二章，第78—79页。

255 条。《二年律令》中虽然未见关于征收田租的律条，但笔者推测在简 240 – 241 "入顷刍稿" 律条之前，还应当有关于田租的规定，期待今后能有出土资料证实。

最后将秦汉时期刍稿税的征收实态归纳如下：

秦国大约在秦简公七年（公元前 408）"初租禾"即征收田租的同时，开始征收刍、稿税。至晚至秦王嬴政统治时期，刍稿税已分为户刍、田刍和田稿。户刍和田刍虽然征收物相同，但税目性质不同。户刍以户为征收单位，为户赋的一种征收方式，属户口税。每户征收额相同，秦及汉初为每户 1 石，征收对象为卿以下（含卿）有爵者至庶人。田刍、稿以土地的计量单位"顷"为征收单位，根据户主实际拥有的土地数量折算征收，不管其当年是否耕种。每户征收的数量不等，田多者多征，田少者少征，其税目性质为土地税。秦及汉初征收对象为五大夫以下（含五大夫）有爵者至庶人，征收标准为每顷刍 3 石，稿 2 石。至晚在汉初时，已对土地贫瘠的上郡（治今陕西榆林东南）实行刍稿税优惠政策，减少 1 石刍的征收量，为每顷征收 2 石刍、2 石稿。允许刍、稿互相折纳。由于刍的质量优于稿，因此制定了 1 石刍 = 3 石稿的折算比。在征收了足够国家和地方财政所需的实物刍稿后，其余的要折成钱交纳。1 石刍折 15 钱，1 石稿折 5 钱，每顷合计 55 钱（15 钱×3 石 + 5 钱×2 石 = 45 钱 + 10 钱 = 55 钱）。如果刍稿的市场价格高于法定价格时，按照时价折钱。[①] 文景时实行轻徭薄赋政策，在减免田租的同时，亦减免刍稿税，田刍稿税降为每顷 2 石刍、1 石稿，并成为两汉定制。刍与稿的比价也随之降低为 2 : 1，即 1 石相当于 2 石稿。田刍稿税与田租的征收标准和性质亦不同。田租的征收对象为当年耕种的垦田，而非像田刍稿税一样为所有土地。田租按收获物的一定比例征收，为定率租，虽然至

---

① 但在《二年律令》中没有见到有关刍稿的市场价低于法定价时如何折算的规定。因此，或许可以理解为如果刍稿的市场价低于法定价时，仍要按法定价折钱。如果是这样，对农民非常不公，变相加重了农民的负担。参见于振波《从简牍看汉代的户赋与刍稿税》，《故宫博物院院刊》2005 年第 2 期。

武帝时演变为定额租，但其本质仍为农业收益税。① 由于田租和田刍稿税、户刍的征收物均生长于土地，因此秦汉政府减免田租时，亦同时减免刍稿税。秦汉时有关田租和刍稿税征收的律条被时人简称为"田租税律"，收录在《田律》中。

---

① 参见本书下编"龙岗秦简诸'田''租'简释义补正"，第 195—221 页；"秦汉时期的田租征收"，第 222—243 页。

出土"算""事"简
与两汉三国吴的赋役结构
——"算赋"非单一税目

长沙东牌楼东汉简和走马楼三国吴简中，记录各户家庭情况的结句简，一般为如下格式：

凡口×事× 算×事×

下面列举《长沙走马楼三国吴简·竹简〔壹〕》几枚简：

凡口六事四　筭二事　中訾 五 ▱　　　　　　　　（壹2856）

凡口三事二　筭二事一　中訾　▱　　　　　　　　（壹2901）

凡口四事三　筭二事一　中訾　五　 十 　　　　　（壹2907）

凡口四事三　筭二事　中訾　五　十　　　　　　　（壹2940）

凡口五事四　筭三事二　訾　▱　　　　　　　　（壹2943）①

对于简文中"算"的含义，学者意见一致，认为指算赋。但关于"事"的意义，学者意见分歧较大。王子今认为前一"事"指按规定服役的人数，后一"事"指实际服役的人数。张荣强认为前一个"事"指课役口

---

① 长沙市文物考古研究所、中国文物研究所、北京大学历史学系·走马楼简牍整理组：《长沙走马楼三国吴简·竹简〔壹〕》。

数，与家口总数结合，包括7—60岁的男女；后一个"事"指徭役，与交纳算赋的人数结合。于振波认为前一"事"指有劳动能力的人，包括成年男女及有一定劳动能力的未成年男女（或次丁）；后一"事"则表示服役的人口。胡平生认为"口"指吃饭的人口，其后的"事"指干活的人口，"算"指口算钱份额，其后的"事"指可服劳役的人数。孟彦弘认为"口"指该户有多少口（其中的一部分人数），"事"指服力役的人数，"算"指应交纳的算数，后一"事"指实际交纳的算数，这类户籍的性质是吏户。①

2006年公布的安徽省天长市安乐镇纪庄村19号西汉墓中，有题为《筭簿》的木牍（"筭"为"算"的异体字），记录了西汉东阳县八月、九月"事算"和"复算"总数，以及八月东阳县所属各乡的"事算"数。牍文如下：②

筭簿

·集八月事筭二万九，复筭二千卅五。

都乡八月事筭五千卅五。

南③乡八月事筭三千六百八十九。

垣雍北乡④八月事筭三千二百八十五。

---

① 分见王子今《走马楼"凡口若干事若干"简例试解读——以对"事"的理解为中心》，待刊；张荣强《说孙吴户籍简中的"事"》，北京吴简研讨班编《吴简研究》第1辑；于振波《"算"与"事"——走马楼户籍简所反映的算赋和徭役》，《汉学研究》（台湾）第22卷第2期，2004年；胡平生《〈长沙走马楼三国吴简〉第二卷释文校证》，中国文物研究所编《出土文献研究》第七辑，上海古籍出版社2005年版，第123—125页；孟彦弘《吴简所见"事"义臆说——从"事"到"课"》，长沙简牍博物馆、北京吴简研讨班编《吴简研究》第2辑。

② 木牍释文据天长市文物管理所、天长市博物馆《安徽天长西汉墓发掘简报》（《文物》2006年第11期。后文略称为《简报》），并参照各家之说略有修订。

③ 《简报》释作"东"，今据胡平生说改。胡平生：《天长安乐汉简〈户口簿〉"垣雍"考》，"简帛网" 2010年2月3日，http://www.bsm.org.cn/show_ article.php？id=1215。

④ 《简报》在"垣雍北乡"后多一"户"字，今据袁延胜意见删去。袁延胜：《天长纪庄木牍〈算簿〉与汉代算赋问题》，《中国史研究》2008年第2期。

垣雍南①乡八月事算二千九百卅一。

鞠（？）乡八月事算千八百九十。

杨池乡八月事算三千一百六十九。

·右八月。

·集九月事算万九千九百八十八，复算二千六十五。

卿②

关于"算簿"的内容，山田胜芳、袁延胜进行了专门讨论。山田文认为，此牍是东阳县八月案比、算民时期的统计。"事算"指的是徭役义务的承担者，"复算"是由于某些理由而免除徭役者。复算的对象包括怀孕生产的女性和养老等其他复除情况。这条材料证明了其以往主张的成年女子也要以"算"为单位承担徭役的观点。③袁文认为，牍文中的"算"字指算赋，"事"指徭役，"事算"为徭役算赋之意，指承担徭役和算赋者的一致性；复算是免除算赋之意。《算簿》中八月份和九月份的算赋数额，应分别是"八月算人"和"计断九月"统计的结果。④袁延胜对"事算"的理解与张荣强大体相同。

可以看到，研究者对上述"算""事"简的理解存在诸多分歧。造成分歧的原因，实际上在于目前学界对两汉及三国吴时期有关"算""事"的赋役制度尚无定论，存在诸多疑问和争议。本章主要以长沙简和天长汉简为对象，并结合其他出土简及传世文献，尝试探讨"算"

① 《简报》释作"东"，今据胡平生意见改。胡平生：《天长安乐汉简〈户口簿〉"垣雍"考》，"简帛网"2010 年 2 月 3 日，http：//www. bsm. org. cn/show_ article. php？id=1215。

② 《简报》虽然在介绍中提到"中偏左有一'卿'字"，但释文中未记。后来发掘者杨以平、乔国荣在《天长西汉木牍述略》一文中补上。杨以平、乔国荣：《天长西汉木牍述略》，中国社会科学院简帛研究中心等编《简帛研究二〇〇五》，广西师范大学出版社 2008 年版，第199—200 页。

③ ［日］山田胜芳：《前漢武帝代の地域社会と女性徭役—安徽省天長市安楽鎮十九号漢墓木牘から考える—》，《集刊東洋学》第 97 号，2007 年。中译文见庄小霞译《西汉武帝时期的地域社会与女性徭役——由安徽省天长市安乐镇十九号汉墓木牍引发的思考》，中国社会科学院简帛研究中心等编《简帛研究二〇〇七》，广西师范大学出版社 2010 年版。

④ 袁延胜：《天长纪庄木牍〈算簿〉与汉代算赋问题》，《中国史研究》2008 年第 2 期。

"事"的意义及其所反映的两汉三国吴时期的赋役结构。

一　新出"算""事"简中"事"的含义

学界普遍将"事"理解为"徭役",[①] 主要源于古代注释家的解释。如以往研究者常列举的《汉书·高帝纪下》高帝五年（公元前202）诏曰："军吏卒会赦,其亡罪而亡爵及不满大夫者,皆赐爵为大夫。故大夫以上赐爵各一级,其七大夫以上,皆令食邑,非七大夫以下,皆复其身及户,勿事。"颜师古注引如淳曰："事,谓役使也。"师古曰："复其身及一户之内皆不徭赋也。"[②] 同卷载高帝七年,"民产子,复勿事二岁",颜师古注："勿事,不役使也。"[③]《史记·靳歙列传》载,高后五年（公元前183）,靳歙死,"子亭代侯。二十一年,坐事国人过律,孝文后三年,夺侯,国除"。《索隐》曰："案:刘氏云'事,役使也。谓使人违律数多也。'"[④]《汉书·宣帝纪》载,本始三年（公元前71）五月"大旱。郡国伤旱甚者,民毋出租赋。三辅民就贱者,且毋收事,尽四年"。颜师古注引晋灼曰："不给官役也。"师古曰："收谓租赋也,事谓役使也。尽本始四年而止。"[⑤] 上述注释均将"事"解释为"徭役"。尽管如此,将上述新出简牍中的"事"解释为"徭役"却存在不少问题。

首先,从语法结构来看,天长简的"事算"和"复算"应是一组相对的词,词性相同。"复"的意思很明确为"复除"（免除徭役和赋税）,作动词,"复算"（即免除"算"的义务）为动宾结构的词组。那么,相应的,"事"也应当作动词解,"事算"也是一个动宾结构的词。如果将"事"理解为名词"徭役",将"事算"理解为"徭役算赋",和后文

---

① 既往研究有［日］曾我部静雄《中国古代の施舍制度》,《東北大学文学部研究年報》第12号,1961年;［日］越智重明《藉と赋》,《史渊》第113号,1976年;［日］山田胜芳《秦漢财政收入の研究》,第20、164、600页;等等。

② 《汉书》卷一下《高帝纪下》,第54、55页。

③ 《汉书》卷一下《高帝纪下》,第63、64页。

④ 《史记》卷九八《傅靳蒯成列傳·靳歙》,第3284页。

⑤ 《汉书》卷八《宣帝纪》,第244页。

"复算"的"复除算"无论从词义还是词性上都不对称。同样，从语法结构来看，长沙简中的第一个"事"与第二个"事"的词性应当相同。虽然长沙简和天长简的簿籍性质不同，但应当认为两类简中的"算""事"所指相同，因此，长沙简中的"事"应当和天长简中的"事"一样，作动词用。

其次，天长简木牍的标题为"算簿"，那么，牍文的性质应当十分明确，即是关于"算"的簿籍。山田胜芳将天长汉简中的"算"理解为徭役征发的单位。关于"算"与徭役的关系，笔者将在下文进行专门讨论，这里想强调的是，"算"虽然与徭役征发有一定关系，但是，不可否认是的"算"与"赋"的关系更为密切。"算"不仅是两汉时期计征徭役的单位，更是计征"赋"的单位。因此，关于"算"的簿籍——"算簿"无论如何不能排除与"赋"的关系，将其仅仅理解为与徭役征发有关的簿籍是一种偏向。

再次，以往学者已经指出，汉代的"事"不仅指徭役也指赋税，常被用作泛指国家向人民征发的各种名目的赋役。[①] 例如，前引《汉书·高帝纪下》高帝五年（公元前202）诏条，颜师古注解"皆复其身及户，勿事"时即说："复其身及一户之内皆不徭赋也。"即将"复"和"事"的对象理解为包含"徭"和"赋"两部分。再如，《汉书·贾山传》载，贾山上书称颂文帝："礼高年，九十者一子不事，八十者二算不事。"颜师古注："一子不事，蠲其赋役。二算不事，免二口之算赋也。"[②] 颜师古对文中的两个"事"均未作"徭役"解，而是将"不事"作为一个固定动词词组，第一个"不事"的对象为"赋役"，第二个"不事"的对象则只有"算赋"。虽然颜师古的注释存在一定问题（详见后文），但是，很显然"二算不事"的"算"无论如何不可能与以"算"为单位交纳的人头税即所谓的"算赋"完全无关。

---

① ［日］平中苓次：《漢代の復除と周礼の施舍》，《立命館文學》第138号，1956年；张荣强：《说孙吴户籍简中的"事"》，北京吴简研讨班编《吴简研究》第1辑，第212—216页；等等。但他们对一些材料的理解仍有进一步讨论的余地。

② 《汉书》卷五一《贾邹枚路传·贾山》，第2335、2336页。

如前所述，以往论者均引用如淳、颜师古等说，认为"事"的本义为"役使"。事实上，事的本义是"职"。《说文》史部："事，职也。从史，之省声。"① 《尚书·立政》："立政任人：准、夫、牧作三事"。② 王引之《经义述闻·尚书上》："三事，三职也。为任人、准夫、牧夫之职，故曰'作三事'。"③《后汉书·光武帝纪下》："左中郎将刘隆为骠骑将军，行大将军事。"④ 后来从"职"的本义衍生了诸多含义，其中即包括以下两种意思：一是"役使"，二是"服事"。两者的施为者和被施为者恰恰相反。文献中这两种例子均很常见。第一种例子以往论者已列举了很多，此处不赘。第二种例子如《汉书·景帝纪》后二年（公元前142）四月诏曰："其令二千石各修其职；不事官职耗乱者，丞相以闻，请其罪。布告天下，使明知朕意。"⑤《释名·释言语》："恭，拱也。自拱持也。亦言供给事人也。"⑥

因此，上述新出简牍中的"事"均应释为"服事"。所谓"事算"即服事"算"的义务，与"复算"即免除"算"的义务恰好相对。事实上，"事"本与"服"通。《诗·关雎》："求之不得，寤寐思服。"《六月》："有严有翼，共武之服。共武之服，以定王国。"郑玄均笺曰："服，事也。"⑦《周礼·地官司徒·大司徒》："颁职事十有二于邦国都鄙，使以登万民：一曰稼穑……十有二曰服事。"郑众注："服事谓为公家服事者。"⑧ 颜师古等在解释与赋役有关的"事"时，根据具体情况做出了不同的解释，而我们以往只注意到将"事"释为"役使"的注释。

---

① （汉）许慎撰，（清）段玉裁注：《说文解字注》第三篇下，第117页下栏。

② （清）孙星衍：《尚书今古文注疏》卷二四《周书·立政》，陈抗、盛冬铃点校，中华书局2004年版，第472—473页。

③ （清）王引之：《经义述闻》卷三《尚书》上，江苏古籍出版社2000年影印本，第86页下栏。

④ 《后汉书》卷一下《光武帝纪下》，第72页。

⑤ 《汉书》卷五《景帝纪》，第151页。

⑥ （汉）刘熙撰，（清）毕沅疏证，（清）王先谦补：《释名疏证补》卷四《释言语》，第111页。

⑦ （清）王先谦：《诗三家义集疏》卷一《关雎》、卷一五《六月》，吴格点校，中华书局1987年版，第13、609页。

⑧ （清）孙诒让：《周礼正义》卷一八《地官司徒上·大司徒》，第754页。

二　新出"算""事"简中"算"的含义

如前所述，关于新出"算""事"简中的"算"，学界有两种看法：多数学者认为指算赋；山田胜芳认为汉代的"算"有多种含义，但是具体到天长汉简，则指徭役征发对象。在前一种看法中，如张荣强、袁延胜也认为徭役征发与"算赋"的课征对象有密切关系。

为了探明这一问题，我们有必要梳理一下关于"算赋"及"算"研究的学术史。

关于"算赋"的最早记载见于《汉书·高帝纪上》高帝四年条："八月，初为算赋。"① 对此，加藤繁提出："两汉时代曾经用算赋这个名目征收过人头税"，"算是指算人的意思。换句话说，就是人口调查的意思。在汉代，每年八月实行人口调查，然后征收人头税，所以把这种人头税就称为算赋。""因为人口调查叫做算，参照人口调查的结果，向一个个人征收租税就称为算赋，它的租税单位也就称为一算了吧。""除了算赋以外，汉代叫做算的租税不在少数。景帝时，曾经算訾。即，每訾万钱，征一算一百二十七。武帝时，每缗钱二千，征一算二十钱。并且，轺车也算，船也算。当时，在定课税物件的单位，从此征收一定的钱的场合，都叫做算。这是因为这种做法和算赋相似，就借用了算这个词而已。因而，不能从这些地方求出算的本来的意义。""《汉书》中有高祖四年八月始设算赋的记载，但这只是表示汉代创设算赋的年月，不一定能够看做算赋的起源。""看《汉书》卷49晁错传，在晁错上文帝书中说：'今秦之发卒也……死事之后，不得一算之复……'""应该认为，在秦统一天下的时代，就已经有算赋的存在。""它开始于什么时候？作为解决这个问题的关键，我举出《史记》卷5秦本纪孝公条的记载：'十四年，初为赋。'而且，我主张，这里的所谓赋，不外是算赋。""算赋也是军赋。""算赋也单独称作赋。""孝公的赋和汉代的算赋在大体上

---

① 《汉书》卷一上《高帝纪上》，第46页。

名实都是一致的。"①

加藤繁的上述论说，在相当长时期内成为学界的通说。但自 1940 年代起，不断有学者对此说提出异议。劳榦据居延汉简提出，算赋包括成年男女的人口税和财产税（包括算赀、商车和缗钱）两种。② 即算赋不是一个单独的税目，而是以算为单位征赋的统称。此后，平中苓次进一步发展了此说。③

1970 年代江陵凤凰山汉简的出土给汉代赋役制度研究提供了宝贵的新资料。江陵凤凰山 10 号汉墓 4、5 号木牍，记录了文、景时期市阳里、郑里、当利里以"算"征钱的部分记录。牍文如下：

> 市阳二月百一十二算＝卅五钱三千九百廿正偃付西乡偃佐缠吏奉（俸）阝受正忠（？）二百卅八
> 市阳二月百一十二算＝十钱千一百廿正偃付西乡佐赐口钱
> 市阳二月百一十二算＝八钱八百九十六正偃付西乡偃佐缠传送
> 市阳三月百九算＝九钱九百八十一正偃付西乡偃佐赐
> 市阳三月百九算＝廿六钱二千八百卅四正偃付西乡偃佐赐
> 市阳三月百九算＝八钱八百七十二正偃付西乡偃佐赐
> 市阳四月百九算＝廿六钱二千八百卅四正偃付西乡偃佐赐
> 市阳四月百九算＝八钱八百七十二正偃付西乡偃佐赐（以上为 4 号木牍正面）
> 市阳四月百九算＝九钱九百八十一正偃付西乡偃佐赐
> 市阳四月百九算＝九钱九百八十一正偃付西乡偃佐赐四月五千六百六十八

---

① ［日］加藤繁：《关于算赋的小研究》，其著《中国经济史考证（上）》，第 127—138 页。

② 劳榦：《汉代兵制及汉简中的兵制》，《中央研究院历史语言研究所集刊》第 10 本，1948 年版。

③ 平中苓次认为算赋是赀算和口算的合称。［日］平中苓次：《居延漢簡と漢代の財産税》，《立命館大學人文科學研究所紀要》第 1 号，1953 年，收入其著《中国古代の田制と税法—秦漢経済史研究—》，第八章。

市阳五月百九算＝九钱九百八十一正偃付西乡佐□

市阳五月百九算＝廿六钱二千八百卅四正偃付西乡佐□

市阳五月百九算＝八钱八百七十二正偃付西乡佐□五月四千六百八十七

市阳六月百廿算＝卅六钱四千三百廿付□得奴

郑里二月七十二算＝卅五钱二千五百廿正偃付西乡偃佐缠吏奉卩

郑里二月七十二算＝八钱五百七十六正偃付西乡佐佐缠传送卩

郑里二月七十二算＝十钱七百廿正偃付西乡佐赐口钱卩（以上为4号木牍背面）

当利正月定算百一十五

正月算卅二给转费卩

正月算十四吏奉卩

正月算十三吏奉卩

正月算□传送卩

正月算□□虎（？）即卩

当利二月定算百

二月算十四吏奉卩

二月算十三吏奉卩（以上为5号木牍正面第一栏）

二月算廿□□□缮兵卩

三月算十四吏奉卩

三月算十三吏奉卩

三月算六传送（以上为5号木牍正面第二栏)①

关于如何认识此简的内容，下列学者的意见值得重视。裘锡圭认为"算"的本意是征收赋税时的计算单位，其对象可以是人，也可以是车船、缗钱、六畜等。汉初按人征收的算赋尚没有定额，高帝时只规定了

---

①　裘锡圭：《湖北江陵凤凰山10号汉墓出土简牍考释》，《文物》1974年第7期。

上交中央的献费的定额。"人百二十为一算"大概是武帝时规定的。吏奉、转费、缮兵是乡里的行政费用，也出于算赋，并且所占比例相当大。简文中的口钱不是针对7—14岁征收的人头税，很可能是算赋中规定上缴给皇帝的一个项目。① 永田英正将此简称作"算钱征收簿"，认为"算"表示成人数。每月向他们征收的9—10钱的"口钱"是算赋，一年约120钱，是上交中央以供库兵车马骑马之费，属军赋。其他如以吏奉、转费、传送、缮兵名义征收的钱属杂税，供地方官府使用。"算钱"是算赋和杂税的统称。②

此外，一些学者注意到"算"与徭役的关系。③ 山田胜芳、宋杰等提出，汉代对15岁以上的成年男女不仅以算为单位征收算赋，还以算为单位征发徭役。也就是说成年女子不仅负担算赋，也负担徭役。④

以上述研究为基础，结合新出土简牍，笔者认为：

第一，汉代的"算"是国家统计15岁至免老年龄成年男女作为赋役课征对象的单位，通常情况下一人为一算，但也有以一人为二算甚至五算的情况，⑤ 所谓"算人"即登记统计国家可征赋役的人数；

第二，汉代不存在"算赋"的单独税目。"算赋"本意为"以算为单位征收赋"。汉至三国吴时期从中央到地方各种以钱交纳的人头税

---

① 裘锡圭：《湖北江陵凤凰山10号汉墓出土简牍考释》，《文物》1974年第7期。岳庆平进一步提出，汉代以算征收的赋为"取民之赋"，一部分用于上交中央财政，即"算赋"；一部分用于地方财政，无定额，因地、因时而异。（岳庆平：《汉代"赋额"初探》，《中国史研究》1985年第4期）

② ［日］永田英正：《江陵鳳凰山十號漢墓出土の簡牘——とくに算錢を中心として—》，1977年初刊，收入其著《居延漢簡の研究》，京都：同朋舍1989年版。中译文《江陵凤凰山十号汉墓出土的简牍——以算钱的研究为中心》，载［日］永田英正《居延汉简研究（下）》，张学锋译，广西师范大学出版社2007年版，第464—488页。

③ 如［日］西田太一郎《漢の正卒について》，《東洋の文化と社會》第1号，1950年；《漢の正卒に関する諸問題》，《東方学》第10号，1955年。

④ ［日］山田胜芳：《漢代の算と役》，《東北大學教養部紀要》28，1978年；宋杰：《〈九章算术〉记载的汉代徭役制度》，《北京师范学院学报》1985年第2期，收入其著《〈九章算术〉与汉代社会经济》，第94—99页；等等。

⑤ 《汉书·惠帝纪》：惠帝六年（公元前189）冬十月条："女子年十五以上至三十不嫁，五算。"颜师古注引应劭曰："汉律人出一算，算百二十钱，唯贾人与奴婢倍算。今使五算，罪谪之也。"（《汉书》卷二《惠帝纪》，第91页）

（包括献费、吏奉、转费、传送、缮兵等费用）均统称为"赋"，并以"算"为单位摊派到每个成年男女头上，这些人头税也包括征发各种徭役（转运、传送、土木工程等）所需的费用。

试加以证之。

其一，检索一下汉代文献，就会惊讶地发现"算赋"一词只出现过一次，即前揭《汉书·高帝纪上》高帝四年条，此外再无见者。其他材料，事实上只能表明，当时针对成年男女征收的叫做"赋"的人头税是以"算"为单位征收的。如《汉书·高帝纪下》颜师古注引如淳曰："《汉仪注》民年十五以上至五十六出赋钱，人百二十为一算，为治库兵车马。"①《汉书·成帝纪》建始二年（公元前31）正月诏："减天下赋钱，算四十。"②王充《论衡·谢短》：

> 古人井田，民为公家耕，今量租刍，何意？一业（岁）使民居更一月，何据？年二十三儒（傅），十五赋，七岁头钱二十三，何缘？③

这些材料都没有把针对民年 15 以上至免老以"算"为单位征收的人头税叫做"算赋"，而是称作"赋"。《周礼·天官冢宰·大宰》："以九赋敛财贿：一曰邦中之赋，二曰四郊之赋，三曰邦甸之赋，四曰家削之赋，五曰邦县之赋，六曰邦都之赋，七曰关市之赋，八曰山泽之赋，九曰币余之赋。"郑玄注：

> 玄谓赋，口率出泉也。今之算泉，民或谓之赋，此其旧名与？乡大夫以岁时登其夫家之众寡，辨其可任者，国中自七尺以及六十，野自六尺以及六十有五，皆征之。《遂师》之职亦云"以征其财征"，皆谓此赋也。邦中，在城郭者。四郊去国百里，邦甸二百里，

---

① 《汉书》卷一下《高帝纪下》，第46页。
② 《汉书》卷一〇《成帝纪》，第305页。
③ （汉）王充撰，黄晖校释：《论衡校释》卷一二《谢短》，第568页。

家削三百里，邦县四百里，邦都五百里。此平民也。关市山泽谓占
会百物，币余谓占卖国中之斥币，皆末作，当增赋者，若今贾人倍
算矣。自邦中以至币余，各入其所有谷物，以当赋泉之数。每处为
一书，所待异也。①

郑玄注表明其生活的年代即东汉末年将人头税称为"赋"的情况已不多
见，常见的是称之为"算泉"，但也不称"算赋"。

其二，如江陵凤凰山 10 号汉墓 4、5 号木牍所反映，当时以吏俸、
传送、转费、缮兵等名义征收的所谓"杂税"也以"算"为计征单位，
向 15 岁至免老的成年男女征收，也以钱为征纳物，因此，无论就其实质
还是就其征收形式而言，它们都与成年男女的人头税没有质的区别。

而从居延汉简来看，所谓"杂税"在汉代也被称作"赋"，试举
几例：

出赋钱六百　给东望隧长晏万闰月奉　闰月　守令史霸付候
长骏
(15. 3)

☑ 元始五年九月吏奉赋钱不到　　讫二年
未得五年十一月廿六日以来奉　已受
(53. 19)

居延甲渠次吞隧长徐当时　未得七月尽九月积三月奉用钱千八百
神爵二年正月庚午除　　已得赋钱千八百
(57. 8)②

上述简中的"赋钱"均是用作"吏奉"的，由此可推，江陵凤凰山以
"算"征收的用作"吏奉"的钱在当时也应称为"赋钱"。更进一步，
江陵凤凰山汉简中那些以算征收的用作转费、传送、缮兵等的钱，也
应属于"赋钱"。所谓"杂税"和所谓"算赋"的区别仅仅在于前者
是由地方征收和使用的，没有固定的数额，属于地方财政；后者是由

① （清）孙诒让：《周礼正义》卷三《天官冢宰上·大宰》，第 90 页。
② 中研院史语所简牍整理小组编：《居延汉简（壹）》，中研院史语所 2014 年版，第
50、172、183 页。

地方替中央代征的，有固定的数额，属于中央财政。但这种用途上的差别，并不能决定和改变它们的性质，即它们都是以算为计征单位的人头税——赋，因此将"算赋"看成是一种征税方式而非单一的税目更为妥当。

其三，汉代文献中"算事""算徭赋"的说法证明，"算"是一种计征徭、赋的方式和单位，所谓"算赋"实际上是"以算为单位计征赋"的意思。

唐代训诂大家颜师古在注释"算事"时，多将其解释为"算"与"事"即算赋和徭役的合称，除前引《汉书·贾山传》注外，再如《汉书·宣帝纪》地节三年（公元前67）冬十月诏"流民还归者，假公田，贷种、食，且勿算事"条，颜师古注"算事"曰："不出算赋及给徭役"。① 今人均从颜师古注。然而，新出张家山汉简《二年律令》下列律文表明，颜师古对"算事"之"算"的理解大值商榷：

　　□□工事县官者复其户而各其工。大数衡（率）取上手什（十）三人为复，丁女子各二人，它各一人，勿算（算）繇（徭）赋。家毋当（简278）繇（徭）者，得复县中它人。县复而毋复者，得复官在所县人。新学盈一岁，乃为复，各如其手次。盈二岁而巧不成（简279）者，勿为复。（简280）②

律文中"勿算徭赋"的"算"显然不能理解为"算赋"，而应作动词解。"勿算徭赋"意为勿让他们出以"算"为单位征发的"徭"和"赋"，即不将他们计算在"算"内。

其四，将传世文献和长沙三国吴简相结合，可推导出所谓"算"指计征赋和役两者的单位，"复"复除的也是赋和役两项义务，而非两项中的任何一个单一项。例如：

---

① 《汉书》卷八《宣帝纪》，第249、250页。
② 彭浩、陈伟、［日］工藤元男主编：《二年律令与奏谳书——张家山二四七号汉墓出土法律文献释读》，第246页。

　　　　子小女国年廿八筭一肿两足复　　　　　　　　（壹 2941）

　　　　常迁里户人公乘何著年五十四筭一刑两足复　　（壹 2950）

　　　　谷阳里户人公乘郑嚚年卅六筭一给州吏复　　　（壹 3323）

　　　　小成里户人公乘五陵年卅六给县吏复　　　　　（壹 9435）①

前两例被"复"（复除），显然是因为身体残疾，无法承担徭役。后两例"复"，是因为他们一个"给州吏"、一个"给县吏"，即正在承担国家力役。因此，若仅凭借这类简，我们或许可以得出，长沙吴简中的"复"指的是复除徭役。但是，若结合下列简，我们就会发现这样解释显然是片面的。如：

　　　　宗妻大女妾年卅二筭一八十一复　　　　　　　（壹 2971）

　　　　子公乘宗廿四筭一八十□复　　　　　　　　　（壹 2993）

　　　　素寡妇大女思年卅六筭一八十可复　　　　　　（壹 3322）

妾、思分别是年 32、36 的女子，宗是 24 岁的男子，他们身体健全，他们之所以被"复"是因为家中有年 80 岁以上的老人。② 前文已引，《汉书·贾山传》载贾山上书称颂文帝曰："礼高年，九十者一子不事，八十者二筭不事。"颜师古注："一子不事，蠲其赋役。二筭不事，免二口之筭赋也。"③ 此外，《汉书·武帝纪》载建元元年（公元前140）诏曰："春二月，赦天下，赐民爵一级。年八十复二筭，九十复甲卒。"颜师古注引张晏曰："二筭，复二口之筭也。复甲卒，不豫革车之赋也。"④ 据此可知，汉文帝、武帝时均规定，家中有年满 80 岁者

<hr />

　　① 长沙市文物考古研究所、中国文物研究所、北京大学历史学系·走马楼简牍整理组：《长沙走马楼三国吴简·竹简〔壹〕》。

　　② 参见［日］山田胜芳《鸠杖与徭役制度》，庄小霞译，中国社会科学院简帛研究中心等编《简帛研究二〇〇四》，广西师范大学出版社 2006 年版。

　　③ 《汉书》卷五一《贾邹枚路传·贾山》，第 2335、2336 页。

　　④ 《汉书》卷六《武帝纪》，第 156 页。

可以享受"二算不事"或"复二算"的待遇。① 颜师古将"二算不事"解释为"免二口之算赋"。若按照其解释，上述三例长沙吴简妾、宗、思因家中有 80 岁以上的老人而被"复"者，就应当是"算赋"而不是徭役。这就和前引 4 例"复"的原因产生了矛盾。因此，在现有情况下，只有一个解释能够成立，即长沙吴简中被计入"算"，不仅意味着要交纳人头税，而且意味着要服徭役；"算"不仅是课征赋税，也是课征徭役的单位；"复算"不仅意味着免除人头税义务，也意味着免除徭役义务。

这样也就可以理解为什么汉代存在"算""事"通用的例子。《汉书·高帝纪下》载：高帝七年"春，令……民产子，复勿事二岁"。②《后汉书·章帝纪》元和二年（公元 85）春正月乙酉诏曰：

> 令云"人有产子者复，勿算三岁"。今诸怀妊者，赐胎养谷人三斛，复其夫，勿算一岁，著以为令。③

正如以往学者所指出，两道诏令有继承关系。④ 很显然，这里的"事"并非单指徭役，"算"也非单指算赋，两字均含有徭、赋两方面的意思。

其五，正如以往史家所指出，武帝以后增加的许多新税目都以"算"命名，如算车、算船、算缗钱、算马牛羊等等。既然这些赋税项目均以"算"为征收单位、以"算"命名，也都属广义的"赋"的范畴，那么，为什么独独将针对成年男女征收的人头税称之为"算赋"，而其他的则否？

而且，汉代人把向 7—14 岁的儿童计征的口钱也称作"算民"或者"赋算"。《汉旧仪》云：

① 这一规定后来成为定制，故而在长沙吴简中出现了诸多年满 80 岁者子女被复除的例子。
② 《汉书》卷一下《高帝纪下》，第 63 页。
③ 《后汉书》卷三《章帝纪》，第 148 页。
④ ［日］山田胜芳：《秦漢財政収入の研究》，第 178—179 页。

算民，年七岁以至十四岁出口钱，人二十三。二十钱，以食天子，其三钱者，武帝加口钱，以补车骑马。又令民男女年十五以上至五十六，出赋钱百二十为一算，以给车马。①

《汉书·贡禹传》载：

自禹在位，数言得失，书数十上。禹以为古民亡赋算口钱，起武帝征伐四夷，重赋于民，民产子三岁则出口钱，故民重困，至于生子辄杀，甚可悲痛。宜令儿七岁去齿乃出口钱，年二十及算。②

向儿童征收口钱在年代上晚于成年男女人头税的征收，但其仍使用"算"的征收方式，也称作"算民"和"赋算"，都反证当时不存在"算赋"的专有税目名称。

以上尝试证明汉代乃至三国吴时期，"算"是国家计征赋税和徭役的单位，"算赋"不是具体的税目，而是以"算"为单位征收赋税的意思。③ 这一时期传世文献和简牍材料中"算事"或"事算""复算""复事""算簿"中的"算"，一般均指达到法定课征赋税和徭役年龄（15岁至免老）的人口数，"事"指实际服赋役者的人口数，"复"指复除即免除赋税和徭役的人口数。

因此，长沙吴简的"口×事×"的"口"指户内家庭人口总数，"事"指承担国家赋役的口数，包括15岁至免老有"算"义务的口数和7—14岁需交纳口钱的口数，相当于后代的"课口"数；④ "算×事×"的"算"指达到服"算"义务年龄的口数，"事"指实际服"算"义务

---

① （汉）卫宏：《汉旧仪》，（清）孙星衍等辑《汉官六种》，第82页。

② 《汉书》卷七二《王贡两龚鲍传·贡禹》，第3075页。这里的赋、算均应作动词解，即征赋、征算的意思。

③ 汉代以"算"征收人头税的制度，其具体情况如何，将另文讨论。

④ 《新唐书·食货志一》："凡主户内有课口者为课户。若老及男废疾、笃疾、寡妻妾、部曲、客女、奴婢及视九品以上官，不课。"（《新唐书》卷五一《食货志一》，第1343页）关于这一点，笔者大致赞同张荣强《说孙吴户籍简中的"事"》一文的理解。

的口数。第一个"事"和第二个"事"虽然都作动词，指服义务的意思，但所服内容有所不同，第一个"事"除了向15岁至免老人口征发的赋钱和徭役外，还包括7—14岁的口钱。而天长汉简的"事算"指实际服"算"义务的口数，"复算"指免除"算"义务的口数。

汉代之所以采用以算课征赋税的方式，应是因为这种方式更便于国家和地方政府统计和掌握徭、赋的基数，并且根据这一基数尽可能公平地摊派徭役和各种赋。《九章算术·均输》第四则算题：

> 今有均赋粟，甲县四万二千算，粟一斛二十，佣价一日一钱，自输其县；乙县三万四千二百七十二算，粟一斛一十八，佣价一日十钱，到输所七十里……凡六县赋粟六万斛，皆输甲县。六人共车，车载二十五斛，重车日行五十里，空车日行七十里，载输之间各一日。粟有贵贱，佣各别价，以算出钱，令费劳等。问县各粟几何？[①]

这应是以某郡向所属县摊派均赋粟为样板设的算题。从中可以看到，此郡向所属六县征调粟，六县不仅要出粟，而且要将粟送至指定地点。在考虑了粟价、佣价、到目的地的距离等因素外，郡主要以每县的"算"数为基准进行计算，确定每县应出多少粟，以保证每县的负担率相同。不仅郡如此，从下列《九章算术·衰分》算题五来看：

> 今有北乡算八千七百五十八，西乡算七千二百三十六，南乡算八千三百五十六，凡三乡，发徭三百七十八人。欲以算数多少衰出之，问各几何？答曰：北乡遣一百三十五人一万二千一百七十五分人之一万一千六百三十七。西乡遣一百一十二人一万二千一百七十五分人之四千四。南乡遣一百二十九人一万二千一百七十五分人之

---

① 白尚恕：《〈九章算术〉注释》，第195页。

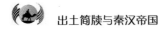

八千七百九。①

县在向所属各乡征派徭役时，也是以各乡的"算"数为基础计算的。由此可以推之，乡向里、里向各户征发赋役都应秉承这一原则。江陵凤凰山汉简便是一极好的例证。简文中以吏奉、转费、传送、缮兵等名义征收的"算钱"，就是将吏奉等赋钱平均摊派在每算头上。前引《二年律令》"算徭赋"条也证明了这一点。

需要说明的是，汉代女子本身并没有固定的徭役义务，不需服更役，其徭役义务通常只表现为交纳按人头税摊派的"算钱"，以及官府按"算"数摊派徭役。但在男性劳力不足的特殊情况下，也被征发服筑城、转输等劳役。②

三　秦汉三国吴时期赋役类簿籍的制作

如前所述，天长汉简所出《算簿》记录了东阳县八月、九月"事算"和"复算"的总数，以及八月各乡的"事算"数。所记月份恰恰与"八月算人"和"九月计断"的月份相合，因此应当把这一《算簿》和同出的《户口簿》理解为东阳县上计簿的抄本，这种记录格式或许是当时上计簿的通行格式。需要强调的是，虽然此簿中只记录了八月、九月的情况，但是，应当设想当时各级政府的"算簿"都是逐月记录的，现实中不仅应当有接续此牍的记录九月各乡"事算"数字的木牍，而且还应有其他十个月的明细和总计。这一点可以从江陵凤凰山汉简得到旁证。

江陵凤凰山汉简中，各里每月的"算"数并非固定不变，而是处于变动之中。如市阳里二月和三至五月以及六月的"算"数均不同；当利

---

① 白尚恕：《〈九章算术〉注释》，第86页。
② 重近启树已指出，汉代女子没有固定的徭役义务，不需服更役，但特殊情况下也被征发服筑城、转输等劳役。［日］重近启树：《秦汉税役体系の研究》，东京：汲古书院1999年版，第158—159、186—187页。

里正月和二月的"算"数也不同，而且，简文中使用了"定算"的说法，所谓"定算"应当指核定算数的意思。① 它表明当时各乡、里每个月都要重新核定算数，也正是因为如此，才会出现同一里各月算数不同的情况。算数的增加或减少既与人口的自然变化有关，也与国家力役征发的变化等有关。人口的自然变化包括原来不满 15 岁的儿童达到 15 岁，原来未达到免老年龄的算口达到免老年龄，身体突然出现残疾甚至死亡，家中的老人年龄达到 80 岁，户口迁移等等。国家力役征发的变化，如被征发兵役、各种力役等等。从长沙吴简来看，各种力役包括真吏（壹3346），各种"给吏"如给州吏（壹 3323）、给县吏（壹 7353）（壹9435）、给军吏（壹 8671）（壹 10306），给亭（壹 8670）等。

安徽天长出土的"算簿"是东阳县即县一级制作的算簿，它应当是在乡一级制作的"算簿"或类似簿籍基础上制作的。江陵凤凰山 10 号汉墓简牍则表明，乡一级算簿是以里为单位进行登记和统计的。但是从张家山汉简《二年律令·户律》简 328 "恒以八月令乡部啬夫、吏、令史相杂案户籍，副臧（藏）其廷"② 的规定来看，虽然里是"算簿"等簿籍登记的最小单位，但是里簿籍的制作不是由里而是由乡来完成的。这是因为两汉三国时期，乡是最低一级行政组织，里只是民间社区组织，而非一级行政单位。长沙东牌楼汉简和长沙吴简等则进一步表明，"算簿"的制作是以各家各户的户口登记为基础的。三国吴时，国家对每家每户的人口等情况进行详细的登记，其户内人口登记格式一般为：

> 某里·户人（户主）·爵位·姓名·年龄·算·身体残疾或给
> 役情况·复否
> 　与户主关系（如妻、子等）·爵位等身份·姓名·年龄·算·

---

① 参见［日］永田英正《江陵凤凰山十号汉墓出土的简牍——以算钱的研究为中心》，其著《居延汉简研究（下）》。

② 彭浩、陈伟、［日］工藤元男主编：《二年律令与奏谳书——张家山二四七号汉墓出土法律文献释读》，第 222 页。

身体残疾或给役情况·复否

　　结句简：·凡·口（家内人口总数）·事（有赋税、徭役义务口数）·算（有算义务口数）·事（实际服算义务口数）·訾

　　除长沙吴简外，目前还出土了大量秦以来的户籍类简牍，如湖南龙山里耶秦简、湖北荆州纪南松柏汉简、居延汉简、长沙东牌楼东汉简等。从这些户籍类简的书写格式，可以看出这类簿籍的书写格式以及专用术语在四百余年中经历了若干变化，最终形成长沙吴简的上述格式。而变化的情况及其背景还有待更深入的探讨。

　　2004年底湖北省荆州市纪南镇松柏村挖掘的汉墓中，出土了63块木牍，其中的53号木牍牍文如下：

　　江陵，使大男四千七百廿一人，大女六千七百六十一人，小男五千三百一十五人，小女二千九百卅八人。·凡口万九千七百卅五人。延大男八百卅九人，延大女二百八十九人，延小男四百卅三人，延小女三百六十八人，延口千九百卅九人，其千五百卅七人外越。

　　宜成，使大男四千六百七十二人，大女七千六百九十五人，小男六千四百五十四人，小女三千九百卅八人。凡口二万二千七百五十九人，其廿九人复，二百卅四人湮中。

　　临沮，使大男二千三百六十人，大女四千廿六人，小男二千四百一十一人，小女千九百七人。延大男一人。凡

　　安陆，使大男四百七十五人，大女八百一十八人，小男五百五十八人，小女三百六十九人。·凡口二千二百廿人，其二百廿九人复。

　　沙羡，使大男五百八十五人，大女九百五十九人，小男六百七十二人，小女四百卅五人。·凡口二千六百六十一人，其八人复。

　　州陵，使大男三百九十三人，大女六百卅四人，小男六百七十六人，小女三百八十八人。·凡口二千九十一人，其卅九人复。

　　显陵，使大男三百卅二人，大女六百一十一人，小男三百九十

五人，小女二百六十人。凡口千六百八人，复。

便侯国，使大男千七百八十一人，大女二千九百九十四人，小男千九百卅二人，小女千七百卅人。凡口八千四百卅七人，其十六人复。

邔侯国，使大男三千六百廿四人，大女五千六百六十四人，小男五千一百六十人，小女三千四百八十九人。凡口万七千九百卅七人，其千三百五十二复。

襄平侯中卢，使大男千四百九人，大女二千四百七十八人，小男千七百五十一人，小女千七十人。凡口六千七百八人，其百廿三人复。①

此牍分别记录了南郡所属部分县道侯国的"使大男"、大女、小男、小女数和人口总数、复除数等。簿籍中的"使大男"和大女应当指15岁以上至免老的健康男子和女子，不包括免老和罢癃。小男、小女指7—14岁需交纳口钱的使男、使女，不包括6岁以下的幼儿（详见下章）。这一木牍的记录方式、内容与大约同时代的天长汉简有所不同。即它不仅记录了算数，而且记录了需交纳口钱的人数。因此，它不是"算簿"，而是登记南郡各县道侯国有服"算"义务和交纳口钱的人口数以及复除数的簿籍。从其记录的内容来看，应当属于长沙吴简"凡口×事×算×事×"格式简中第一个"事"的内容。故笔者将此簿定名为"南郡事复口算簿"。此牍为南郡即郡一级制作的簿籍，弥补了以往郡一级此类簿籍之缺，从而使出土的两汉时期从乡到郡关于课征口算的簿籍因此而齐备。

---

① 释文据彭浩《读松柏出土的四枚西汉木牍》（武汉大学简帛研究中心主办《简帛》第四辑，第333—344页）而略有修改，并加标点。参见本书下编"松柏西汉墓簿籍牍考释"，第282—299页。

松柏西汉墓簿籍牍考释

2004 年底湖北省荆州市荆州区纪南镇松柏村挖掘的汉墓 M1 中，出土了 63 块木牍，其中包括各类簿册。据荆州博物馆《湖北荆州纪南松柏汉墓发掘简报》，木牍内容包括南郡及江陵西乡等地的户口簿、正里簿、免老簿、新傅簿、罢癃簿、归义簿、复事算簿、见（现）卒簿、置吏卒簿等。M1 的年代为汉武帝早期，墓主人为江陵西乡有秩啬夫周偃。① 但《简报》只公布了"南郡免老簿"的图版和释文。2009 年，荆州博物馆编著《荆州重要考古发现》公布了另外 4 枚木牍的图版，② 除 1 件为令外，其余 3 件应分别为《简报》所说的南郡户口簿、江陵西乡户口簿和现卒簿。随后，彭浩、胡平生、陈伟等分别发表《读松柏出土的四枚西汉木牍》③《松柏汉简五三号木牍释解》④《简牍资料所见西汉前期的"卒更"》⑤ 等文，对松柏出土木牍进行了释文和解读，为进一步研究奠定了基础。松柏汉墓出土的南郡各种簿籍对研究汉代的人口情况、户籍的制作和管理、徭役编制等具有重要价值。本章拟在以往释文和研究基础上，对此做进一步的讨论。

---

① 荆州博物馆：《湖北荆州纪南松柏汉墓发掘简报》，《文物》2008 年第 4 期。

② 朱江松：《罕见的松柏汉代木牍》，荆州博物馆编著《荆州重要考古发现》，文物出版社 2008 年版，第 210—211 页。

③ 彭浩：《读松柏出土的四枚西汉木牍》，武汉大学简帛研究中心主办《简帛》第四辑，第 333—344 页。

④ 胡平生：《松柏汉简五三号木牍释解》，简帛网 2009 年 4 月 12 日，http：//www. bsm. org. cn/show_ article. php？id = 1020。

⑤ 陈伟：《简牍资料所见西汉前期的"卒更"》，《中国史研究》2010 年第 3 期。

一 "二年西乡户口簿"中大男、大女的身份

出土编号为 48 号的木牍，牍文如下：

·二年西乡户口薄（簿）

户千一百九十六

息户七十

耗户卅五

相除定息卅五户

大男九百九十一人

小男千卅五人

大女千六百九十五人

小女六百卅二人　　（上栏）

息口八十六人

耗口卅三人

相除定息口卅三

·凡口四千三百七十三人　　（下栏）

牍文的第一行写有"·二年西乡户口薄（簿）"，应是此簿的题名。关于其内容和年代等，彭浩文已进行了详细的解说，请参阅。关于此簿中的大男、大女、小男、小女，彭浩引述杨联陞意见："据居延汉简，六岁以下为未使男、未使女，七岁至十四岁为使男、使女，十五岁及以上为大男、大女，其使男、使女与未使男、未使女统称为小男、小女。"但彭浩认为此簿中"大男、大女的年龄上限应是《二年律令》规定的免老的年龄，到达免老年龄者，不再承担劳役，另行统计。"[1] 如果是这样，

---

[1] 彭浩：《读松柏出土的四枚西汉木牍》，武汉大学简帛研究中心主办《简帛》第四辑，第 337 页。

此簿记录的户口就不包括免老以上老年男女。然而，该簿既然题名为
"户口簿"，记有二年西乡的总户数，增加的户数（息户）、口数（息
口），减少的户数（耗户）、口数（耗口），大男、大女、小男、小女数，
以及总人口数，而且，大男、大女、小男、小女数相加之和（991＋1045
＋1695＋642＝4373）恰为总口数4373人，因此，此簿性质正如其题名
为"户口籍"，记录的户口数包括全部的户数和人口，自然也应包括免
老以上老年人口。否则，其簿籍的性质反而变得不明确。因此，此簿中
的大男、大女，应指15岁以上包括免老和罢癃的成年男女，小男、小女
指14岁以下至刚出生的未成年男女。

二 53号牍应为"南郡事复口算簿"

出土编号为53号的木牍，没有书题。其牍文如下：①

　　江陵，使大男四千七百廿一人，大女六千七百六十一人，小男
五千三百一十五人，小女二千九百卅八人。·凡口万九千七百卅五
人。延②大男八百卅九人，延大女二百八十九人，延小男四百卅三人，
延小女三百六十八人，延口千九百卅九人，其千五百卅七人外越。

　　宜成，使大男四千六百七十二人，大女七千六百九十五人，小
男六千四百五十四人，小女三千九百卅八人。凡口二万二千七百五
十九人，其廿九人复，二百卅四人涅③中。

---

①　此释文在彭浩释文基础上进行了标点，以便理解。

②　彭浩释作"延"，认为指"来自外地的移民"。（彭浩：《读松柏出土的四枚西汉木牍》，
武汉大学简帛研究中心主办《简帛》第四辑，第339页）胡平生认为"延"及下文彭文释作
"外越"的"外"均应释为"死"。（胡平生：《松柏汉简五三号木牍释解》，"简帛"网2009年
4月12日）

③　彭浩认为"涅"疑读作阺。《说文》"阺，秦谓陵阪曰阺。"段注："大阜曰陵，坡曰阪，
秦人方言皆曰阺也。"牍文"二百四十四人涅中"，即住在山中的居民。（彭浩：《读松柏出土的四
枚西汉木牍》，武汉大学简帛研究中心主办《简帛》第四辑，第339页）胡平生认为"涅"应读
如"涅"，通"氐"。"二百四十四人涅中"，指244人前往氐人地区服役，或作战，或进行运输等
后勤任务。（胡平生：《松柏汉简五三号木牍释解》，"简帛"网2009年4月12日）

临沮，使大男二千三百六十人，大女四千廿六人，小男二千四百一十一人，小女千九百七人。延大男一人。凡

安陆，使大男四百七十五人，大女八百一十八人，小男五百五十八人，小女三百六十九人。·凡口二千二百廿人，其二百廿九人复。

沙羡，使大男五百八十五人，大女九百五十九人，小男六百七十二人，小女四百卅五人。·凡口二千六百六十一①人，其八人复。

州陵，使大男三百九十三人，大女六百卅四人，小男六百七十六人，小女三百八十八人。·凡口二千九十一人，其卅九人复。

显陵，使大男三百卅二人，大女六百一十一人，小男三百九十五人，小女二百六十人。凡口千六百八人，复。

便侯国，使大男千七百八十一人，大女二千九百九十四人，小男千九百卅二人，小女千七百卅人。凡口八千四百卅七人，其十六人复。

邔侯国，使大男三千六百廿四人，大女五千六百六十四人，小男五千一百六十人，小女三千四百八十九人。凡口万七千九百卅七人，其千三百五十二复。

襄平侯中卢，使大男千四百九人，大女二千四百七十八人，小男千七百五十一人，小女千七十人。凡口六千七百八人，其百廿三人复。

此牍分别记录了南郡所属部分县道侯国的"使大男"、大女、小男、小女数和人口总数、复除数等。彭浩认为，此牍"对各县、侯国内的人口按性别、年龄统计，似属户口类簿册"。使大男、大女"指年十五至免老年龄的身体健全的男、女性"，小男、小女"指十四岁及以下男性和女性"。并且指出，"汉代的户口和人口是分类统计的，除上述各类人口外，在简报中还提到有'免老簿'、'新傅簿'、'罢癃簿'、

---

① 彭浩释作"二"，此据胡平生《松柏汉简五三号木牍释解》改。

'归义簿'等"。① 彭浩把53号木牍文看成是与"免老簿""新傅簿"等一样的分类户口簿，提出了很好的理解方向。

此牍上栏第一行称"使大男"，而非"大男"。"使大男"作为一个概念出现，据笔者所知是首次。笔者赞同彭浩对使大男、大女的理解。使大男、大女指15岁至免老身体健康可使役的成年男女，不包含免老和罢癃。免老、罢癃基本上不服国家法定的徭役赋税。笔者将松柏出土免老簿、罢癃簿、卒更簿以及53号木牍数字综合作成表3。从表中可以看出，除安陆、邵侯国外，其余县道侯国的免老数、罢癃数都高于复除数，由此可以证明复除的对象不包含免老和罢癃，这是因为免老和罢癃本就不计在课口（这里使用的隋唐时概念，即需课赋役的人口）之内。进而可进一步反推，53号木牍簿籍中的"使大男"不包括免老和罢癃，而只能是15岁以上至免老的健康男子。相应地，此簿中的大女也应当与"使大男"一样，指15岁以上至免老的健康女子，即有"算"义务的女子。②

表8   **53号木牍数字综合表**

县道侯国	免老	罢癃	可事	卒	使大男	延大男	复
巫	278	116	74	1115			
秭归	246	160	133	1052			
夷道	66	48	40	125			
夷陵	42	22	17	253			
醴阳	61	26	15	87			
孱陵	97	76	62	108			
州陵	74	61	48	122	393		49
沙羡	92	51	40	214	585		8

---

① 彭浩：《读松柏出土的四枚西汉木牍》，武汉大学简帛研究中心主办《简帛》第四辑，第339—340页。

② 关于"算"的问题，参见本书下编"出土'算''事'简与两汉三国吴的赋役结构"，第261—281页。

续表

县道侯国	免老	罢癃	可事	卒	使大男	延大男	复
安陆	67	28	24	207	475		229
宜成	232	643	570	1697	4672		29
临沮	331	199	134	841	2360	1	
显陵	20	45	40	143	342		
江陵	538	363	316	1067	4721	839	
襄平侯中庐	162	218	169	523	1409		123
邔侯国	267	275	223	2169	3624		1352
便侯国	250	307	264	371	1781		16
轪侯国	138	70	59	446			
合计	2966	2708	2228	10470			
实得	2961	吻合	吻合	10540			

但是，关于此簿中的小男、小女，笔者认为应当指7岁至14岁需交纳口钱的使男、使女，而不包括6岁以下的幼儿。因为如果此簿的成年男女中不包括免老和罢癃，而只包括那些有"算"义务的人口，而M1中同出有免老簿、新傅簿、罢癃簿、归义簿等有关课役的专门类户籍，那么可以推想53号木牍簿籍也应属此类户籍。此簿中15岁至免老的健康男子和女子同记一簿的原因应当是因为他们都有"算"的义务。由此可推，此簿中的小男、小女应当是需交纳口钱的7岁至14岁的使男、女，这样才可找到使大男、大女与小男、小女之间的共通性，明确此簿的性质。这一推论还可以从"二年西乡户口簿"与53号木牍江陵的人口比例得到间接证明。西乡大男与江陵"使大男"的比例为1：4.76，大女之比为1：3.98，小男之比1：5.09，小女之比为1：4.58。四者比例大体相当。也就是说，53号木牍中小男、小女所占比例和"使大男""大女"在江陵总人口中所占比例大致相当。由于使大男、大女只是15岁以上成年男女的一部分，那么，相应地，53号木牍中的小男、小女也只应占14岁以下儿童的一部分，而非全部。如果认为53号木牍中的小男、小女指14岁以下至0岁儿童，那么，小男之比就会上升为1：10.2，

小女之比为 1∶9.2，这样的比例过于失衡。因此，53 号木牍簿籍的性质应为专门登记南郡各县道侯国有"算"义务和口钱义务的人口数以及复除数的簿籍，汉魏三国时期服赋役泛称为"事"，① 故此簿或应称作"南郡事复口算簿"。

由此也可以看到，此簿和"二年西乡户口簿"对大女、小男、小女的定义不统一，这或者因为此时尚未形成规范的用语，而到了居延汉简时代即西汉中后期，由于长期的行政实践，已将这些用语进行了规范；或者此簿籍中的大女、小男、小女前均省略了"使"字。

三　47 号木牍"南郡卒更簿"

出土编号为 47 号的木牍，牍文如下：②

巫卒千一百一十五人，七更，更百卅③九人，余卅九人。

秭归千五十二人，九更，更百一十六人，其十七人助醴阳，余八人。

夷陵百廿五人，参（叁）④ 更，更卅六人，余十七人。

夷道二百五十三人，四更，更五十四人，余卅七人。

醴阳八十七人，参（叁）更，更卅二人，受秭归月十七人，余十二人。

孱陵百八人，参（叁）更，更百卅六人⑤，不足五十一人，受宜成五十八人，临沮三十五人。

---

① 关于"事"的问题，参见本书下编"出土'算''事'简与两汉三国吴的赋役结构"，第 261—281 页。

② 此释文在以往释文基础上略有修改，修改部分专门注出。

③ 以往释文将简文中的"卅"全部改写作"四十"，"卅"写作"三十"，"廿"写作"二十"。本释文按照原简恢复为"卅""卅""廿"。

④ "（叁）"为笔者所加。

⑤ 彭浩释文作"更百四十六十人"。（彭浩：《读松柏出土的四枚西汉木牍》，武汉大学简帛研究中心主办《简帛》第四辑）"六"后的"十"应为衍字。

州陵百廿二人，参（叁）更，更卅七人，余十一人。

沙羡二百一十四人，参（叁）更，更六十人，余卅四人。

安陆二百七人，参（叁）更，更七十一人，不足六人。

宜成千六百九十七人，六更，更二百六十八人①，其五十八人助屖陵，余八十九人。

江陵千六十七人，参（叁）更，更三百廿四人，余九十五人。

临沮八百卅一人，五更，更百六十二人，其卅五人助屖陵，廿九人便侯，余卅一人。

显陵百卅三人，参（叁）更，更卅四人，余十一人。　　（第一栏）

邔侯国二千一百六十九人，七更，更二百七十一人②，其卅一人助便侯，廿九轪侯，余二百二人。

中卢五百廿三人，六更，更八十四人，余十九人。

便侯三百七十一人，参（叁）③更，更百八十六人，受邔侯卅一，临沮廿九，④ 余廿三人，当减。

轪侯四百卅六人，参（叁）⑤更，更百七十人，受邔侯廿九人，余廿三人，当减。

・凡万四七十人。

月用卒二千一百七十九人。　　（第二栏）

此牍无书题，从内容看应就是《简报》所称"见（现）卒簿"。彭文认为此牍内容是"南郡属县和侯国的用卒数量"，但没有给其定名。陈伟将其定名为"南郡卒更簿"，⑥ 可从。

牍文的第一个数字如"巫卒千一百一十五人""秭归千五十二人"

---

① 从图版和数字统计来看，原释文"更二百六十一人"中的"一"应为"八"。

② 从图版和数字统计来看，原释文"更二百八十一人"中的"八"应为"七"。

③ "（叁）"为笔者所加。

④ 原释文作"受邔疾四十一【人】临沮廿九【人】"，本释文未加【人】。

⑤ "（叁）"为笔者所加。

⑥ 陈伟：《简牍资料所见西汉前期的"卒更"》，《中国史研究》2010 年第 3 期。

等，应是县（或道或侯国）现有卒的总数。① 卒即傅籍的正卒（详见后文）。第二个数字如"七更""九更""三更"等，如彭浩所说，指卒分为几批（更）服役，"七更"即分为七个更次。第三个数字如巫"更百卅九人"，指每更的人数，各县（或道或侯国）每更的人数是固定的。② 第四个数字有的县（或道或侯国）为"若干人助某县"，有的县（或道或侯国）为"受某县若干人"。前者指从本县（或道或侯国）每月更卒中抽调若干人支持某县（或道或侯国），后者指每月从某县（或道或侯国）接收调配来的卒数，两者可以完全对应。进行这样调配的原因，应是前者更卒人数充裕，超过了本县（或道或侯国）每月用卒的需要，而后者卒数不足，无法满足更役的需要，故从前者抽调若干卒支持后者。需要注意的有两点：第一，并非所有的县道侯国都需要调配；第二，这些调配的卒必须是每月调配的，而非指特定的某一个月。第五个数字，有的县（或道或侯国）为"余若干人"，有的县（或道或侯国）为"不足若干人"，如巫"余卅九人"、安陆"不足六人"，这应是将卒总数按若干更、每更若干人分配，并在县道侯国之间进行调配后的余数或不足数。计算方法是：

有余的情况：卒数 = 每更人数 × 更数 + 余数

不足的情况：卒数 = 每更人数 × 更数 — 不足数

某县（或道或侯国）抽调卒支援他县（或道或侯国）的情况下，计算时不必考虑抽调卒的因素；但是在计算某县（或道或侯国）接受他县（或道或侯国）调配卒的情况时，则需要考虑这一因素，其计算公式为：

---

① 彭浩认为是县或侯国"用卒的人数"。彭浩：《读松柏出土的四枚西汉木牍》，武汉大学简帛研究中心主办《简帛》第四辑，第 341 页。

② 对此，陈伟有不同看法。他认为西汉前期卒更普通实行三更之制，即每隔两个月，就更一月。或到郡，或到县就更。他推测松柏 47 号木牍可能属于在南郡郡中就更的簿籍，四更以上的县，其更卒分四更、五更、六更、七更或者九更践更郡中；其他的当更时间，则在县中就更。但两者合计仍应为三更。陈伟：《简牍资料所见西汉前期的"卒更"》，《中国史研究》2010年第 3 期。

卒数＝（每更人数—受人数）×更数＋余数（或—不足数)①

按照上述公式对此簿中的数字进行核算，可发现只有巫、临沮两县不吻合，其余县道侯国的数字均吻合。临沮的数字相差 10 人，"临沮八百卅一人"的"卅"若为"卌"，其数字就可吻合。因此怀疑记录抄写时可能误将"卌"写作"卅"。巫县相差较多，牍文记录的卒数为 1115人，而对牍文计算的结果只有 1082 人，比牍文记录的 1115 人少 33 人，不知何故。不排除官吏误写的可能，但是巫县在牍文第一行，第一行就记录或抄写错误，实在有些难以理解。

表9   47 号木牍簿文数字核算表

	牍文卒数	更	更人数	余	助、受情况	计算结果	吻合度
巫	1115	7	149	39		（149 × 7）＋39 = 1082	少33人②
秭归	1052	9	116	8	17 人助醴阳	（116 × 9）＋8 = 1052	吻合
夷道	125	3	36	17		（36 ×3）＋17 = 125	吻合
夷陵	253	4	54	37		（54 ×4）＋37 = 253	吻合
醴阳	87	3	42	12	受秭归 17 人	（42 － 17）×3 + 12 = 87	吻合③

① 本文完成后，见到陈伟文，其计算方式不同。他列举醴阳的例子，列公式为：〔87 +（17×3)〕—42×3 =138—126 = 12。（陈伟：《简牍资料所见西汉前期的"卒更"》，《中国史研究》2010 年第 3 期）亦即：〔卒数 +（每月受卒人数×更数)〕—每更人数×更数 = 余数。

② 彭文已指出巫县的数字不吻合，并认为牍文记"余三十九人"或有误。按：失误也可能发生在"巫卒千一百一十五人"上。

③ 彭浩认为醴阳、屖陵、宜成、临沮、邔侯国、便侯国、轪侯国数字均有误。（彭浩：《读松柏出土的四枚西汉木牍》，武汉大学简帛研究中心主办《简帛》第四辑）广濑熏雄和陈伟认为醴阳、屖陵、便侯国、轪侯国 4 个数字无误。（〔日〕广濑熏雄：《论松柏 1 号墓出土的记更数的木牍》，复旦大学出土文献与古文字研究中心主办"出土文献与传世典籍——纪念谭朴森先生逝世两周年学术研讨会"论文，2009 年 6 月；陈伟：《简牍资料所见西汉前期的"卒更"》，《中国史研究》2010 年第 3 期）笔者除认为醴阳、屖陵、便侯国、轪侯国 4 个数字无误外，宜成、邔侯国数字也不误。详见表和下文注。

续表

	牍文卒数	更	更人数	余	助、受情况	计算结果	吻合度
屖陵	108	3	146		受宜成58人；受临沮35人	$(146-58-35) \times 3 - 51 = 108$	吻合
州陵	122	3	37	11		$(37 \times 3) + 11 = 122$	吻合
沙羡	214	3	60	34		$(60 \times 3) + 34 = 214$	吻合
安陆	207	3	71	-6		$(71 \times 3) - 6 = 207$	吻合
宜成	1697	6	268	89	58人助屖陵	$(268 \times 6) + 89 = 1697$	吻合①
临沮	831（841？）	5	162	31	35人助屖陵；29人助便侯	$(162 \times 5) + 31 = 841$	少10，若为841则吻合②
显陵	143	3	44	11		$(44 \times 3) + 11 = 143$	
江陵	1067	3	324	95		$(324 \times 3) + 95 = 1067$	吻合
襄平侯中庐	523	6	84	19		$(84 \times 6) + 19 = 523$	吻合
邡侯国	2169	7	271	202	41人助便侯；29人助軑侯	$(271 \times 7) + 41 + 29 + 202 = 2169$	吻合③
便侯国	371	3	186	23	受改侯41人；受临沮29人	$(186-41-29) \times 3 + 23 = 371$	吻合
軑侯国	446	3	170	23	受改侯29人	$(170-29) \times 3 + 23 = 446$	吻合
合计	10470（？）		2179			10530	多483人
实际数	10530（10540？）		2220			不考虑调配因素为2220；考虑调配因素为2011	不考虑调配因素多41人；考虑少209人

① 前文注已指出，简文"更二百六十一人"中的"一"应释为"八"，若以268人来计算则无误。

② 统计结果比其记载的831多10。可能是书写时，将"卅"误写为"卌"，故总数少10。若是841，数字则吻合。

③ 前文已述，简文"更二百八十一人"中的"八"应释为"七"。若以271来计算则吻合。

"南郡卒更簿"倒数第二行的"·凡万四七十人"，显然是总计数，即南郡现有总的卒数，即各县道侯国卒数的总和。"凡万四七十人"，彭浩认为"四"下有脱字，可能是"百"字，①则其总数为10470人。然而，将各县道侯国卒数相加后的总数为10530人，比牍文记录的10470人多60人，若将其中临沮县的831人改为841人，那么，总计为10540人，比牍文记载的相差70人。为何会出现这样的误差？或许与巫县数字不合有关，但即使将巫县1115人改为1082人，数字仍然不吻合。最后一行为"月用卒二千一百七十九人"，月用卒应是各县道侯国每更人数相加后的总和。将牍文中各县道侯国每更人数相加后，其和为2220人，即：

$$149 + 116 + 36 + 54 + 42 + 146 + 37 + 60 + 71 + 268 + 324 + 162 + 44 + 271 + 84 + 186 + 170 = 2220$$

比牍文的2179人多41人，数字不吻合。② 若考虑到县（道侯国）与县（道侯国）之间卒的调配因素，如果在调出县（道侯国）计算了月用卒数，那么，在接收县（道侯国）就不应计入，若计入则属重复计算。例如秭归抽调17人助醴阳，这17人显然包含在每更116人中，也就是说已被计算在全郡月用卒内，那么，在计算醴阳月用卒时就不应当再计入。但若把这类数字全部刨除，即减掉醴阳受秭归17人，孱陵受宜成58人、临沮35人，便侯受邔侯41人、临沮29人，轪侯受邔侯29人，那么，

$$2220 - 17 - 58 - 35 - 41 - 29 - 29 = 2011$$

月用卒数为2011人，仍然与牍文的2179人不符，少了168人。

　　那么，"南郡卒更簿"中的"卒"到底指什么？所服的"更役"到

---

① 彭浩：《读松柏出土的四枚西汉木牍》，武汉大学简帛研究中心主办《简帛》第四辑，第342页。

② 彭文认为月用卒2179人，与各县、侯国每更人数之和相合。

底是什么性质的徭役抑或兵役？彭浩认为合于《汉书·食货志》"月为更卒"颜师古注："更卒，谓给郡县一月而更也。"① 陈伟也将其理解为更卒，并对更期做了进一步的探讨。② 由于传世文献对秦汉时期卒、更役的记载多歧，现代学界的认识也存在很大分歧，因此，可借此牍的出土做更深入的讨论。

由于53号木牍记载了南郡所属部分县道侯国"使大男"的人数，为我们分析卒在各县道侯国户口中所占比例提供了条件。笔者将记录有使大男数的县道侯国的使大男数与卒数进行对比，作成表10。

表 10　　　　　　　　53 号木牍所记使大男数与卒数对比表

县道侯国名	卒数	使大男	卒占比	复	复占比	延大男	占比
州陵	122	393	31.0%	49	12.5%		
沙羡	214	585	36.6%	8	1.4%		
安陆	207	475	43.6%	229	48.2%		
宜成	1697	4672	36.3%	29	0.6%		
江陵	1067	4721	22.6%			839	17.8%
临沮	831	2360	35.2%			1	0.00042%
显陵	143	342	41.8%				
邔侯	2169	3624	59.9%	1352	37.3%		
中卢	523	1409	37.1%	123	8.7%		
便侯	371	1781	20.8%	16	0.9%		
总计	7344	20362	36.5%				

由上表可以看到，州陵至便侯国"卒"占"使大男"的比例为20.8—59.9%，平均为36.5%。也就是说，卒只占使大男（15 岁以上至免老的健康的男子）的三分之一强。若将"复"和"延大男"的因素考虑进去，除安陆、江陵、邔侯外，对整体比例影响不大，何况复除并不

---

① 彭浩：《读松柏出土的四枚西汉木牍》，武汉大学简帛研究中心主办《简帛》第四辑。
② 陈伟：《简牍资料所见西汉前期的"卒更"》，《中国史研究》2010 年第 3 期。

仅仅针对男性，还包括大女、小男、小女。那么，决定是否为卒的必要
条件是什么？结合文献，其答案应当就是傅籍者。汉代傅籍的起始年龄
前后有变化，秦时为 17 岁，① 景帝二年时改为 20 岁，② 昭帝时为 23 岁。
终止年龄也有变化，从张家山汉简《二年律令》可知，在免老③之前有
睆老，睆老服半役，④ 应当就是除籍的年龄，后一律改为 56 岁。⑤ 由于
傅籍的年龄只占使大男年龄段的部分时段，傅籍者的数量小于使大男数
是理所当然的。因此，此簿中的卒应指傅籍者，此簿是记录南郡所属县
道侯国各自拥有的卒数，以及如何安排服更役的簿籍，可称作"南郡卒
更簿"。

四　南郡簿籍中的造假数字

　　笔者将 53 号牍"南郡事口算簿"各县道侯国使大男与大女、小男与
小女数的比例，以及各县道侯国男性、女性的比例数进行了统计，作成
表 11。由此可以看到几个奇怪的现象：第一，在有"算"义务的人口
中，使大男的比例远远低于大女数，两者总数之比为 100∶160。第二，
在需交纳口钱的人口中，小男、小女的比例恰恰相反，小男的比例远远

---

　　① 参见舒之梅《珍贵的云梦秦简》、于豪亮、李均明《秦简所反映的军事制度》，分见中
华书局编辑部编《云梦秦简研究》，第 7、152 页。

　　② 《史记·孝景本纪》：景帝二年春，"男子二十而得傅"。（《史记》卷一一《孝景本
纪》，第 559 页）

　　③ 《二年律令·傅律》简 356："大夫以上年五十八，不更六十二，簪袅六十三，上造六
十四，公士六十五，公卒以下六十六，皆为免老。"彭浩、陈伟、〔日〕工藤元男主编：《二年
律令与奏谳书——张家山二四七号汉墓出土法律文献释读》，"二年律令释文"，第 231 页。

　　④ 《二年律令·傅律》简 357："不更年五十八，簪袅五十九，上造六十，公士六十一，
公卒、士五（伍）六十二，皆为睆老。"简 407："睆老各半其爵徭（繇）员，入独给邑中事。"
彭浩、陈伟、〔日〕工藤元男主编：《二年律令与奏谳书——张家山二四七号汉墓出土法律文献
释读》，"二年律令释文"，第 232、246 页。

　　⑤ 《汉书·高帝纪下》颜师古注引如淳曰："《汉仪注》民年十五以上至五十六出赋钱，
人百二十为一算，为治库兵车马。"（《汉书》卷一《高帝纪下》，第 46 页）《汉官旧仪》卷下：
"秦制二十爵。男子赐爵一级以上，有罪以减，年五十六免。无爵为士伍，年六十乃免老，有罪
各尽其刑。"〔文渊阁四库全书本电子版。（清）孙星衍等辑、周天游点校本《汉官六种》，将
"免老"改为"者"（第 53 页），误〕

高于小女，两者总数之比为的 153：100。第三，从有"算"、口钱义务的男性、女性比来看，又大致平衡，两者总数之比为 100：108，女性略高。

表 11　　53 号木牍南郡簿使大男与大女、小男与小女数及男女的比例统计表

县名	使大男	大女	使大男、大女比	小男	小女	小男、小女比	男性数	女性数	男、女性比
江陵	4721	6761	100：143	5315	2938	181：100	10036	9699	103：100
宜成	4672	7695	100：165	6454	3938	164：100	11126	11633	100：105
临沮	2360	4026	100：171	2411	1907	126：100	4771	5933	100：124
安陆	475	818	100：172	558	369	151：100	1033	1187	100：115
沙羡	585	959	100：164	672	445	151：100	1257	1404	100：112
州陵	393	634	100：161	676	388	174：100	1069	1022	105：100
显陵	342	611	100：179	395	260	152：100	737	871	100：118
便侯	1781	2994	100：168	1942	1730	112：100	3723	4724	100：127
改侯	3624	5664	100：156	5160	3489	148：100	8784	9153	100：104
襄平侯中卢	1409	2478	100：176	1751	1070	164：100	3160	3548	100：112
总计	20362	32640	100：160	25334	16534	153：100	45696	49174	100：108

我们再来看一下 48 号木牍《二年西乡户口簿》的人口比例（参见表 12），同样是大男的比例远远低于大女，小男的比例远远高于小女，其比分别为 100：171 和 163：100，而男性总数的比例虽然也低于女性，但差距缩小了很多，为 100：115。这一情况与 53 号牍的比例情况基本一致。

表 12　　　　　　　　　　二年西乡人口比例

大男数	大女数	大男、大女比	小男数	小女数	小男、小女比	男性总数	女性总数	男女性总数性比
991	1695	100：171	1045	642	163：100	2036	2337	100：115

南郡簿籍反映的南郡人口比例情况，显然不符合人口自然规律。现代中国汉族男女出生时性比为 107：100，在世界各民族中最高。① 男性略高于女性，但男婴死亡率却高于女婴。② 彭浩认为二年西乡小男、小女比例严重失衡，"显然是强烈的人为干扰所致，反映当时普遍存在的重男轻女风气"。③ 彭浩当是指当时存在杀女婴现象。的确，中国古代普遍存在杀女婴现象，④ 但是，即使考虑到杀女婴的现象，南郡小男、小女的比例也太过悬殊。而且，如果小男的比例远远高于小女，那么，相应地大男（包括使大男）的比例也应高于大女，但是情况却恰恰相反。或以为这种情况与秦汉之际有较多的成年男性死于战乱有关。然而，"据墓主周偃自占功劳文书所记履历，于武帝建元一年（前 140）任江陵西乡有秩啬夫"，⑤ "第 48 号牍《西乡二年户口簿》的'二年'有两种可能，即武帝建元二年或元光二年，似以武帝建元二年可能性最大"。⑥ 武帝建元二年（公元前 139）距汉高祖统一中国（高帝五年，公元前 202）已过去 63 年，秦汉之际时的人口比例已通过人口的自然更替完成了一个轮回，特别是使大男、大女这一 15 岁至免老人群，应当全部是汉统一后出生的。因此，其男女比例的失衡应是其他因素所致。

---

　　① 邬沧萍：《中国人口性别比的研究》，刘铮等《中国人口问题研究》，中国人民大学出版社 1988 年版。

　　② 据现代医学统计，男性在胎儿期的死亡率较女性高 12%，男性在新生儿期的死亡率较女性高 130%，在新生儿期，男婴更容易患严重的细菌感染，以及主动脉和肺动脉畸形。［美］科克汉姆（Cockerham W. C.）：《医学社会学》（第 7 版），杨辉等译，华夏出版社 2000 年版，第 37 页。

　　③ 彭浩：《读松柏出土的四枚西汉木牍》，武汉大学简帛研究中心主办《简帛》第四辑，第 338 页。

　　④ 《韩非子·六反》说："且父母之于子也，产男则相贺，产女则杀之。此俱出父母之怀衽，然男子受贺，女子杀之者，虑其后便，计之长利也。"［（清）王先慎：《韩非子集解》卷一八《六反》，第 417 页］《太平经·分别贫富法第四十一》云："然天下所以杀女者，凡人少小之时，父母自愁苦，绝其衣食共养之……少者还愁苦老者，无益其父母，父母故多杀之也。"（王明：《太平经合校》，中华书局 1960 年版，第 34—35 页）参见彭卫、杨振红《中国妇女通史·秦汉卷》，杭州出版社 2010 年版，第 186—196 页。

　　⑤ 彭浩：《读松柏出土的四枚西汉木牍》，武汉大学简帛研究中心主办《简帛》第四辑，第 336 页。

　　⑥ 彭浩：《读松柏出土的四枚西汉木牍》，武汉大学简帛研究中心主办《简帛》第四辑，第 333 页。

综合以上各种因素，笔者认为"二年西乡户口簿""南郡事口算簿""南郡卒更簿"中的数字并非真实的数字，而存在人为造假因素。其主要表现为瞒报、谎报15岁以上成年男子的年龄和身体状况，以逃避国家的法定赋役。因为15岁以上至免老的成年男子是国家赋役的基本和主要承担者。瞒报、虚报的直接结果是需服"算"义务的"使大男"以及需服国家正役的卒的数量远远低于实际人数。由于使大男和卒的数量大幅度减少，小男、使男、罢癃、免老的数量必然会相应增加，而在总人口数和男女总比例不变的情况下，其结果必然是大男与大女比、小男与小女比、使大男与大女比、使男与使女比、卒与使大男比等严重不平衡。由此可进一步推断，松柏出土南郡免老簿、新傅簿、罢癃簿、归义簿、复事算簿等有关赋役的簿籍，可能均相应存在造假行为。

这一推测可以从传世文献和出土材料中找到凭依。《后汉书·刘隆传》载，东汉光武帝建武十年（公元34），因"天下垦田多不以实，又户口年纪互有增减"，遂"诏下州郡检核其事"，[①] 这就是著名的"度田事件"。虽然被称作"度田事件"，但当时光武帝下诏"检核"的应不限于垦田，还应包括户口、年纪。而后代关于户口、年纪不实以避赋役的记载不绝于史书，此处不赘。出土材料方面，高大伦曾通过缜密翔实的考证，证明江苏连云港尹湾出土西汉后期东海郡《集簿》中的户口统计与实际情形有较大出入，尤其是少儿和高龄人口数。[②]

那么，造假者是谁？汉代实行户籍自行申报政策，每年八月各家各户要到乡申报家庭人口变更情况，乡据此制成各种簿籍，上报到县。县汇总后，制成县簿籍，上报到郡。郡在县簿籍的基础上，制成郡簿籍，上计时上报中央。因此，造假作伪行为首先应发生在户籍制作的第一个环节，即各家各户在申报户籍情况时，为了逃避赋役，瞒报、虚报成年男子的年龄和身体情况。照例，乡以上至郡地方政府对户籍的申报、登记负有直接监管、核实责任，若每一级政府都严格履行自己的职责，个

---

① 《后汉书》卷二二《朱景王杜马刘傅坚马列传·刘隆》，第780页。
② 高大伦：《尹湾汉墓木牍〈集簿〉中户口统计资料研究》，《历史研究》1998年第5期。

体家庭的虚报、瞒报行为完全可以被发现，并加以纠正。但是，松柏出土南郡簿籍却出现如此严重的数字作伪的情况，它至少表明南郡各级政府在户籍、赋役的登记、管理上严重失职。而且，不仅如此，从尹湾汉墓出土《集簿》的情况可推知，地方政府或者为了政绩，或者因为地方保护主义，或者因为腐败，都会成为簿籍作伪的共谋甚至始作俑者。松柏西汉墓簿籍牍是反映中国古代吏政之弊的又一个有力实例。

汉代算车、船、缗钱制度新考
——以《史记·平准书》为中心

  算车、船、缗钱是西汉时期出现的新税目。《汉书·武帝纪》载元狩四年（公元前119）"初算缗钱",[①] 学界普遍认为此年即算车、船、缗钱作为制度施行之年, 亦即缗钱令出台之年,[②] 并推测这些税目的施行时间不长。[③] 有些学者还根据《史记·平准书》元封元年（公元前110）桑弘羊请"令民能入粟甘泉各有差, 以复终身, 不告缗"的记载,[④] 认为此年即缗钱令和告缗废止之年。[⑤] 然而, 如果对史料仔细加以甄别、分析, 可能会得出完全不同的结论。汉武帝将算车、船、缗钱作为经常性税目即缗钱令的出台应不是在元狩四年, 而是在元狩五年末至元狩六年初, 直至东汉结束它们从未被废止过。此外, 关于算商车、算

---

  ① 《汉书》卷六《武帝纪》, 第178页。

  ② 持此观点者有加藤繁、李剑农、平中苓次、高敏、马大英、钱剑夫、黄今言、山田胜芳、重近启树、马怡等。分见［日］加藤繁《汉代国家财政和帝室财政的区别以及帝室财政的一斑》, 其著《中国经济史考证（上）》, 第121—122页; 李剑农《先秦两汉经济史稿》, 第250页; ［日］平中苓次《漢の武帝の算緡錢》,《立命館文學》第103号, 1953年, 收入其著《中国古代の田制と税法—秦漢経済史研究—》, 第九章; 高敏《秦汉史论集》, 第87页; 马大英《汉代财政史》, 第67页; 钱剑夫《秦汉赋役制度考略》, 第76页; 黄今言《秦汉赋役制度研究》, 第151页; ［日］山田胜芳《秦漢財政收入の研究》, 第225页; ［日］重近启树《秦漢税役体系の研究》, 第86页; 林甘泉主编《中国经济通史·秦汉经济卷》, 第十五章"赋税"（马怡执笔）, 第696页。

  ③ 加藤繁、李剑农、韩连琪等持此说。加藤繁、李剑农见前引著作; 韩连琪:《汉代的田租口赋和徭役》,《文史哲》1956年第7期。

  ④ 《史记》卷三〇《平准书》, 第1738—1739页。

  ⑤ 马大英、钱剑夫、黄今言等持此说。分见前引著作。

缗钱的初行时间、税目性质等，学界的看法也存在分歧，笔者亦将一并讨论。

关于武帝元狩年间实行算车、船、缗钱的情况，主要见于《史记·平准书》下列记载（《汉书·食货志下》记载略同）：

> 商贾以币之变，多积货逐利。于是公卿言："郡国颇被灾害，贫民无产业者，募徙广饶之地。陛下损膳省用，出禁钱以振元元，宽贷赋，而民不齐出于南亩，商贾滋众。贫者畜积无有，皆仰县官。异时算轺车贾人缗钱皆有差，请算如故。诸贾人末作贳贷卖买，居邑稽诸物，及商以取利者，虽无市籍，各以其物自占，率缗钱二千而一算。诸作有租及铸，率缗钱四千一算。非吏比者三老、北边骑士，轺车以一算；商贾人轺车二算；船五丈以上一算。匿不自占，占不悉，戍边一岁，没入缗钱。有能告者，以其半畀之。贾人有市籍者，及其家属，皆无得籍名田，以便农。敢犯令，没入田僮。"①

学界在此问题上的分歧，主要反映在对上述内容的理解上。因此，本章的讨论将围绕此段记载展开。

一 "异时算轺车"的时间

《汉书·武帝纪》载元光六年（公元前129）冬"初算商车"。② 多数学者认为《平准书》所谓"异时算轺车"即《武帝纪》载元光六年初算商车事。《食货志下》王先谦《补注》："沈钦韩曰异时者谓元光六年初算商车也。"泷川资言《史记会注考证》："元光六年算商车，见《汉书·武纪》。算缗亦当有其事，《史》失书之也，下文'如故'可证。"③ 但是，也有学者认为"异时"指高祖时。钱大昕曰："异时谓汉初也。

---

① 《史记》卷三〇《平准书》，第1725页。
② 《汉书》卷六《武帝纪》，第165页。
③ 高敏、马大英、钱剑夫等持此说。分见前引著作。

上文言高祖初平天下，令贾人不得乘车，重租税以困辱之。盖谓此。"①

笔者赞成第一种说法，因为第二种说法存在几个难以解决的矛盾：

第一，文献中并无高祖实行算贾人轺车的记载。《平准书》说"高祖乃令贾人不得衣丝乘车，重租税以困辱之"，虽然表明高祖时对商贾实行了"重租税"政策，但是仅从上述记载无法判定其政策的具体内容。从其他材料来看，当时对商人实行的"重租税"政策主要是人头税，《汉书·惠帝纪》颜师古注引应劭曰："汉律人出一算，算百二十钱，唯贾人与奴婢倍算。"② 汉代对商人和奴婢征收双倍人头税应始于高祖。

第二，《汉书·高帝纪下》高帝八年（公元前199）春三月令"贾人毋得衣锦绣绮縠絺纻罽，操兵，乘骑马"。颜师古注："乘，驾车也。"③ 进一步证明了前引《平准书》"高祖乃令贾人不得衣丝乘车"的记载。④ 汉代的轺车⑤主要用于载人。⑥ 高祖时既然规定贾人不得乘车，又何得算轺车，反证"异时"不可能是高祖时。

---

① （清）钱大昕：《廿二史考异·史记卷三·平准书》，清乾隆四十五年刻本，"中国基本古籍库"电子版。金少英、山田胜芳等从此说。分见金少英《汉书食货志集释》，李庆善整理，中华书局1986年版，第222—223页；［日］山田胜芳《中国古代の商と贾—その意味と思想史の背景—》，《东洋史研究》47—1，1988年。

② 《汉书》卷三《惠帝纪》，第91页。

③ 《汉书》卷一下《高帝纪下》，第65页。

④ 山田胜芳认为元光六年"初算商车"时，"算"的对象是商人运送物资的车，由于当时商人主要用牛车运输，因此，当时算的主要是牛车。（［日］山田胜芳：《秦汉财政收入の研究》，第223页）但是，武帝元狩年间公卿言明确说："异时算轺车……有差"，汉代轺车主要用于载人，参见后文。

⑤ 轺车是一种小型有顶、敞篷畜力车。《说文》车部和《汉书·食货志下》颜师古注均谓"轺，小车也"［（汉）许慎撰，（清）段玉裁注：《说文解字注》第十四篇上，第728页上栏；《汉书》卷二四下《食货志下》，第1166页］《释名·释车》："轺车。轺，遥也。遥，远也，四向远望之车也。"［（汉）刘熙撰，（清）毕沅疏证，（清）王先谦补：《释名疏证补》卷七《释车》，第252页］通常驾一匹或两匹马，亦可驾牛（参见孙机《汉代物质文化资料图说》，文物出版社1991年版，第91—93页）。

⑥ 《汉书·王莽传下》载连率韩博上言："有奇士，长丈，大十围，来至臣府，曰欲奋击胡虏。自谓巨毋霸，出于蓬莱东南，五城西北昭如海濒，轺车不能载，三马不能胜。即日以大车四马，建虎旗，载霸诣阙。"（《汉书》卷九九下《王莽传下》，第4157页）《史记·平准书》载："（卜）式既在位，见郡国多不便县官作盐铁，铁器苦恶，贾贵，或强令民卖买之。而船有算，商者少，物贵，乃因孔仅言船算事。上由是不悦卜式。"（《史记》卷三〇《平准书》，第1736页）卜式上言说算船造成商业活动停滞，物价上涨，未提到车，反证轺车不是运输车辆。

第三，《武帝纪》记载元光六年算商车事时使用了"初"字。《史记》《汉书》记载制度时所使用的"初"，除了个别事例存在疑问外，均是"初次""初创"的意思。《史记》本纪中使用"初"字的材料如下：

> 《秦本纪》文公十年，初为鄜畤，用三牢。十三年，初有史以纪事，民多化者。二十年，法初有三族之罪。武公十年，伐邽、冀戎，初县之。十一年，初县杜、郑。二十年，武公卒，葬雍平阳。初以人从死，从死者六十六人。德公元年，初居雍城大郑宫。二年，初伏，以狗御蛊。厉共公二十一年，初县频阳。简公六年，令吏初带剑。孝公十四年，初为赋。惠文君十二年，初腊。武王二年，初置丞相，樗里疾、甘茂为左右丞相。昭襄王三十五年，初置南阳郡。五十年，初作河桥。五十二年，周民东亡，其器九鼎入秦。周初亡。庄襄王元年，秦界至大梁，初置三川郡。四年，王龁攻上党。初置太原郡。秦王政立二十六年，初并天下为三十六郡，号为始皇帝。①
>
> 《秦始皇本纪》：秦王政五年，将军骜攻魏，定酸枣、燕、虚、长平、雍丘、山阳城，皆拔之，取二十城。初置东郡。十六年九月，初令男子书年。襄公初为西畤。德公初伏，以御蛊。宣公初志闰月。简公七年。百姓初带剑。献公立七年，初行为市。十年，为户籍相伍。惠文王立二年，初行钱。昭襄王立四年，初为田开阡陌。②
>
> 《孝文本纪》：二年九月，初与郡国守相为铜虎符、竹使符。三年五月，帝初幸甘泉。③
>
> 《孝武本纪》：明年，上初至雍，郊见五畤。④

在上述记载中，只有昭襄王四年（公元前303）"初为田开阡陌"与《史记·秦本纪》、《六国年表》、《商君列传》载孝公十二年（公元前350）商鞅变法"为田开阡陌封疆"出现了重合，但两者意义不同。⑤ 其他

---

① 《史记》卷五《秦本纪》，第230—276页。
② 《史记》卷六《秦始皇本纪》，290—363页。
③ 《史记》卷一〇《孝文本纪》，第536、538页。
④ 《史记》卷一二《孝武本纪》，第577页。
⑤ 关于此问题，笔者拟另外讨论。

"初"均应理解为"初次""首次"即含有"创制"的意思。班固作《汉书》也秉承了《史记》"初"的用法。如：

《高帝纪上》：高帝四年八月，初为算赋。①

《高后纪》：高后元年二月，初置孝弟力田二千石者一人。②

《文帝纪》：文帝二年九月，初与郡守为铜虎符、竹使符。③

《武帝纪》：建元二年初置茂陵邑。三年，初作便门桥。元光元年冬十一月，初令郡国举孝廉各一人。六年冬，初算商车。元狩四年冬，初算缗钱。六年夏四月乙巳，初作诰。元封五年夏四月，初置刺史部十三州。太初三年春二月，初榷酒酤。征和二年秋七月庚寅，太子亡，皇后自杀。初置城门屯兵。更节加黄旄。④

《宣帝纪》：元平元年十一月壬子，皇太后归长乐宫。初置屯卫。地节三年十二月，初置廷尉平四人，秩六百石。⑤

《成帝纪》：建始四年春，罢中书宦官，初置尚书员五人。⑥

《异姓诸侯王表》：高帝四年九月，初置长沙国。惠帝七年，初置鲁国、淮阳国、吕国。高后六年，初置梁国。七年，初置燕国。⑦

《百官公卿表上》：武帝元狩五年初置司直。元狩四年初置大司马。成帝绥和元年初赐大司马金印紫绶，置官属，禄比丞相，去将军。太傅，古官，高后元年初置，金印紫绶。太师、太保，皆古官，平帝元始元年皆初置，金印紫绶。武帝太初元年初置太卜。武帝建元五年初置五经博士。武帝元狩五年初置谏大夫。期门掌执兵送从，武帝建元三年初置。羽林掌送从，次期门，武帝太初元年初置，名曰建章营骑，后更名羽林骑。武帝太初元年初置路軨。宣帝地节三

① 《汉书》卷一上《高帝纪上》，第46页。
② 《汉书》卷三《高后纪》，第96页。
③ 《汉书》卷四《文帝纪》，第118页。
④ 《汉书》卷六《武帝纪》，第158—209页。
⑤ 《汉书》卷八《宣帝纪》，第239、250页。
⑥ 《汉书》卷一〇《成帝纪》，第308页。
⑦ 《汉书》卷一三《异姓诸侯王表》，第377—383页。

年初置左右平（廷尉平）。武帝太初元年初置别火。成帝建始四年
初置尚书，员五人。水衡都尉，武帝元鼎二年初置。司隶校尉，武
帝征和四年初置。凡八校尉，皆武帝初置。西域都护，加官，宣帝
地节二年初置。奉车都尉掌御乘舆车，驸马都尉掌驸马，皆武帝初
置。诸侯王，高帝初置。武帝元封五年初置部刺史。关都尉，秦官。
农都尉、属国都尉，皆武帝初置。①

等等。可以看到上述"初"均为"初创""初设"的意思。因此，《武
帝纪》载元光六年"初算商车"也应理解为汉王朝于此年第一次实行算
商车制度，此前从未实行过。

二 "异时"算贾人缗钱及"公卿言"的时间

前文已述，《武帝纪》载元狩四年"初算缗钱"。《通典·食货十
一·算缗》《资治通鉴·汉纪十一》均将公卿言系于元狩四年，② 它们显
然把"公卿言"看成元狩四年"初算缗钱"的缘起，认为公卿言的内容
就是武帝元狩四年"初算缗钱"令的内容。③ 如前所述，后代学者对此
基本没有异议。对于公卿所说"异时"算"贾人缗钱"的时间问题，前

① 《汉书》卷一九上《百官公卿表上》，第 725—742 页。
② （唐）杜佑：《通典》卷一一《食货十一·算缗》，第 62 页上、中栏；《资治通鉴》卷
一九《汉纪十一》，中华书局 1956 年版，第 639 页。
③ 《前汉纪·孝武皇帝纪四》亦系于元狩四年："（元狩）四年春，有司言关东流民凡七
十二万五千口，县官无以衣食赈廪，用度不足，请收银锡以白鹿皮造白金及皮币以足用。是时
禁苑有白鹿，而少府多银锡。乃以白鹿皮方尺，缘以缋，为皮币，直三十万。王侯宗室朝觐，
必以皮币荐璧，然后得行。又以银锡为白金三品：其一重八两，圆之，其文龙，名'白撰'，
直三千；其二差小，而方之，其文曰马，直五百；其三复小，（堕）〔椭〕之，其文曰龟，直三
百。销半两钱，更铸五铢钱，重如其文。又盗铸作弊，罪死。于是孔仅为大司农丞，领管盐铁。
桑弘羊，洛阳贾人子，以能心计，年十三，为侍中。言利事皆（刻）〔析〕秋毫，而始筹缗钱
及车船矣。"〔（汉）荀悦：《汉纪·孝武皇帝纪四卷第十三》，第 218—219 页〕但此文存在一些
问题，如曰"四年春"，《汉书·武帝纪》作"四年冬"（《汉书》卷六《武帝纪》，第 178 页），
当时尚以冬十月为岁首，因此应在"冬"而非"春"；曰"销半两钱，更铸五铢钱"，《史记·
平准书》作"更铸三铢钱"（《史记》卷三〇《平准书》，第 1722 页）；等等。

文已述，钱大昕等人推测为高祖时，泷川资言等人则采取阙疑的态度。然而，如果仔细对史料加以推敲、甄别，公卿言是否发生在元狩四年、公卿言的内容是否就是武帝元狩四年"初算缗钱"的内容，实际上存在着很大疑问。

首先，如果将《平准书》所纪事的纪年逐条加以考辨，就会发现公卿言应发生在元狩五年春至六年冬之间，而不是元狩四年。《平准书》载：

> 其明年，骠骑仍再出击胡，获首四万。其秋，浑邪王率数万之众来降，于是汉发车二万乘迎之。既至，受赏，赐及有功之士。是岁费凡百余巨万……①

《汉书·武帝纪》将上述事迹系于元狩二年。学界对此无异议。

> 其明年，山东被水灾，民多饥乏，于是天子遣使者虚郡国仓廥以振贫民。犹不足，又募豪富人相贷假。尚不能相救，乃徙贫民于关以西，及充朔方以南新秦中，七十余万口，衣食皆仰给县官。数岁，假予产业，使者分部护之，冠盖相望。其费以亿计，不可胜数。于是县官大空。而富商大贾或蹛财役贫，转毂百数，废居居邑，封君皆低首仰给。冶铸煮盐，财或累万金，而不佐国家之急，黎民重困。于是天子与公卿议，更钱造币以赡用，而摧浮淫并兼之徒。是时禁苑有白鹿而少府多银锡。自孝文更造四铢钱，至是岁四十余年，从建元以来，用少，县官往往即多铜山而铸钱，民亦间盗铸钱，不可胜数。钱益多而轻，物益少而贵。有司言曰："古者皮币，诸侯以聘享。金有三等，黄金为上，白金为中，赤金为下。今半两钱法重四铢，而奸或盗摩钱里取鋊，钱益轻薄而物贵，则远方用币烦费不省。"乃以白鹿皮方尺，缘以藻缋，为皮币，直四十万。王侯宗室朝

---

① 《史记》卷三〇《平准书》，第1718页。

觐聘享，必以皮币荐璧，然后得行。又造银锡为白金……令县官销半两钱，更铸三铢钱，文如其重。盗铸诸金钱罪皆死，而吏民之盗铸白金者不可胜数。于是以东郭咸阳、孔仅为大农丞，领盐铁事；桑弘羊以计算用事，侍中……故三人言利事析秋豪矣。①

《汉书·武帝纪》载元狩三年秋，"遣谒者劝有水灾郡种宿麦。举吏民能假贷贫民者以名闻"。元狩四年，"冬，有司言关东贫民徙陇西、北地、西河、上郡、会稽凡七十二万五千口，县官衣食振业，用度不足，请收银锡造白金及皮币以足用。初算缗钱"。② 其中，"遣谒者劝有水灾郡种宿麦"应是针对《史记·平准书》所载"山东被水灾"事件采取的措施；"举吏民能假贷贫民者以名闻"应与"募豪富人相贷假"为一事。

《资治通鉴》将造皮币白金、更铸三铢钱、孔仅咸阳任大农丞系于元狩四年冬，应本于《汉书·武帝纪》。加藤繁则将上述事件系于元狩三年。《汉书·武帝纪》和《资治通鉴》的记载应该是可信的，笔者将在后文阐述理由。

> 故吏皆适令伐棘上林，作昆明池。③

《汉书·武帝纪》载元狩三年秋，"发谪吏穿昆明池"。④ 此事无疑义。

> 其明年，大将军、骠骑大出击胡，得首虏八九万级，赏赐五十万金，汉军马死者十余万匹，转漕车甲之费不与焉。是时财匮，战士颇不得禄矣。⑤

---

① 《史记》卷三〇《平准书》，第 1719—1723 页。
② 《汉书》卷六《武帝纪》，第 177—178 页。
③ 《史记》卷三〇《平准书》，第 1723 页。
④ 《汉书》卷六《武帝纪》，第 178 页。
⑤ 《史记》卷三〇《平准书》，第 1723 页。

《汉书·武帝纪》，元狩四年夏，"大将军卫青将四将军出定襄，将军去病出代，各将五万骑。步兵踵军后数十万人。青至幕北围单于，斩首万九千级，至阗颜山乃还。去病与左贤王战，斩获首虏七万余级，封狼居胥山乃还。两军士死者数万人……"梁玉绳《史记志疑》："案：此所云'明年'者，乃元狩四年也。但上文言'是岁造皮币白金'，皆是四年事，则此'明年'误矣。"① 梁玉绳显然是根据《汉书·武帝纪》的上述记载，将造皮币白金视为元狩四年事，并因此认为《史记·平准书》说的"其明年"的系年是错误的。《汉书·食货志下》王先谦补注说："《武纪》击胡事与造白金、皮币，俱在元狩四年，似不应分叙。大氐造金币之议，创于三年，成于四年，故纪、志异也。"② 加藤繁亦认为公卿建议造皮币白金、更铸三铢钱以及任用东郭咸阳、孔仅为盐铁丞发生在元狩三年，东郭咸阳、孔仅建议盐铁专卖则是翌年即四年的事。"在两人的任用和专卖的建议之间有这样的一年之差"。③

王先谦和加藤繁将造皮币白金、更铸三铢钱、孔仅咸阳任大农丞系于元狩三年，存在一定的问题。如前所述，《汉书·武帝纪》明确记载元狩四年冬有司提出造白金皮币、更铸三铢钱的建议。《史记·平准书》之所以在元狩三年山东水灾后夹叙四年事，应是为了保持叙事的完整性，因为此后发生的虚郡国仓廪以振贫民、募豪富人相贷假、徙民七十余万口，④ 造白金皮币、更铸三铢钱、把盐铁收入从少府移至大农、任命孔仅和咸阳为大农丞专管盐铁事务等，应都是政府为救灾采取的措施。

有司言三铢钱轻，易奸诈，乃更请诸郡国铸五铢钱，周郭其下，

---

① （清）梁玉绳：《史记志疑》卷一六《平准书》，中华书局1981年版，第829页。

② （汉）班固撰，（清）王先谦补注：《汉书补注·食货志第四下》，第1628页。

③ ［日］加藤繁：《汉代国家财政和帝室财政的区别以及帝室财政的一斑》；《三铢钱铸造年分考》，原载《货币》第174号，1933年；均收入其著《中国经济史考证（上）》，第34—40、159—168页。

④ 《史记·平准书》后文载："岁余，会军数出，浑邪王等降，县官费众，仓府空。其明年，贫民大徙，皆仰给县官，无以尽赡。"（《史记》卷三〇《平准书》，第1727页）前文已述，浑邪王投降发生在元狩二年，推一年，则徙民应发生在元狩三年。由于徙民是在秋"遣谒者劝有水灾郡种宿麦。举吏民能假贷贫民者以名闻"之后，因此，徙民应在深秋即年末。

令不可磨取鉛焉。①

加藤繁注意到《汉书·武帝纪》对三铢钱铸造情况的记载与《史记·平准书》不一致。《武帝纪》载建元元年（前140）春二月"行三铢钱"，建元五年春"罢三铢钱，行半两钱"，元狩五年春三月甲午"罢半两钱，行五铢钱"。②《平准书》中不见武帝建元年间实行货币改革的记载，但在元狩三年"山东被水灾"条下详细记述了公卿建议造皮币白金、销四铢钱、更铸三铢钱的经过。加藤繁认为相较《武帝纪》，《平准书》的记载更为可信。他发现《汉书·文帝纪》前五年（公元前175）条载"夏四月，除盗铸钱令，更造四铢钱"，而《史记·汉兴以来将相名臣年表》同年条只载"除钱律，民得铸钱"，建元五年条却有"行三分钱"的记载（所谓三分，即半两的三分之一，为四铢钱）。③他推断这是由于元鼎三年（公元前114）以前没有年号而使用一元、二元的纪年法所导致的错误，首先是《汉兴以来将相名臣年表》把文帝前五年行四铢钱（即三分钱）的记载，错编在武帝建元五年下，班固作《武帝纪》时根据《汉兴以来将相名臣年表》的记载，推定建元五年"罢三铢钱，行半两钱"，从而造成《武帝纪》的谬误。

假如没有《武帝纪》建元元年"行三铢钱"的记载，加藤繁的推论从逻辑上不仅可以成立，而且堪称精彩。但是，一旦把《武帝纪》建元元年"行三铢钱"的记载也考虑进去，其结论是否能够成立就需要重新考虑。加藤繁对《武帝纪》建元元年"行三铢钱"的记载未作任何解释，就其说而言是一大缺憾。可以肯定班固不会为了呼应建元五年"罢三铢钱，行半两钱"的推定而凭空捏造建元元年行三铢钱的史实，也不存在因纪元而再次发生错乱的可能，因为无论更铸三铢钱是在元狩三年还是四年，都不会与"元年"混淆。无庸赘言，《汉书》关于武帝以前

---

① 《史记》卷三〇《平准书》，第1724页。

② 《汉书》卷六《武帝纪》，第156、159、179页。颜师古注："新坏四铢钱造此钱也，重如其文，见《食货志》。"

③ 《史记》卷二二《汉兴以来将相名臣年表》，第1336、1344页。

的记载并非全盘照录《史记》，它记录了许多不见于《史记》的事迹，最直接的例证即前引元光六年"初算商车"事，因此，除了《史记》外，班固等人著《汉书》一定参考了其他文献甚至文书、律令等原始档案。加藤繁也不否认这一点，他说："班固是奉了明帝的诏书，完成这一部书的，因此，如果当时的朝廷中留剩着前汉的古记录、古文书的话，他一定曾经使用过它们，从而，他所编纂的《汉书》武帝纪也不能勉强轻视。"① 由于没有理由怀疑《武帝纪》建元元年行三铢钱记载的真实性，因此，《资治通鉴》将《武帝纪》和《平准书》记载并存的做法更为可取。将有关文献相结合大致可推断武帝前中期货币改革的历程：建元元年，废四铢钱（半两），行三铢钱；五年（公元前136），废三铢钱，重行半两钱；元狩四年，销半两钱，铸三铢钱；五年（公元前118），罢三铢钱，更铸五铢钱。《武帝纪》元狩五年条将"罢三铢钱"误作了"罢半两钱"。

关于行五铢钱的时间，加藤繁认为是元狩四年。② 然而，考之《汉书》，除了《武帝纪》明确记载在元狩五年春外，还有两处也间接说是元狩五年。《武帝纪》元狩六年六月诏说："日者有司以币轻多奸，农伤而末众，又禁（以）【兼】并之途，故改币以约之。稽诸往古，制宜于今。废期有月，而山泽之民未谕。"颜师古注引如淳曰："期音朞。自往年三月至今年四月，朞有余月矣。"师古曰："如说是。"③ 据此，废三铢钱、行五铢钱是在元狩五年三月。《汉书·食货志下》："自孝武元狩五年三官初铸五铢钱，至平帝元始中，成钱二百八十亿万余云。"④ 金少英按："元狩五年行五铢钱，《志》与《武纪》同。惟五铢钱初由郡国铸，非三官铸，上文已明言郡国铸五铢钱矣。至三官铸钱在元鼎四年，即张汤死后二年，亦非元狩五年也。《志》误。"⑤ 虽然《汉书》三处记载中

---

① ［日］加藤繁：《三铢钱铸造年分考》，其著《中国经济史考证（上）》，第160页。
② ［日］加藤繁：《三株钱铸造年分考》，其著《中国经济史考证（上）》，第158—168页。
③ 《汉书》卷六《武帝纪》，第180页。
④ 《汉书》卷二四下《食货志下》，第1177页。
⑤ 金少英：《汉书食货志集释》，第277页。

两处存在错误，但是，就元狩五年初行五铢钱这一点则是一致的，因此，这一系年应该无误。①

---

① 加藤繁还通过对《史记·封禅书》所记年代进行考察，证明更铸三铢钱之议起于元狩三年。（〔日〕加藤繁《三株钱铸造年分考》，其著《中国经济史考证（上）》，第165—167页）《史记·封禅书》载："今天子初即位，尤敬鬼神之祀。元年……后六年，窦太后崩。其明年，征文学之士公孙弘等。明年，今上初至雍，郊见五畤。后常三岁一郊……亳人谬忌奏祠太一方……其后，天子苑有白鹿，以其皮为币，以发瑞应，造白金焉。其明年，郊雍，获一角兽，若麃然……常山王有罪，迁，天子封其弟于真定，以续先王祀，而以常山为郡，然后五岳皆在天子之邦。其明年，齐人少翁以鬼神方见上……居岁余，其方益衰，神不至。乃为帛书以饭牛，详不知，言曰此牛腹中有奇。杀视得书，书言甚怪。天子识其手书，问其人，果是伪书，于是诛文成将军，隐之。其后则又作柏梁、铜柱、承露仙人掌之属矣。文成死明年，天子病鼎湖甚，巫医无所不致，不愈。游水发根言上郡有巫，病而鬼神下之。上召置祠之甘泉。及病，使人问神君。神君言曰：'天子无忧病。病少愈，强与我会甘泉。'于是病愈，遂起，幸甘泉，病良已。大赦，置寿宫神君……其后三年，有司言宜以天瑞命，不宜以一二数。一元曰'建'，二元以长星曰'光'，三元以郊得一角兽曰'狩'云。其明年冬，天子郊雍，议曰……于是天子遂东，始立后土祠汾阴脽丘……是岁，天子始巡郡县，侵寻于泰山矣。其春，乐成侯上书言栾大……是时上方忧河决，而黄金不就，乃拜大为五利将军。居月余，得四印，佩天士将军、地士将军、大通将军印。制诏御史：'昔禹疏九江，决四渎。间者河溢皋陆，隄繇不息。朕临天下二十有八年……'"（《史记》卷二八《封禅书》，第1664—1671页）

加藤繁认为"其明年冬，天子郊雍"为元鼎四年，此前的"其后三年"的那一年是元鼎三年，此说无误。但是，他认为之前的"文成死明年"指元鼎元年、再前的"其明年"分指元狩五年、四年，从而推及"其后，天子苑有白鹿，以其皮为币，以发瑞应，造白金焉"为元狩三年却有问题。据《史记·酷吏列传·义纵》，"上幸鼎湖，病久，已而卒起幸甘泉，道多不治。上怒曰：'纵以我为不复行此道乎？'嗛之。至冬，杨可方告缗，纵以此乱民，部吏捕其为可使者。天子闻，使杜式治，以为废格沮事，弃纵市。"（《史记》卷一二二《酷吏列传·义纵》，第3819页）《汉书·百官公卿表下》元狩四年条"定襄太守义纵为右内史，二年下狱弃市"、"河内太守王温舒为中尉，五年迁"、元狩六年条"右内史王㾓"（《汉书》卷一九《百官公卿表下》，第775、775、777页），可知杨可告缗、义纵弃市发生在元狩六年冬，那么，"文成死明年，天子病鼎湖甚"应发生在元狩五年末。此前说"其后则又作柏梁、铜柱、承露仙人掌之属矣"，据《汉书·武帝纪》元鼎二年春"起柏梁台"（《汉书》卷六《武帝纪》，第182页）。说"常山王有罪，迁，天子封其弟于真定，以续先王祀，而以常山为郡，然后五岳皆在天子之〔邦〕〔郡〕"，据《史记·汉兴以来诸侯王年表》，元鼎四年常山国"更为真定国。顷王平元年。常山宪王子"（《史记》卷一七《汉兴以来诸侯王年表》，第1034页）。再之前的"明年，今上初至雍，郊见五畤"是元光二年。由此可知《封禅书》纪事并不完全按照年代顺序，经常夹叙后来发生的事，因此，加藤繁说《封禅书》载"其后，天子苑有白鹿，以其皮为币，以发瑞应，造白金焉"是元狩三年事难以成立；说《武帝纪》元狩元年"冬十月行幸雍，祠五畤，获白麟"的记载错误，亦证据不足。

山田胜芳曾发表《前汉武帝代の三铢钱のを发行めぐって》（《古代文化》40—9，1988年）一文，但可惜在国内没有找到。从其著《秦汉财政收入の研究》（第550页）来看，他也赞同《通鉴》将《武帝纪》和《平准书》并存的做法。

大农上盐铁丞孔仅、咸阳言："山海，天地之藏也，皆宜属少府，陛下不私，以属大农佐赋。愿募民自给费，因官器作煮盐，官与牢盆。浮食奇民欲擅管山海之货，以致富羡，役利细民。其沮事之议，不可胜听。敢私铸铁器煮盐者，釱左趾，没入其器物。郡不出铁者，置小铁官，便属在所县。"使孔仅、东郭咸阳乘传举行天下盐铁，作官府，除故盐铁家富者为吏。吏道益杂，不选，而多贾人矣。①

《资治通鉴》将此事系于元狩四年，前文已述加藤繁也持此看法。但是，从下列材料来看，这一系年恐有误。《史记·平准书》后文载："而孔仅之使天下铸作器，三年中拜为大农，列于九卿。"《集解》引徐广曰："元鼎二年，时丙寅岁也。"②《汉书·百官公卿表下》元鼎二年"大农令孔仅"。③《资治通鉴》亦将孔仅任大农令的时间系于元鼎二年。从元鼎二年逆推三年，应为元狩五年。此外，正如加藤繁所分析，从武帝将盐铁收入从少府移至大农，任命孔仅、咸阳为大农丞，到孔仅、咸阳以盐铁丞的身份提出盐铁专营的建议，有一年的时间差。《史记·平准书》将"以东郭咸阳、孔仅为大农丞，领盐铁事"系于元狩四年造皮币、白金、更铸三铢钱之后，而将"大农上盐铁丞孔仅、咸阳言"，"使孔仅、东郭咸阳乘传举行天下盐铁"系于元狩五年更铸五铢钱后，亦可证明这一点。

商贾以币之变，多积货逐利。于是公卿言……（本章开篇所引文，此处略）

天子乃思卜式之言，召拜式为中郎，爵左庶长，赐田十顷，布告天下，使明知之……④

---

① 《史记》卷三〇《平准书》，第1724页。
② 《史记》卷三〇《平准书》，第1728页。
③ 《汉书》卷一九下《百官公卿表下》，第777页。
④ 《史记》卷三〇《平准书》，第1726页。

《资治通鉴》将此事系于元狩四年冬盐铁官营、公卿请令算缗钱、车、船、告缗之后。由于《平准书》将其系于公卿言之后，如果公卿言发生在元狩五年或六年，那么，此事也不应在元狩四年。这也可以从后文得到证明。

> 而孔仅之使天下铸作器，三年中拜为大农，列于九卿。而桑弘羊为大农丞，筦诸会计事，稍稍置均输以通货物矣……①

前文已述，孔仅拜为大农的时间为元鼎二年，逆推三年则为元狩六年或五年。

> 自造白金五铢钱后五岁，赦吏民之坐盗铸金钱死者数十万人。其不发觉相杀者，不可胜计。赦自出者百余万人。然不能半自出，天下大抵无虑皆铸金钱矣。犯者众，吏不能尽诛取，于是遣博士褚大、徐偃等分曹循行郡国，举兼并之徒守相为利者……②

《汉书·武帝纪》元狩六年六月诏有"今遣博士大等六人分循行天下……详问隐处亡位，及冤失职，奸猾为害，野荒治苛者，举奏……"。③

> 而大农颜异诛……

《集解》引徐广曰："元狩四年，时壬戌岁也。"④《汉书·食货志下》王先谦《补注》："《百官表》元狩四年'大农令颜异，二年坐腹非诛'，六年再书'大农令正夫'。以此文序事推之，异诛当在六年。徐广注云

---

① 《史记》卷三〇《平准书》，第1728页。
② 《史记》卷三〇《平准书》，第1728页。
③ 《汉书》卷六《武帝纪》，第181页。
④ 《史记》卷三〇《平准书》，第1729页。

元狩四年，非也。"① 王先谦说可从。

> 天子既下缗钱令而尊卜式，百姓终莫分财佐县官，于是杨可告
> 缗钱纵矣。②

"缗钱令"应指公卿言的内容。《资治通鉴》系此事于元狩六年冬，并在
其后载义纵事。前文注已述，《资治通鉴》将义纵死系于元狩六年冬是
正确的。

> 郡国多奸铸钱，钱多轻，而公卿请令京师铸钟官赤侧，一当五，
> 赋官用非赤侧不得行。白金稍贱，民不宝用，县官以令禁之，无益。
> 岁余，白金终废不行。是岁也，张汤死而民不思……③

"张汤死"条下《集解》引徐广曰："元鼎三年。"《汉书·食货志下》
王先谦《补注》："《武纪》汤死在元鼎二年，徐广注三年，非也。"④
《汉书·百官公卿表下》元鼎二年"二月辛亥，太子太傅石庆为御史大
夫"，⑤ 可证王先谦说，张汤应死于元鼎二年。

> 其明年，天子始巡郡国。东度河，河东守不意行至，不辨，自
> 杀。行西踰陇，陇西守以行往卒，天子从官不得食，陇西守自杀。
> 于是上北出萧关，从数万骑，猎新秦中，以勒边兵而归。新秦中或
> 千里无亭徼，于是诛北地太守以下，而令民得畜牧边县，官假马母，
> 三岁而归，及息什一，以除告缗，用充仞新秦中……⑥

---

① （汉）班固撰，（清）王先谦补注：《汉书补注·食货志第四下》，第 1633 页。
② 《史记》卷三〇《平准书》，第 1729 页。
③ 《史记》卷三〇《平准书》，第 1729—1730 页。
④ （汉）班固撰，（清）王先谦补注：《汉书补注·食货志第四下》，第 1635 页。
⑤ 《汉书》卷一九下《百官公卿表下》，第 777 页。
⑥ 《史记》卷三〇《平准书》，第 1734 页。

《文献通考·征榷考·杂征敛》将此事系于元鼎四年，① 吉田虎雄、加藤繁均据《汉书·武帝纪》元鼎"五年冬十月，行幸雍，祠五畤。遂逾陇，登空同，西临祖厉河而还"，② 认为是在元鼎五年。③

　　正如以往史家所说，《史记·平准书》叙事并不是完全依据年代逐年展开，而经常将一个连续发生在数年的事件安排在一年中讲述，以保证叙事的完整性。而且，司马迁采用了"其明年"这样模糊的叙时方式。这些都给后人了解某一事件的具体进展时间造成困难。本章所引第一个"其明年"指元狩二年，第二个"其明年"前半段事发生在元狩三年，第三个"其明年"指元狩四年，"公卿言"系于其后，《汉书·武帝纪》又有元狩四年"初算缗钱"的记载，可能正是由于这些原因，以往学者才将公卿言和缗钱令的颁行系于元狩四年。但是，这样下结论似乎过于草率。《史记·平准书》在第三个"其明年"（元狩四年）与第四个"其明年"（元鼎五年）之间的纪事无明确纪年。"公卿言"写在元狩五年春更铸五铢钱和"大农上盐铁丞孔仅、咸阳言"之后，元狩六年六月遣博士褚大徐偃等循行郡国、大司农颜异诛等事之前，因此，公卿言应该发生在元狩五年春至元狩六年六月间，它与《汉书·武帝纪》载元狩四年"初算缗钱"不是一件事。再考虑到前引《史记·酷吏列传·义纵传》载元狩六年冬杨可方受告缗，可推算缗令的颁布应在元狩五年春至六年冬之间。

　　其次，公卿言明确说汉王朝曾对贾人施行过算轺车、缗钱的政策，前文已证，算轺车事即《汉书·武帝纪》载元光六年"初算商车"，"初"是初设、初创的意思，《史》《汉》记述制度沿革时的"初"都是在这一意义上使用的，因此，《汉书·武帝纪》载元狩四年"初算缗钱"应是汉王朝最早实行算缗钱的时间，即公卿言所说"异时"算贾人缗钱的时间，那么，公卿言一定发生在元狩四年之后。

---

① （元）马端临：《文献通考》卷一九《征榷考六·杂征敛》，第 535 页。
② 《汉书》卷六《武帝纪》，第 185 页。
③ ［日］加藤繁译注：《史記平准書·漢書食貨志》，东京：岩波书店 1942 年版；［日］吉田虎雄：《兩漢租税の研究》，均转引自［日］山田胜芳《秦漢財政收入の研究》，第 227 页。

第三，从逻辑上看，此事也应发生在元狩五年或六年。据史载，武帝即位后，由于用兵匈奴、兴修水利等，耗费了大量财力。元狩三年秋，山东发生了严重水灾，国家倾仓救济仍不足，于是"募豪富人相贷假"，从后文"富商大贾或蹛财役贫，转毂百数，废居居邑，封君皆低首仰给。冶铸煮盐，财或累万金，而不佐国家之急"的记载来看，当时应募的人并不多。武帝无奈之下徙民七十余万口到关西，衣食全部由国家提供，"费以亿计"，"县官大空"。在此背景下，元狩四年冬（初），武帝与公卿决定改革币制、算缗钱，以达到"赡用而摧浮淫并兼之徒"的目的。此年"初算缗钱"应和元光六年冬"初算商车"一样，是作为临时措施颁布的，仅行于当年。上述措施在缓解财政困难方面应该取得了一定效果，但是，当年夏天汉王朝再度出兵数十万攻打匈奴，导致"财匮""战士颇不得禄"的局面。元狩五年更铸五铢钱，之后在孔仅、东郭咸阳的建议下将盐铁收归国营，应与上述情况有直接关系。

　　元狩四年和元狩五年的两次币制改革，对商贾造成了很大打击。故《史记·平准书》说"商贾以币之变，多积货逐利"，所谓"以币之变"应不是单指元狩四年初的造白金、皮币、三铢钱，还应包括元狩五年废三铢钱更为五铢钱。在此背景下，公卿建议重新启用算商车、算缗钱的政策，但是，这次启动与以往有两点质的区别：第一，它是以"令"的形式颁布的，是作为制度长期施行，[1] 而非象元光六年初算商车和元狩四年初算缗钱时那样仅是行于当年的临时措施；第二，征收对象和内容较之元光六年和元狩四年进一步扩大。原来只针对有市籍商人的轺车和缗钱征算，现在：1. 算轺车的范围扩大到除吏比者、三老、北边骑士之外的所有人；2. 对商贾加倍征收轺车算，一车出二算；3. 船五丈以上亦需出算；4. 无论有无市籍，只要从事商业买卖、高利贷活动，二千钱出一算；5. 手工业者四千钱一算。算轺车、缗钱采取的是"自占"即自行

---

　　① 关于汉代"令"的特质，参见（清）沈家本《历代刑法考·律令一》，第811—813页；程树德《九朝律考》，中华书局2003年版，第23页；拙文《从〈二年律令〉的性质看汉代法典的编纂修订与律令关系》，《中国史研究》2005年第4期，收入拙著《出土简牍与秦汉社会》，第二章，第76—80页；等等。

申报的方式，对于隐匿财产不如实申报者，"戍边一岁，没入缗钱"，"有能告者，以其半畀之"。同时规定有市籍的贾人及其家属不得"籍名田"，犯令者没入田僮。

公卿言中有"有能告者，以其半畀之"的内容，但是，《汉书·武帝纪》元鼎三年十一月条又载"令民告缗者以其半与之"，因此，对于缗钱令中是否包含告缗的内容，学界意见不一。《汉书·食货志下》王先谦《补注》说："《武纪》元鼎三年'令民告缗者以其半与之'已后，算缗钱六年矣。此行文省并之故。"① 有的学者认为《史记·平准书》"有能告者，以其半畀之"是衍文，《汉书·武帝纪》将其系于元鼎三年是对的，它是杨可告缗效果不佳后颁布的新令。② 有的学者认为元狩年间颁布的"缗钱令"与元鼎三年颁布的"告缗令"是两事，"缗钱令"为征收缗算的法律，"告缗令"为奖励检举告发违反"缗钱令"的法律，行于元鼎三年。③ 有的学者根据文献关于元狩六年杨可告缗的记载，认为告缗令颁于元狩六年。④ 元鼎三年是再次重申告缗令。⑤ 笔者以为缗钱令与告缗令实为一事，由于元狩五年或六年颁布的缗钱令中包含告缗的内容，故有称之为算缗令的，也有称告缗令的。《史记·酷吏列传·张汤》："会浑邪等降，汉大兴兵发伐匈奴，山东水旱，贫民流徙，皆仰给县官，县官空虚。于是丞上指，请造白金及五铢钱，笼天下盐铁，排富商大贾，出告缗令，锄豪强并兼之家，舞文巧诋以辅法。"⑥ 在"笼天下盐铁"后，没有提缗钱令，而称"排富商大贾，出告缗令"。此外，《后汉书·鲜卑列传》载蔡邕言："武帝情存远略，志辟四方，南诛百越，北讨强胡，西伐大宛，东并朝鲜。因文、景之蓄，藉天下之饶，数十年间，官民俱匮。乃兴盐铁酒榷之利，设告缗重税之令，民不堪命，起为

---

① （汉）班固撰，（清）王先谦补注：《汉书补注·食货志第四下》，第 1631 页。
② 马大英：《汉代财政史》，第 71—72 页。
③ 钱剑夫：《秦汉赋役制度考略》，第 83 页注 2。
④ 黄今言：《秦汉赋役制度研究》，第 153 页。
⑤ ［日］平中苓次：《漢の武帝の算緡錢》，其著《中国古代の田制と税法—秦漢经济史研究—》，第 282—290 页。
⑥ 《史记》卷一二二《酷吏列传·张汤》，第 3813 页。

盗贼，关东纷扰，道路不通。"① 也称武帝出告缗令。至于《汉书·武帝纪》元鼎三年何以又有告缗的法令，由于没有更好的线索，暂且存疑。

总之，公卿言的内容十分丰富，绝不仅仅限于"算缗钱"，还包括算轺车、算船、告缗、禁止商贾无得籍名田等其他四项内容，因此它与元狩四年"初算缗钱"应是两件事。

三 算缗钱的内涵及性质

关于"缗"的含义，有两种解释。《史记集解》引李斐曰："缗，丝也，以贯钱也。一贯千钱，出二十算也。《诗》云'维丝伊缗'。"如淳曰："胡公名钱为缗者，《诗》云'氓之蚩蚩，抱布贸丝'，故谓之缗也。"《索隐》："缗音旻。缗者，丝绳以贯钱者。千钱出二十算也。"② 《正义》："缗音岷，钱贯也。"③ 颜师古曰："缗，谓钱贯也。"④ 上述解释均认为缗是穿钱的丝绳，缗钱即一千钱的钱贯。后代也在此意义上使用"缗"字。但是，王先谦《补注》说："苏舆曰：《说文》'鍲'下云'业也。贾人占缗'，即此'鍲'字义。'缗'下云'钓鱼缴也'，与鍲义别。此借缗为鍲。段氏以鍲为后人增造字，非也。《广雅·释诂》赒，本也；鍲，算也。《玉篇》赒，本作'鍲'。案，训业、训本，若今商贾成本之谓。算缗钱者，占度货物成本直钱若干，簿纳官税，有不实，则绳以法，详见《食货志》。"⑤ 认为缗是"鍲"的借字，"鍲"义为成本。

关于"算缗钱"的课税对象，学界看法亦有分歧。如前所述，王先谦在认为缗为鍲借字的基础上，提出缗钱指货物的成本，折算成钱。另一种意见认为缗钱为家中储存的现金。《汉书·武帝纪》"初算缗钱"条

① 《后汉书》卷九〇《乌桓鲜卑列传·鲜卑》，第 2990 页。
② 《史记》卷三〇《平准书》"贾人缗钱"条，第 1725、1726 页。
③ 《史记》卷一二二《酷吏列传·张汤》"出告缗令"条，第 3813 页。
④ 《汉书》卷二四《食货志下》"异时算轺车贾人缗钱皆有差"条，第 1166 页。
⑤ （汉）班固撰，（清）王先谦补注：《汉书补注·武帝纪第六》，第 256 页。

颜师古注引李斐曰：“缗，丝也，以贯钱也。一贯千钱，出二十算也。”臣瓒曰：“《茂陵书》诸贾人末作贳贷，置居邑储积诸物，及商以取利者，虽无市籍，各以其物自占，率缗钱二千而一算。此缗钱是储钱也，故随其用所施，施于【利】重者，其算亦多也。”① 颜师古曰：“谓有储积钱者，计其缗贯而税之。李说是也。”② 一种意见认为“异时”算缗钱是对现金征税，元狩四年后范围扩大，对货物的成本也征税。③ 一种意见认为算缗钱的对象是所有的资产，包括田宅、船乘、畜产、奴婢等，折合成钱。《正义》曰：“缗音岷，钱贯也。武帝伐四夷，国用不足，故税民田宅船乘畜产奴婢等，皆平作钱数，每千钱一算，出一等，贾人倍之；若隐不税，有告之，半与告人，余半入官，谓缗。出此令，用锄筑豪强兼并富商大贾之家也。一算，百二十文也。”④ 《通典·食货十一·算缗》：“［晋］自过江，至于梁陈，凡货卖奴婢、马牛、田宅，有文券，率钱一万输估四百入官，卖者三百，买者一百。无文券者，随物所堪，亦百分收四，名为散估。历宋齐梁陈，如此以为常。以人竞商贩，不为田业，故使均输，欲为惩励。虽以此为辞，其实利在侵削。”杜佑注：“此亦算缗之类。”⑤

缗钱令明确说算缗钱采取的是“各以其物自占”的方式，这里的“物”即上文“居邑稽诸物”的“物”。《索隐》：“稽者，停也，留也，即上文所谓‘废居居邑’也。”⑥ “居邑稽诸物”即《史记·平准书》此段开头所说的“积货逐利”、《茂陵书》所说的“置居邑储积诸物”，指囤积居奇。由此可知，算缗钱针对的绝不仅仅是储钱，还应包括货物在

① 《史记·平准书》“而杨可告缗遍天下”条后《集解》引臣瓒曰：“商贾居积及伎巧之家，非桑农所生出，谓之缗。《茂陵中书》有缗田奴婢是也。”（《史记》卷三〇《平准书》，第1731页）附会意甚重，似不足取。

② 高敏从此说。高敏：《秦汉史论集》，第87页。

③ 持此说者有黄今言、马怡等，见前引各氏著作。

④ 《史记》卷一二二《酷吏列传·张汤》“出告缗令”条，第3813页。

⑤ （唐）杜佑：《通典》卷一一《食货十一·算缗》，第248页；马大英：《汉代财政史》，第68—71页。

⑥ 《史记》卷三〇《平准书》，第1726页。

内。① 关于算缗钱、算车船的性质，学界争议很大。② 有学者将算缗钱视为营业收益税。③ 但是，正如一些学者所指出，汉代对工商业者课征的营业税或产品税是市租，市租采取"自占"的方式。④《汉书·昭帝纪》颜师古注引如淳曰："律，诸当占租者家长身各以其物占，占不以实，家长不身自书，皆罚金二斤，没入所不自占物及贾钱县官也。"⑤《二年律令·□市律》简260："市贩匿不自占租，坐所匿租臧（赃）为盗，没入其所贩卖及贾钱县官，夺之列。"⑥ 这两条材料均是汉代关于工商业者占市租的法律规定。算缗钱显然不同于市租，它是在市租之外对工商业者的营业资产征收的另一种税，应属于财产税范畴。唐德宗时宰相陆贽议两税法之弊说："今两税效算缗之末法，估资产为差，以钱谷定税，折供杂物，岁目颇殊"。⑦ 虽然两税法与算缗钱性质不同，但是，在以"资产"为税基上却有共通之处，所以陆贽说"两税效算缗之末法"。算缗钱交纳的应是钱而非货物，因为汉代的"赋"除了有特殊诏令外，⑧ 均征收钱。

从公卿上言说"异时算轺车贾人缗钱皆有差"，并建议"诸贾人末作贳贷卖买，居邑稽诸物，及商以取利者，虽无市籍"都要占缗钱，可反推元狩四年"初算缗钱"的对象是有市籍的"贾人"。第二次算缗钱的范围则扩大到没有市籍的"诸贾人末作贳贷卖买，居邑稽诸物，及商以取利者"以及"诸作有租及铸"，也就是说，所有从事、参与手工业、

---

① 钱剑夫：《秦汉赋役制度考略》，第77—79页。

② 认为算缗钱属财产税的有平中苓次、马大英、黄今言、重近启树等，见前引各氏著作。否定算缗钱为财产税的有高敏、越智重明、钱剑夫、山田胜芳等，分见高敏、钱剑夫、山田胜芳前引著作；〔日〕越智重明《漢時代の緡錢をめぐって》，《東洋學報》63—3、4，1982年。

③ 如越智重明、钱剑夫等，见前引著作。

④ 参见平中苓次、山田胜芳前引著作。

⑤《汉书》卷七《昭帝纪》，第224页。

⑥ 张家山汉简二四七号汉墓竹简整理小组：《张家山汉墓竹简〔二四七号墓〕（释文修订本）》，第44—45页。

⑦《新唐书》卷五二《食货志二》，第1355页。

⑧ 如《汉书·昭帝纪》元凤二年六月，诏曰："其令郡国毋敛今年马口钱，三辅、太常郡得以叔粟当赋。"六年夏，诏曰："夫谷贱伤农，今三辅、太常谷减贱，其令以叔粟当今年赋。"（《汉书》卷七《昭帝纪》，第228、232页）

商业等末业活动的人包括放高利贷者，都是算缗钱的对象。马端临在《文献通考·征榷考一》中说："按：算缗钱之法，其初亦只为商贾居货者设，至其后，告缗遍天下，则凡不为商贾而有蓄积者皆被害矣。"① 然而，从《史记·平准书》"杨可告缗遍天下，中家以上大抵皆遇告……得民财物以亿计，奴婢以千万数，田大县数百顷，小县百余顷，宅亦如之。于是商贾中家以上大率破"的记载来看，杨可告缗的对象仍应以商贾为主，② 否则就无法解释"商贾中家以上大率破"的说法，而且从这句话可推前文中"中家以上大抵皆遇告"的"中家"很可能是"商贾中家"的省称。有的学者据《史记·平准书》的上述记载，认为杨可告缗时算缗钱的范围已扩大到田宅、畜产、奴婢等。③ 但是，杨可告缗没收奴婢、田宅，不是因为它们是算缗的对象，而是因为缗钱令中包括了"贾人有市籍者，及其家属，皆无得籍名田，以便农，敢犯令，没入田僮"的内容。④ 算缗钱的对象应限制在工商业资本即"以取利者"之内，而不可能无限扩展到所有财产。

关于算缗钱计算"算"的方式和税率，《史记集解》引李斐说以及《索隐》均说"千钱出二十算"；《正义》说"每千钱一算，出一等"，"算，百二十文也"；而《史记·平准书》记载公卿言为"诸贾人末作贳贷卖买，居邑稽诸物，及商以取利者……率缗钱二千而一算。诸作有租及铸，率缗钱四千一算"。学界的意见也因此产生分歧。⑤ 笔者认为算缗钱、算车、算船是汉代以"算"征赋的三种"算赋"形式，"算"是征收单位。⑥ 算缗钱计算"算"的方式应如公卿言，从事商业买卖、高利贷者，将其成本折合成钱，二千钱为一算，四千钱征二算；从事手工业

---

① （元）马端临：《文献通考》卷一四《征榷考一·征商》，第397—398页。吉田虎雄、马大英、黄今言等从其说。见前引各氏著作。

② 参见平中苓次、钱剑夫前引著作。

③ 马大英：《汉代财政史》，第70—71页。

④ 参见［日］重近启树《秦漢税役体系の研究》，第86—91页。

⑤ 平中苓次、山田胜芳、重近启树认为是二千钱征一算120钱；钱剑夫认为是二千钱征一算20钱；马大英、黄今言认为"异时"算缗钱千钱征一算20钱，元狩四年以后为二千钱出一算120钱。见前引各氏著作。

⑥ 参见本书下编"出土'算''事'简与两汉三国吴的赋役结构"，第261—281页。

及铸造业者四千钱为一算，八千钱征二算，以此累计。关于算缗钱的税率，史籍无征。李斐和《索隐》说千钱出二十算，不知所据何。《正义》所说算百二十文是人头税额，《汉书·高帝纪下》颜师古注引如淳说："《汉仪注》民年十五以上至五十六出赋钱，人百二十为一算，为治库兵车马。"① 然而汉代是否所有以"算"征收的税目算额都相同尚是疑问，而且汉代人头税是否一开始就确立了 120 钱的定制学界亦有争议。② 因此，对此宜存疑，期待将来有新的材料出土。

四　算车、船、缗钱的废止时间

正如本章开篇所述，学界多推测这两个税目在武帝时即废止了，③一些学者明确提出废止的时间在元封元年，其依据主要是《史记·平准书》的下列记载：

> 其明年，元封元年……弘羊又请令吏得入粟补官，及罪人赎罪。令民能入粟甘泉各有差，以复终身，不告缗。④ 他郡各输急处，而诸农各致粟，山东漕益岁六百万石。一岁之中，太仓、甘泉仓满，边余谷，诸物均输帛五百万匹。民不益赋而天下用饶。于是弘羊赐爵左庶长，黄金再百斤焉。⑤

他们认为"不告缗"即意味着算缗和告缗的结束。导致他们得出上述结论的另一个重要原因是"从此直到汉末，除在东吴偶然一见以外，就再

---

① 《汉书》卷一上《高帝纪上》，第 46 页。
② 参见［日］加藤繁《关于算赋的小研究》，其著《中国经济史考证（上）》，第 128—130 页；［日］山田胜芳《秦漢财政收入の研究》，第 189—201 页；等等。
③ 山田胜芳采取了阙疑的态度。见前引著作。
④ 《汉书·食货志下》作"不复告缗"（《汉书》卷二四《食货志下》，第 1175 页）。但是有无此"复"字，对此句的理解影响不大。
⑤ 《史记》卷三〇《平准书》，第 1737—1738 页。

没有发现'算缗'的史料"。①

然而，对于《史记·平准书》上述记载中的"不告缗"，沈钦韩、王先谦的理解与上述学者不同。《汉书·食货志下》王先谦《补注》引沈钦韩曰："入粟赐复者不再告缗也。"② 他们认为这只是令对"能入粟甘泉""复终身"的"民"不再实行告缗，而不是说告缗制度至此全面废止。从下条材料来看，沈、王的理解是有道理的。《史记·平准书》在此段记载前有一段文字：

> 其明年，天子始巡郡国……于是上北出萧关，从数万骑，猎新秦中，以勒边兵而归。新秦中或千里无亭徼，于是诛北地太守以下，而令民得畜牧边县，官假马母，三岁而归，及息什一，以除告缗，用充仞新秦中。

《集解》引臣瓒曰："前以边用不足，故设告缗之令，设亭徼，边民无警，皆得田牧。新秦中已充，故除告缗，不复取于民也。"③ 《汉书·食货志下》王先谦《补注》："除告缗者，惟边县畜马得除此令。"④ 以往学者多是王先谦，而非臣瓒。⑤ 其说可从。"以除告缗"并非全面废除告缗令，而是专门针对那些应募"畜牧边县""民"实施的奖励政策，只要他们可以达到"官假马母，三岁而归，及息什一"的条件，就可以免除他们的告缗即算缗钱。⑥ 元封元年"令民能入粟甘泉各有差，以复终身，

----

① 钱剑夫：《秦汉赋役制度考略》，第 84 页。

② （汉）班固撰，（清）王先谦补注：《汉书补注·食货志第四下》，第 1643 页。

③ 《史记》卷三〇《平准书》，第 1733—1734 页。

④ （汉）班固撰，（清）王先谦补注：《汉书补注·食货志第四下》，第 1639 页。

⑤ 赞成臣瓒说的有钱剑夫。钱剑夫：《秦汉赋役制度考略》，第 83 页。

⑥ 《集解》引李奇曰："边有官马，今令民能畜官母马者，满三岁归之也。及有蕃息，与当出缗算者，皆复令居新秦中，又充仞之也。谓与民母马，令得为马种；令十母马还官一驹，此为是什一也。"（《史记》卷三〇《平准书》，第 1734 页）臆以为李奇说难以成立。《史记·平准书》的原意应是：由于新秦中人少，"或千里无亭徼"，因此武帝下令募民到新秦中畜牧，国家贷给他们母马，三年后归还，如果归还时交纳什一之息（即贷十匹马，交还十一匹马），可以免除告缗，以达到充实新秦中及补充国家马匹的目的。

不告缗"，与元鼎五年对"畜牧边县"民的政策并无二致，也是专门针对"能入粟甘泉"民实施的奖励政策，而非全面废除告缗令。"令吏得入粟补官，及罪人赎罪"；"令民能入粟甘泉各有差，以复终身，不告缗"；"他郡各输急处，而诸农各致粟"，是桑弘羊用以增加国库粮食的三项措施，其结果是"山东漕益岁六百万石。一岁之中，太仓、甘泉仓满"。"不告缗"和"以复终身"一样，是奖励"民能入粟甘泉"的措施，而非结果。

算车、船、缗钱制度一直到汉末应都在实行，从未废止过，除上述原因外，还有如下理由：

第一，《汉书·武帝纪》载太初二年（公元前103）五月"籍吏民马，补车骑马"；天汉三年（公元前98）春二月"初榷酒酤"；四年"秋九月，令死罪【入】赎钱五十万减死一等"；太始二年（公元前95）"九月，募死罪【入】赎钱五十万减死一等"。① 由此可知，元封元年以后汉王朝的财政仍十分紧张，故不得不采取各种措施加以补充。难以想象在这样的财政背景下，会做出全面废止算车、船、缗钱制度的决定。

第二，《汉书》对武帝时所建立的各种制度多记载其始末，特别是重大制度。如《昭帝纪》载始元六年（公元前81）"二月，诏有司问郡国所举贤良文学民所疾苦。议罢盐铁榷酤"；"秋七月，罢榷酤官，令民得以律占租，卖酒升四钱"。② 《食货志下》亦载其事："昭帝即位六年……（弘羊）乃与丞相千秋共奏罢酒酤。"③《元帝纪》初元五年（公元前44）诏"罢角抵、上林宫馆希御幸者、齐三服官、北假田官、盐铁官、常平仓"。永光三年（公元前41）"冬，复盐铁官、博士弟子员"。④《食货志下》亦载："元帝时尝罢盐铁官，三年而复之。"⑤ 从《史记·平准书》的记载来看，算车、船、缗钱制度的重要性并不逊于盐铁专卖特

① 《汉书》卷六《武帝纪》，第201、204、205、205页。
② 《汉书》卷七《昭帝纪》，第220、224页。
③ 《汉书》卷二四下《食货志下》，第1176页。
④ 《汉书》卷九《元帝纪》，第280、291页。
⑤ 《汉书》卷二四下《食货志下》，第1176页。

别是酒榷，那么，如果武帝时废止了算车、船、缗钱制度为何在《汉书·武帝纪》与《汉书·食货志》中完全没有反映呢？

第三，《汉书·翟方进传》载绥和二年（公元前7）二月成帝赐翟方进册曰：

> 皇帝问丞相：……朕惟往时之用，与今一也，百僚用度各有数。君不量多少，一听群下言，用度不足，奏请一切增赋，税城郭堧及园田，过更，算马牛羊，增益盐铁，变更无常。朕既不明，随奏许可，后议者以为不便，制诏下君，君云卖酒醪。后请止，未尽月，复奏议令卖酒醪。朕诚怪君，何持容容之计，无忠固意，将何以辅朕帅道群下……①

据此可知翟方进奏请增加的税目包括税城郭堧及园田、过更、算马牛羊、增益盐铁，但没有算车、船、缗钱。假如元封元年汉王朝已经废止了算车、船、缗钱制度，那么，翟方进首先应该恢复这两项税目，而不是挖空心思建立新的税目，因为恢复旧制往往不会象建立新税制那样容易受到朝野上下的激烈抨击。翟方进建议增加和恢复的税目中没有这两项，可反证它们当时仍在实行，不需恢复。

此外，东汉后期由于财政困难，王朝政府想出各种方法广辟财源，如顺帝永和六年（公元141）正月诏贷王、侯国租一岁；七月诏假民有赀者户钱一千；汉安二年（公元143）减百官奉；桓帝延熹三年（公元160）诏无事之官权绝奉，丰年如故；四年占卖关内侯、虎贲、羽林、缇骑营士、五大夫钱各有差；五年假公卿以下奉；又换王侯租以助军粮，出濯龙中藏钱还之；八年初令郡国有田者亩敛税钱；灵帝熹平四年（公元175）初开西邸卖官，自关内侯、虎贲、羽林，入钱各有差；中平二年（公元185）税天下田，亩十钱。② 可谓花样繁多，但是却未见实行算

---

① 《汉书》卷八四《翟方进传》，第3423页。
② 分见《后汉书》各本纪。

车、船、算缗钱，唯一合理的解释就是当时算车、船、缗钱已是经常性税目。

第四，以上基本上是逻辑推论，新近敦煌悬泉置出土的一枚西汉后期的律令简或许可以作为实证：

> ·兵令十三：当占缗钱，匿不自占，【占】不以实，罚及家长戍边一岁。（Ⅱ0114③：54）①

简的内容和文献记载基本吻合，所谓"占缗钱"就是以自占的方式交纳算缗钱。此令收在"兵令"中，编号为"13"，之所以被收入"兵令"应是因为它涉及"戍边"事务。此简出于悬泉置遗址的第三层，据发掘者介绍，第三层为西汉晚期堆积，出土简牍有元帝永光、建昭、成帝河平、阳朔、鸿嘉、永始、哀帝建平、平帝元始、王莽居摄等年号。第四层为宣帝至昭帝后段，第五层为昭帝前段至武帝后段。② 如果这枚简确属西汉后期行用的律令简，就可以反证武帝时没有废止算缗钱，直至西汉后期算缗令仍在切实实行。从遗址的出土情况来看，地层的年代十分清晰，此简位于第三层，与其他层混淆的可能不大。从汉代法律的制定颁行、法典的编纂修订程序来看，也不存在如下可能：这条法令虽然在武帝元封元年被废止了，但一直未从律令简中撤出，而保留到西汉后期。汉王朝废除旧令、颁布新制后，会立即逐级向全国各级行政组织传达，各级行政组织接到中央的诏令则立即将旧令从令册中删除，将新令增补进去。③

第五，以往学者已注意到《三国志·吴书·三嗣主传·孙皓》的下列记载：

---

① 中国文物研究所胡平生、甘肃省文物考古研究所张德芳编撰：《敦煌悬泉汉简释粹》，上海古籍出版社2001年版。

② 中国文物研究所胡平生、甘肃省文物考古研究所张德芳编撰：《敦煌悬泉汉简释粹》，"前言"，第2页。

③ 参见拙文《从〈二年律令〉的性质看汉代法典的编纂修订与律令关系》，《中国史研究》2005年第4期，收入拙著《出土简牍与秦汉社会》第二章，第36—82页。

天玺元年……会稽太守车浚、湘东太守张咏不出算缗，就在所斩之，徇首诸郡。

裴松之注：

《江表传》曰：浚在公清忠，值郡荒旱，民无资粮，表求振贷。皓谓浚欲树私恩，遣人枭首……①

它表明吴时仍然在实行算缗钱制度，此制度应沿自汉。

五　小　结

汉武帝时为了解决一时的财政困难，分别于元光六年和元狩四年创立了算商车和算缗钱的新税目，但它们是仅行于当年的临时性措施。元狩四年夏，汉王朝出兵数十万攻打匈奴，使国家财政再度陷入困境。政府年初推行的造皮币、白金、废半两钱、更铸三铢钱的货币改革亦不成功，元狩五年政府不得不废三铢钱，更铸五铢钱。两次币制改革对商贾造成很大打击，商贾纷纷囤积货物，规避货币改革带来的损失，牟取暴利。朝廷本来希望商贾富人在国家危难之时能够慷慨解囊，共渡国难，故在元狩三年发生特大水灾后下诏"募豪富人相贷假"，但商贾的行为令朝廷大失所望，于是在公卿的建议下，元狩五年春开始推行盐铁专营政策，继而颁布了缗钱令，将算车、船、缗钱制度化。缗钱令颁布后，由于商贾不如实申报自己的货物和车、船数量，武帝派杨可在全国范围内举行告缗，从而出现"中家以上大氐皆遇告"的局面。为了充实新秦中，元鼎五年曾以"除告缗"的优惠条件招募百姓到此畜牧。元封元年为了补充粮食不足，在桑弘羊的建议下，再度以"复终身、不告缗"为条件号召百姓"入粟甘泉"。杨可的结局不得而知，专门设官吏举行告

---

① 《三国志》卷四八《吴书·三嗣主传·孙皓》，第1171页。

缗在杨可之后应该没有再施行过，但是直至汉末，汉王朝从未废止过算车船和算缗钱的税目。

算车、船、缗钱都以"算"作为计算税基的单位，因此属于广义的"算赋"。算缗钱是专门针对工商业者制定的税目，是向货物成本即营业资本征税，因此不同于针对产品或商品征收的商品税——市租，而和算车、船一样属于财产税范畴。

日本学界关于汉代是否存在经常性的财产税曾进行过长期讨论，[1]讨论的焦点主要围绕汉代是否存在"赀算"的财产税展开。如果本章的考证可以成立，即算车、船、缗钱自武帝元狩五年或六年被确定为经常性税目后，至东汉末一直未被废止，它们属财产税范畴，那么，它不仅会对上述讨论提供一个新的视角和答案，而且也有助于深化我们对汉代赋税体制、财政体制以及商人地位与负担等问题的认识。

---

① 参见［日］山田胜芳《秦漢财政收入の研究》第三章、［日］重近启树《秦漢税役体系の研究》第二章、第三章关于此问题的学术史回顾。

秦汉券书简所反映的"名计"制度

秦汉时期存在"上计"制度。《续汉书·百官志五·州郡》"郡"条本注曰:"凡郡国皆掌治民,进贤劝功,决讼检奸。常以春行所主县,劝民农桑,振救乏绝。秋冬遣无害吏案讯诸囚,平其罪法,论课殿最。岁尽遣吏上计。并举孝廉,郡口二十万举一人。"① "县邑道"条本注曰:"皆掌治民,显善劝义,禁奸罚恶,理讼平贼,恤民时务,秋冬集课,上计于所属郡国。"刘昭注引胡广曰:

> 秋冬岁尽,各计县户口垦田,钱谷入出,盗贼多少,上其集簿。丞尉以下,岁诣郡,课校其功。功多尤为最者,于廷尉劳勉之,以劝其后。负多尤为殿者,于后曹别责,以纠怠慢也。诸对辞穷尤困,收主者,掾史关白太守,使取法,丞尉缚责,以明下转相督敕,为民除害也。②

"上计"是县、邑、道向所属郡国、郡国向中央逐级上报每年户口、耕地、钱谷物资收支、犯罪等情况的统计数据,以供郡国、中央了解、考核政绩的制度。上计资料及其制度是反映一个国家基本国情和发展、治理水平的基础材料和制度,是历史研究的基础内容,因此引起学界的广

---

① 《后汉书》志二八《百官志五·州郡》,第3621页。
② 《后汉书》志二八《百官志五·州郡》,第3622—3623页。

泛关注，出现了很多研究成果。① 上计的基础是"计"，"计"即地方郡、国、县、邑、道每年对辖区内的户口、耕地、钱谷物资收支、犯罪等情况进行记录、核算、监督，以便全面掌握辖区的治理和财政情况。"计"不仅指计簿②、计籍③、计吏④，也指"计"的行为，用作动词。如睡虎地秦简《仓律》35－36 简：

> 稻后禾孰（熟），计稻后年。已获上数，别粲、穤（糯）秙（黏）稻。别粲、穤（糯）之裏（酿），岁异积之，勿增积，以给客，到十月牒书数，（简35）上内［史］。仓（简36）⑤

里耶秦简 8－151 简：

> 迁陵已计：卅四年余见弩臂百六十九。Ⅰ
> ·凡百六十九。Ⅱ
> 出弩臂四输益阳。Ⅲ
> 出弩臂三输临沅。Ⅳ
> ·凡出七。Ⅴ

---

① 学界关于秦汉上计制度的研究主要有：韩连琪：《汉代的户籍和上计制度》，《文史哲》1978 年第 3 期；陈直：《秦汉爵制亭长上计吏三通考》，《西北大学学报（哲学社会科学版）》1979 年第 3 期；谢桂华：《尹湾汉墓简牍和西汉地方行政制度》，《文物》1997 年第 1 期；高敏：《〈集簿〉的释读、质疑与意义探讨——读尹湾汉简札记之二》，《史学月刊》1997 年第 5 期；高恒：《汉代上计制度论考——兼评尹湾汉墓木牍〈集簿〉》，《东南文化》1999 年第 1 期；汪桂海：《汉代的校计与计偕簿籍》，中国社会科学院简帛研究中心等编《简帛研究二〇〇八》，广西师范大学出版社 2010 年版，第 195—202 页；侯旭东：《丞相、皇帝与郡国计吏：两汉上计制度变迁探微》，《中国史研究》2014 年第 6 期；等等。

② 如《汉书·武帝纪》太初元年"春还，受计于甘泉"，颜师古注："受郡国所上计簿也。若今之诸州计帐。"（《汉书》卷六《武帝纪》，第 199 页）

③ 《史记·张丞相列传》："迁为计相，一月，更以列侯为主计四岁。是时萧何为相国，而张苍乃自秦时为柱下史，明习天下图书计籍。苍又善用算律历，故令苍以列侯居相府，领主郡国上计者。"（《史记》卷九六《张丞相列传》，第 3244 页）

④ 《汉书·儒林传》："二千石谨察可者，（公孙弘）常与计偕，诣太常，得受业如弟子。"（《汉书》卷八八《儒林传》，第 3594 页）

⑤ 陈伟主编，彭浩、刘乐贤等撰著：《秦简牍合集（释文注释修订本）（壹）》，第 63 页。

今九月见弩臂百六十二。Ⅵ（简 8 – 151）①

因此，笔者将秦汉时期关于"计"的制度称作"计制"。虽然学界尚无明确称"计制"者，但 1970 年代以来，随着睡虎地秦简等大量简牍资料出土，有关"计"的资料大量增加，许多学者从财政会计、审计等视角对计制进行了研究。② 特别是进入 21 世纪以后，里耶秦简和岳麓秦简等资料相继公布，学界的研究更为深入细致。③ 本文关注的是秦汉券书简所反映的计制的"名计"问题。

截止目前，"名计"一词全部出现在里耶秦简第九层 9 – 1 至 9 – 12 简以及一枚残损严重的 9 – 1846 简中。其中，9 – 1 至 9 – 12 简保存状况完好，内容均是关于阳陵卒"钱校券"的文书，极具特色，因此，2003 年整理者初次介绍里耶秦简情况时就披露了这十二枚简的图版和释文，④ 后被收入《里耶秦简（贰）》中。⑤ 简文披露后在学界引起很大反响，并引发讨论。但截止目前，学界对 9 – 1 至 9 – 12 等券书简的认识仍存在较

① 陈伟主编：《里耶秦简牍校释（第一卷）》，第 91—92 页。后文略称为《校释（一）》。

② 如：张荣强：《从计断九月到岁终为断——汉唐间财政年度的演变》，《北京师范大学学报（社会科学版）》2005 年第 1 期；李孝林：《从云梦秦简看秦朝的会计管理》，《江汉考古》1984 年第 3 期；吴泽湘：《论西汉上计非国家审计——尹湾六号汉墓出土木牍〈集簿〉研究》，《审计与经济研究》2001 第 4 期；李孝林、弋建明、熊瑞芳：《尹湾汉简集簿研究——我国首见的郡级统计年报探析》，《统计研究》2004 年第 9 期，李孝林：《周、汉审计史新证》，《审计研究》2008 年第 1 期；胡一楠：《由丝路汉简看古代的会计核算制度》，《宝鸡文理学院学报（社会科学版）》2016 年第 4 期；等等。

③ 相关研究主要有：朱红林：《里耶秦简债务文书研究》，《古代文明》2012 年第 3 期；沈刚：《〈里耶秦简〉【壹】中的"课"与"计"——兼谈战国秦汉时期考绩制度的流变》，《鲁东大学学报（哲学社会科学版）》2013 年第 1 期；李均明：《里耶秦简"计录"与"课志"》，武汉大学简帛研究中心主办《简帛》第八辑，上海古籍出版社 2013 年版，第 149—159 页；黄浩波：《里耶秦简牍所见"计"文书及相关问题研究》，中国社会科学院简帛研究中心等编《简帛研究二〇一六·春夏卷》，广西师范大学出版社 2016 年版，第 81—113 页；黎明钊、唐俊峰：《里耶秦简所见秦代县官、曹组织的职能分野与行政互动——以计、课为中心》，武汉大学简帛研究中心主办《简帛》第十三辑，上海古籍出版社 2016 年版；等等。

④ 张春龙、龙京沙：《湘西里耶秦代简牍选释》，《中国历史文物》2003 年第 1 期。后文略称为《选释》。

⑤ 湖南省文物考古研究所：《里耶秦简（贰）》，文物出版社 2017 年版，第 1—19 页。

大分歧。① 适逢此时，2019 年底《文物》公布了睡虎地 77 号汉墓简牍部分简的内容，② 其中有重要的券书资料。笔者认为这些资料恰好可以解决 9 – 1 至 9 – 12 等简的疑问。

学界对里耶秦简 9 – 1 至 9 – 12 简的句读、文义有多种理解。本文先将《校释（二）》校订过的释文迻录于下，讨论后，在文末提出自己的方案。

下面是 9 – 1 简：

（1）卅三年四月辛丑朔丙午，司空腾敢言之：阳陵宜居士五（伍）毋死有赀余钱八 I 千六十四。毋死戍洞庭郡，不智（知）何县署③。·今为钱校券一上，谒言洞庭尉，令 II 毋死署所县责，以受阳陵司空——司空不名计。问何县官计，年为报。III 已訾其家，家贫弗能入，乃移戍所。报署主责发。敢言之。IV

四月己酉，阳陵守丞厨敢言之：写上，谒报，报署金布发。敢言 V 之。/儋手。VI9 – 1

卅四年六月甲午朔戊午，阳陵守庆敢言之：未报，谒追。敢 I 言之。/堪手。II

卅五年四月己未朔乙丑，洞庭叚（假）尉觿谓迁陵丞：阳陵卒

---

① 学术史参见陈伟主编《里耶秦简牍校释（第一卷）》、陈伟主编《里耶秦简牍校释（第二卷）》（后文略称为《校释（二）》）相应简部分，及王伟《里耶秦简"付计"文书义解》（《鲁东大学学报》2015 年第 5 期）。

② 陈伟、熊北生：《睡虎地汉简中的券与相关文书》，《文物》2019 年第 12 期。

③ 关于"署"的含义，学界有不同意见。参见陈伟主编《里耶秦简牍校释（第二卷）》，注 5，第 3 页。按：此处作动词，任职或服役于某机构。《说文》网部："署，部署也。各有所网属也。从网。者声。"段玉裁注："部署犹处分。疑本作罳署，后改部署也。《项羽本纪》曰：'梁部署吴中豪杰为校尉、候、司马。'《急就篇》曰：'分别部居不杂厕。'《鲁语》：'孟文子曰：夫位，政之建也。署，位之表也。署所以朝夕虔君命也。'按官署字起于此。"〔（汉）许慎撰，（清）段玉裁注：《说文解字注》第七篇下，第 360 页上栏〕《汉书·高帝纪上》："汉王大说，遂听信策，部署诸将。"颜师古注："分部而署置。"（《汉书》卷一上《高帝纪上》，第 30、31 页）《汉书·兒宽传》："时张汤为廷尉，廷尉府尽用文史法律之吏，而宽以儒生在其间，见谓不习事，不署曹，除为从史，之北地视畜数年。"颜师古注引张晏曰："不署为列曹也。"师古曰："署，表也，置也。凡言署官，表其秩位，署立为之也。"（《汉书》卷五八《公孙弘卜式兒宽传·兒宽》，第 2628—2629 页）

署迁Ⅲ陵，其以律令从事，报之。当腾腾。/嘉手。·以洞庭司马印行事。Ⅳ

敬手。Ⅴ9－1背

正面第一行的"司空腾"为阳陵县司空啬夫，① 其上报上级机构阳陵县廷：阳陵县宜居里名叫毋死的士伍有赀余钱8064。毋死在洞庭郡戍边，不知在哪个县服役。现在制作了一份钱校券呈上，请求阳陵县廷转告洞庭尉，命令……（后略）。

学界对此简理解的分歧主要集中在"令"字至"报"字的部分。正如《校释（二）》所指出，从9－2、9－3等简可知，此句有省略。② 现列举9－9简释文：

（2）卅三年三月辛未朔戊戌，司空腾敢言之：阳陵仁阳士五（伍）有赎钱七千六百八十。Ⅰ戍洞庭，③ 不智（知）何县署。·今为钱校券一上，谒言洞庭尉，令署所县受责，Ⅱ以受阳陵司空——司空不名计。问何县官计付，署计年名为报。已訾责家，家贫弗Ⅲ能入。有流辞，弗服，勿听。道远，毋环，报，署主责发。④ 敢言之。Ⅳ

四月壬寅阳陵守丞恬敢言之：写上，谒报，署金布发。敢言之。/堪手。Ⅴ（9－9）

卅四年八月癸巳朔朔日，阳陵遬敢言之：至今未报，谒追。敢言之。/堪手。Ⅰ

卅五年四月己未朔乙丑，洞庭叚（假）尉觿谓迁陵丞：阳陵卒署迁陵，其以律令Ⅱ从事，报之。当腾腾。/嘉手。·以洞庭司马印行事。Ⅲ

敬手。Ⅳ（9－9背）⑤

---

① 参见陈伟主编《里耶秦简牍校释（第二卷）》，注2，第1—2页。

② 陈伟主编：《里耶秦简牍校释（第二卷）》，注10、11，第6页。

③ 原释文此处未断开，应以逗号断开。

④ 原释文作："有流辞，弗服。勿听，道远，毋环。报署主责发。"此为笔者改。

⑤ 陈伟主编：《里耶秦简牍校释（第二卷）》，第16—17页。

其余略而不录，仅把十二枚简该部分表述不同的简列出来，省略的部分以空白表示，以便对比：

　　　　令毋死署所县［一］责以受阳陵司空司空不名计问何县官计
［二］年［三］为报（9-1）

　　　　令不狄署所县责以受阳陵司空司空不名计问何县官计付署计年
为报（9-2）①

　　　　令［四］署所县责以受阳陵司空司空不名计问何县官计付署计
年名为报（9-3）②

　　　　令署所县受责以受阳陵司空司空不名计问何县官计付署计年名
为报（9-9）

　　　　令胜白署所县　责以受阳陵司空司空不名计③问何县官计　年
为报（简9-10）④

由此可以看出如下问题：［一］据简9-9可知，简9-1等简此处省略了"受"字。［二］据简9-2等简可知，简9-1、简9-10此处省略了"付署计"三个字。［三］据简9-3、简9-4可知，简9-1、简9-2、简9-10此处省略了"名"字。［四］据其他简可知，简9-3简此处省略了阳陵卒的名字。

　　那么，到底应该如何理解这段文字，如何断句，它反映的是何种制度？如前所述，学者对此提出了很多意见，但均是推测，没有实例佐证。睡虎地77号汉墓竹简恰好可以弥补这一缺憾。在已公布的睡虎地汉简中，被归入《六年畜息子入券及出》的简7、8、简19、20、简9、10中分别出现了"谒以临仓小畜计，计六年""谒以临仓小［畜］计，计六年""谒以临仓小［畜］计"等句子。笔者认为"仓"回答的即是里耶

---

①　陈伟主编：《里耶秦简牍校释（第二卷）》，第9—10页。
②　陈伟主编：《里耶秦简牍校释（第二卷）》，第11—12页。
③　《校释（二）》此处用逗号断开，与其他简不同，应是疏忽。
④　陈伟主编：《里耶秦简牍校释（第二卷）》，第17页。

秦简简9－1等简所问"何县官计、付"的"县官",① "小畜"回答的是"计年、名"的"名","计六年"回答的是"计年、名"的"年"。里耶秦简难解的那段文字,其完整形式及断句应作:

> 令××署所县受责(债),以受(授)阳陵司空。司空不名计,问何县官计、付,署计年、名为报。②

下面试论之。

《六年畜息子入券及出》的简7、8、简19、20、简9、10释文如下:

> (3)牡狗四,牝狗一。凡五,③ 同齿。六年二月丙午朔甲寅,阳武乡期入。(简7)六年二月丙午朔甲寅,阳武乡期敢言之:谨上

---

① 笔者最初将"临仓"的"临"理解为仓名,会上承陈伟先生指出,从睡虎地汉简内容来看,此理解难以成立。按:临,当为"监临"之"临"。《说文》卧部:"临,监也。"〔(汉)许慎撰,(清)段玉裁注:《说文解字注》第八篇上,第392页上栏〕《汉书·景帝纪》载景帝元年秋七月诏:"吏受所监临,以饮食免,重;受财物,贱买贵卖,论轻。廷尉与丞相更议著令。"(《汉书》卷五《景帝纪》,第140页)《汉书·刑法志》:"及至孝武即位……于是招进张汤、赵禹之属,条定法令,作见知故纵、监临部主之法,缓深故之罪,急纵出之诛。"(《汉书》卷二三《刑法志》,第1101页)《岳麓书院藏秦简(肆)》简139/1409:"·尉卒律曰:县尉治事,毋敢令史独治,必尉及士吏与,身临之,不从令者,赀一甲。"简354/0018:"上其校狱属所执灋,执灋各以案临计,乃相与校之,其计所同执灋者,各别上之其曹,曹主者☑"(陈松长主编:《岳麓书院藏秦简(肆)》)以上等例子中的"临"均为"监临"之义。

② 黄浩波认为应断作:"问何县官计、付署、计年、名为报",认为"包含着'计'文书的标题、帮助部分的主要内容"(黄浩波:《里耶秦简牍所见"计"文书及相关问题研究》,中国社会科学院简帛研究中心等编《简帛研究二〇一六·春夏卷》,第116—118页)其意见颇有可取之处,如认为"计年名"的年指年度等。但与笔者意见仍有不少差异。

另,笔者在会上报告完拙文后,鲁家亮先生于当天晚上(2020年11月6日23:25分)微信告示,陶安あんど先生曾发表《「何計付」の句讀に關する覺書》一文〔http://www.aa. tufs. ac. jp/users/Ejina/note/note13(Hafner). html#sdendnote13sym〕,亦从财会角度理解相关简文。陶安先生认为简9－1当断作:"令○署所县责,以受阳陵司空。司空不名计,问何县官计、年,为报。"简9－2等当断作:"令署所县责,以受阳陵司空。司空不名计,问何县官计付。署计年、名为报。"与笔者观点仍有所不同。

③ 原释文未断读,此逗号为笔者所加。下文"凡六同齿"亦同。里耶秦简中有"同齿"或"同券齿"的简文,如简8－892"☑一枚十二同齿。"简8－893"少受牢人文所受少内器券一□二百六十六同齿,受☑"简8－893(分见陈伟主编《里耶秦简牍校释(第二卷)》,第243、244页),均应在"同齿"前以逗号断开。

畜息子入券一，右已移仓。<u>谒以临仓小畜计，计六年</u>。敢言之。╱二月甲寅，阳武乡期敢告仓主：移入券一，敢告主。╱期手。（简 8）

（4）牡豚二，牝豚四。●凡六，同齿。六年四月乙巳朔壬子，阳武乡［佐胡人入］。（简 19）六年四月乙巳朔壬子，阳武乡佐胡人［敢］言之：谨上畜息子入券一，右已移仓。<u>谒以临仓小［畜］计</u>。^① <u>计六年</u>。敢言之。╱四月壬子，阳武乡佐胡人敢告仓主：移入券一，［敢］告主。╱胡人手。（简 20）^②

（5）出牡狗四。六年三月丙子朔甲申，阳武乡期、佐胡人杂卖于阳里［公乘］□□等所，取钱廿。●率狗五钱。（简 9）六年三月丙子朔甲申，阳武乡期敢言之：谨上卖小畜息子出中辨券一，右已移仓。<u>谒以临仓小［畜］计</u>。敢言之。╱三月甲申，阳武乡期敢告仓主：移出券一。敢告（简 10）主。╱胡人手。╱三月甲申，佐胡人行。胡人手。（简 10）

整理者认为，简 7、19 分别是简 8、简 20 中提到的"入券"，简 9 是简 10 中提到的"出券"。其说是。此外，整理者把简 8、20、10 分别看成是简 7、19、9 的相关文书，^③ 但笔者认为应根据秦汉时人的表达，颠倒过来，将简 8、20、10 称作"书"，性质为财务公函，将简 7、9、19 称作随书附券。这可以从里耶秦简下列简得到证明：

（6）□□□【钱校券一，告临汉受责计，为报。有（又）追】曰：已出计Ⅰ卅一年。今问，<u>前书、券不到</u>，追书卅二年三月戊子到，后Ⅱ计。今临汉计卅二年。谒告迁陵以从事，而自辟留、Ⅲ亡书者，当论。敢言之。╱七月乙未，临汉守丞都移Ⅳ（简 9-21）迁【陵】。╱瞫手。Ⅰ

---

① 整理者断作句号，疑是笔误。当以逗号为宜。
② 陈伟、熊北生：《睡虎地汉简中的券与相关文书》，《文物》2019 年第 12 期。
③ 均见陈伟、熊北生《睡虎地汉简中的券与相关文书》，《文物》2019 年第 12 期，第 58 页。

八月乙巳，临汉丞礼敢告迁陵丞主：重。敢告Ⅱ主。/差手。/
卅三年十月甲辰朔癸亥，迁陵守丞都告Ⅲ……Ⅳ（简9－21背）①

这是一枚与上文所列券书密切相关的简。简文中"前书、券不到"就是
"书"在前，"券"在后。

材料（3）（4）（5）均由两份"书"（公函）构成。第一份都是阳
武乡乡啬夫期写给上级机关安陆县县廷的上行文书，内容包括三项：1.
报告上交"出券"或"入券"的中辨券（即"谨上卖小畜息子出中辨券
一"），用以县统一备案。2. 报告"右券"已经移交给仓主（即"右已
移仓"）。3. 请求记在机构"仓"的账上，科目为"小畜"，即"谒以临
仓小〔畜〕计"；计账的年份为"六年"，即"计六年"。目的是帮助出
入账明细，即应以哪个官府、什么科目、记在哪年账上。第二份均为阳
武乡乡啬夫写给平级机构仓的负责人（仓主）的平行文书，帮助此次移
交了出或入券的右券。

这三笔出入账的"出""入"，均由阳武乡经手，仓和县廷都没有接
触到实物的小畜。② 所谓"入"指阳武乡的母畜生了小畜，这意味着县
的资产增加，故作为收入项。材料（3）的入券意为，六年二月甲寅日，
阳武乡新生了"牡狗四，牝狗一"，意味着安陆县收入了五条小狗的资

---

① 陈伟主编：《里耶秦简牍校释（第二卷）》，第32页。

② 整理者在谈到出入券的性质时，指出："通过对《入券及出》简21－24分析可见，阳
武乡'入'仓的小畜，其实还在原地存放，需要等待仓的指令而上交、输亭或出卖。在《入券
及出》简1－6中，因应廷下仓书提供腊祠用牲的指令，阳武乡同时出具入券和校券，可能是因
为所输牡豚此前未曾提交'入券'。如然，这更能显示'入券'只涉及所有权交接而不包含实
物的交纳。入券关联文书中乡对县廷的行文，每言'谒以临仓小畜计'。可见入券在提交主管
官署（仓）的同时呈报县廷，以提供统计的数据。上揭2枚里耶秦简'出入券'前都冠以
'计'字，也具有相同含义。"（陈伟、熊北生：《睡虎地汉简中的券与相关文书》，《文物》
2019年第12期，第60页）已注意到出入券未交纳实物之事，但这并非是因为出入券只涉及所
有权交接不包含实物支付缴纳的原因，而是因为乡不是独立核算单位，其上级机构县才是独立
核算单位，"计"必须以独立核算单位进行，因此，县下机构如乡等财物的出入都必须将出入
券等凭证上交县，由县进行计。县负责小畜"计"的机构是县仓即临仓。并非所有的出入券都
不涉及实物的支付或缴纳，如果仓为收付单位，那么其出入就有可能涉及实物的支付或缴纳
问题。

产。"凡五，同齿"是说总共五条狗，与券齿表示的数字相同。材料（4）的入券意为，六年四月壬子日，阳武乡新生了"牡豚二，牝豚四"，意味着安陆县收入了六头猪的资产。"凡六，同齿"说总共六头猪，与券齿表示的数字相同。材料（5）的出券意为，六年三月甲申日，阳武乡将"牡狗四"卖给阳里公乘□□等人，在财务上即为安陆县的财产支出项。由于经手人是县下级机构的阳武乡，阳武乡不是独立核算单位，所以其资产变动必须随时上报上级主管部门即独立核算单位的县，由县进行收支明细的记录和统计。具体负责小畜计账的是县仓，所以右券要移交给仓；而县必须掌握收支账目情况，并保管中辨券。中辨券掌握在县廷手中，在张家山汉简《二年律令》中有间接反映：

> 恒以八月令乡部啬夫、吏、令史相襍案户籍，<u>副臧（藏）其廷</u>。有移徙者，辄移户及年籍爵细徙所，并封。留弗移、移不并封，（简328）及实不徙数盈十日，皆罚金四两；数在所正、典弗告，与同罪。乡部啬夫、吏主及案户者弗得，罚金（简329）各一两。（简330）

> 民宅园户籍、年细籍、田比地籍、田合籍、田租籍，<u>谨副上县廷</u>，皆以筐若匣匮盛，缄闭，以令若丞、（简331）官啬夫印封，独别为府，封府户；节（即）有当治为者，令史、吏主者完封奏（凑）令若丞印，啬夫发，即襍治为；（简332）其事（？）已，辄复缄闭封臧（藏），不从律者罚金各四两。其或为铟（诈）伪，有增减也，而弗能得，赎耐。官恒先计雠，（简333）□籍□不相（？）复者，辄劾论之。民欲先令相分田宅、奴婢、财物，乡部啬夫身听其令，皆参辨券书之，辄上（简334）如户籍。有争者，以券书从事；毋券书，勿听。所分田宅，不为户，得有之，至八月书户，留难先令，弗为券书，（简335）罚金一两。（简336）①

---

① 彭浩、陈伟、［日］工藤元男主编：《二年律令与奏谳书——张家山二四七号汉墓出土法律文献释读》，第222—224页。

这两条律规定，户籍、民宅园户籍、年细籍等都要"副藏其廷"或"谨副上县廷"。民若想生前立遗嘱"先令"分割田宅、奴婢、财产，乡部啬夫要亲自到场听取，制作参辨券，和户籍一样"副上"县廷。因此，睡虎地汉简阳武乡提交给县廷的中辨券应当就是所谓的"副"本。提交给仓的则是正本的右券，用于计账和核验。所以右券最为重要，故睡虎地秦简《法律答问》规定：

> 者（诸）候（侯）客来者，以火炎其衡厄（轭）。"炎之可（何）？当者（诸）候（侯）不治骚马，骚马虫皆丽衡厄（轭）鞅鞥辕轷，是以炎之。·可（何）谓"亡券而害"？·亡校券右为害。（简179）①

左券则交给出、入的一方，材料（3）（4）的场合，左券留在阳武乡；材料（5）的场合，左券则交给买狗的一方阳里公乘□□等人，用作凭证。

据此，我们来看里耶秦简简9-1的理解。在洞庭郡戍边的阳陵县戍卒毋死，在家乡阳陵县欠了部分赀钱②8064钱未还（"赀余钱"的"余"意味着是一部分未偿还，而不是全部）。里耶秦简简8-480简表明，"赀责钱"即未偿还的赀钱以及简9-9的赎钱由司空征缴、计账：

---

① 陈伟主编：《秦简牍合集（释文注释修订本）（壹）》，第251页。
② 宋艳萍、邢学敏等因阳陵卒都有赀钱或赎钱问题，因此推测阳陵卒的身份可能是居赀或居赎。（宋艳萍、邢学敏：《里耶秦简"阳陵卒"蠡测》，中国社会科学院简帛研究中心等编《简帛研究二〇〇四》，第121—134页）其说恐误。赀罚、赎刑和罚戍是不同的三种刑罚，不可能同时处罚。而且，如果阳陵卒的身份是居赀、居赎，那么，其在阳陵被判罚的赀钱或赎钱就应随其本人一起转到戍所洞庭郡迁陵县，然后以每戍一日折算八钱抵偿，阳陵县就不可能还有赀余钱或赎钱。这些人应是"谪戍"。《汉书·晁错传》载晁错上书："秦之戍卒不能其水土，戍者死于边，输者偾于道。秦民见行，如往弃市，因以谪发之，名曰'谪戍'。先发吏有谪及赘婿、贾人，后以尝有市籍者，又后以大父母、父母尝有市籍者，后入闾，取其左。"（《汉书》卷四九《爰盎晁错传·晁错》，第2284页）

（7）司空曹计录：AⅠ

船计，AⅡ

器计，AⅢ

<u>赎计</u>，BⅠ

<u>赀责计</u>，BⅡ

徒计。BⅢ

凡五计。CⅠ

史尚主。CⅡ （8 - 480）①

司空收不上这笔钱，当年应收账就不能完成，无法清账，所以司空必须追缴这笔钱。由于毋死本人正在戍边，不在阳陵县，所以司空先到其家追讨，②但其家贫穷，无力偿还，因此司空必须找毋死本人偿还。由于毋死现在隶属洞庭郡某县，阳陵县必须通过此县追缴。财务制度上，两个机构之间金钱往来，不需要实物往来，只需要以出入账方式记账平账即可，即洞庭郡追缴后，不必将追缴的钱从洞庭郡辗转送还给阳陵县，而是以贷入方式记账收入阳陵县赀余钱8064，阳陵县则以借出方式记账支出给洞庭郡某县，双方账目就可结清。

本来阳陵司空可通过上级机构阳陵县直接致函毋死所在县，但因为县里只记录毋死在洞庭郡戍边，没有记录具体隶属某县，所以阳陵县司空请求县廷致函洞庭郡尉③，并随函附上"钱校券"（因为是关于赀钱的校券，所以称作"钱校券"）一份，请求洞庭郡协助处理此事。从后文洞庭郡尉将此函及钱校券批转给迁陵县，并说"阳陵卒署迁陵"，可知阳陵县征发的戍卒全部被派到迁陵县。因此，应当由毋死所在县迁陵处理此事。

阳陵县提出的请求是："令毋死署所县责，以受阳陵司空。司空不名计，问何县官计，年为报。""令毋死署所县责"，如前所述，"责"前省

---

① 陈伟主编：《里耶秦简牍校释（第一卷）》，第164页。

② 这表明个人债务，其直系家庭的"户"有义务偿还。

③ 因毋死是戍卒，所以隶属洞庭尉。

略了"受"字，除前引简 9－9"令署所县受责"外，还有材料（6）
"告临汉受责计"、简 8－60＋8－656＋8－665＋8－748"为校□□□谒
告栜道受责"、① 简 9－1851"☒【告】枳受责如【腾书】"② 可为证。
"受责"为完整形式，"责"通"债"，"受责（债）"指接受债务。财务
上，阳陵司空将这笔赀余钱 8064 钱以借出账转给迁陵县，迁陵县则以贷
入账从阳陵司空贷入这笔钱，然后再向毋死本人追讨。③

"以受阳陵司空"的"受"通"授"，"以受阳陵司空"指迁陵县要
将"责校券"交付给阳陵县司空。迁陵县"受责"后，要制作一份责校
券。"责校券"见于简 8－63：

（8）廿六年三月壬午朔癸卯，左公田丁敢言之：佐州里烦故为
公田吏，徙属。事苔不备，分Ⅰ负各十五石少半斗，直钱三百一十
四。烦冗佐署迁陵。今上责校券二，谒告迁陵Ⅱ令官计者定④以钱
三百一十四受旬阳左公田钱计。⑤ 问可（何）计付，署计年为报。
敢言之。Ⅲ

三月辛亥，旬阳丞滂敢告迁陵丞主：写移，移券，可为报。敢
告主。/兼手。Ⅳ

廿七年十月庚子，迁陵守丞敬告司空主，以律令从事言。/手。
即走申行司空。Ⅴ（8－63）

十月辛卯旦，胸忍秦士五（伍）状以来。/庆半。兵手。（8－
63 背）⑥

此简中，旬阳县佐州里名叫烦的人，以前是旬阳县左公田的吏，后来调

---

① 陈伟主编：《里耶秦简牍校释（第一卷）》，第 43 页。
② 陈伟主编：《里耶秦简牍校释（第二卷）》，第 3770 页。
③ 《校释（二）》校释："责，索取。"（陈伟主编：《里耶秦简牍校释（第二卷）》，第
3770 页）恐非是。
④ 原释文此处以逗号断开，笔者认为不应断开。
⑤ 原释文此处以逗号断开，此为笔者改。
⑥ 陈伟主编：《里耶秦简牍校释（第一卷）》，第 48—49 页。

到迁陵县。他在旬阳左公田任吏期间负责的苔出现"不备"（数量不足），需要他和其他负责的吏一起赔偿，分摊后他需要赔偿15石少半斗，直钱314。旬阳县因为知道他现在迁陵县戍边，所以发公函给迁陵县，同时附上两份责校券，请求迁陵县命令其所在机构（官）计账的人，以贷入（受）旬阳左公田314钱计账（定……计）。并询问迁陵县是哪个部门计账的，请求写明计账的年份等回复。旬阳县将左公田的公函批转给迁陵丞负责人。迁陵守丞敬将此函和责校券两份批转给迁陵司空。此简表明，借出方给贷入方发出的校券也称作"责校券"。责校券也可省称"责券"，见于里耶秦简简8－135即著名的迁陵司空追讨狼假公船文书中：

（9）廿六年八月庚戌朔丙子，司空守樛敢言："前日言：'竞陵汉阴狼假迁陵公船一，袤三丈三尺，名曰□，Ⅰ以求故荆积瓦，未归船。狼属司马昌官。谒告昌官，令狼归船。'报曰：'狼有逮在覆狱己卒史Ⅱ衰、义所。'今写校券一牒上，谒言己卒史衰、义所，问狼船存所。其亡之，为责券移迁陵，弗□□属。Ⅲ谒报。敢言之。"/月庚辰，迁陵守丞敦狐却之："司空自以二月叚（假）狼船，何故弗番辟□，今而Ⅳ铺（甫）日谒问覆狱卒史衰、义。衰、义事已，不智（知）所居。其听书从事。"/手。即令走□行司空。Ⅴ（简8－135）
　　□月戊寅走己巳以来。/半。□手。(8－135背)①

迁陵司空请求司马昌官询问狼假借的公船放在什么地方，如果丢失了，就写一份"责券"即责校券移交给迁陵。这样迁陵司空就可以清账，狼假公船则由司马昌官负责追缴。因此，"受责"指接受归还公船的债务。

"司空不名计"指阳陵县司空尚未计账，"名计"指将该账目登记在

---

① 陈伟主编：《里耶秦简牍校释（第一卷）》，第72—73页。

相应的科目账上,①"名"的用法与"名田宅"之"名"用法相同。②"问何县官计",询问这笔钱是哪个机构（贷入方）计账的。完整的形式是"问何县官计、付","付"即"付责校券"。"年为报",完整形式是"署计年、名为报",即要求迁陵县回复阳陵司空,写明这笔账计入哪一年的账上,账目的名称是什么。"署"意为署明,"报"为回复。

最后梳理一下:阳陵司空要求毋死所属的迁陵县向毋死本人追缴这笔赀余钱,但不必将钱辗转邮送给阳陵司空,而是以借贷账的形式记账即可,即阳陵司空以借出账支出这笔钱给迁陵县,迁陵县则以贷入账从阳陵司空收入这笔钱,这样就可以平账了。其手续是:迁陵县制作一份责校券,作为接受阳陵司空赀余钱8034的凭证,同时写一封公函文书,文书中注明具体是迁陵县哪个部门计账的,以什么科目记在哪一年账上。然后将公函和责校券一起发给阳陵司空,以便阳陵司空计账时可以记在相应的账目上。

---

① 《说文》口部:"名,自命也。从口夕。夕者,冥也。冥不相见,故以口自名。"段玉裁注:"《祭统》曰:'夫鼎有铭。'铭者,自名也,此许所本也。《周礼·小祝》故书作铭,今书或作名。《士丧礼》古文作铭,今文皆为名。按:死者之铭,以缁长半幅,赪末长终幅,广三寸,书名于末曰:'某氏某之柩。'此正所谓自名。其作器刻铭,亦谓称扬其先祖之德,著己名于下。皆只云名乃已足,不必加金旁。故许君于金部不录铭字,从《周官》今书、《礼》今文也。许意凡经传铭字皆当作名矣。郑君注经乃释铭为刻。刘熙乃云:'铭,名也。记名其功也。'吕忱乃云:'铭,题勒也。'不用许说。"〔（汉）许慎撰,（清）段玉裁注:《说文解字注》第二篇上,第57页上栏)

② 参见本书下编"《二年律令》与秦汉'名田宅制'",第153—194页。

"帛" 在汉代货币体系中的
特殊地位

布帛作为商品的一般等价物实行货币的职能渊源甚久。《诗·氓》："氓之蚩蚩，抱布贸丝。"毛亨传："布，币也。"郑玄笺："币者，所以贸买物也。季春始蚕，孟夏卖丝。"① 《汉书·食货志上》把布帛列为"货"之首，和金刀龟贝一起承担着"分财布利通有无"的职能。② 《汉书·食货志下》也把布帛与金钱并列为"货"：

> 凡货，金钱布帛之用，夏殷以前其详靡记云。太公为周立九府圜法：黄金方寸，而重一斤；钱圜函方，轻重以铢；布帛广二尺二寸为幅，长四丈为匹。故货宝于金，利于刀，流于泉，布于布，束于帛。太公退，又行之于齐。③

睡虎地秦简出土的秦《金布律》使我们得以窥见秦国关于布帛作为货币的法律规定细则：

> 布袤八尺，福（幅）广二尺五寸。布恶，其广袤不如式者，不

① （汉）毛亨传，（汉）郑玄笺，（唐）孔颖达疏，（唐）陆德明音释：《毛诗注疏》卷三《亡民》，朱杰人、李慧玲整理，上海古籍出版社 2013 年版，第 310 页。
② 《汉书》卷二四上《食货志上》，第 1117 页。
③ 《汉书》卷二四上《食货志上》，第 1149 页。

行。金布（简66）

钱十一当一布。其出入钱以当金、布，以律。金布（简67）

贾市居列者及官府之吏，毋敢择行钱、布；择行钱、布者，列伍长弗告，吏循之不谨，皆有罪。金布（简68）①

作为法定货币的布的规格是"袤八尺，福（幅）广二尺五寸"，布与钱的换算公式是1布相当于11钱（1：11），无论是商贾还是官府之吏"毋敢择行钱、布"，否则将被判处有罪。关于"择行钱、布"，释文作"意为对铜钱和布两种货币有所选择"，这一解释是准确的。国家把"毋敢择行钱布"作为一条重要的法律写入《金布律》中，显然是为了保证钱与布均可以在市场上得到正常流通，避免因钱的轻重和布的宽窄问题而使钱、布的任何一方遭到废弃。此律的限制对象一是"贾市居列者"，一是"官府之吏"。"贾市居列者"指商贾进行贸易的场合，"官府之吏"应指官府与"民"发生货币关系场合时的吏。由此可以看出这条法律是针对收取货币方制定的，其用意显然是为了保护交换行为中弱势的一方——"民"。官府向民收取货币，应主要发生于收取赋税（如市租）②和回收贷款的场合。据此可以得出结论，秦时百姓不仅可以用布帛交纳赋税和偿还国家贷款，而且其行为受到国家法律的保护。

对于秦统一以前布帛之为货币，史学界并无疑异，问题在于秦始皇统一六国后布帛是否仍为货币，史学界存在不同看法。传统看法依据史书下列记载：

《史记·平准书》："太史公曰：……虞夏之币，金为三品，或

---

① 睡虎地秦墓竹简整理小组：《睡虎地秦墓竹简·秦律十八种释文注释》，第36页。

② 参见拙文《从张家山汉简看秦汉时期的市租》，［日］井上彻、杨振红主编《中日学者论中国古代城市社会》，三秦出版社2007年版，第50—67页，收入拙著《出土简牍与秦汉社会（续编）》，第273—288页。

黄，或白，或赤；或钱，或布，或刀，或龟贝。及至秦，中一国之币为二等，黄金以溢名，为上币；铜钱识曰半两，重如其文，为下币。而珠玉、龟贝、银锡之属为器饰宝藏，不为币。然各随时而轻重无常。"①

《汉书·食货志下》："秦兼天下，币为二等，黄金以溢名，上币；铜钱质如周钱，文曰'半两'，重如其文。而珠玉龟贝银锡之属为器饰宝藏，不为币，然各随时而轻重无常。"②

《后汉书·光武帝纪下》："（建武十六年）初，王莽乱后，货币杂用布、帛、金、粟。是岁，始行五铢钱。"③

认为秦始皇兼并天下后，废除了各种实物货币，实行以黄金为上币、铜钱为下币的复本位货币制，两汉之际由于战乱，杂用布、帛、金、粟为货币，但至建武十六年（公元40）重新以铜钱为货币。④

也有学者对此持不同看法。傅筑夫注意到《史记·平准书》太史公语谈到秦始皇统一货币取消各种实物货币时，只提到"珠玉、龟贝、银锡之属，而未明言布帛"，因此，他认为秦汉时期布帛一直作为货币而使用，特别是东汉以后，由于黄金退出流通，铜钱又时兴时废，以布帛为主的实物货币在货币体系中开始占主要地位，他将此称之为"实物货币的复兴"。⑤

傅筑夫列举了三条西汉用帛的记载，认为它们显然是作为货币使用

---

① 《史记》卷三〇《平准书》，第 1739 页。

② 《汉书》卷二四下《食货志下》，第 1152 页。

③ 《后汉书》卷一下《光武帝纪下》，第 67 页。

④ 如罗仲言说："秦初定制，统一货币，采用二级货币制度，以黄金铸溢为本位币，铜钱半两为辅币。"他列举的秦与西汉货币有黄金、钱币、白金、皮币。（分见罗仲言《中国国民经济史》上册，第五篇第二章第二节"秦始皇帝之统一方略"，"七、货币统一"，第 136 页；第十六章"自二级币制至复合币制"，第 230—232 页）马大英也持此说（马大英：《汉代财政史》，第 339 页）。

⑤ 傅筑夫：《中国封建社会经济史》第二卷，第七章"秦汉时代的货币经济与货币制度"，人民出版社 1982 年版，第 451—533 页。

的，其一是《汉书·贾山传》载其上书《至言》曰：

> 陛下即位，亲自勉以厚天下，损食膳，不听乐，减外徭卫卒，止岁贡；省厩马以赋县传，去诸苑以赋农夫，出帛十万余匹以振贫民……①

其二是《史记·平准书》载武帝元封元年：

> 于是天子北至朔方，东到太山，巡海上，并北边以归。所过赏赐，用帛百余万匹，钱金以巨万计，皆取足大农。②

其三是《汉书·东方朔传》载董偃得幸于馆陶公主：

> 主因推令散财交士，令中府曰："董君所发，一日金满百斤，钱满百万，帛满千匹，乃白之。"③

傅筑夫指出后二例"帛"均是与金、钱并提，因此应是货币，这作为证据可能尚不足以完全令人折服。但是他说第一例为了救济贫民"出帛十余万匹"，显然是把帛当做救济金来发放，而不是赏赐贫民以衣料，否则尽可以使用廉价的布匹，而不必用贵重的丝织品，却有相当的说服力。

佐原康夫亦认为以往研究忽视了布帛在两汉货币经济和财政中的地位和作用。居延汉简中有大量关于支付吏卒月俸的簿籍：

---

① 《汉书》卷五一《贾邹枚路传·贾山》，第 2335 页。
② 《史记》卷三〇《平准书》，第 1737 页。
③ 《汉书》卷六五《东方朔传》，第 2853 页。

四月禄帛一匹直四百

钱四百一十 (39.30)

候史靳望　正月奉帛二匹直九百　其一匹顾荚　(89.12)
定受一匹

出广汉八稯布十九匹八寸大半寸直四千三百廿给吏秩百一人元
凤三年正月尽六月积六月 (303.30+90.56)

不侵隧长高仁　桼月禄帛三丈三尺　八月甲寅自取　隧长孙昌取　卩
(95.7)

·凡吏十人　用帛廿二匹　其二匹顾荚　(137.21)
定受廿匹

已得河内廿两帛一匹三丈三尺三寸直七百廿

(187.12+187.22)

☒　☒

■右庶士＝吏候长十三人　禄用帛十八匹二尺一半寸　直万三
千三百三十三 (210.27)

九月禄用帛一匹四寸 (266.15)

出河内廿两帛八匹一丈三尺四寸大半寸直二千九百七十八给佐
史一人元凤三年正月尽九月积八月少半日奉 (303.5)

入　布一匹直四百　凡直八百入　始元四
绠絮二斤八两直四百　给始元四年三月四月奉

(308.7A)

[长]越就　正月禄帛一匹　二月癸巳自取 (394.1)

禄用帛十八匹一□ (480.11)

受六月余河内廿两帛卅六匹二丈二尺二寸少半寸直万三千五
十八 (509.8)

始元三年九月四某以佐受均输长甲帛若干匹直若干以给始元三
年正月尽八月积八月奉 (509.19)

□年四月尽六月积三月奉用钱□

□第廿六廿两帛五四二尺直千□ （522.2）①

月俸大多以钱支付，但也有以布帛支付的，以布帛支付时要写明折算成钱为多少。佐原氏据此认为："在这里，布帛明显地是钱的代用物"。②"在前汉时期，经济生活虽以货币的流通为原则，但实际仍有为数不少的布帛作为货币的替代物进入了流通领域。""把汉代的货币经济视为与铜钱经济天然同义的看法是否妥当，尚有探讨的余地。"③佐原氏虽然对布帛在汉代货币经济和财政中的地位和作用做了充分肯定，但是，在是否能够将布帛看成是与黄金、铜钱一样的货币这一点上却持谨慎态度，而与傅筑夫有所不同。

假如没有新的材料出现，这一问题的研究很难再有推进。然而，张

---

① 中研院史语所简牍整理小组编：《居延汉简》（壹）（贰）（叁）（肆），中研院史语所2014、2015、2016、2017年版。参见陈梦家《汉简所见奉例》，其著《汉简缀述》，第142—144页；［日］佐原康夫《居延汉简月俸考》，刘俊文主编《日本中青年学者论中国史·上古秦汉卷》，上海古籍出版社1995年版，第536—571页，原载《古史春秋》五，1989年。

此外，居延新简中也有以布帛支付月俸的简，如：

当曲隧长刑晏　奉月禄帛三丈		（E. P. T6：2）
□　　奉月禄帛三丈三尺　六尺计　九尺适奉尺谦　丈一尺自取　卩		（E. P. T6：5）
□月禄帛三丈三尺　八月癸卯妻取　卩		（E. P. T6：6）
次吞隧长时尚　奉月禄帛三丈三尺　八月戊申母□取　卩		（E. P. T6：76）

城北候长周育　隧长浅二十六日　十月禄　元帛一丈　苟□□两半两　十一月己卯自取　卩

（E. P. T6：79）

夏侯谭𠃓　二月禄　布三丈六尺　帛二丈六尺　三月壬午自取　卩

（E. P. T27：10）

六月禄帛三丈三尺

（E. P. T40：199）

城北候长周育　奉月禄　帛一匹留府　余帛一丈五尺五寸　□□一丈三尺

（E. P. T43：41）

王丰　奉月禄帛三丈三尺　八月癸卯自取　卩		（E. P. T43：46）
布六月奉月禄帛		（E. P. T59：336）
奉月禄帛三丈三尺　□		（E. P. T65：79）

张德芳主编：《居延新简集释》，甘肃文化出版2016年版。

② ［日］佐原康夫《居延汉简月俸考》，刘俊文主编《日本中青年学者论中国史·上古秦汉卷》，第564页。

③ ［日］佐原康夫《居延汉简月俸考》，刘俊文主编《日本中青年学者论中国史·上古秦汉卷》，第567页。

家山汉简的适时出土改变了这一情况。

张家山汉简《二年律令·钱律》下列简：

> 钱径十分寸八以上，虽缺铄，文章颇可智（知），而非殊折及铅钱也，皆为行钱。金不青赤者，为行金。敢择（简197）不取行钱、金者，罚金四两。（简198）①

是关于"行钱""行金"的法律规定，由此可知，黄金、铜钱是当时法定的流通货币。《金布律》下列简：

> 有罚、赎、责（债），当入金，欲以平贾（价）入钱，及当受购、偿而毋金，及当出金、钱县官而欲以除其罚、赎、责（债），及为人除者，皆许之。各以其二千石（简427）官治所县十月金平贾（价）予钱，为除。（简428）②

规定有罚、赎、责（债）、受购、偿等需交纳黄金而没有黄金时，可以按平价折钱交纳，它不仅表明当时黄金与铜钱没有法定的比价，黄金一斤值一万钱只是王莽时的比价，而非通行两汉的法定比价，③而且进一步证明当时通行的货币就是金、钱二者。此外，下简：

> 租、质、户赋、园池入钱（简429），县道官勿敢擅用，三月壹上见金、钱数二千石官，二千石官上丞相、御史……（简430）④

---

① 张家山二四七号汉墓竹简整理小组：《张家山汉墓竹简〔二四七号汉墓〕（释文修订本）》，第35页。

② 张家山二四七号汉墓竹简整理小组：《张家山汉墓竹简〔二四七号汉墓〕（释文修订本）》，第67页。

③ 参见宋叙五《西汉货币初稿》，香港中文大学出版1971年版，转引自林甘泉主编《中国经济通史·秦汉经济卷》，第635页。

④ 彭浩、陈伟、〔日〕工藤元男主编：《二年律令与奏谳书——张家山二四七号汉墓出土法律文献释读》，"二年律令释文"，第254页。

规定每年三月县道官要把"租、质、户赋、园池所入"的金、钱数通过郡上报中央，表明这些赋税征缴的是金、钱，国家财政统计也以此为基础。下列律条表明当时国家给盗罪量刑也以金、钱计算，如《盗律》简55－56：

　　盗臧（赃）直（值）过六百六十钱，黥为城旦舂。六百六十到二百廿钱，完为城旦舂。不盈二百廿到百一十钱，耐为隶臣妾。不（简55）盈百一十到廿二钱，罚金四两。不盈廿二钱到一钱，罚金一两。（简56）①

《具律》简91－92：

　　城旦刑尽而盗臧（赃）百一十钱以上，若贼伤人及杀人，而先（简91）自告也，皆弃市。（简92）②

以上律条进一步证明了《史记・平准书》和《汉书・食货志下》关于汉承秦制，实行黄金、铜钱复本位制的记载。然而，《二年律令・□市律》还有一个律条，使问题变得复杂起来。

《二年律令・□市律》简258－259：

　　贩卖缯布幅不盈二尺二寸者，没入之。能捕告者，以畀之。絺绪、编幡、纔缘、朱缕、罽（厕）、缣（简258）布、毃（縠）、荃莄，不用此律。（简259）③

　　　　　　　　　　　　　　　　　　　　　　　　

　　① 张家山二四七号汉墓竹简整理小组：《张家山汉墓竹简〔二四七号汉墓〕（释文修订本）》，第16页。
　　② 张家山二四七号汉墓竹简整理小组：《张家山汉墓竹简〔二四七号汉墓〕（释文修订本）》，第21页。
　　③ 张家山二四七号汉墓竹简整理小组：《张家山汉墓竹简〔二四七号汉墓〕（释文修订本）》，第44页。

《说文》系部："缯，帛也。从糸，曾声。"① 《汉书·灌婴传》颜师古注："缯者，帛之总名。"② 《汉书·匈奴传上》颜师古注："缯者，帛之总称。绨，厚缯也，音徒奚反。"③ 简 258－259 表明吕后时期对缯的规格有严格的法律限定，缯的幅宽必须达到 2 尺 2 寸，未达到此宽度的，国家将予以没收，不允许其在市场上流通，没收的缯可作为奖品奖励举报者，其他的纺织品诸如绤绪、缟缯、纔缘、朱缕、𦅻（屫）、繻布、毅（縠）、荃葽不用此律，即没有规格的法律限制。张家山汉简缯的规格与《汉书·食货志下》记载的太公为周立九府圜法的布帛幅宽相同，却与睡虎地秦律《金布律》规定的布的幅宽不同，其间是如何变化的不得而知。

为什么汉初国家要特别针对帛而非所有纺织品的幅宽作出法律规定？假如它是像唐律关于"器用绢布行滥短狭而卖"④ 的规定一样，那么，它就应当针对所有的纺织品而非只针对帛。比较合理的解释就是汉代的帛具有货币职能，因此必须足额才具有其所应体现的价值。那么，这一推论是否能够成立呢？下面让我们从文献入手，考察一下帛在汉代国民经济和货币体系中所具有的位置和作用。

《说文》巾部："币，帛也。从巾，敝声。"⑤ 这一概念的形成应追溯至先秦时期。当时周天子与诸侯之间、各诸侯之间以及民间的朝聘往来多持玉、帛为礼品。帛不仅是礼聘之物，而且本身即是财富，货币的"币"即源于此。当时，"币""帛"经常连用称"币帛"。汉代的帛沿袭了先秦时期的双重含义。首先，它是财富的代名词。正如傅筑夫所指

---

① （汉）许慎撰，（清）段玉裁注：《说文解字注》第十三篇上，第 654 页下栏。

② 《汉书》卷四一《樊郦滕傅靳周传·灌婴》，第 2080 页。

③ 《汉书》卷九四上《匈奴传上》，第 3758 页。

④ 《唐律疏议·杂律》"器用绢布行滥短狭而卖"条："诸造器用之物及绢布之属，有行滥、短狭而卖者各杖六十，得利赃重者计利准盗论。贩卖者亦如之。市及州、县官司知情各与同罪，不觉者减二等。"【疏】议曰："凡造器用之物，谓供公私用，及绢、布、绫、绮之属；'行滥'，谓器用之物不牢、不真；'短狭'，谓绢匹不充四十尺，布端不满五十尺，幅阔不充一尺八寸之属而卖：各杖六十……"（唐）长孙无忌撰，刘俊文笺解：《唐律疏议笺解》卷二六《杂律》，第 1859—1860 页。

⑤ （汉）许慎撰，（清）段玉裁注：《说文解字注》第七篇下，第 361 页下栏。

出，当时人常把帛与金、钱连称为"金钱帛"或"金帛"或"钱帛"。
如《汉书·文帝纪》载文帝死前遗嘱"赐诸侯王以下至孝悌力田金钱帛
各有数"，①《汉书·高惠高后文功臣表》载宣帝悯开国功臣之后，"并受
复除，或加以金帛"，②《汉书·宣帝纪》记宣帝元康二年（公元前 64）
"二月乙丑，立皇后王氏。赐丞相以下至郎从官钱帛各有差"。③ 这样的
语言模式表明，在汉代人的心目中，帛与货币是同质的东西。《汉书·苏
建传附苏武》："武以始元六年春至京师。诏武奉一太牢谒武帝园庙，拜
为典属国，秩中二千石，赐钱二百万，公田二顷，宅一区。常惠、徐圣、
赵终根皆拜为中郎，赐帛各二百匹。其余六人老归家，赐钱人十万，复
终身。"④ 苏武赐钱 200 万，常惠、徐圣、赵终根赐帛各 200 匹，其余 6
人赐钱人 10 万，显然帛是以货币的性质赐与的，200 匹的价值应该在
200 百万与 10 万之间，假如取其中，则每匹为 1050 钱左右，应是上好的
帛。东汉时还出现以帛赎罪。《后汉书·章帝纪》载建初七年（公元 82）
诏："亡命赎：死罪入缣二十匹，右趾至髡钳城旦春十匹，完城旦至司寇
三匹。"⑤

其次，帛是礼聘之物。《汉书·梅福传》载其上书曰：

> 今欲致天下之士，民有上书求见者，辄使诣尚书问其所言，言
> 可采取者，秩以升斗之禄，赐以一束之帛。若此，则天下之士发愤
> 懑，吐忠言，谋日闻于上，天下条贯，国家表里，烂然可睹矣……
> 故爵禄束帛者，天下之底石，高祖所以厉世摩钝也。⑥

赐天下之士以一束之帛取其礼聘贤士之意，所谓"束帛"是币帛的单
位。《后汉书·皇后纪下·桓帝懿献梁皇后》载：

---

① 《汉书》卷四《文帝纪》，第 134 页。
② 《汉书》卷一六《高惠高后文功臣表》，第 528 页。
③ 《汉书》卷八《宣帝纪》，第 255 页。
④ 《汉书》卷五四《李广苏建传·苏建附子武》，第 2467 页。
⑤ 《后汉书》卷三《章帝纪》，第 143 页。
⑥ 《汉书》卷六七《杨胡朱梅云传·梅福》，第 2920 页。

帝初为蠡吾侯，梁太后征，欲与后为婚，未及嘉礼，会质帝崩，因以立帝。明年，有司奏太后曰："……今大将军冀女弟，膺绍圣善。结婚之际，有命既集，宜备礼章，时进征币。纳币以成婚。请下三公、太常案礼仪。"奏可。于是悉依孝惠皇帝纳后故事，聘黄金二万斤，纳采雁璧乘马束帛，一如旧典。①

据此可知，汉惠帝纳后时以黄金二万斤为聘礼，"雁璧乘马束帛"为纳采，东汉桓帝立后时沿袭了这一故事。李贤注曰："《周礼》：'王者谷圭以聘女。'郑玄注云：'士大夫已上，乃以玄纁束帛，天子加以谷圭，诸侯加以大璋。'然《礼》称以圭，此云用璧，形制虽异，为玉同也。乘马，四匹马也。《杂记》曰：'纳币一束，束五两，两五寻。'然则每端二丈也。"② 《说文》寸部："㝷，绎理也。从工口。从又寸，工口乱也，又寸分理之。彡声。此与𤔔同意。度人之两臂为寻，八尺也。"③ 也就是说，一两为四丈，根据《食货志下》所说"布帛广二尺二寸为幅，长四丈为匹"，可知束帛相当于5匹。

现实中，币帛常常具有财富和礼聘两种含义。如《汉书·游侠传·楼护》载成帝时：

平阿侯举护方正，为谏大夫，使郡国。护假贷，多持币帛，过齐，上书求上先人冢，因会宗族故人，各以亲疏与束帛，一日散百金之费。④

《汉书·张骞传》载武帝时派张骞出使西域，联络乌孙抗击匈奴：

拜骞为中郎将，将三百人，马各二匹，牛羊以万数，赍金币帛

① 《后汉书》卷一〇下《皇后纪下·桓帝懿献梁皇后》，第443页。
② 《后汉书》卷一〇下《皇后纪下·桓帝懿献梁皇后》，第444页。
③ （汉）许慎撰，（清）段玉裁注：《说文解字注》第三篇下，第122页下栏。
④ 《汉书》卷九二《游侠传·楼护》，第3707页。

直数千巨万，多持节副使，道可便遣之旁国。①

以上的"币帛"即明显具有双重意义。

正因为如此，汉代的帛和黄金、铜钱一样，不仅是财富的象征，而且是百姓收藏的主要财物。《后汉书·冯衍传下》载冯衍上书称："据位食禄二十余年，而财产岁狭，居处日贫，家无布帛之积，出无舆马之饰"。②《后汉书·方术列传上·折像》：折像的父亲折国"有赀财二亿"，折国死后，折像"感多藏厚亡之义，乃散金帛资产，周施亲疏"。③《后汉书·董卓列传》载："是时洛中贵戚室第相望，金帛财产，家家殷积。"④ 东汉时党人夏馥的事例更具代表性。《后汉书·党锢列传·夏馥》载党锢事发后，夏馥不愿像张俭那样连累亲朋，于是剪去胡须，隐匿姓名，给人家当雇工，后来他的弟弟夏静"乘车马，载缣帛"，在涅阳市中寻找他。⑤ 夏静出行不带金钱，却乘车马拉着缣帛，可以充分反映缣帛在当时已是货币或准货币的身份。东汉时佣工的工钱也以钱、帛两种来支付，即当时帛和钱一样也被用作结算手段。《后汉书·郑均传》载：郑均的哥哥为县吏，经常接受贿赂，郑均屡谏不听。郑均于是"脱身为佣，岁余，得钱帛，归以与兄。"⑥

帛在两汉时期的财政中更扮演着十分重要的角色。当时，上至中央大司农下至郡县的府库以及皇室的私府库中，帛都是与金、钱并重的储藏物。前文已述，睡虎地秦简中，关于布幅宽度以及布与钱换算比率的法律规定属《金布律》。《汉书·萧望之传》颜师古注："《金布》者，令篇名也。其上有府库金钱布帛之事，因以名篇。"⑦ "金布"律令名称的由来即因为府库收纳的主要是金钱、布帛两种物品。汉代依然保留着

① 《汉书》卷六一《张骞李广利传·张骞》，第2692页。
② 《后汉书》卷二八下《冯衍传下》，第984页。
③ 《后汉书》卷八二上《方术列传上·折像》，第2720页。
④ 《后汉书》卷七二《董卓列传》，第2325页。
⑤ 《后汉书》卷六七《党锢列传·夏馥》，第2202页。
⑥ 《后汉书》卷二七《宣张二王杜郭吴承郑赵列传·郑均》，第946页。
⑦ 《汉书》卷七八《萧望之传》，第3278页。

"金布"的律令篇章,① 这本身即表明当时府库中收纳的物品和秦时一样,仍以"金""布"为主。大量文献材料也证明了这一点。《汉书·萧何传》:"沛公至咸阳,诸将皆争走金帛财物之府分之,何独先入收秦丞相御史律令图书藏之。"② 表明秦王朝府中主要的财物是金帛。《续汉书·百官志三》大司农条,本注曰:"掌诸钱谷金帛诸货币。"刘昭注引王隆《小学·汉官篇》胡广注:"郡国所积聚金帛货贿,随时输送诸司农,曰委输,以供国用。"③ 《汉书·韩延寿传》载延寿为东郡太守时,"取官钱帛,私假繇使吏"。④ 《续汉书·百官志三》少府属官中藏府令条,本注曰:"掌中币帛金银诸货物。"⑤ 《续汉书·百官志四》大长秋属官中宫私府令条,"本注曰:宦者。主中藏币帛诸物,裁衣被补浣者皆主之。"⑥ 前引《汉书·东方朔传》颜师古注馆陶公主中府曰:"中府,掌金帛之臧者也。"⑦ 《汉书·匈奴传下》颜师古注:"府,物所聚也。帑,藏金帛之所也"。⑧ 佐原氏通过居延汉简月俸的考察,证明钱和布帛也是边境仓库的日常储备物。⑨ 帛还是汉王朝均输的重要物品之一。《汉书·食货志下》载汉武帝时桑弘羊为治粟都尉,设平准均输,"诸均输帛五百万匹"。王莽时,帛与盐、铁、钱、布等更成为五均赊贷的对象。⑩

汉国家府库中的帛大体有以下几种用途:

其一用于赏赐。西汉时期仅《汉书》各《本纪》记录下来的朝廷赐帛就达 40 余次,其中在赐帛的同时还赐布的有 2 次,由此可以确定赐帛

① 张家山汉简简 258 – 259 被归入《□市律》而非《金布律》,是一个值得探讨的问题。

② 《汉书》卷三九《萧何曹参传》,第 2006 页。

③ 《后汉书》志二六《百官志三》,第 3591 页。

④ 《汉书》卷七六《赵尹韩张两王传·韩延寿》,第 3214 页。

⑤ 《后汉书》志二六《百官志三》,第 3596 页。

⑥ 《后汉书》志二七《百官志四》,第 3607 页。

⑦ 《汉书》卷六五《东方朔传》,第 2853 页。

⑧ 《汉书》卷九四下《匈奴传下》,第 3812 页。

⑨ [日]佐原康夫:《居延汉简月俸考》,刘俊文主编《日本中青年学者论中国史·上古秦汉卷》,第 564 页。

⑩ 《汉书·食货志下》载王莽时羲和鲁匡言:"名山大泽,盐铁钱布帛,五均赊贷,斡在县官。"(《汉书》卷二四下《食货志下》,第 1182 页)

是主要形式。赐帛的数量少则一人数匹，① 多则成百上千匹，② 赏赐的对象除了朝廷官吏和皇亲国戚外，还有高年、三老、孝悌、力田、贞妇、顺女、鳏寡孤独、贫民及有功之士。可以想见汉王朝每年都会有大量的帛用于赏赐，以前引武帝元封元年出巡为例，一次赐帛就达百余万匹。因此，估计国家每年用于赏赐的帛可能在数百万匹至上千万匹之间。汉代朝廷赏赐的物品种类很多，有金、钱、粟、米、布、帛、絮、牛、酒、肉等。帛和粟、米、布、絮、牛、酒、肉等一样具有使用价值，汉代有些赐帛明确是为了给被赏赐者自用。如《汉书·文帝纪》载文帝元年诏：

> 又曰："老者非帛不暖，非肉不饱。今岁首，不时使人存问长老，又无布帛酒肉之赐，将何以佐天下子孙孝养其亲？今闻吏禀当受鬻者，或以陈粟，岂称养老之意哉！具为令。"有司请令县道，年八十已上，赐米人月一石，肉二十斤，酒五斗。其九十已上，又赐帛人二匹，絮三斤……③

因为"老者非帛不暖"，文帝让有司具令赏赐年 90 岁以上者帛，以便让他们制衣保暖。但是，一家一户的用帛量终归有限，即使是再庞大、奢华的家族，也不可能消耗掉成千上万乃至上百万匹的帛。因此，大规模

---

① 如《汉书·文帝纪》载：文帝十二年（公元前 168），"其遣谒者劳赐三老、孝者帛人五匹，悌者、力田二匹，廉吏二百石以上率百石者三匹"，颜师古注："自二百石以上，每百石加三匹"。（《汉书》卷四《文帝纪》，第 124 页）《汉书·武帝纪》载：元狩元年（公元前 122）四月，立皇太子，"赐县三老、孝者帛，人五匹；乡三老、弟者、力田帛，人三匹；年九十以上及鳏寡孤独帛，人二匹，絮三斤；八十以上米，人三石"。（《汉书》卷六《武帝纪》，第 174 页）

② 如《汉书·宣帝纪》载：宣帝五凤元年（公元前 57），"皇太子冠。皇太后赐丞相、将军、列侯、中二千石帛，人百匹，大夫人八十匹，〔夫人六十匹〕"；甘露三年（公元前 51），因凤凰集新蔡，赐汝南太守帛百匹。（分见《汉书》卷八《宣帝纪》，第 265、272 页）《后汉书·皇后纪上·明德马皇后》载："及帝崩，肃宗即位，尊后曰皇太后。诸贵人当徙居南宫，太后感析别之怀，各赐王赤绶，加安车驷马，白越三千端，杂帛二千匹，黄金十斤。"（《后汉书》卷一〇《皇后纪上·明德马皇后》，第 410 页）

③ 《汉书》卷四《文帝纪》，第 113 页。

赐帛的前提应当是，帛在具有使用价值外，还具有价值尺度和储藏手段等货币职能，否则，这样大规模赐帛的行为就令人难以理解。

其二用于边费支出，包括俸禄的支付。前文已述，居延戍卒月俸的一部分即是从内郡府库中运送过来的。内地的俸禄是否也有以帛支付的，除了王莽特殊时期外其余尚无线索。《后汉书·光武十王列传·任城孝王尚》载其孙节王刘崇，"顺帝时，羌虏数反，崇辄上钱帛佐边费"。①《后汉书·庞参传》：永初四年（公元110），羌人叛乱愈演愈烈，庞参向外戚邓骘奏记说："比年羌寇特困陇右，供徭赋役为损日滋，官负人责数十亿万。今复募发百姓，调取谷帛，衒卖什物，以应吏求。外伤羌虏，内困征赋。遂乃千里转粮，远给武都西郡。"②此两例也可证，当时调发内郡支持边郡的物资主要是钱、帛、谷等。

其三与周边民族的交往费用。自汉高祖与匈奴建立和亲关系后，除汉武帝时中断了若干年外，汉朝每年都要送给匈奴大量丝绸，主要以"帛"为主。《汉书·匈奴传上》：

> 孝文后二年，使使遗匈奴书曰："……先帝制：长城以北，引弓之国，受令单于；长城以内，冠带之室，朕亦制之……匈奴处北地，寒，杀气早降，故诏吏遗单于秫糵金帛绵絮它物岁有数……"③

宣帝时呼韩邪单于进京朝请，第一年朝廷赐给他"锦绣绮縠杂帛八千匹"，第二年赐给"锦帛九千匹"。④汉朝与边地少数民族交往时也常以帛作为礼物，如上所述，张骞奉命联合乌孙等西域各国抗击匈奴时，"赍金币帛直数千巨万"。《汉书·西南夷传》载："夜郎旁小邑皆贪汉缯帛"。⑤

---

① 《后汉书》卷四二《光武十王列传·任城孝王尚》，第1443页。
② 《后汉书》卷五一《李陈庞陈桥列传·庞参》，第1688页。
③ 《汉书》卷九四上《匈奴传上》，第2902页。
④ 《汉书》卷九四下《匈奴传下》，第3798页。
⑤ 《汉书》卷九五《西南夷两粤朝鲜传·西南夷》，第3840页。

其四用于救济贫民。如前引傅筑夫列举《汉书·贾山传》例。再如，《史记·淮南厉王刘长传》载，丞相臣张仓等历数淮南王刘长罪行，其中之一即："陛下以淮南民贫苦，遣使者赐长帛五千匹，以赐吏卒劳苦者。长不欲受赐，谩言曰'无劳苦者'。"① 虽然此次赐帛最终未能实现，但是，却可以反映当时的确存在以赐帛救济贫民的行为。事实上，前述赐鳏、寡、孤独、贫民帛也可视为救济行为。

通过上述考察，我们看到，虽然秦始皇时制定了黄金为上币、铜钱为下币的货币体制，并为汉王朝所继承，② 但是，帛并未因此从货币体系中退出，无论是从《二年律令·□市律》简258－259的规定来看，还是从帛在汉代国民经济和财政体系中的职能和作用来看，帛在两汉时期都不是一般的商品或财政物资，而是具有价值尺度、支付和储藏手段等货币职能的特殊商品。同时它又与铜钱有着一定的区别，当时商品流通主要以铜钱为交换手段，并且以其为价值尺度，所有的物品包括黄金和帛的价值都是通过换算为钱来体现。两汉时期的货币体系就是这样一个复杂的系统。这种复杂性可以从元帝时贡禹上书仍然将珠玉、银等称为"币"略见端倪。

虽然帛从两汉货币体系中浮出水面，但是，正如前文所述，即使是在张家山汉简出土以后，我们也不能推翻以往关于汉代货币体系为黄金、铜钱复本位制的基本认识。但同时必须强调一点，即在考察汉代的货币经济时如果只注意到黄金和铜钱可能会导致一定的偏差。

帛在汉代货币体系中所具有的特殊地位，既与秦以前的货币传统密不可分，也与耕织结合的中国传统经济模式分不开，更与秦汉时期货币经济发展的初期不成熟状态有直接联系。秦汉时期的货币发展经历了几次大的起伏。秦统一后推行的铜钱被批评为"重难用"，故汉初令民铸

---

① 《史记》卷一一八《淮南衡山列传·淮南厉王长》，第3742页。
② 由于材料匮乏，秦始皇所进行的货币改革，是否如傅筑夫推测的那样，废除的只是"珠玉龟贝银锡之属"，而不包括布帛，很难做出确切的判断。但是，由于汉王朝继承的秦制，并非仅限于秦王朝时期的制度，而是商鞅变法以来所确立的各种制度，因此，它并不妨碍我们做出如下判断：即帛在汉代货币经济中的特殊地位也源自于秦。

荚钱，但又受到"轻"的诟病，故高后二年（公元前186）又改行八铢钱。而且，当时名为统一货币，但现实中却是"民用钱，郡县不同；或用轻钱，百加若干；或用重钱，平称不受"。文帝时改为四铢钱，武帝时则多次进行货币改革，从三铢钱、皮币、白金，最后直到五铢钱才稳定下来。但此后又经历了王莽货币改革和两汉之际战乱的极大冲击和影响。① 汉代铜钱货币的这种不稳定状态，使得其作为一般等价物以及支付、储藏手段的价值大打折扣，从而为帛作为实物货币长期存续提供了可能。

---

① 参见《汉书》卷二四下《食货志下》，第1152—1185页。

主要参考资料

（一）传世文献

（春秋）（旧题）左丘明撰，徐元诰集解：《国语集解》，王树民、沈长云点校，中华书局 2002 年版。

（秦）吕不韦编，许维遹集释：《吕氏春秋集释》，梁运华整理，中华书局 2009 年版。

（汉）班固：《汉书》，中华书局点校本 1962 年版。

（汉）班固撰，（清）陈立疏证：《白虎通疏证》，吴则虞点校，中华书局 1994 年版。

（汉）班固撰，（清）王先谦补注：《汉书补注》，上海师范大学古籍整理研究所整理，上海古籍出版社 2019 年版。

（汉）董仲舒撰，（清）苏舆义证：《春秋繁露义证》，钟哲点校，中华书局 1992 年版。

（汉）韩婴撰，许维遹集释：《韩诗外传集释》，中华书局 1980 年版。

（汉）何休解诂，（唐）徐彦疏：《春秋公羊传》，刁小龙整理，上海古籍出版社 2014 年版。

（汉）桓宽撰，王利器校注：《盐铁论校注》，中华书局 2015 年版。

（汉）贾谊撰，阎振益、钟夏校注：《新书校注》，中华书局 2000 年版。

（汉）孔安国传，（唐）孔颖达正义：《尚书正义》，黄怀信整理，上海古籍出版社 2007 年版。

（汉）刘安编，何宁集释：《淮南子集释》，中华书局 1998 年版。

（汉）刘熙撰，（清）毕沅疏证，（清）王先谦补：《释名疏证补》，祝敏彻、孙玉文点校，中华书局 2008 年版。

（汉）毛亨传，（汉）郑玄笺，（唐）孔颖达疏，（唐）陆德明音释：《毛诗注疏》，朱杰人、李慧玲整理，上海古籍出版社 2013 年版。

（汉）司马迁：《史记》，中华书局点校本修订本 2014 年版。

（汉）王充撰，黄晖校释：《论衡校释》，中华书局 1990 年版。

（汉）许慎：《说文解字》，（清）文渊阁《四库全书》本电子版。

（汉）许慎撰，（清）段玉裁注：《说文解字注》，中华书局 2013 年版。

（汉）荀悦：《汉纪》，张烈点校，中华书局 2002 年版。

（汉）应劭撰，王利器校注：《风俗通义校注》，中华书局 2010 年版。

（汉）郑玄注，（唐）孔颖达正义：《礼记正义》，吕友仁整理，上海古籍出版社 2008 年版。

（晋）陈寿：《三国志》，中华书局点校本 1952 年版。

（梁）沈约：《宋书》，中华书局 1974 年版。

（魏）王弼注，楼宇烈校释：《老子道德经注校释》，中华书局 2008 年版。

（刘宋）范晔：《后汉书》，中华书局点校本 1965 年版。

（唐）杜佑：《通典》，中华书局 1984 年影印本。

（唐）房玄龄等撰：《晋书》，中华书局 1974 年版。

（唐）虞世南：《北堂书钞》，学苑出版社 2003 年影印本。

（唐）长孙无忌等撰，刘俊文笺解：《唐律疏议笺解》，中华书局 1996 年版。

（宋）欧阳修、宋祁：《新唐书》，中华书局 1975 年版。

（宋）司马光编著：《资治通鉴》，中华书局 1956 年版。

（宋）王应麟：《玉海》，清光绪九年浙江书局刊本，中国基本古籍库。

（元）马端临：《文献通考》，上海师范大学古籍研究所、华东师范大学古籍研究所点校，中华书局 2011 年版。

（明）方以智：《通雅》，中国书店 1990 年版。

（清）陈士珂辑：《孔子家语疏证》，崔涛点校，凤凰出版社 2017 年版。

（清）郭嵩焘：《礼记质疑》，邬锡非、陈戍国点校，岳麓书社 1992 年版。

（清）郝懿行：《尔雅义疏》，吴庆峰、张金霞、丛培卿、王其和点校，齐鲁书社 2010 年版。

（清）洪亮吉：《春秋左传诂》，李解民点校，中华书局 1987 年版。

（清）焦循：《孟子正义》，沈文倬点校，中华书局 1987 年版。

（清）梁玉绳：《史记志疑》，中华书局 1981 年版。

（清）刘宝楠：《愈愚录》卷四，清光绪十五年广雅书局刻本，中国基本古籍库。

（清）钱大昕：《潜研堂集》，吕友仁校点，上海古籍出版社 1989 年版。

（清）钱大昕：《潜研堂文集》，清嘉庆十一年刻本，中国基本古籍库。

（清）钱大昭：《汉书辨疑》卷九，清铜熨斗斋丛书本，中国基本古籍库。

（清）沈家本：《历代刑法考》，邓经元、骈宇骞点校，中华书局 1985 年版。

（清）孙希旦：《礼记集解》，沈啸寰、王星贤点校，中华书局 1989 年版。

（清）孙星衍等辑：《汉官六种》，周天游点校，中华书局 1990 年版。

（清）孙诒让：《墨子间诂》，孙以楷点校，中华书局 1986 年版。

（清）孙诒让：《周礼正义》，王文锦、陈玉霞点校，中华书局 2013 年版。

（清）王聘珍：《大戴礼记解诂》，王文锦点校，中华书局 1983 年版。

（清）王先谦：《尚书孔传参正》，何晋点校，中华书局 2011 年版。

（清）王先谦：《荀子集解》，沈啸寰、王星贤点校，中华书局 1988 年版。

（清）王先慎：《韩非子集解》，钟哲点校，中华书局 1998 年版。

（清）王引之：《经义述闻》，江苏古籍出版社 2000 年影印本。

《袁枚全集新编》，王英志编纂校点，浙江古籍出版社 2015 年版。

白尚恕：《〈九章算术〉注释》，科学出版社 1983 年版。

范祥雍：《战国策笺证》，范邦瑾协校，上海古籍出版社 2006 年版。

高亨：《商君书注译》，中华书局 1974 年版。

黄怀信、张懋镕、田旭东：《逸周书汇校集注（修订本）》，黄怀信修订，李学勤审定，上海古籍出版社 2007 年版。

蒋礼鸿：《商君书锥指》，中华书局 1986 年版。

黎翔凤：《管子校注》，梁运华整理，中华书局 2004 年版。

吴毓江校注，孙启治点校：《墨子校注》，中华书局 1993 年版。

徐莹注说：《商君书》，河南大学出版社 2012 年版。

［日］泷川资言：《史记会注考证》，杨海峥整理，上海古籍出版社 2015
　　年版。

（二）文物考古资料

长沙简牍博物馆、中国文物研究所、北京大学历史学系·走马楼简牍整
　　理组：《长沙走马楼三国吴简·竹简〔贰〕》，文物出版社 2007 年版。

长沙简牍博物馆、中国文物研究所、北京大学历史学系·走马楼简牍整
　　理组：《长沙走马楼三国吴简·竹简〔叁〕》，文物出版社 2008 年版。

长沙市文物考古研究所、中国文物研究所、北京大学历史学系·走马楼
　　简牍整理组：《长沙走马楼三国吴简·竹简〔壹〕》，文物出版社 2003
　　年版。

长沙市文物考古研究所、中国文物研究所、北京大学历史学系走马楼简
　　牍整理组：《长沙走马楼三国吴简·嘉禾吏民田家莂》，文物出版社
　　1999 年版。

陈松长主编：《岳麓书院藏秦简（肆）》，上海辞书出版社 2015 年版。

陈松长主编：《岳麓书院藏秦简（伍）》，上海辞书出版社 2017 年版。

陈伟主编，何有祖、鲁家亮、凡国栋撰著：《里耶秦简牍校释（第一
　　卷）》，武汉大学出版社 2012 年版。

陈伟主编，何有祖、鲁家亮、凡国栋撰著：《里耶秦简牍校释（第二
　　卷）》，武汉大学出版社 2018 年版。

陈伟主编，彭浩、刘乐贤等撰著：《秦简牍合集（释文注释修订本）
　　（壹）》，武汉大学出版社 2016 年版。

甘肃省博物馆、中国科学院考古研究所：《武威汉简》（考古学专刊乙种
　　第十二号），中华书局 2005 年版。

甘肃省文物考古研究所、甘肃省博物馆、文化部古文献研究室、中国社
　　会科学院历史研究所编：《居延新简——甲渠候官与第四燧》，文物出
　　版社 1990 年版。

湖北省文物考古研究所等合撰：《云梦龙岗六号秦墓及出土简牍》，中国社

会科学院考古研究所编《考古学集刊》第八辑，科学出版社 1994 年版。

湖南省博物馆、复旦大学出土文献与古文字研究中心编纂，裘锡圭主编：《长沙马王堆汉墓简帛集成（叁）·战国纵横家书》，中华书局 2014 年版。

湖南省文物考古研究所：《里耶秦简（贰）》，文物出版社 2017 年版

湖南省文物考古研究所编著：《里耶秦简（壹）》，文物出版社 2012 年版。

荆州博物馆：《湖北荆州纪南松柏汉墓发掘简报》，《文物》2008 年第 4 期。

连云港市博物馆、社科院简帛研究中心、东海县博物馆、中国文物研究所编：《尹湾汉墓简牍》，中华书局 1997 年版。

刘信芳、梁柱：《云梦龙岗秦简》，科学出版社 1997 年版。

彭浩、陈伟、〔日〕工藤元男主编：《二年律令与奏谳书——张家山二四七号汉墓出土法律文献释读》，上海古籍出版社 2007 年版。

裘锡圭：《湖北江陵凤凰山十号汉墓出土简牍考释》，《文物》1974 年第 7 期。

睡虎地秦墓竹简整理小组编：《睡虎地秦墓竹简》，文物出版社 1990 年版。

天长市文物管理所、天长市博物馆：《安徽天长西汉墓发掘简报》，《文物》2006 年第 11 期。

谢桂华、李均明、朱国炤：《居延汉简释文合校（上、下）》，文物出版社 1987 年版。

银雀山汉墓竹简整理小组：《银雀山汉墓竹简（壹）》，文物出版社 1985 年版。

银雀山汉墓竹简整理小组：《银雀山竹书〈守法〉、〈守令〉等十三篇》，《文物》1985 年第 4 期。

张春龙、龙京沙：《湘西里耶秦代简牍选释》，《中国历史文物》2003 年第 1 期。

张春龙、龙京沙：《湘西里耶秦简 8－455 号》，武汉大学简帛研究中心主

办《简帛》第四辑，上海古籍出版社 2009 年版。

张德芳主编，孙占宇著：《居延新简集释（一）》，甘肃文化出版社 2016
　年版。

张德芳主编，杨眉著：《居延新简集释（二）》，甘肃文化出版社 2016
　年版。

张德芳主编，李迎春著：《居延新简集释（三）》，甘肃文化出版社 2016
　年版。

张德芳主编，马智全著：《居延新简集释（四）》，甘肃文化出版社 2016
　年版。

张德芳主编，肖丛礼著：《居延新简集释（五）》，甘肃文化出版社 2016
　年版。

张德芳主编，张德芳、韩华著：《居延新简集释（六）》，甘肃文化出版
　社 2016 年版。

张德芳主编，张德芳著：《居延新简集释（七）》，甘肃文化出版社 2016
　年版。

张家山二四七号汉墓竹简整理小组：《张家山汉墓竹简〔二四七号汉墓〕
　（释文修订本）》，文物出版社 2006 年版。

张家山二四七号汉墓竹简整理小组：《张家山汉墓竹简〔二四七号墓〕》，
　文物出版社 2001 年版。

中国文物研究所、湖北省文物考古研究所编：《龙岗秦简》，中华书局
　2001 年版。

中国文物研究所胡平生、甘肃省文物考古研究所张德芳编撰：《敦煌悬泉
　汉简释粹》，上海古籍出版社 2001 年版。

中研院史语所简牍整理小组编：《居延汉简（壹）》，中研院史语所 2014
　年版。

中研院史语所简牍整理小组编：《居延汉简（贰）》，中研院史语所 2015
　年版。

中研院史语所简牍整理小组编：《居延汉简（叁）》，中研院史语所 2016
　年版。

中研院史语所简牍整理小组编：《居延汉简（肆）》，中研院史语所 2017
年版。

朱江松：《罕见的松柏汉代木牍》，荆州博物馆编著《荆州重要考古发
现》，文物出版社 2008 年版。

（三）研究著作

1. 中文

安作璋、熊铁基：《秦汉官制史稿》，齐鲁书社 1984 年版。

陈梦家：《汉简缀述》，中华书局 1980 年版。

程树德：《九朝律考》，中华书局 2003 年版。

杜正胜：《编户齐民——传统政治社会结构之形成》，台北：联经出版事
业公司 1990 年版。

傅筑夫：《中国封建社会经济史》第 2 卷，人民出版社 1982 年版。

高敏：《秦汉史论集》，中州书画社 1982 年版。

高敏：《秦汉史探讨》，中州古籍出版社 1998 年版。

高敏：《秦汉魏晋南北朝史论考》，中国社会科学出版社 2004 年版。

高敏：《云梦秦简初探（增订本）》，河南人民出版社 1981 年版。

顾颉刚：《古史辨》，海南出版社 2003 年版。

贺昌群：《汉唐间封建土地所有制形式研究》，上海人民出版社 1964 年版。

黄今言：《秦汉赋役制度研究》，江西教育出版社 1988 年版。

金少英：《汉书食货志集释》，李庆善整理，中华书局 1986 年版。

李剑农：《先秦两汉经济史稿》，生活·读书·新知三联书店 1957 年版。

林甘泉主编：《中国经济通史·秦汉经济卷》，经济日报出版社 1999 年版。

罗仲言：《中国国民经济史》，商务印书馆 1944 年版。

马大英：《汉代财政史》，中国财政经济出版社 1983 年版。

蒙文通：《儒学五论》，广西师范大学出版社 2007 年版，路明书店 1944
年初版。

彭浩：《张家山汉简〈算数书〉注释》，科学出版社 2001 年版。

彭卫、杨振红：《秦汉风俗》，上海文艺出版社 2018 年版。

彭卫、杨振红：《中国妇女通史·秦汉卷》，杭州出版社 2010 年版。

钱剑夫：《秦汉赋役制度考略》，湖北人民出版社 1984 年版。

宋杰：《〈九章算术〉与汉代社会经济》，首都师范大学出版社 1994 年版。

宋叙五：《西汉货币初稿》，香港中文大学出版 1971 年版。

孙机：《汉代物质文化资料图说》，文物出版社 1991 年版。

唐长孺：《三至六世纪江南大土地所有制的发展》，上海人民出版社 1957 年版。

童书业：《春秋左传研究》，上海人民出版社 1980 年版。

汪征鲁：《魏晋南北朝选官体制研究》，福建人民出版社 1995 年版。

王国维：《观堂集林》，河北教育出版社 2001 年版。

王焕林：《里耶秦简校诂》，中国文联出版社 2007 年版。

王双怀主编：《中华日历通典》，吉林文史出版社 2006 年版。

吴慧：《中国历代粮食亩产研究》，农业出版社 1985 年版。

徐复观：《两汉思想史》，华东师范大学出版社 2001 年版。

严耕望：《中国地方行政制度史——秦汉地方行政制度》，上海古籍出版社 2007 年影印本。

阎步克：《从爵本位到官本位——秦汉官僚品位结构研究》，生活·读书·新知三联书店 2009 年版。

阎步克：《品位与职位——秦汉魏晋南北朝官阶制度研究》，中华书局 2002 年版。

杨光辉：《汉唐封爵制度》，学苑出版社 1999 年版。

杨宽：《西周史》，上海人民出版社 1999 年版。

杨振红：《出土简牍与秦汉社会（续编）》，广西师范大学出版社 2015 年版。

杨振红：《出土简牍与秦汉社会》，广西师范大学出版社 2009 年版。

张金光：《秦制研究》，上海古籍出版社 2004 年版。

中国大百科全书总编辑委员会：《中国大百科全书·法学卷》，中国大百科全书出版社 1990 年版。

周国林：《战国迄唐田租制度研究》，华中师范大学出版社 1993 年版。

周予同：《周予同经学史论著选集》，上海人民出版社 1983 年版。

朱绍侯：《军功爵制考论》，商务印书馆 2008 年版。

朱绍侯：《军功爵制研究》，上海人民出版社 1990 年版。

祝总斌：《两汉魏晋南北朝宰相制度研究》，中国社会科学出版社 1990 年版。

邹水杰：《两汉县行政研究》，湖南人民出版社 2008 年版。

［美］科克汉姆（Cockerham W. C.）：《医学社会学》（第 7 版），杨辉等译，华夏出版社 2000 年版。

［日］渡边信一郎：《中国古代的王权与天下秩序：从中日比较史的视角出发》，徐冲译，中华书局 2008 年版。

［日］宫崎市定：《九品官人法研究——科举前史》，韩昇、刘建英译，中华书局 2008 年版。

［日］加藤繁：《中国经济史考证》，吴杰译，中华书局 2012 年版。

［日］守屋美都雄：《中国古代的家族与国家》，钱航、杨晓芬译，上海古籍出版社 2010 年版。

［日］西嶋定生：《中国古代帝国的形成与结构——二十等爵研究》，武尚清译，中华书局 2004 年版。

［日］永田英正：《居延汉简研究（上、下）》，张学锋译，广西师范大学出版社 2007 年版。

　　2. 日文

［日］安部健夫：《中国人の天下観念—政治思想史的試論》，京都：ハーバード・燕京・同志社东方文化讲座委员会 1956 年版。

［日］渡边信一郎：《中国古代の王権と天下秩序—日中比較史の視点から》，东京：校仓书房 2003 年版。

［日］宫崎市定：《九品官人法の研究》，京都：同朋舍，1975 年版。

［日］好并隆司：《商君書研究》，广岛：溪水社 1992 年版。

［日］吉田虎雄：《両漢租税の研究》，大阪：大阪屋号书店 1942 年版。

［日］加藤繁译注：《史記平准書・漢書食貨志》，东京：岩波书店 1942

年版。

［日］平中苓次：《中國古代の田制と税法—秦漢経済史研究—》，京都：
　　东洋史研究丛刊 1967 年版。

［日］山田胜芳：《秦漢財政収入の研究》，东京：汲古书院 1993 年版。

［日］永田英正：《居延漢簡の研究》，京都：同朋舍 1989 年版。

［日］重近启树：《秦漢税役体系の研究》，东京：汲古书院 1999 年版。

（四）研究论文

1. 中文

曹文柱：《略论东晋时期的"吏"民》，《北京师院学报》1982 年第
　　2 期。

常金仓：《邹衍"大九州说"考论》，《管子学刊》1997 年第 1 期。

陈梦家：《汉简所见奉例》，《文物》1963 年第 5 期，其著《汉简缀述》，
　　中华书局 1980 年版。

陈松长：《岳麓书院所藏秦简综述》，《文物》2009 年第 3 期。

陈苏镇：《汉初王国制度考述》，《中国史研究》2004 年第 3 期。

陈苏镇：《汉文帝"易侯邑"及"令列侯之国"考辨》，《历史研究》
　　2005 年第 5 期。

陈伟：《简牍资料所见西汉前期的"卒更"》，《中国史研究》2010 年第
　　3 期。

陈伟、熊北生：《睡虎地汉简中的券与相关文书》，《文物》2019 年第
　　12 期。

陈直：《九章算术著作的年代》，《西北大学学报》1957 年第 1 期。

陈直：《秦汉爵制亭长上计吏三通考》，《西北大学学报》（哲学社会科学
　　版）1979 年第 3 期。

杜绍顺：《汉代田税征收方法辨析》，《中国史研究》1985 年第 3 期。

高大伦：《尹湾汉墓木牍〈集簿〉中户口统计资料研究》，《历史研究》
　　1998 年第 5 期。

高恒：《汉代上计制度论考——兼评尹湾汉墓木牍〈集簿〉》，《东南文

化》1999 年第 1 期。

高建文：《邹衍"大九州"神话宇宙观生成考》，《民俗研究》2016 年第 6 期。

高敏：《〈集簿〉的释读、质疑与意义探讨——读尹湾汉简札记之二》，《史学月刊》1997 年第 5 期。

高敏：《从〈长沙走马楼三国吴简·竹简·壹〉看孙权时期的赐爵制度实况》，《中州学刊》2005 年第 4 期。

高敏：《从〈嘉禾吏民田家莂〉中的"诸吏"状况看吏役制的形成与演变——读〈嘉禾吏民田家莂〉札记》，《郑州大学学报》2001 年第 1 期。

高敏：《从江陵凤凰山 10 号汉墓出土简牍看西汉前期刍、稿税制度的变化及其意义》，《文史哲》1988 年第 3 期。

高敏：《关于〈嘉禾吏民田家莂〉中"州吏"问题的剖析——兼论嘉禾五年改革及其效果》，《史学月刊》2000 年第 6 期。

高敏：《关于汉代有"户赋"、"质钱"及各种矿产税的新证——读〈张家山汉墓竹简〉札记之五》，《史学月刊》2003 年第 4 期。

高敏：《论汉代"吏"的阶级地位和历史演变》，其著《秦汉史论集》，中州书画社 1982 年版。

高敏：《论两汉赐爵制度的历史演变》，《文史哲》1978 年第 1 期。

高敏：《论西汉前期刍、稿税制度的变化发展——读〈张家山汉墓竹简〉札记之二》，《郑州大学学报》2002 年第 4 期。

高敏：《试论商鞅的赐爵制度》，《郑州大学学报》1977 年第 3 期。

顾颉刚：《邹衍及其后继者的世界观》，《中国古代史论丛》1981 年第 1 期。

韩连琪：《汉代的户籍和上计制度》，《文史哲》1978 年第 3 期。

韩树峰：《论吴简所见的州郡县吏》，长沙简牍博物馆、北京吴简研讨班编《吴简研究》第 2 辑，崇文书局 2006 年版。

韩树峰：《走马楼吴简中的"真吏"与"给吏"》，长沙简牍博物馆、北京吴简研讨班编《吴简研究》第 2 辑，崇文书局 2006 年版。

韩养民：《秦置相邦丞相渊源考》，《人文杂志》1982 年第 2 期。

何有祖：《读〈二年律令〉札记》，丁四新主编《楚地简帛思想研究
（二）》，湖北教育出版社 2005 年版。

贺昌群：《秦汉间个体小农的形成和发展——并论陈涉起义的阶级关
系》，《历史研究》1959 年第 12 期。

侯旭东：《丞相、皇帝与郡国计吏：两汉上计制度变迁探微》，《中国史
研究》2014 年第 6 期。

侯旭东：《走马楼三国吴简所见“乡”与“乡吏”》，北京吴简研讨班编
《吴简研究》第 1 辑，崇文书局 2004 年版。

胡阿祥：《赤县神州：邹衍的海陆世界》，《唯实》2016 年第 10 期。

胡大贵、冯一下：《试论秦代徭戍制度》，《四川师范大学学报》1987 年
第 6 期。

胡平生：《〈长沙走马楼三国吴简〉第二卷释文校证》，中国文物研究所
编《出土文献研究》第 7 辑，上海古籍出版社 2005 年版。

胡平生：《读里耶秦简札记》，“简帛研究”网，2003 年 10 月 23 日，ht-
tp：//www. jianbo. org/admin3/list. asp？id = 1028。

胡平生：《青川秦墓木牍“为田”所反映的田亩制度》，《文史》第 19
辑，1983 年。

胡平生：《松柏汉简五三号木牍释解》，“简帛”网，2009 年 4 月 12 日，
http：//www. bsm. org. cn/show_ article. php？id = 1020。

胡平生：《天长安乐汉简〈户口簿〉“垣雍”考》，“简帛”网，2010 年 2
月 3 日，http：//www. bsm. org. cn/show_ article. php？id = 1215。

胡一楠：《由丝路汉简看古代的会计核算制度》，《宝鸡文理学院学报》
（社会科学版）2016 年第 4 期。

黄浩波：《里耶秦简牍所见“计”文书及相关问题研究》，中国社会科学
院简帛研究中心等编《简帛研究二〇一六·春夏卷》，广西师范大学
出版社 2016 年版。

黄今言：《秦代租赋徭役制度研究》，《江西师院学报》1979 年第 3 期。

贾鸿：《〈二年律令〉所见西汉“户赋”制度》，《重庆工学院学报》

2008 年第 8 期。

蒋福亚：《〈嘉禾吏民田家莂〉中的诸吏》，《文史哲》2002 年第 1 期。

劳榦：《汉代兵制及汉简中的兵制》，《中央研究院历史语言研究所集刊》第 10 本，1948 年版。

劳贞一：《释士与民爵》，《史学年报》第 2 卷第 1 期，1934 年。

黎虎：《"吏户"献疑——从长沙走马楼吴简谈起》，《历史研究》2005 年第 3 期。

黎虎：《关于"吏民"的界定问题——原"吏民"之五》，《中国史研究》2009 年第 2 期。

黎虎：《论"吏民"的社会属性——原"吏民"之二》，《文史哲》2007 年第 2 期。

黎虎：《论"吏民"即编户齐民——原"吏民"之三》，《中华文史论丛》2007 年第 2 期。

黎虎：《说"军吏"——从长沙走马楼吴简谈起》，《文史哲》2005 年第 2 期。

黎虎：《魏晋南北朝"吏户"问题三献疑》，《史学集刊》2006 年第 4 期。

黎虎：《魏晋南北朝"吏户"问题再献疑——"吏"与"军吏"辨析》，《史学月刊》2007 年第 3 期。

黎虎：《原"吏民"——从长沙走马楼吴简谈起》，河南大学历史文化学院《祝贺朱绍侯先生八十华诞　史学新论》，河南大学出版社 2005 年版。

黎虎：《原"吏民"之四——略论"吏民"的一体性》，《中国经济史研究》2007 年第 3 期。

黎明钊、唐俊峰：《里耶秦简所见秦代县官、曹组织的职能分野与行政互动——以计、课为中心》，武汉大学简帛研究中心主办《简帛》第十三辑，上海古籍出版社 2016 年版。

李恒全：《汉代田税百亩征收说确难成立——与臧知非先生再商榷》，《江西师范大学学报》2001 年第 4 期。

李恒全：《也谈西汉田税的征收方式问题——与臧知非先生商榷》，《江西师范大学学报》2000 年第 1 期。

李恒全、季鹏：《秦汉刍稿税征收方式再探》，《财贸研究》2007 年第 2 期。

李恒全、朱德贵：《对战国田税征收方式的一种新解读》，《中国社会经济史研究》2003 年第 4 期。

李均明：《里耶秦简"计录"与"课志"》，武汉大学简帛研究中心主办《简帛》第八辑，上海古籍出版社 2013 年版。

李均明：《张家山汉简所反映的二十等爵制》，《中国史研究》2002 年第 2 期。

李均明、刘军：《武威旱滩坡出土汉简考述——兼论"挈令"》，《文物》1993 年第 10 期。

李天虹：《居延汉简所见侯官少吏的任用与罢免》，《史学集刊》1996 年第 3 期。

李孝林：《从云梦秦简看秦朝的会计管理》，《江汉考古》1984 年第 3 期。

李孝林：《周、汉审计史新证》，《审计研究》2008 年第 1 期。

李孝林、弋建明、熊瑞芳：《尹湾汉简集簿研究——我国首见的郡级统计年报探析》，《统计研究》2004 年第 9 期。

廖伯源：《汉初之二千石官》，武汉大学简帛研究中心主办《简帛》第一辑，上海古籍出版社 2006 年版。

凌文超：《汉初爵制结构的演变与官、民爵的形成》，《中国史研究》2012 年第 1 期。

刘汉东、凌峰：《浅论魏晋南北朝时期的"吏"、"力"、"役"》，《广东社会科学》1992 年第 4 期。

刘乐贤：《里耶秦简和孔家坡汉简中的职官省称》，《文物》2007 年第 9 期。

刘敏：《关于战国秦汉历史转型中几个问题的新思考》，《天津社会科学》2010 年第 2 期。

刘敏：《论"编户齐民"的形成及其内涵演化——兼论秦汉时期"编户

齐民"与"吏民"关系》，《天津社会科学》2009 年第 3 期。

刘敏：《秦汉时期"吏民"的一体性和等级特点》，《中国史研究》2008
年第 3 期。

刘敏：《秦汉时期的社会等级结构》，冯尔康主编《中国社会结构的演
变》，河南人民出版社 1994 年版。

刘敏：《张家山汉简"小爵"臆释》，《中国史研究》2004 年第 3 期。

罗新：《"真吏"新解》，《中华文史论丛》2009 年第 1 期。

蒙文通：《略论山海经的写作时代及其产生地域》，其著《巴蜀古史论
述》，四川人民出版社 1981 年版。

孟彦弘：《吴简所见"事"义臆说——从"事"到"课"》，长沙简牍博
物馆、北京吴简研讨班编《吴简研究》第 2 辑，崇文书局 2006 年版。

孟彦弘：《吴简所见的"子弟"与孙吴的吏户制——兼论魏晋的以户为
役之制》，武汉大学中国三至九世纪研究所编《魏晋南北朝隋唐史资
料》第 24 辑，武汉大学文科学报 2008 年版。

彭浩：《读松柏出土的四枚西汉木牍》，武汉大学简帛研究中心编《简
帛》第四辑，上海古籍出版社 2009 年版。

钱剑夫：《试论秦汉的"正卒"徭役》，《中国史研究》1982 年第 3 期。

裘锡圭：《湖北江陵凤凰山十号汉墓出土简牍考释》，《文物》1974 年第
7 期。

裘锡圭：《啬夫初探》，中华书局编辑部编《云梦秦简研究》，中华书局
1981 年版。

沈刚：《〈里耶秦简〉【壹】中的"课"与"计"——兼谈战国秦汉时期
考绩制度的流变》，《鲁东大学学报》（哲学社会科学版）2013 年第
1 期。

舒之梅：《珍贵的云梦秦简》，中华书局编辑部编《云梦秦简研究》，中
华书局 1981 年版。

宋杰：《〈九章算术〉记载的汉代徭役制度》，《北京师范学院学报》1985
年第 2 期。

宋艳萍、邢学敏：《里耶秦简"阳陵卒"蠡测》，中国社会科学院简帛研

究中心等编《简帛研究二〇〇四》，广西师范大学出版社 2006 年版。

孙闻博：《二十等爵确立与秦汉爵制分层的发展》，《中国人民大学学报》
　　2016 年第 1 期

孙闻博：《秦及汉初"徭"的内涵与组织管理——兼论"月为更卒"的
　　性质》，《中国经济史研究》2015 年第 5 期。

唐长孺：《魏晋南北朝时期的吏役》，《江汉论坛》1988 年第 8 期。

童书业：《春秋时人之"天下"观念》，其著《春秋左传研究》，中华书
　　局 1980 年版。

汪桂海：《汉代的校计与计偕簿籍》，中国社会科学院简帛研究中心等编
　　《简帛研究二〇〇八》，广西师范大学出版社 2010 年版。

汪小烜：《走马楼简"吏民簿"研究》，硕士学位论文，北京大学，
　　2001 年。

汪小烜：《走马楼吴简户籍初论》，北京吴简研讨班编《吴简研究》第 1
　　辑，崇文书局 2004 年版。

王素：《说"吏民"——读长沙走马楼三国吴简札记》，《中国文物报》
　　2002 年 9 月 27 日。

王伟：《里耶秦简"付计"文书义解》，《鲁东大学学报》2015 年第
　　5 期。

王文锦：《礼记译解·前言》，中华书局 2016 年版。

王新邦：《吏役的来源及代役的产生——魏晋南北朝吏力制度研究三题
　　（之一）》，《贵州大学学报》1993 年第 2 期。

王新邦：《吏役的来源及代役的产生——魏晋南北朝吏力制度研究三题
　　（之二）》，《贵州师范大学学报》1993 年第 3 期。

王新邦：《吏役的来源及代役的产生——魏晋南北朝吏力制度研究三题
　　（之三）》，《贵州大学学报》1993 年第 4 期。

王子今：《走马楼"凡口若干事若干"简例试解读——以对"事"的理
　　解为中心》，待刊。

邬沧萍：《中国人口性别比的研究》，刘铮等《中国人口问题研究》，中
　　国人民大学出版社 1988 年版。

吴景超：《西汉的阶级制度》，《清华学报》第 10 卷第 3 期，1935 年。

吴泽湘：《论西汉上计非国家审计——尹湾六号汉墓出土木牍〈集簿〉研究》，《审计与经济研究》2001 第 4 期。

谢桂华：《二年律令所见汉初政治制度》，《郑州大学学报》2002 年第 3 期。

谢桂华：《尹湾汉墓简牍和西汉地方行政制度》，《文物》1997 年第 1 期。

邢义田：《张家山汉简〈二年律令〉读记》，《燕京学报》新十五期，北京大学出版社 2003 年版。

徐喜辰：《〈礼记〉的成书年代及其史料价值》，《史学史研究》1984 年第 4 期。

阎步克：《从〈秩律〉论战国秦汉间禄秩序列的纵向伸展》，《历史研究》2003 年第 5 期。

杨树达：《邹衍九州考》，其著《积微居小学述林》卷六《故书古史杂考之属》，中华书局 1983 年版。

杨以平、乔国荣：《天长西汉木牍述略》，中国社会科学院简帛研究中心等编《简帛研究二〇〇五》，广西师范大学出版社 2008 年版。

杨振红：《从〈二年律令〉的性质看汉代法典的编纂修订与律令关系》，《中国史研究》2005 年第 4 期。

杨振红：《从张家山汉简看秦汉时期的市租》，[日]井上彻、杨振红主编《中日学者论中国古代城市社会》，三秦出版社 2007 年版。

杨振红：《徭、戍为秦汉正卒基本义务说——更卒之役不是"徭"》，《中华文史论丛》2010 年第 1 期。

杨振红：《月令与秦汉政治再探讨——兼论月令源流》，《历史研究》2004 年第 3 期。

游逸飞：《里耶 8－461 号"秦更名方"选释》，魏斌主编《古代长江中游社会研究》，上海古籍出版社 2013 年版。

于豪亮、李均明：《秦简所反映的军事制度》，中华书局编辑部编《云梦秦简研究》，中华书局 1981 年版。

于振波：《"算"与"事"——走马楼户籍简所反映的算赋和徭役》，

《汉学研究》（台湾）2004 年第 22 卷第 2 期。

于振波：《从简牍看汉代的户赋与刍稿税》，《故宫博物院院刊》2005 年第 2 期。

于振波：《略论走马楼吴简中的户品》，《史学月刊》2006 年第 2 期。

于振波：《略说走马楼吴简中的"老"》，《史学月刊》2007 年第 5 期。

俞伟超：《古史分期问题的考古学观察（一）》，《文物》1981 年第 5 期。

袁延胜：《天长纪庄木牍〈算簿〉与汉代算赋问题》，《中国史研究》2008 年第 2 期。

岳庆平：《汉代"赋额"初探》，《中国史研究》1985 年第 4 期。

臧知非：《汉代田税"以顷计征"新证——兼答李恒全同志》，《江西师范大学学报》2003 年第 5 期。

臧知非：《汉代田税征收方式与农民田税负担新探》，《史学月刊》1997 年第 2 期。

臧知非：《西汉授田制度与田税征收方式新论——对张家山汉简的初步研究》，《江海学刊》2003 年第 3 期。

臧知非：《再谈汉代田税征收方式问题——兼答李恒全同志》，《江西师范大学学报》2001 年第 2 期。

张家山汉简研读班读：《张家山汉简〈二年律令〉校读记》，中国社会科学院简帛研究中心等编《简帛研究二〇〇二、二〇〇三》，广西师范大学出版社 2005 年版。

张金光：《秦自商鞅变法后的租赋徭役制度》，《文史哲》1983 年第 1 期。

张荣强：《从计断九月到岁终为断——汉唐间财政年度的演变》，《北京师范大学学报》（社会科学版）2005 年第 1 期。

张荣强：《说孙吴户籍简中的"事"》，北京吴简研讨班编《吴简研究》第 1 辑，崇文书局 2004 年版。

张荣强：《吴简中的"户品"问题》，北京吴简研讨班编《吴简研究》第 1 辑，崇文书局 2004 年版。

赵伯雄：《两汉"县官"释义》，《历史教学》1980 年第 10 期。

朱红林：《里耶秦简债务文书研究》，《古代文明》2012 年第 3 期。

朱绍侯：《军功爵制试探》，《开封师院学报》1978 年第 1 期。

朱绍侯：《秦军功爵制简论》，《河南师大学报》（社会科学版）1979 年第 6 期。

朱绍侯：《西汉初年军功爵制的等级划分——〈二年律令〉与军功爵制研究之一》，《河南大学学报（社会科学版）》2002 年第 5 期。

邹水杰：《秦汉县丞尉设置考》，《南都学坛》2006 年第 3 期。

［日］广濑熏雄：《论松柏 1 号墓出土的记更数的木牍》，复旦大学出土文献与古文字研究中心主办"出土文献与传世典籍——纪念谭朴森先生逝世两周年学术研讨会"论文，2009 年 6 月。

［日］加藤繁：《关于算赋的小研究》，其著《中国经济史考证（上）》，吴杰译，中华书局 2012 年版。

［日］加藤繁：《关于西汉前期的货币特别是四铢钱》，其著《中国经济史考证（上）》，吴杰译，中华书局 2012 年版。

［日］加藤繁：《汉代国家财政和帝室财政的区别以及帝室财政的一斑》，其著《中国经济史考证（上）》，吴杰译，中华书局 2012 年版。

［日］加藤繁：《三铢钱铸造年分考》，《货币》第 174 号，1933 年，收入其著《中国经济史考证（上）》，吴杰译，中华书局 2012 年版。

［日］米田贤次郎：《汉代田租查定法管见》，姜镇庆译，中国社会科学院历史研究所战国秦汉史研究室编《简牍研究译丛》第 2 辑，中国社会科学出版社 1987 年版。

［日］山田胜芳：《鸠杖与徭役制度》，庄小霞译，中国社会科学院简帛研究中心等编《简帛研究二〇〇四》，广西师范大学出版社 2006 年版。

［日］山田胜芳：《西汉武帝时期的地域社会与女性徭役——由安徽省天长市安乐镇十九号汉墓木牍引发的思考》，庄小霞译，中国社会科学院简帛研究中心等编《简帛研究二〇〇七》，广西师范大学出版社 2010 年版。

［日］藤田胜久：《里耶秦简的文书形态与信息传递》，戴卫红译，中国社会科学院简帛研究中心等编《简帛研究二〇〇六》，广西师范大学出版社 2008 年版。

［日］佐原康夫：《居延汉简月俸考》，刘俊文主编《日本中青年学者论中国史·上古秦汉卷》，上海古籍出版社 1995 年版。

    2. 日文

［日］里耶秦简讲读会：《里耶秦简訳注》，《中国出土资料研究》第 8辑，中国出土资料学会 2004 年版。

［日］栗原朋信：《両漢時代の官民爵に就いて. 上》，《史観》第 22、23册合刊，1940 年。

［日］栗原朋信：《両漢時代の官民爵に就いて. 下》，《史観》第 26、27册合刊，1941 年。

［日］林巳奈夫：《後漢時代の車馬行列》，《東方學報》（京都）第 37册，1966 年。

［日］平中苓次：《居延漢簡と漢代の財産税》，《立命館大學人文科學研究所紀要》第 1 號，1953 年。

［日］平中苓次：《漢の武帝の算緡錢》，《立命館文學》第 103 号，1953 年。

［日］平中苓次：《漢代の復除と周礼の施舎》，《立命館文學》第 138号，1956 年。

［日］平中苓次《漢代の官吏の家族の復除と「軍賦」の負擔》，其著《中國古代の田制と税法—秦漢経済史研究—》，京都：东洋史研究丛刊 1967 年版。

［日］平中苓次：《漢代の田租と災害による其の減免》，《立命館文學》第 172、178、184、191 号，1959—1961 年。

［日］山田胜芳：《漢代の算と役》，《東北大學教養部紀要》第 28 号，1978 年。

［日］山田胜芳：《中国古代の商と買—その意味と思想史的背景—》，《東洋史研究》47—1，1988 年。

［日］山田胜芳：《前漢武帝代の三銖錢のを発行めぐって》，《古代文化》40—9，1988 年。

［日］上田早苗：《貴族的官制の成立—清官の由來とその性格—》，中

国中世史研究会编《中國中世史研究》，东京：东海大学出版会 1970年版。

［德］陶安あんど：《「何計付」の句讀に關する覺書》，http：//www. aa. tufs. ac. jp/users/Ejina/note/note13 （Hafner）. html # sdendnote13sym.

［日］越智重明：《藉と賦》，《史淵》第 113 号，1976 年。

［日］越智重明：《漢時代の緍錢をめぐって》，《東洋學報》63—3、4，1982 年。

［日］曾我部静雄：《中国古代の施舍制度》，《東北大学文学部研究年報》第 12 号，1961 年。

　3. 英文

Joseph R. Levenson （列文森），"T'ien-hsia and Kuo，and the 'Transvaluation of Values'"，*The Far Eastern Quarterly*，Vol. 11，No. 4，（Aug.，1952）

后　记

　　本书收录了本人 2003 年以来发表的部分战国秦汉史研究论文十四篇，分为上下两编，上编五章大体上可以归为政治领域，下编九章可以归为经济领域。十四篇论文发表信息如下：

　　一、《"县官"之由来与战国秦汉时期的"天下"观》，《中国史研究》2019 年第 1 期。

　　二、《秦汉官僚体系中的公卿大夫士爵位系统及其意义——中国古代官僚政治社会构造研究之一》，《文史哲》2008 年第 5 期。日文版：《秦汉官僚システムにおける公卿大夫士の爵位体系とその意义——中国古代の官僚政治社会构造研究の一》，《大阪市立大学东洋史论丛》第 16 号，2008 年。

　　三、《吴简中的吏、吏民与汉魏时期官、吏的分野——中国古代官僚政治社会构造研究之二》，《史学月刊》2012 年第 1 期。

　　四、《从新出简牍看二十等爵制的起源、分层发展及其原理——中国古代官僚政治社会构造研究之三》，《史学月刊》2021 年第 1 期。

　　五、《秦汉时期的"尉"、"尉律"与"置吏"、"除吏"——兼论"吏"的属性》，武汉大学简帛研究中心主办《简帛》第八辑，上海古籍出版社 2013 年版。

　　六、《秦汉"名田宅制"说——从张家山汉简看战国秦汉的土地制度》，《中国史研究》2003 年第 3 期。

七、《龙岗秦简诸"田"、"租"简释义补正——结合张家山汉简看名田宅制的土地管理和田租征收》，中国社会科学院简帛研究中心等编《简帛研究二〇〇四》，广西师范大学出版社 2006 年版。

八、《从新出土简牍看秦汉时期的田租征收》，武汉大学简帛研究中心主办《简帛》第三辑，上海古籍出版社 2008 年版。

九、《从出土简牍看秦汉时期的刍稿税》，吴荣曾、汪桂海主编《简牍与古代史研究》，北京大学出版社 2011 年版。

十、《从出土"算"、"事"简看两汉三国吴时期的赋役结构——"算赋"非单一税目辨》，《中华文史论丛》2011 年第 1 期。

十一、《松柏西汉墓簿籍牍考释》，《南都学坛》2010 年第 5 期。收入韩国《中國古中世史研究》第 24 辑，韩国中国古中世史学会 2010 年版。

十二、《汉代算车、船、缗钱制度新考——以〈史记·平准书〉为中心》，《文史》2007 年第 4 期。

十三、《秦漢券書簡所反映的"名計"制度》，（韩）《東西人文》16 号，2021 年。

十四、《"帛"在汉代货币体系中的特殊地位》，张德芳等主编《居延敦煌汉简出土遗址宝地考察论文集》，上海古籍出版社 2012 年版。

内容大体保持论文原貌，一些章在收入拙著《出土简牍与秦汉社会》（广西师范大学出版社 2009 年）、《出土简牍与秦汉社会（续编）》（广西师范大学出版社 2015 年）时曾略作修改，此次沿用。这些论文发表后，在中外学界均不同程度引起反响和争鸣，我自然希望能够而且理当回应学界同仁的关切，但这并非一件易事。随着年龄的增长、研究的深入，思考的边界不断在扩展，便希望在更宽阔的视野中去理解认识这些问题。而自己随意散漫的个性，又因为边界的扩展，常常不由自主地步入到一个全新的领域，难以自拔。"吾生也有涯，而知也无涯。以有涯随无涯，殆已！"年届花甲之际，我对此有了更深切的体悟。

如何称呼秦灭六国后所建立的统一国家，众所周知，并非简单的称谓问题，而关系到对中国历史基本性质的认识、阶段的划分等等。本书采用了"秦汉帝国"一词。学界对"帝国"概念有着不同诠释，对秦统一以后国家是否可以称之为"帝国"也存在着很多争议。这里无意对此进行辨析、讨论，只想对本人采用这一概念作一点说明。本书所使用的"帝国"是"帝制国家"的简称，旨在将秦始皇统一中国后所建立的以皇帝为核心的专制主义中央集权郡县制国家体制，与夏商周三代以"王"为共主的宗法分封制的"王制国家"体制相区别。

感谢田澍先生，使本书有幸纳入"简牍学与丝路文明研究丛书"，得以出版。感谢在本书写作、发表过程中给予过本人帮助的林甘泉师、吴荣曾、陈高华、李振宏、张德芳、陈伟、刘太祥、尹在硕、金庆浩、平田茂树、汪桂海、范学辉、徐莹等先生、秋田祐、张奇玮同学。感谢中国社会科学出版社的责任编辑宋燕鹏先生为本书所付出的辛苦劳动。感谢彭卫一直以来对我的支持和鼓励。